石家庄统计年鉴

SHIJIAZHUANG STATISTICAL YEARBOOK

石家庄市统计局
国家统计局石家庄调查队 编

2017

图书在版编目（CIP）数据

石家庄统计年鉴 . 2017 / 石家庄市统计局 , 国家统计局石家庄调查队编 . -- 北京 : 中国统计出版社 ,2017.9

ISBN 978-7-5037-8308-1

Ⅰ . ①石… Ⅱ . ①石… ②国… Ⅲ . ①统计资料 – 石家庄 – 2017 – 年鉴 Ⅳ . ① C832.221-54

中国版本图书馆 CIP 数据核字 (2017) 第 210044 号

石家庄统计年鉴—2017

作　　者 / 石家庄市统计局　国家统计局石家庄调查队
责任编辑 / 陈越月
装帧设计 / 唐静
出版发行 / 中国统计出版社
地　址 / 北京市丰台区西三环南路甲 6 号　邮政编码 / 100073
电　话 / 邮购（010）63376909　书店（010）68783171
网　址 / http://csp.stats.gov.cn
印　刷 / 石家庄市晟华印刷有限公司
经　销 / 新华书店
开　本 / 890mm × 1240mm　1/16
字　数 /900 千字
印　张 / 36.125
版　别 / 2017 年 9 月第 1 版
版　次 / 2017 年 9 月第 1 次印刷
定　价 / 300.00 元

如有印装差错，由本社发行部调换。

《石家庄统计年鉴——2017》

编 辑 部

编辑说明

一、《石家庄统计年鉴—2017》是一部大型统计信息资料工具书，是《石家庄统计年鉴》创刊出版以来的第21卷。本书系统收录了石家庄市2016年经济、社会各方面的统计数据，以及1995年来分县区主要统计数据，是一部全面反映石家庄经济和社会发展情况的资料性年刊。随着国家统计方法制度的改革，本刊在指标口径和范围上做了相应的调整，但尽量在版本内容、指标体系等方面与前几年保持连贯性。

二、本年鉴内容包括：综合、从业人员和工资总额、固定资产投资及建筑业、能源消费、财政、金融、物价、居民生活、城市公用设施、农村经济、工业交通邮电、贸易外经旅游、教育科技文化、体育卫生民政和附录等14部分内容。

三、本年鉴中使用的度量衡单位均采用国际统一标准计量单位。

四、2013年辛集市列为河北省直管县。本年鉴按照行政区划标准划分，除居民生活、环保和建设局数据部分外，其余部分均含辛集市。

五、2014年石家庄进行了区划调整。本年鉴中市区范围除人行、交通数据外其他均为新调整口径。

六、全市2016年GDP为含研发支出数据，以前年度数据不含研发支出。

《石家庄统计年鉴》多年来承蒙社会各界的厚爱，对此我们深表感谢，欢迎广大读者继续使用《石家庄统计年鉴》，同时欢迎对我们的编辑内容及版式提出宝贵意见，以利于我们进一步提高《石家庄统计年鉴》的编辑水平，更好地为社会各界服务。

《石家庄统计年鉴》编辑部

2017年9月

一、全市生产总值（亿元）

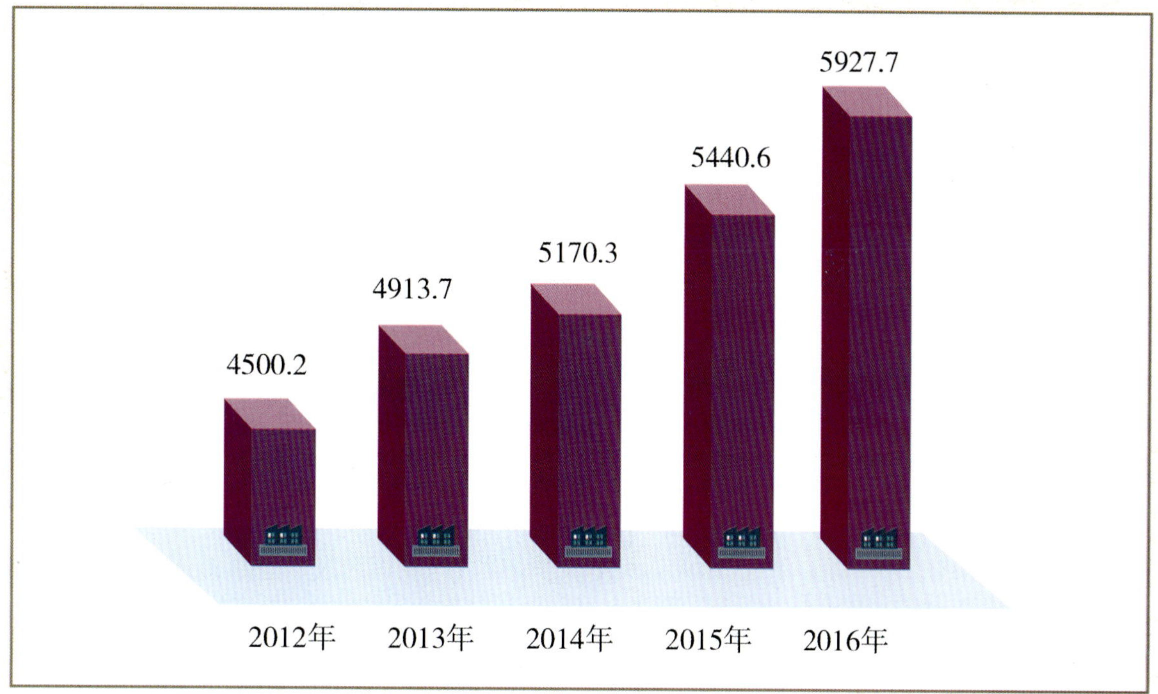

二、全市生产总值增长速度（%）

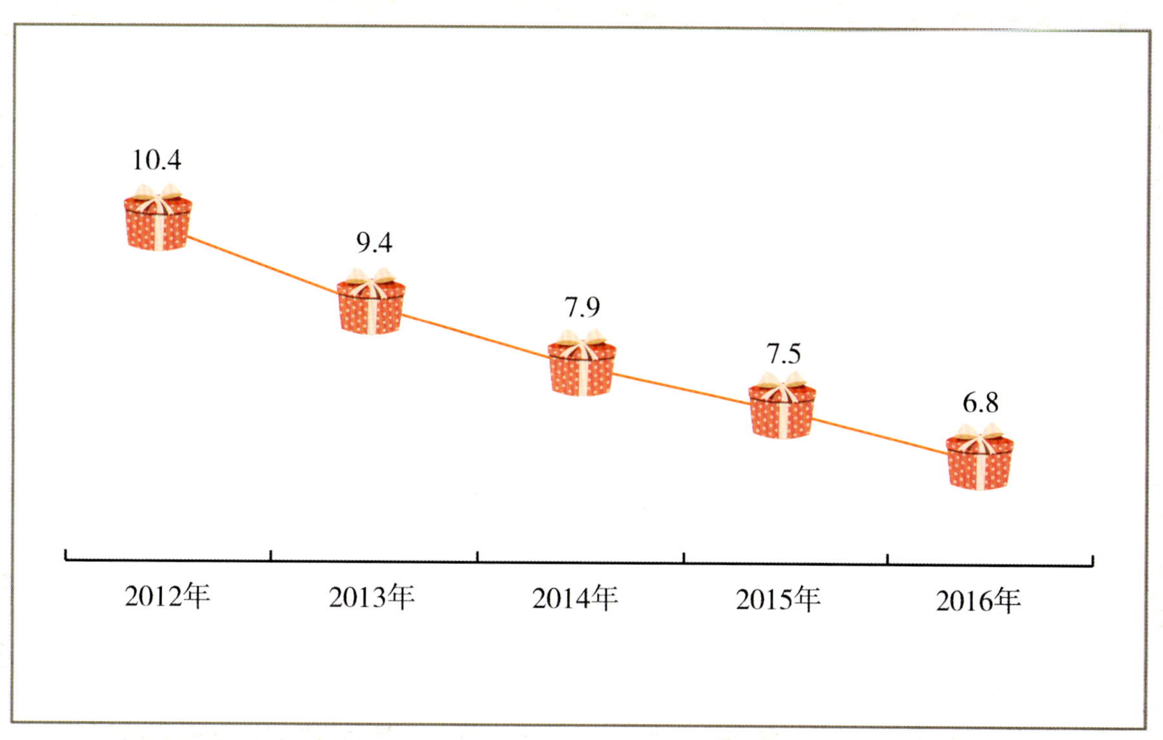

三、2016年三次产业构成

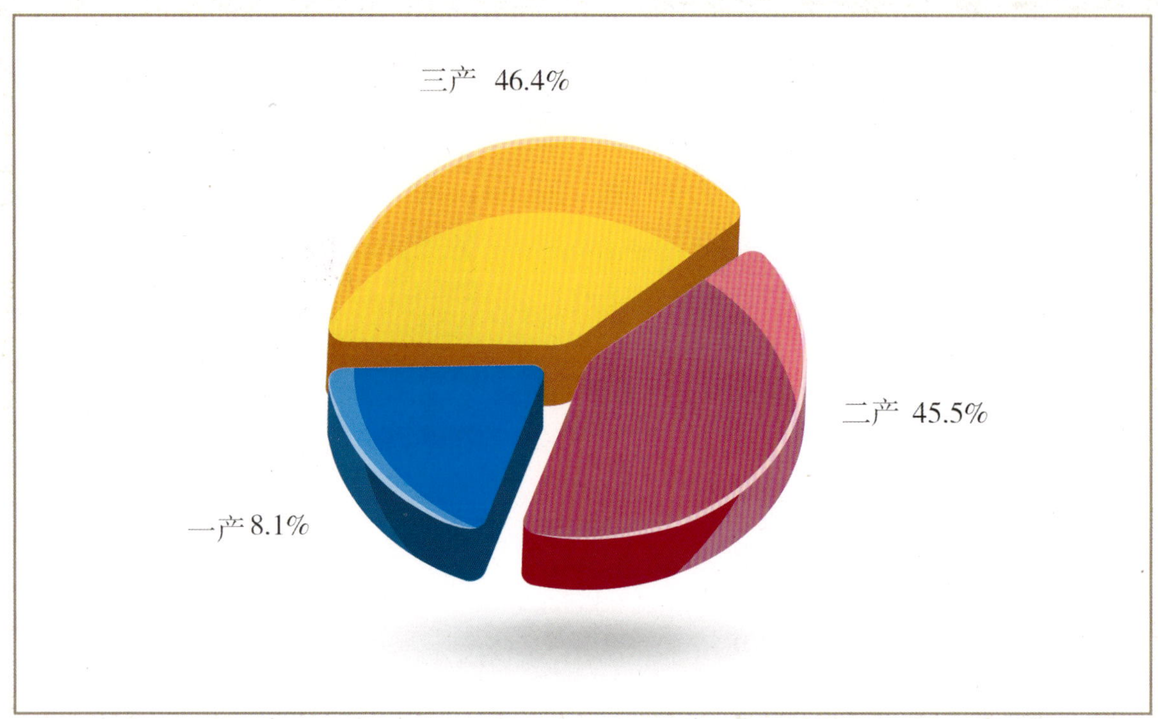

四、2015年三次产业构成

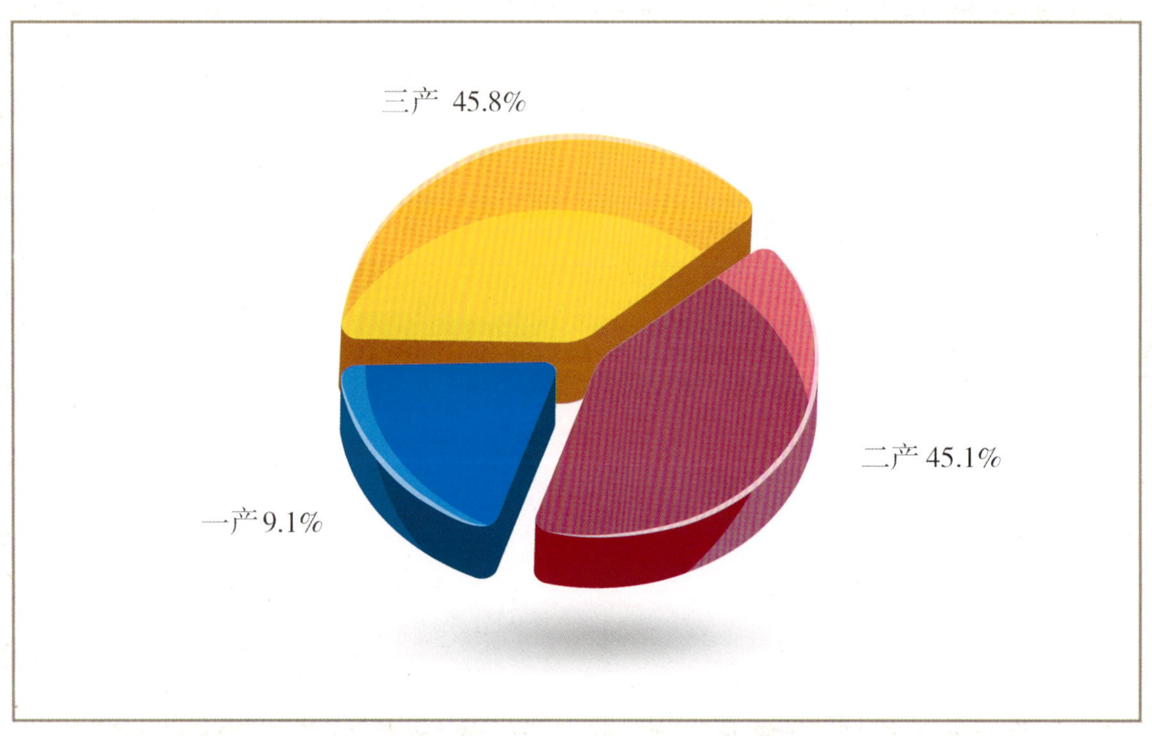

五、财政收入（亿元）

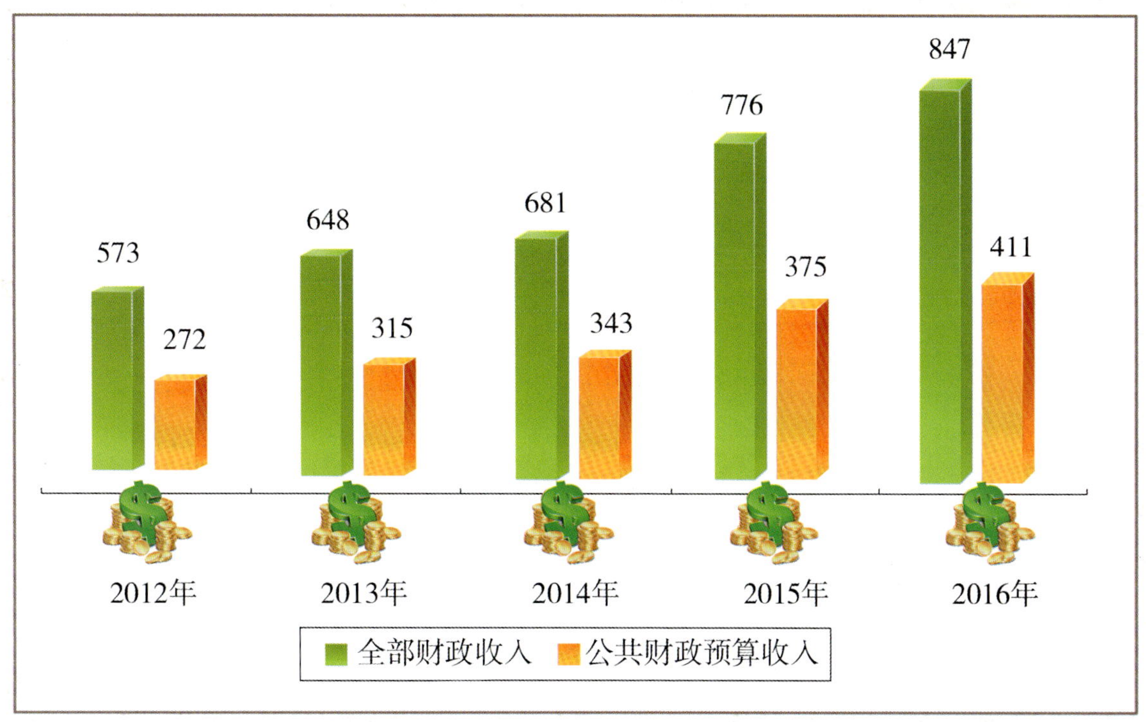

六、财政收入增长速度（%）

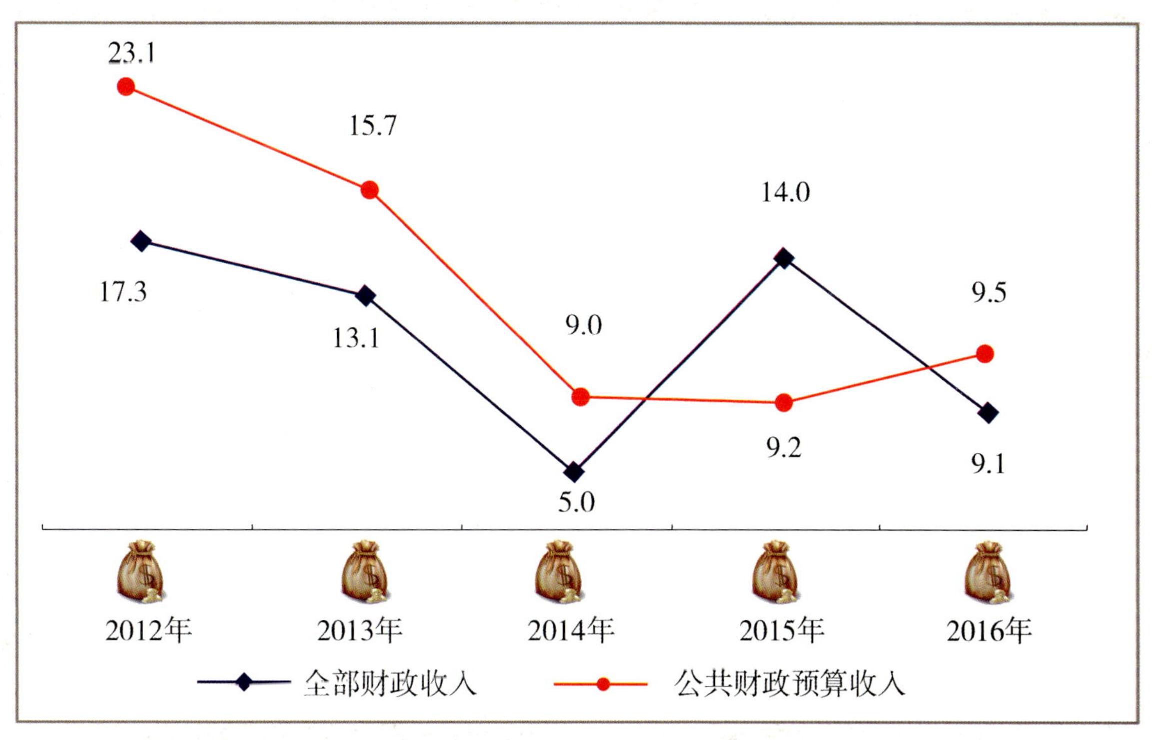

七、农林牧渔业总产值与增加值（亿元）

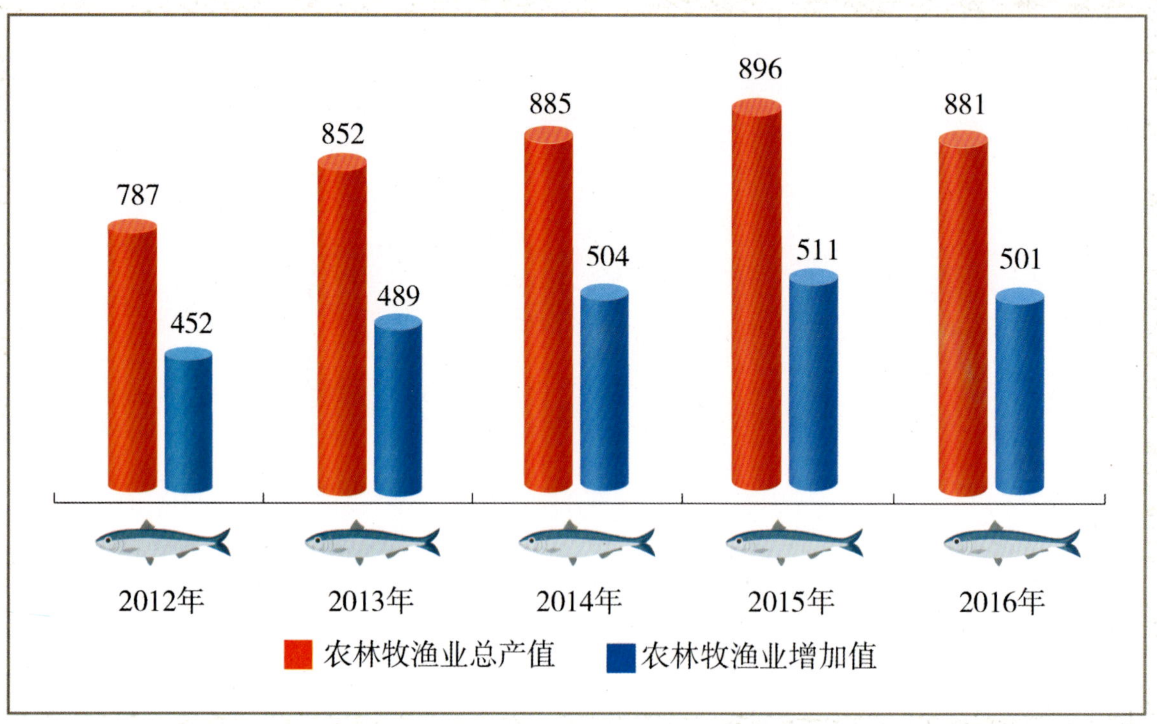

八、规模以上工业总产值与增加值（亿元）

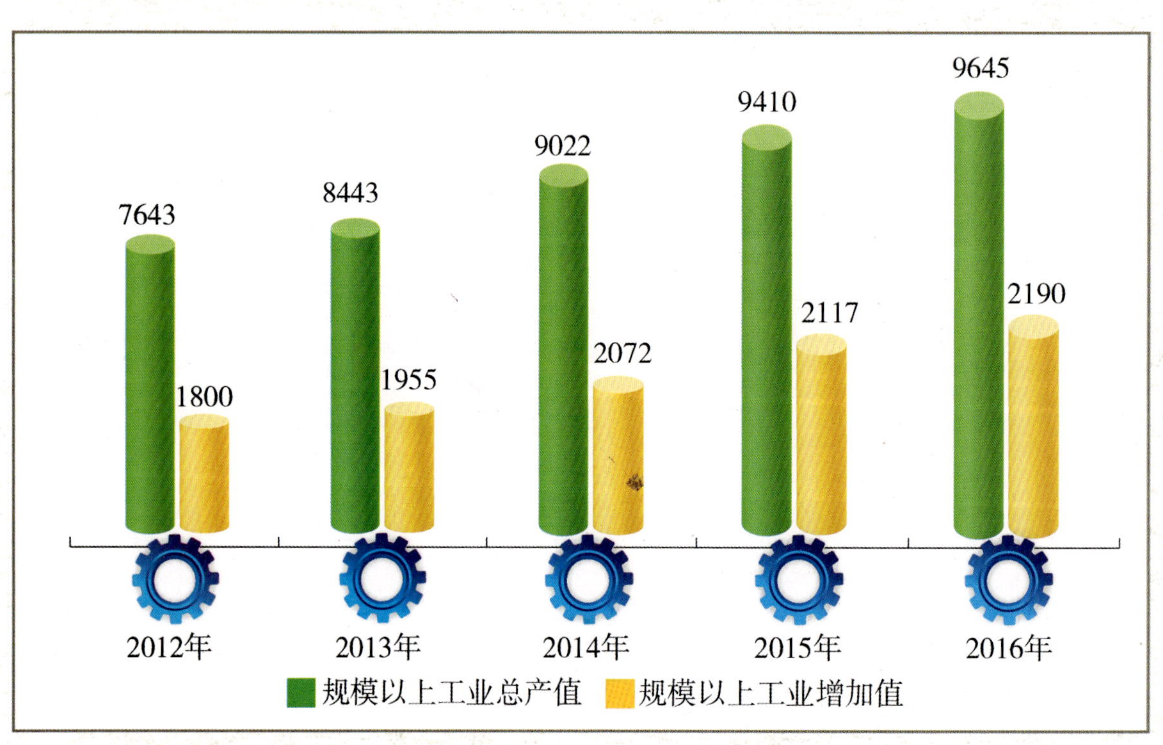

九、2016年农林牧渔各业构成（按总产值计算）

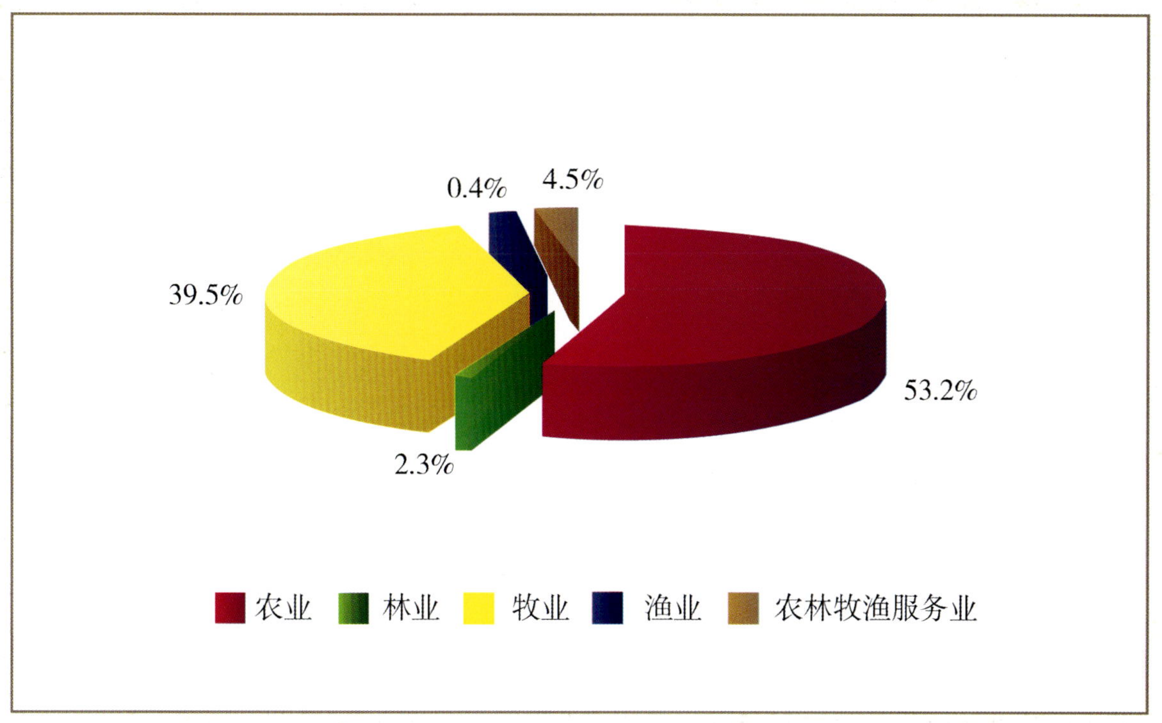

十、2015年农林牧渔各业构成（按总产值计算）

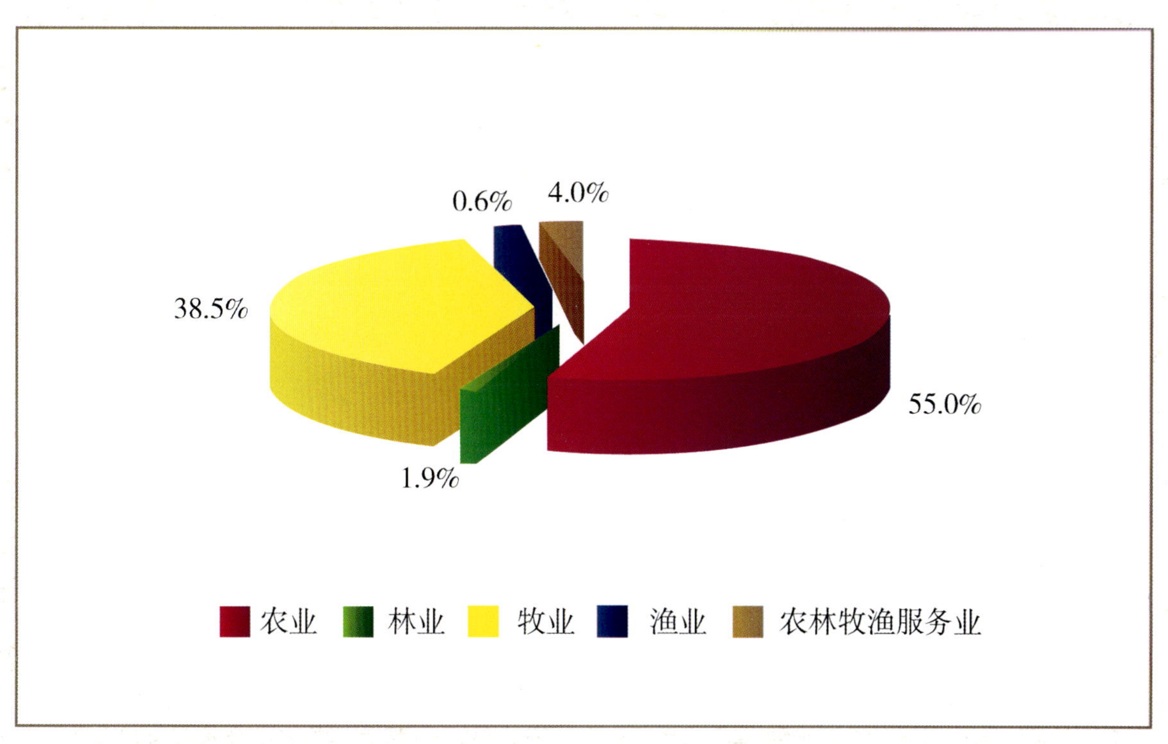

十一、2016年规模以上工业增加值分行业比重

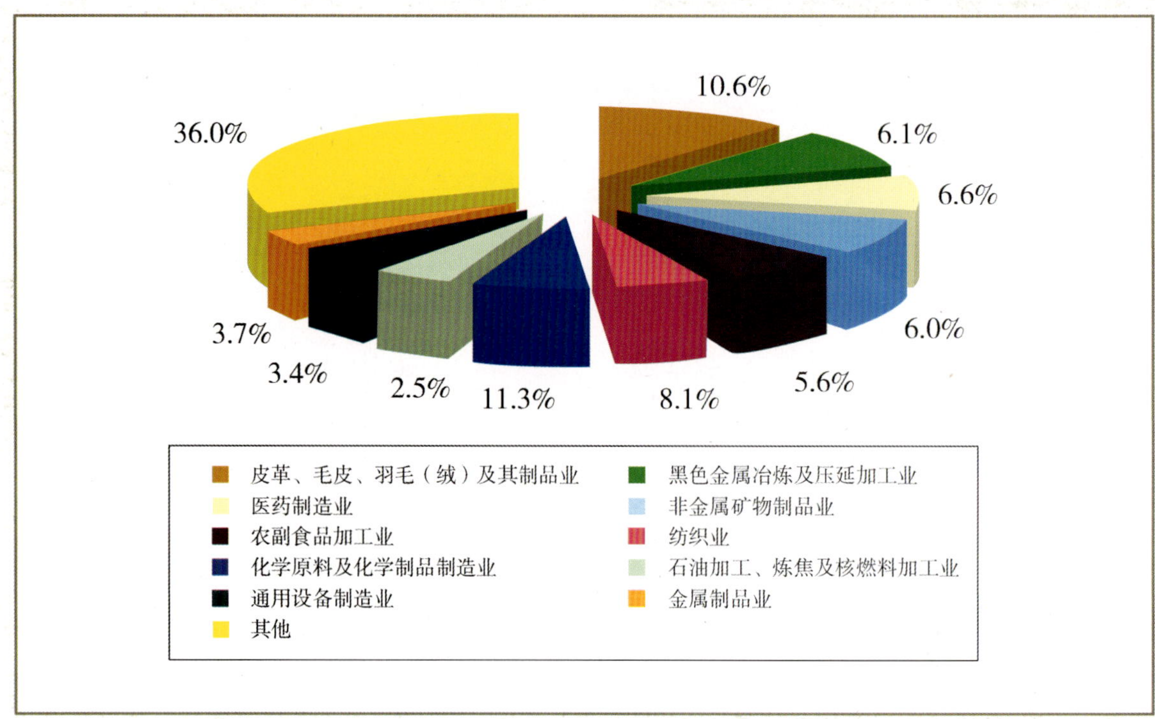

十二、2015年规模以上工业增加值分行业比重

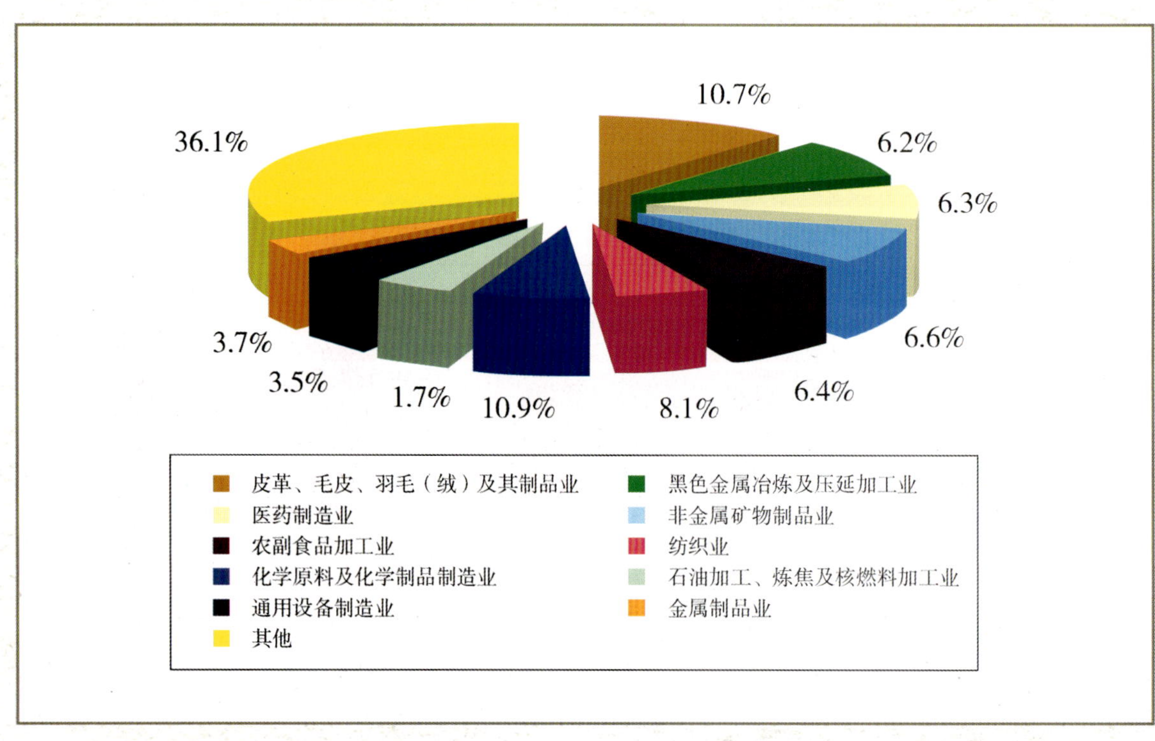

十三、社会消费品零售总额（亿元）

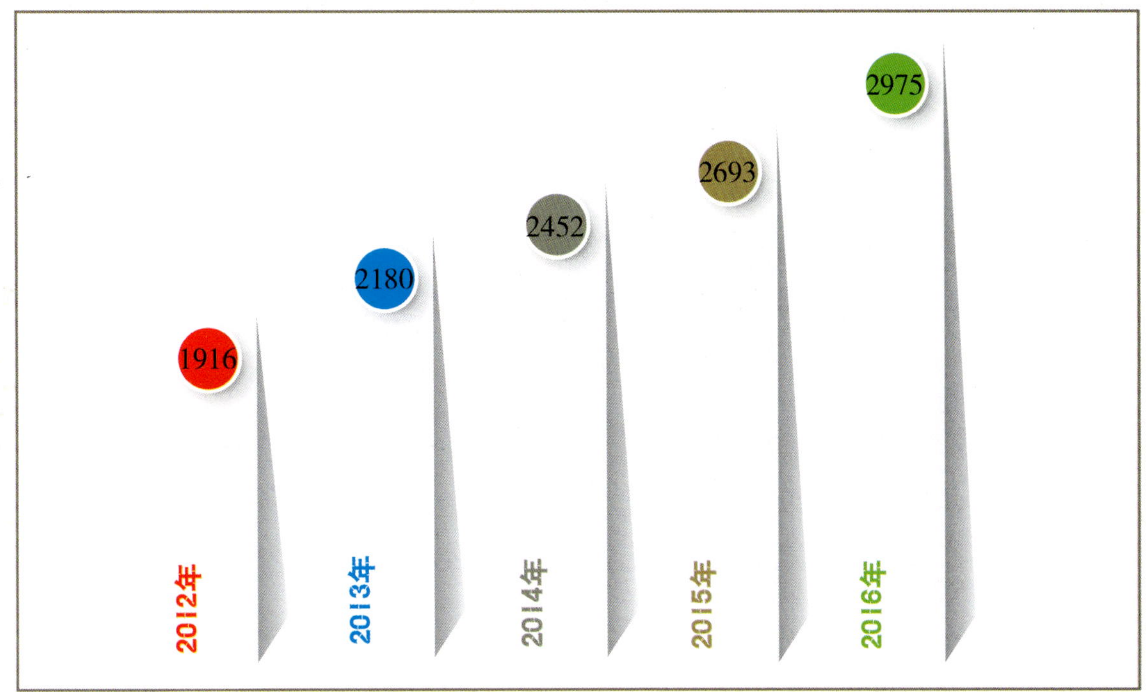

十四、全社会固定资产投资与固定资产投资（亿元）

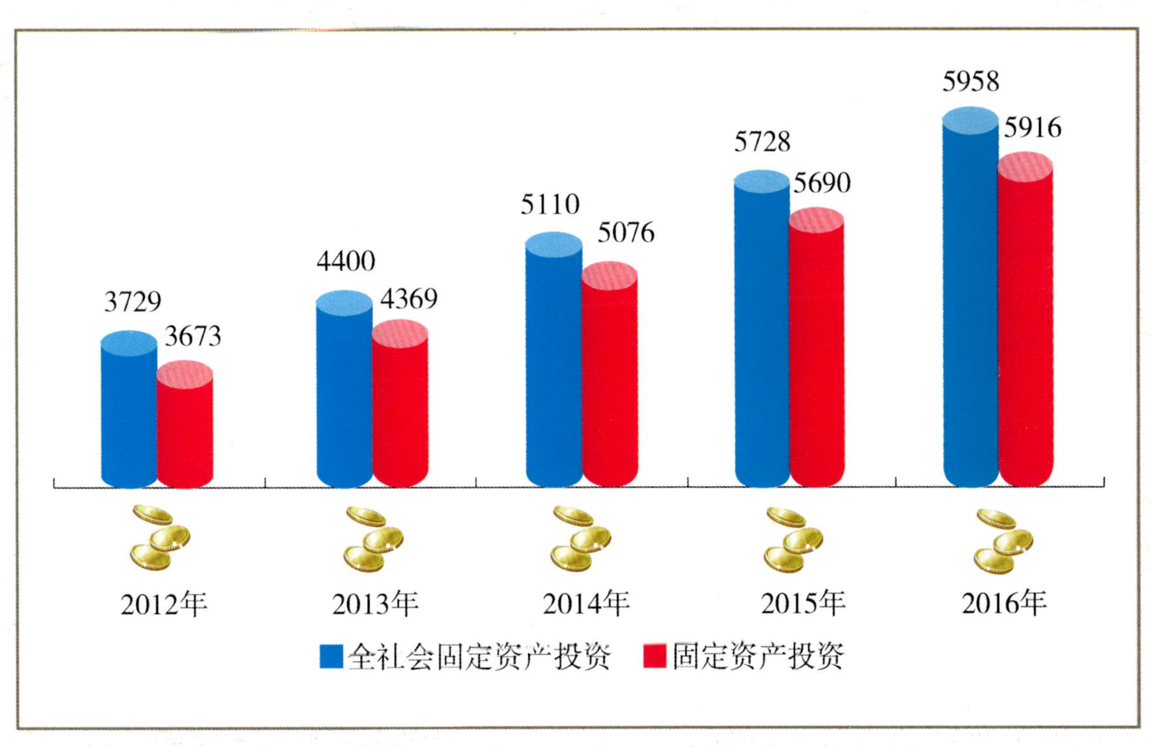

十五、实际利用外资（亿美元）

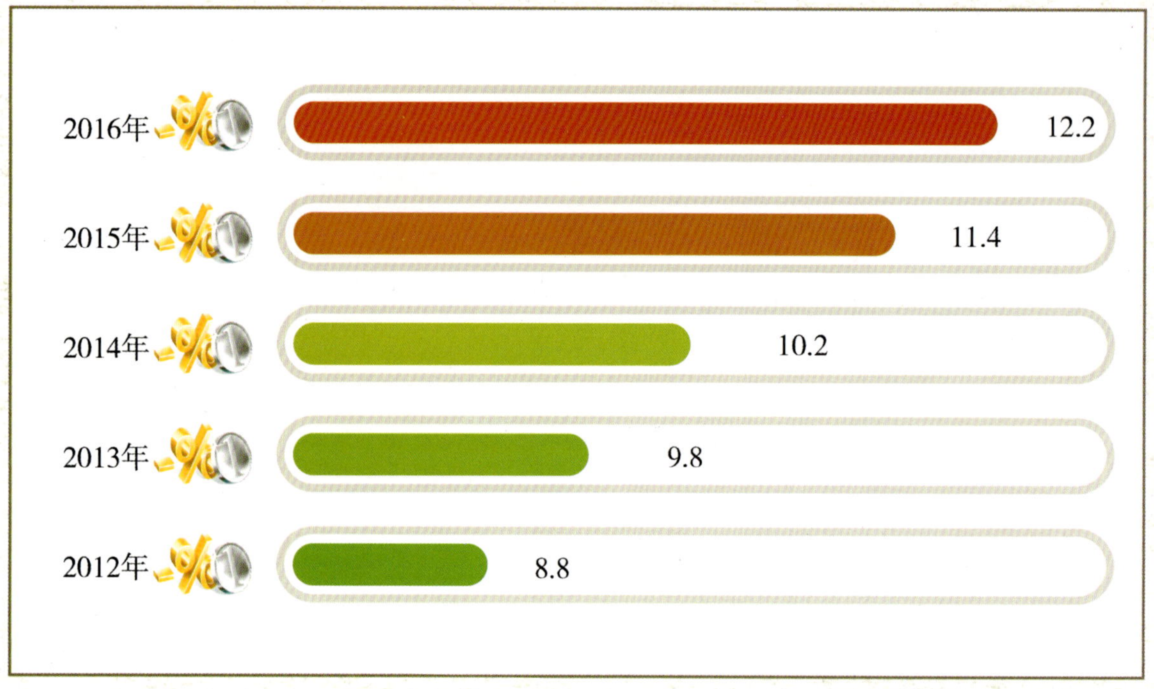

十六、进出口总值与出口总值（亿美元）

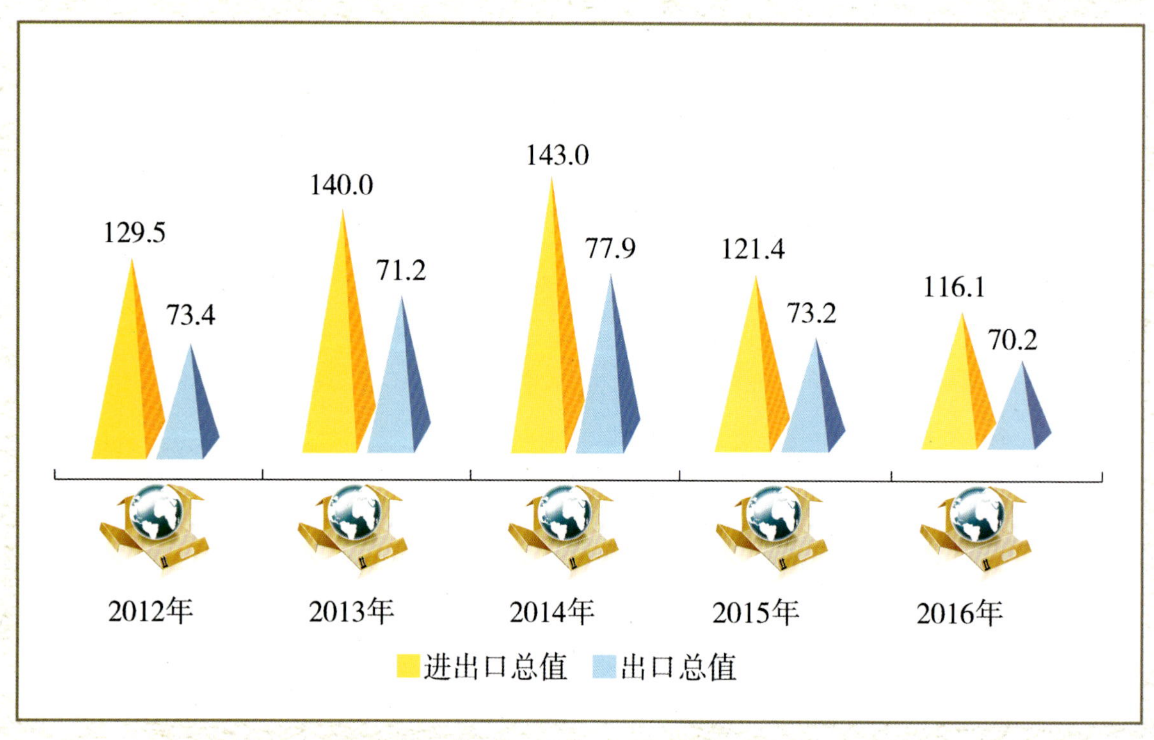

十七、城镇居民与农村居民人均可支配收入（元）

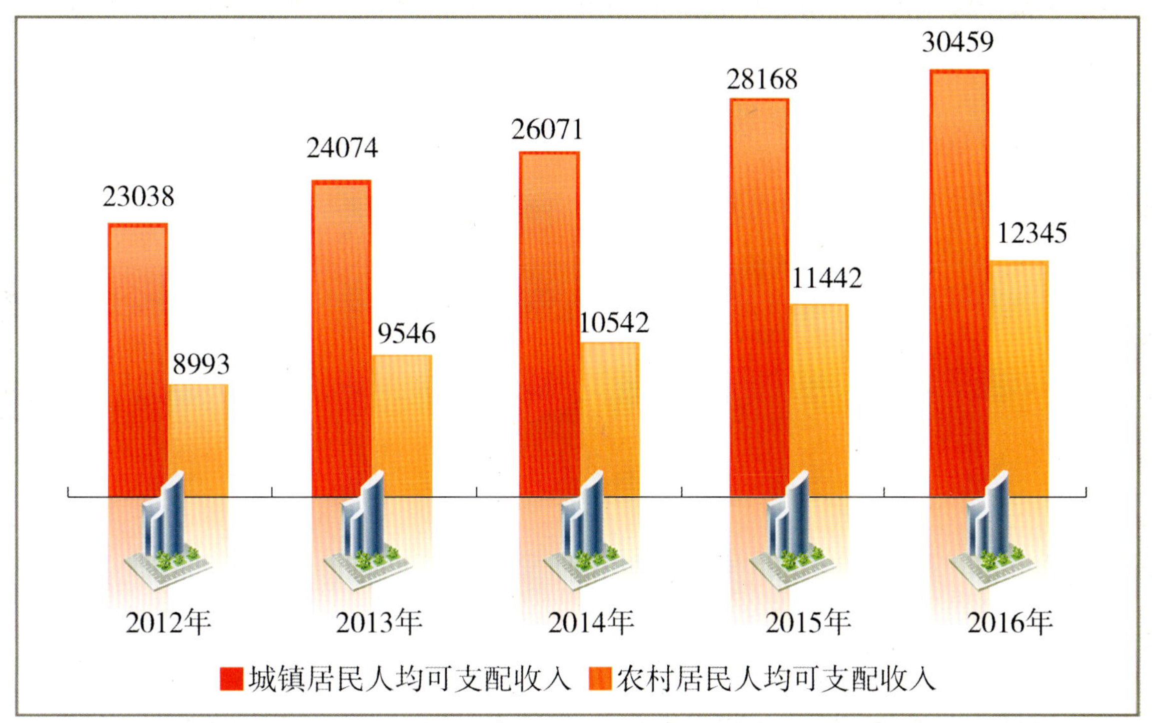

十八、城镇居民与农村居民人均消费支出（元）

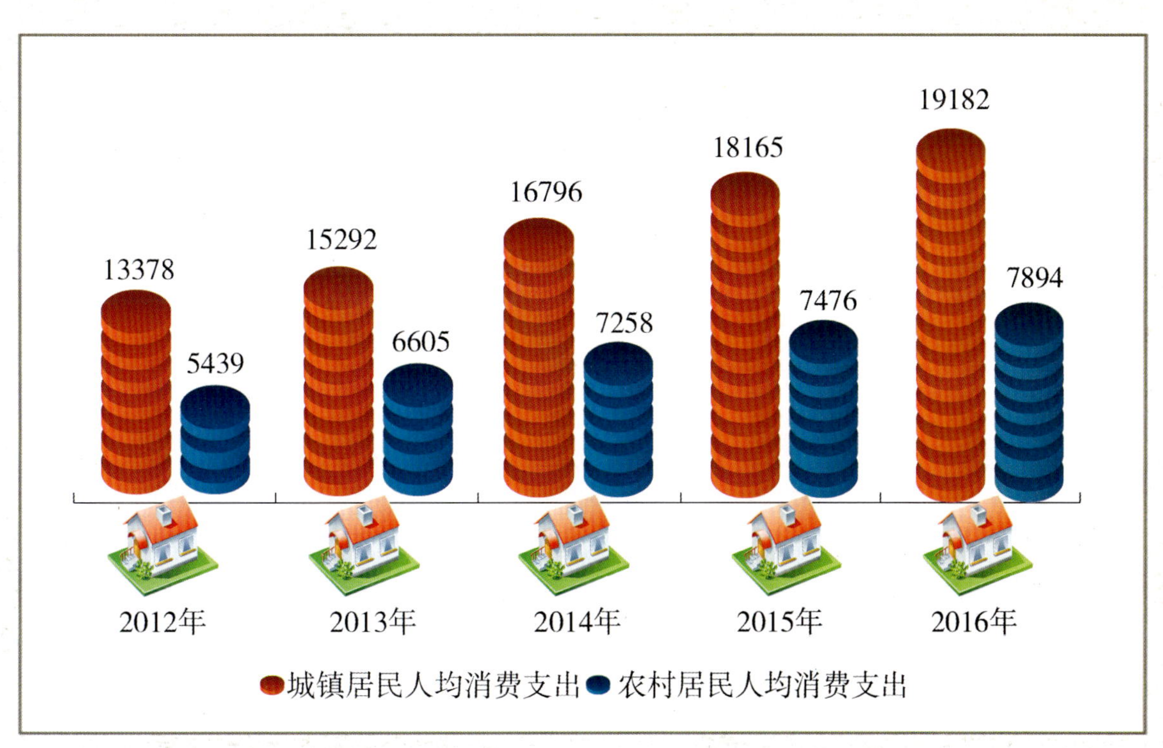

十九、2016年城镇居民消费支出构成

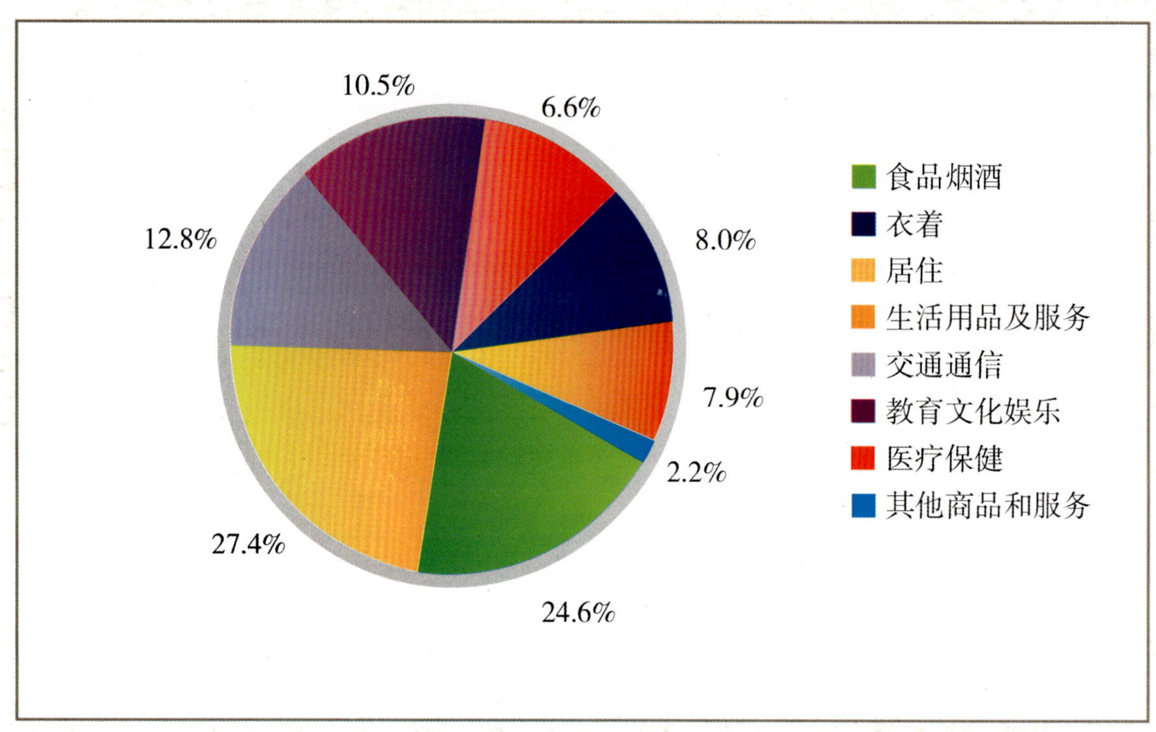

二十、2015年城镇居民消费支出构成

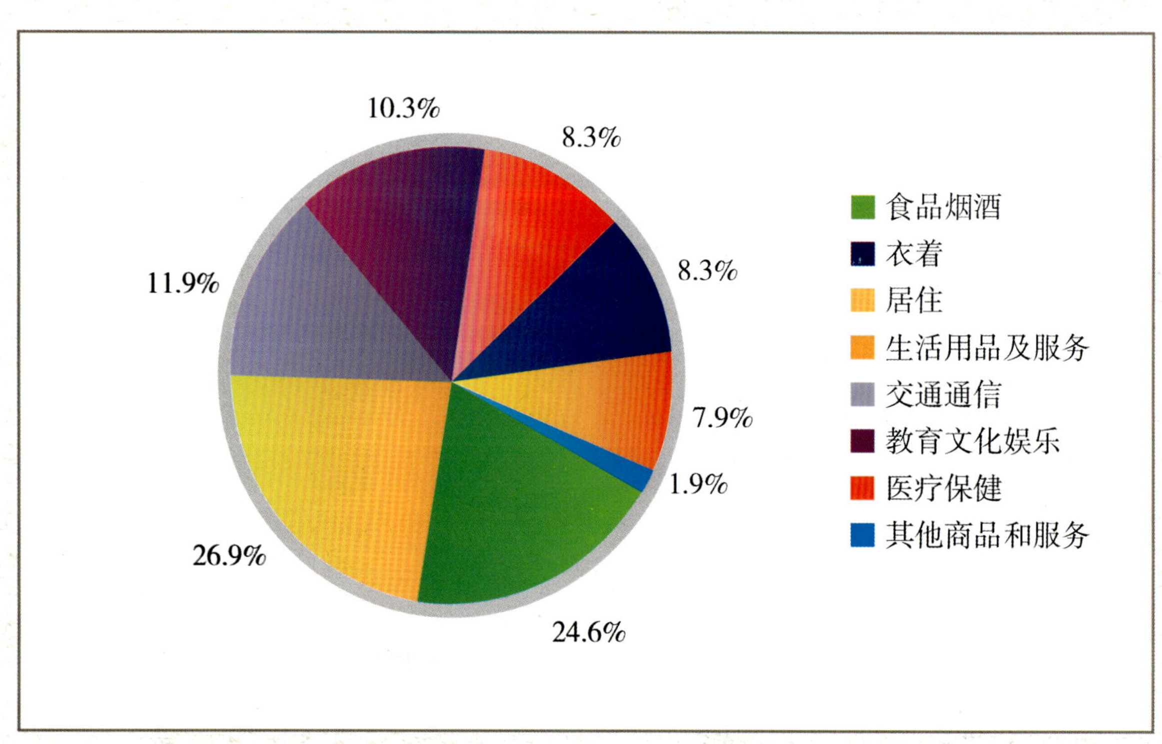

二十一、2016年农村居民消费支出构成

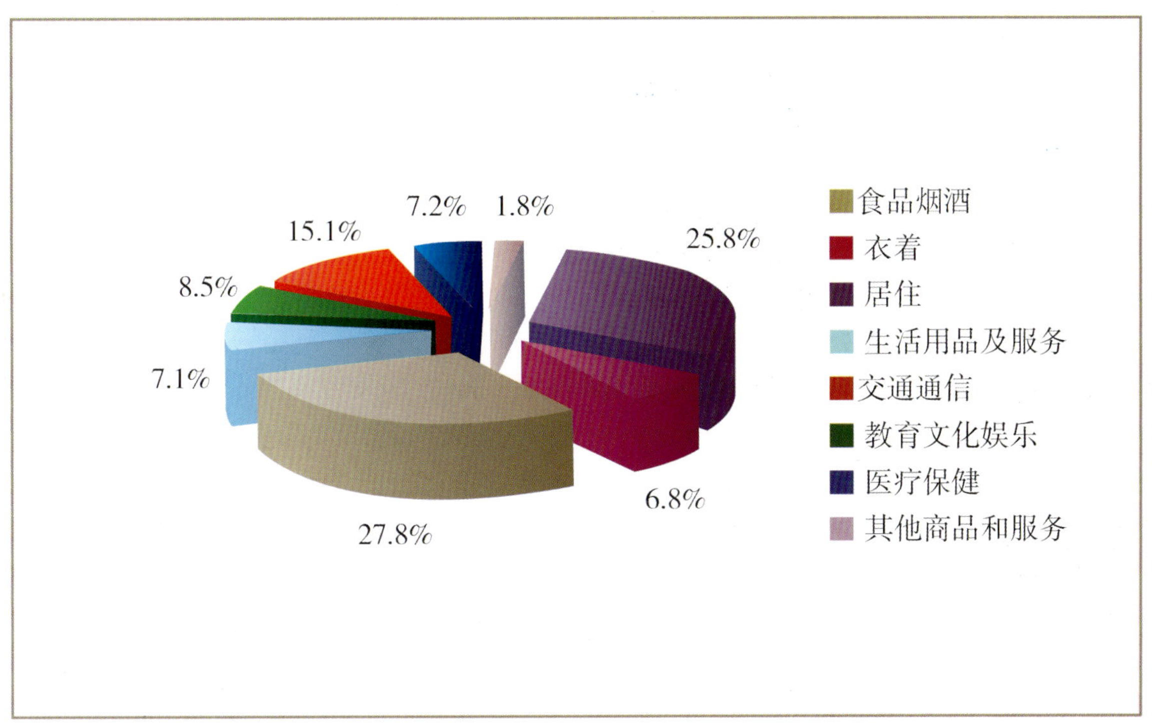

二十二、2015年农村居民消费支出构成

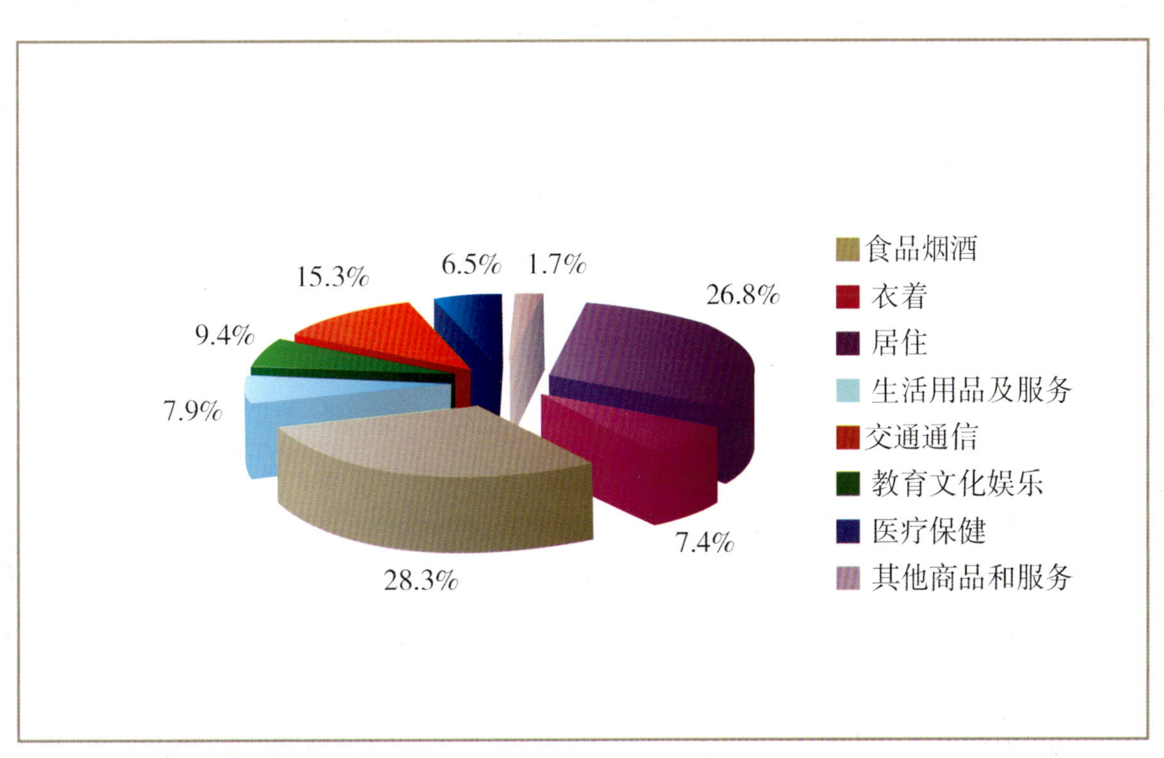

二十三、全市居民消费价格指数（%）

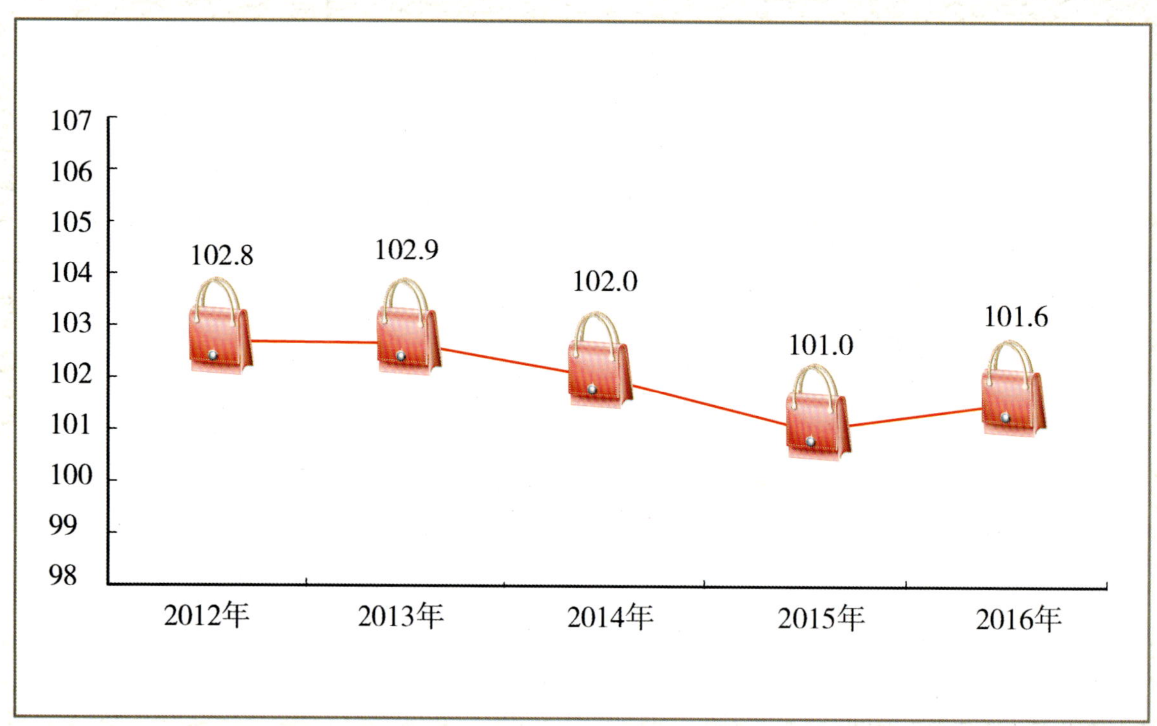

二十四、全市在岗职工平均工资（元）

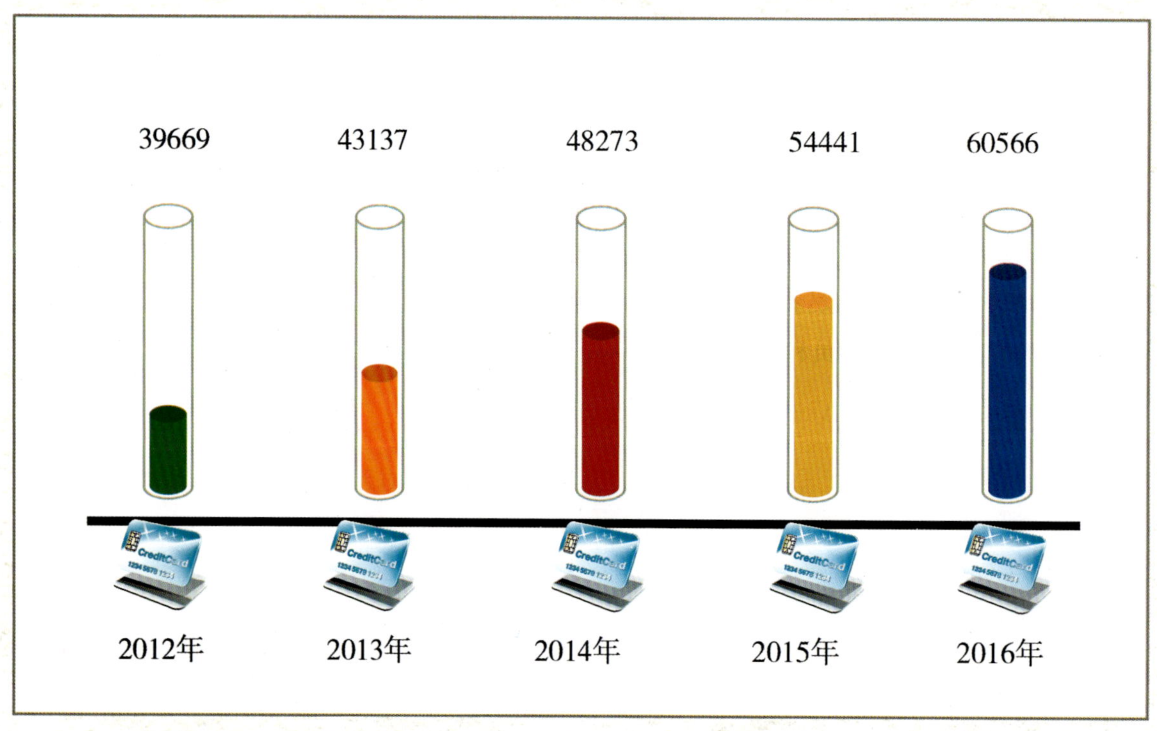

目 录

四、能源消费

五、财政金融

六、物价

七、居民生活

八、城市公用设施

九、农村经济

十、工业交通邮政

十一、贸易外经旅游

十二、教育科技文化

十三、体育卫生民政

附录 1995—2016 年分县（市）区主要经济指标

石家庄市 2016 年
国民经济和社会发展统计公报

石 家 庄 市 统 计 局

国家统计局石家庄调查队

2016 年 4 月 20 日

2016年,是“十三五”和全面建成小康社会决胜阶段的开局之年,是深入推进供给侧结构性改革的攻坚之年。面对严峻复杂的国内外经济形势和艰巨繁重的任务，在市委、市政府的坚强领导下，全面贯彻落实习近平总书记系列重要讲话精神，认真践行新发展理念，坚持稳中求进工作总基调，以供给侧结构性改革为主线，积极应对各种困难和挑战，统筹推进稳增长、促改革、调结构、惠民生、防风险等各项重点任务，经济社会保持平稳健康发展,实现了“十三五”良好开局。

一、综 合

初步核算，全年生产总值 5857.8 亿元，比上年增长 6.8%。其中，第一产业增加值 480.9 亿元，增长 0.9%，占生产总值的比重为 8.2%；第二产业增加值 2638.0 亿元，增长 4.4%，占生产总值的比重为 45.0%；第三产业增加值 2738.9 亿元，增长 10.3%，占生产总值的比重为 46.8%。人均生产总值 54526 元，增长 5.9%。

图1 2011年—2016年生产总值（亿元）

全年民营经济增加值 3951.3 亿元，比上年增长 7.2%，占全市生产总值的比重为 67.5%。民营经济实缴税金 478.3 亿元，增长 7.7%，占全部财政收入的比重为 56.4%。民营出口总值 62.2 亿美元，下降 3.6%。

全年居民消费价格比上年上涨 1.6%。其中,食品烟酒类上涨 3.1%，衣着类上涨 1.4%，生活用品及服务类上涨 0.2%，医疗保健类上涨 4.4%，交通和通信类上涨 0.1%，教育文化和娱乐类下降 0.3%，居住类上涨 0.7%，其他用品和服务类上涨 2.0%。工业生产者出厂价格下降 1.6%，购进价格下降 1.1%。

年末城镇登记失业率为 3.43%，比上年回落 0.08 个百分点。

图2　2011年—2016年三次产业增加值占生产总值比重（%）

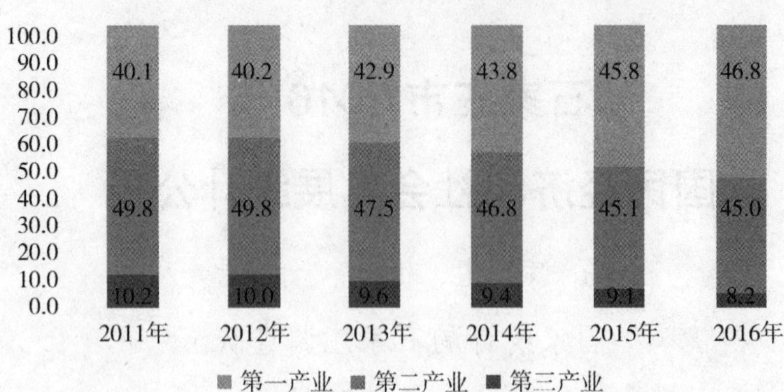

二、农　业

全年粮食播种面积 73.7 万公顷，比上年减少 1.8 万公顷，下降 2.4%。粮食总产量 495.9 万吨，下降 1.8%。

图3　2011年—2016年粮食总产量（万吨）

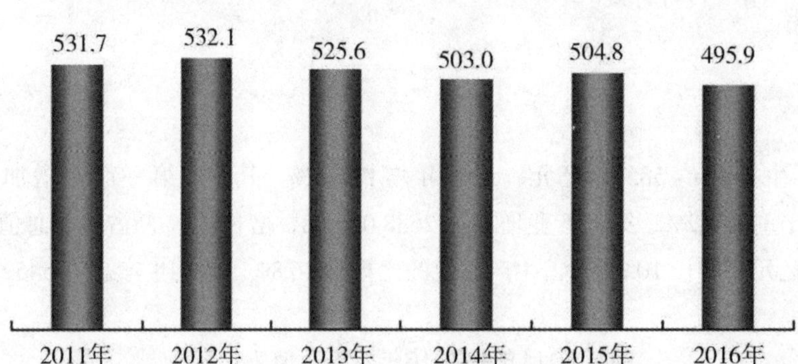

全年蔬菜播种面积 16.2 万公顷，比上年下降 1.2 %；总产量 1320.0 万吨，与上年基本持平。其中，设施蔬菜播种面积 7.5 万公顷，产量 603.0 万吨。

全年肉类总产量 77.5 万吨，比上年下降 1.2%；蛋类产量 112.5 万吨，增长 2.5%；奶类产量 117.2 万吨，下降 4.5%。

表 1　2016 年主要农产品产量及其增长速度

产品名称	单位	2016 年	比上年增长（%）
粮食	万吨	495.9	-1.8
油料	万吨	20.8	持平
棉花	万吨	0.55	-28.6
蔬菜	万吨	1320.0	持平
园林水果	万吨	280.2	持平

产品名称	单位	2016 年	比上年增长（%）
肉类总产量	万吨	77.5	–1.2
# 猪肉	万吨	45.7	–0.7
蛋类	万吨	112.5	2.5
奶类	万吨	117.2	–4.5
# 牛奶	万吨	116.9	–4.6
水产品	万吨	3.1	–7.8

全年畜牧业、蔬菜、果品三大优势产业产值 674.1 亿元，占农林牧渔业总产值比重为 76.5%，比上年回落 1.7 个百分点。

全年农业产业化经营率 66.8%，比上年提高 1.1 个百分点。

全年农业机械总动力 1280.8 万千瓦，比上年下降 37.2%。实际机耕面积 50.7 万公顷，机械播种面积 70.6 万公顷，机械收获面积 66.1 万公顷。农村用电量 78.8 亿千瓦小时，增长 7.6%。

三、工业和建筑业

全年规模以上工业增加值 2190.3 亿元，比上年增长 4.6%。其中，国有及国有控股企业下降 1.5%，集体企业下降 60.2%，股份制企业增长 5.7%，外商及港澳台企业增长 0.7%。

分轻重工业看，全年轻工业增加值 1064.1 亿元，比上年增长 4.8%；重工业增加值 1126.1 亿元，增长 4.5%。

图4　2011年—2016年规模以上工业增加值（亿元）

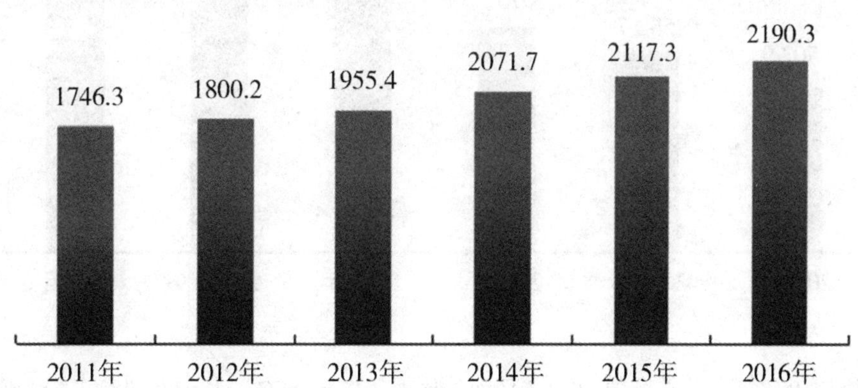

分行业看，全年七大主导产业增加值 1893.6 亿元，比上年增长 5.0%。其中，装备制造业增长 10.9%；医药工业增长 3.8%；食品工业下降 6.3%；纺织服装业增长 7.9%；石化工业增长 10.1%；钢铁工业下降 2.6%；建材工业下降 1.8%。六大高耗能行业增加值 708.2 亿元，增长 3.4%，低于规模以上工业增加值增速 1.2 个百分点。高新技术产业增加值 382.6 亿元，增长 12.4%，高于规模以上工业增加值增速 7.8 个百分点。其中，电子信息、高端装备制造和新材料三个领域增加值分别增长 4.8%、21.6% 和 5.9%。

表 2　2016 年主要工业产品产量及其增长速度

产品名称	单位	2016 年	比上年增长（%）
化学药品原药	吨	187734	8.3
化学纤维	吨	46891	-6.5
水 泥	万吨	2133.0	-9.9
钢 材	万吨	1437.6	-1.1
交流电动机	万千瓦	294.6	-3.8
房间空气调节器	万台	300.1	-1.8
乳制品	吨	1063813	7.7
软饮料	吨	1497828	16.3
布	万米	395396	-3.8
服 装	万件	18809	3.5
原油加工量	万吨	600.1	3.77
焦 炭	万吨	270.5	3.92
发电量	亿千瓦时	463.0	4.81

全年规模以上工业利润 808.2 亿元，比上年增长 0.1%。

图5　2011年—2016年规模以上工业利润（亿元）

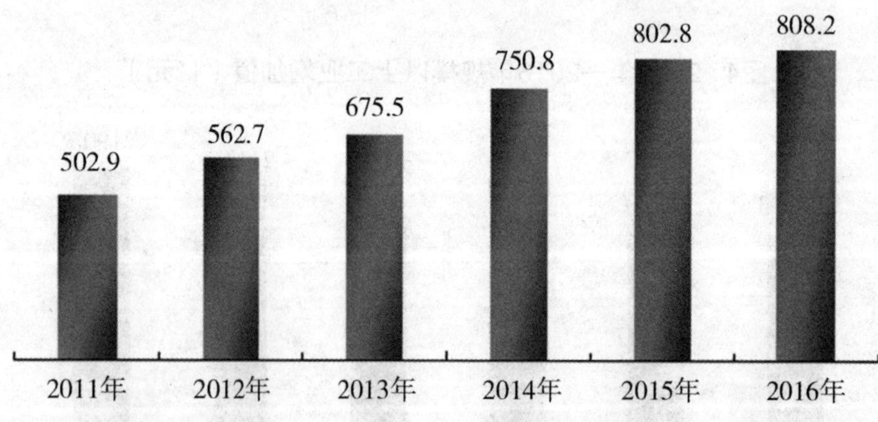

年末资质等级以上建筑企业总产值 1091.3 亿元，比上年增长 5.7%。其中，建筑工程产值 848.2 亿元，增长 10.0%。

四、固定资产投资

全年全社会固定资产投资 5957.6 亿元，比上年增长 4.0%。其中，固定资产投资（不含农户）5916.0 亿元，增长 5.4%。

图6 2011年—2016年全社会固定资产投资（亿元）

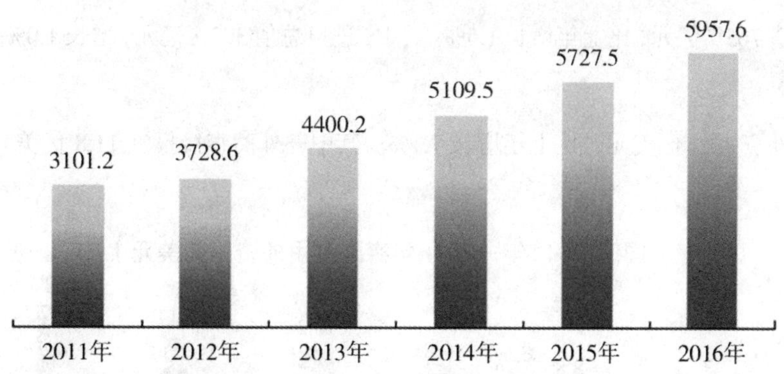

在固定资产投资中，第一产业投资 275.6 亿元，比上年增长 61.6%。第二产业投资 2664.5 亿元，增长 6.4%；其中，工业技改投资 1991.3 亿元，增长 11.5%，占固定资产投资的比重为 33.7%。第三产业投资 2975.9 亿元，下降 1.3%。

城市基础设施投资 1115.0 亿元，比上年增长 5.6%，占固定资产投资的比重为 18.8%。

民间固定资产投资 3529.8 亿元，比上年增长 1.2%，占固定资产投资的比重为 59.7%。

高新技术产业投资 677.3 亿元，比上年增长 5.3%，占固定资产投资的比重为 11.4%。

建设项目投资 4879.7 亿元，比上年增长 5.4%。

房地产开发投资 1036.3 亿元，比上年增长 5.1%。

五、国内贸易

全年社会消费品零售总额 2975.2 亿元，比上年增长 10.5%。按经营地统计，城镇消费品零售额 2506.2 亿元，增长 10.0%；乡村消费品零售额 469.0 亿元，增长 13.0%。

图7 2011年—2016年社会消费零售总额（亿元）

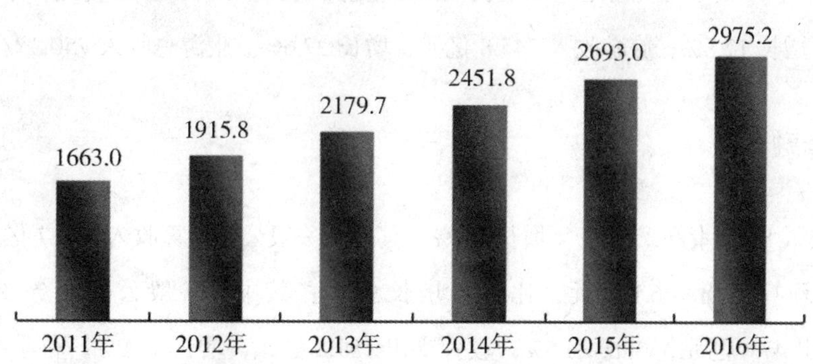

在限额以上批发和零售企业（单位）商品零售额中，粮油食品类 80.2 亿元，增长 6.5%；饮料类 10.3 亿元，增长 12.8%；烟酒类 8.3 亿元，下降 1.2%；服装鞋帽针纺织品类 116.4 亿元，下降 3.3%；化妆品类 17.9 亿元，增长 7.5%；金银珠宝类 23.0 亿元，下降 9.9%；日用品类 27.9 亿元，增长 12.9%；家用电器及音像器材类 60.7 亿元，增长 2.0%；中西药品类 151.1 亿元，增长 11.2%；文化办公用品类 4.2 亿元，下降 10.0%；建筑及装潢材料类 1.7 亿元，增长 11.3%；石油及制品类 88.3 亿元，增长 7.8%；汽车类 241.9 亿元，增长 3.6%。

六、对外经济

全年进出口总值765.7亿元，比上年增长1.5%。其中，进口总值302.8亿元，增长1.0%；出口总值462.9亿元，增长1.9%。

全年实际利用外资12.2亿美元，比上年增长7.1%。其中，外商直接投资11.8亿美元，增长31.2%。

图8 2011年—2016年实际利用外资（亿美元）

七、邮电和旅游

全年邮政企业和快递服务企业业务收入（不包括邮政储蓄银行直接营业收入）39.86亿元，比上年增长46.57%；业务总量58.53亿元，增长61.87%。邮政函件业务2391.54万件；包裹业务40.55万件。快递服务企业业务收入30.52亿元，业务量2.76亿件。

全年电信业务总量243.5亿元，比上年增长54.3%。电信业务收入86.7亿元，增长5.1%。年末互联网宽带接入用户数287.2万户，增加54.2万户。其中，城市互联网宽带接入用户数209.2万户，增加42.9万户；农村互联网宽带接入用户数78.0万户，增加11.3万户。移动电话用户数1170.5万户，固定电话用户数137.3万户。

全年接待国际游客19.3万人次，比上年增长3.6%；旅游创汇收入6778.2万美元，下降27.6%。接待国内游客7628.4万人次，增长12.8%；旅游收入745.8亿元，增长27.6%。旅游总收入750.3亿元，增长27.1%。

八、财政、金融

全年全部财政收入847.4亿元，比上年增长9.1%。其中，一般公共预算收入410.7亿元，增长9.5%。

全年一般公共预算支出746.1亿元，比上年增长9.3%。其中，一般公共服务支出72.0亿元，增长22.6%；公共安全支出47.6亿元，增长24.5%；教育支出159.2亿元，增长16.9%；科学技术支出12.2亿元，增长35.2%；社会保障和就业支出72.6亿元，增长23.5%；医疗卫生支出72.5亿元，增长8.6%；节能环保支出44.3亿元，下降9.8%；城乡社区事务支出63.2亿元，增长13.1%；农林水事务支出74.0亿元，增长9.0%。

图9　2011年—2016年财政收入（亿元）

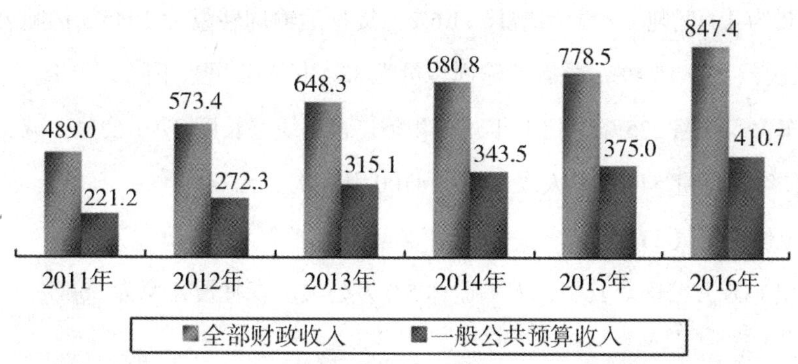

年末全市金融机构（人民币）各项存款余额 11077.9 亿元，比年初增加 1277.8 亿元。其中，住户存款余额 5348.2 亿元，增加 479.3 亿元。金融机构（人民币）各项贷款余额 7175.9 亿元，增加 1054.8 亿元。

全年保险公司原保险保费收入 345.1 亿元，比上年增长 36.3%。其中，寿险业务原保险保费收入 199.8 亿元，财产险业务原保险保费收入 95.3 亿元，健康险和意外伤害险业务原保险保费收入 49.9 亿元。

九、科学技术和教育

全年获得年度国家科技奖 4 项，省级科技奖 19 项。

全年新增专利申请 12189 件，新增专利授权 6994 件，万人发明专利拥有量 4.1 件。全市完成技术交易额 15.25 亿元。

年末普通高等学校 44 所。研究生教育招生 0.5 万人，在校生 1.4 万人，毕业生 0.4 万人。普通本专科招生 14.4 万人，在校生 44.2 万人，毕业生 11.8 万人。普通中学 410 所，招生 17.6 万人，在校生 49.4 万人，毕业生 15.9 万人。中等职业学校 141 所，招生 6.1 万人，在校生 15.9 万人，毕业生 4.3 万人。技工学校 39 所，招生 0.5 万人，在校生 1.2 万人，毕业生 0.5 万人。小学 1401 所，招生 15.2 万人，在校生 80.8 万人，毕业生 11.4 万人。特殊教育学校 24 所，招生 267 人，在校生 1962 人，毕业生 186 人。幼儿园 1453 所，在园人数 30.4 万人。九年义务教育巩固率为 98.53%，高中阶段毛入学率为 93.8%。

十、文化、卫生和体育

年末全市共有艺术表演团体 21 个，艺术表演场馆 14 个，文化馆 24 个，公共图书馆 25 个，公共图书馆图书总藏量 3645.3 千册。数字电视用户 139.0 万户。广播节目综合人口覆盖率 99.4%, 电视节目综合人口覆盖率 99.38%。

年末全市共有医疗卫生机构（含诊所）6892 个。其中，医院 205 个，疾病预防控制中心（防疫站）24 个，妇幼保健院（所、站）24 个，社区卫生服务中心（站）193 个，村卫生室 3973 个。卫生机构实有床位 53357 张。其中，医院拥有床位 41972 张。拥有卫生技术人员 70593 人。其中，执业医师 31781 人，注册护士 27749 人。

全年在省级以上比赛中共获金牌 256 枚，银牌 206 枚，铜牌 155 枚。

十一、交通和环境保护

全年货物运输总量为 4.1 亿吨，比上年增长 11.6%。货物运输周转量为 1945.3 亿吨公里，增长 7.8%。旅客运输总量为 0.5 亿人次，下降 15.4%。旅客运输周转量为 32.1 亿人公里，下降 22.9%。

年末市区公共汽车营运线路 225 条，比上年减少 4 条；营运线路长度 3707 公里，减少 95 公里；营运车辆 4882 辆，增加 479 辆；客运总量 54600 万人次，减少 4100 万人次。

全年市区二级以上优良天气 172 天。

全年完成造林面积 13.0 万公顷。其中，人工造林 5.0 万公顷。森林覆盖率为 38.3%。

十二、人口、人民生活和社会保障

年末常住人口 1078.46 万人，比上年增加 8.3 万人。出生人口 13.56 万人，出生率为 12.62‰；死亡人口 6.77 万人，死亡率为 6.3‰；自然增长率为 6.32‰，比上年提高 0.44 个千分点。常住人口城镇化率 59.96%，比上年提高 1.66 个百分点。

全年居民人均可支配收入 22652 元，比上年增长 9.1%。按常住地分，城镇居民人均可支配收入 30459 元，增长 8.1%；农村居民人均可支配收入 12345 元，增长 7.9%。居民人均消费支出 14317 元，增长 6.6%。按常住地分，城镇居民人均消费支出 19182 元，增长 5.6%；农村居民人均消费支出 7894 元，增长 5.6%。恩格尔系数为 25.3%，回落 0.2 个百分点。其中，城镇为 24.6%，农村为 27.8%。

全年城镇职工参加养老保险人数 229.4 万人，比上年增加 19.4 万人。城乡居民参加养老保险人数为 403.7 万人，增加 3.9 万人。城镇职工参加医疗保险人数为 145.7 万人，增加 4.1 万人。城乡居民参加医疗保险人数为 764.8 万人，增加 3 万人。其中，新型农村合作医疗参合人数为 609.2 万人，减少 4.3 万人。参加失业保险人数为 92 万人，增加 0.4 万人；工伤保险人数为 151.8 万人，增加 10 万人；生育保险人数为 140.9 万人，增加 4 万人。

年末享受居民最低生活保障 16.9 万人。其中，城镇居民 2.6 万人，农村居民 14.3 万人。

注释：

1. 本公报中部分数据为快报数据，最终数据以《石家庄统计年鉴》为准。

2. 全市生产总值、各产业增加值绝对数按现价计算，增长速度按可比价计算。

3. 部分数据因四舍五入的原因，存在着与分项合计不等的情况，未作机械调整。

4. 公报中部分数据来源于相关部门，邮政、保费数据取自相关部门官方网站。

5. 本公报中获得年度及技术交易额、邮政、交通运输、城市交通、优良天气天数、居民人均可支配收入及人均消费支出、恩格尔系数、享受居民最低生活保障人数等指标数据为不含辛集市数据。

6. 原保险保费收入是指保险企业确认的原保险合同保费收入。

一、综　合

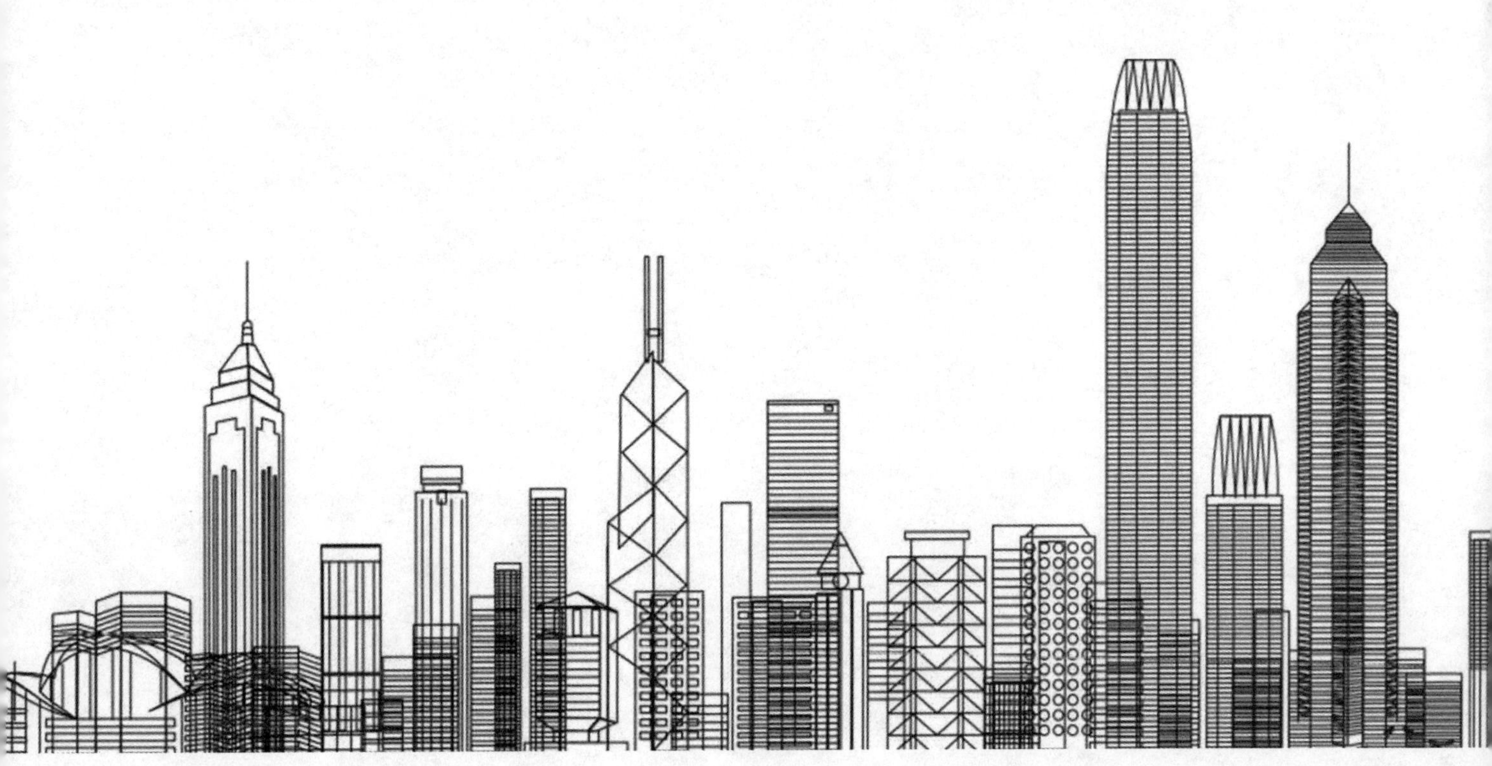

行政组织机构及土地面积

1—1　　（2016 年）

行政单位	镇政府（个）	乡政府（个）	街道办事处（个）	居民委员会（个）	村民委员会（个）	土地面积（平方公里）
石家庄市	**129**	**91**	**56**	**659**	**4354**	**15848**
市　区	36	10	53	537	690	2240
长安区	4		12	146	8	
桥西区			17	121	15	
新华区	2	2	11	97	13	
裕华区	2		11	92	25	
矿　区	2	1	2	47		
藁城区	12	1		6	239	
鹿泉区	9	3		22	208	
栾城区	5	3		6	182	
高新区						
循环化工园区	1					
井陉县	10	7			318	1381
正定县	3	5	2	34	154	470
行唐县	4	11		8	322	1025
灵寿县	6	9		3	279	1546
高邑县	4	1		5	107	211
深泽县	3	3		3	125	286
赞皇县	4	7		8	212	1210
无极县	6	5		4	213	524
平山县	12	11		7	717	2951
元氏县	8	7		4	208	849
赵　县	7	4		9	281	714
晋州市	9	1		10	224	716
新乐市	8	3	1	10	160	625
辛集市	8	7		17	344	1100

注：行政区划数据取自民政部门。
　　土地面积沿用 1986 年以来统计年鉴历史数据。

全市常住人口基本情况

1—2　　（2016 年）　　计量单位：人

行政单位	年末常住人口	年平均人口
石家庄市	**10784600**	**10743100**
长安区	810812	804036
桥西区	837243	832533
新华区	690868	687148
裕华区	553265	548373
矿　区	99369	99267
藁城区	767138	764094
鹿泉区	456471	454592
栾城区	353078	351468
高新区	192290	185591
循环化工园区	51434	50804
井陉县	317748	317606
正定县	494137	491884
行唐县	419527	419296
灵寿县	342888	342734
高邑县	192209	192037
深泽县	258122	257877
赞皇县	253008	252804
无极县	520162	519410
平山县	448853	448517
元氏县	434074	433728
赵　县	591147	591115
晋州市	554027	553367
新乐市	513330	512869
辛集市	633400	631950

注：全市人口出生率为 12.62‰、死亡率为 6.3‰、自然增长率为 6.32‰。

地区生产总值构成项目

1—3　　　　（2016 年）　　　　计量单位：万元

行业名称	增加值	劳动者报酬	生产税净额	固定资产折　旧	营业盈余
地区生产总值	**59277293**	**23973844**	**9223816**	**7524008**	**18555625**
农、林、牧、渔业	5005505	4545478		292359	167668
农业	3031161	2745524		175834	109803
林业	112712	105494		6691	527
畜牧业	1646886	1495194		97467	54225
渔业	18022	16949		1067	6
农、林、牧、渔服务业	196724	182317		11300	3107
工业	24170076	6644856	4828482	3106302	9590436
采矿业	785585	314183	105750	103985	261667
#开采辅助活动	3504	1780	522	259	943
制造业	22154213	6059874	4536678	2591287	8966374
#金属制品、机械和设备修理业	85193	28114	14227	7497	35355
电力、燃气及水的生产和供应业	1230278	270799	186054	411030	362395
建筑业	2857808	1342180	743310	243366	528952
房屋建筑业	1650430	811982	473348	90459	274641
土木工程建筑业	750289	308450	181336	119822	140681
建筑安装业	278645	134846	53004	21437	69358
建筑装饰和其他建筑业	178444	86902	35622	11648	44272
批发和零售业	5609618	1576588	1874925	336831	1821274
批发业	2556636	529870	1315662	93730	617374
零售业	3052982	1046718	559263	243101	1203900
交通运输、仓储和邮政业	4994856	1752319	402959	385464	2454114
铁路运输业	295055	86464	79966	46995	81630
道路运输业	3952847	1265289	273570	291942	2122046
水上运输业					
航空运输业	148480	48998	19302	10394	69786

1—3 续表 1　　（2016 年）　　计量单位：万元

行业名称	增加值	劳动者报酬	生产税净额	固定资产折　旧	营业盈余
管道运输业					
装卸搬运和运输代理业	338556	185787	19058	12239	121472
仓储业	113453	66630	4060	14412	28351
邮政业	146465	99151	7003	9482	30829
住宿和餐饮业	961557	666090	66800	176081	52586
住宿业	186886	134791	15207	49800	−12912
餐饮业	774671	531299	51593	126281	65498
信息传输、软件和信息技术服务业	1151155	282779	165295	346961	356120
电信、广播电视和卫星传输服务	848376	172489	123198	315561	237128
互联网和相关服务	25067	14442	3643	2357	4625
软件和信息技术服务业	277712	95848	38454	29043	114367
金融业	4227160	1408671	446400	393193	1978896
货币金融服务	3659878	976015	400570	299135	1984158
资本市场服务	238586	113831	16459	1540	106756
保险业	178348	292406	6022	72707	−192787
其他金融业	150348	26419	23349	19811	80769
房地产业	2264316	193370	306093	1471664	293189
房地产开发经营	607880	151481	274496	23311	158592
物业管理	127681	12972	19228	1521	93960
房地产中介服务	54501	5744	10975	572	37210
自有房地产经营活动	1468837	22631		1446206	
其他房地产业	5417	542	1394	54	3427
租赁和商务服务业	782904	511563	138710	59038	73593
租赁业	238583	39530	111637	5216	82200
商务服务业	544321	472033	27073	53822	−8607
科学研究和技术服务业	923798	566479	101898	115551	139870

1—3 续表 2　　（2016 年）　　计量单位 : 万元

行业名称	增加值	劳动者报酬	生产税净额	固定资产折旧	营业盈余
研究和试验发展	170340	71714	22925	20206	55495
专业技术服务业	554292	348994	68891	69760	66647
科技推广和应用服务业	199166	145771	10082	25585	17728
水利、环境和公共设施管理业	207801	111092	9094	51437	36178
水利管理业	74779	41484	536	42686	-9927
生态保护和环境治理业	7913	7619	27	314	-47
公共设施管理业	125109	61989	8531	8437	46152
居民服务、修理和其他服务业	880576	266097	70567	23129	520783
居民服务业	470937	138740	32828	12613	286756
机动车、电子产品和日用产品修理业	211321	65894	16191	5787	123449
其他服务业	198318	61463	21548	4729	110578
教育	1453596	1273365	2848	141941	35442
卫生和社会工作	1351450	932548	10963	112500	295439
卫生	1286524	833403	10784	107881	334456
社会工作	64926	99145	179	4619	-39017
文化、体育和娱乐业	531816	487395	53917	110853	-120349
新闻和出版业	102387	54313	10156	5357	32561
广播、电视、电影和影视录音制作业	292476	340327	36905	92006	-176762
文化艺术业	97969	80221	3428	6502	7818
体育	9476	7288	127	2599	-538
娱乐业	29508	5246	3301	4389	16572
公共管理、社会保障和社会组织	1903301	1412974	1555	157338	331434
第一产业	4808781	4363161		281059	164561
第二产业	26939187	7957142	5557043	3341912	10083090
第三产业	27529325	11653541	3666773	3901037	8307974

说明：以上行业是根据《国民经济行业分类》（GB/T 4754—2011）划分的，三次产业划分执行新规定，即第一产业是指农、林、牧、渔业（不含农、林、牧、渔服务业）第二产业是指采矿业（不含开采辅助活动），制造业（不含金属制品、机械和设备修理业），电力、燃气及水生产和供应业，建筑业；第三产业即服务业，是指除第一产业、第二产业以外的其他行业。

总产出、地区生产总值

1—4　（2016 年）　计量单位：万元、%

行业名称	总产出		地区生产总值	
	绝对值	发展速度（以上年为 100）	绝对值	发展速度（以上年为 100）
总计	**176377739**	**107.8**	**59277293**	**106.8**
农、林、牧、渔业	8809674	101.2	5005505	101.2
农业	4689309	101.4	3031161	101.4
林业	198472	113.4	112712	112.7
畜牧业	3483324	99.8	1646886	99.6
渔业	38101	76.7	18022	75.5
农、林、牧、渔服务业	400468	108.7	196724	108.5
工业	104818486	107.3	24170076	104.5
采矿业	2753630	98.8	785585	101.2
#开采辅助活动	15368	104.4	3504	104.4
制造业	96753040	107.9	22154213	104.6
#金属制品、机械和设备修理业	174219	104.4	85193	104.4
电力、燃气及水的生产和供应业	5311816	102.0	1230278	104.4
建筑业	14180557	107.3	2857808	103.6
房屋建筑业	8268994	110.9	1650430	102.5
土木工程建筑业	3927715	104.1	750289	97.0
建筑安装业	1409392	102.2	278645	118.5
建筑装饰和其他建筑业	574456	94.2	178444	129.2
批发和零售业	7853911	107.3	5609618	107.2
批发业	4049768	107.5	2556636	107.4
零售业	3804143	107.1	3052982	107.0
交通运输、仓储和邮政业	11461077	108.7	4994856	108.4
铁路运输业	470582	101.9	295055	101.9
道路运输业	8550284	107.6	3952847	107.6
水上运输业				
航空运输业	262799	112.2	148480	112.2
管道运输业				

1—4续表1 （2016年） 计量单位:万元、%

行业名称	总产出		地区生产总值	
	绝对值	发展速度（以上年为100）	绝对值	发展速度（以上年为100）
装卸搬运和运输代理业	776609	113.7	338556	116.6
仓储业	1004528	109.9	113453	109.0
邮政业	396275	129.4	146465	126.3
住宿和餐饮业	2130609	110.7	961557	110.4
住宿业	405142	114.1	186886	113.5
餐饮业	1725467	109.9	774671	109.7
信息传输、软件和信息技术服务业	2469293	117.8	1151155	123.1
电信、广播电视和卫星传输服务	1621629	110.2	848376	116.9
互联网和相关服务	54985	114.2	25067	114.3
软件和信息技术服务业	792679	137.6	277712	148.9
金融业	6873648	114.4	4227160	115.4
货币金融服务	5561931	114.4	3659878	115.5
资本市场服务	309661	114.5	238586	114.6
保险业	809303	114.6	178348	114.6
其他金融业	192753	114.6	150348	114.6
房地产业	3425962	104.6	2264316	105.1
房地产开发经营	1393960	99.3	607880	104.9
物业管理	276868	106.4	127681	110.5
房地产中介服务	122225	109.5	54501	109.4
自有房地产经营活动	1623804	108.4	1468837	104.6
其他房地产业	9105	114.8	5417	114.8
租赁和商务服务业	1557515	103.7	782904	103.6
租赁业	356463	98.7	238583	99.8
商务服务业	1201052	105.3	544321	105.3
科学研究和技术服务业	1770065	111.9	923798	115.9
研究和试验发展	300829	130.3	170340	124.5

1—4续表2　　（2016年）　　计量单位：万元、%

行业名称	总产出		地区生产总值	
	绝对值	发展速度（以上年为100）	绝对值	发展速度（以上年为100）
专业技术服务业	1140823	105.7	554292	111.4
科技推广和应用服务业	328413	123.8	199166	123.8
水利、环境和公共设施管理业	269585	109.9	207801	109.9
水利管理业	94674	113.8	74779	113.8
生态保护和环境治理业	10947	107.1	7913	106.2
公共设施管理业	163964	107.9	125109	107.9
居民服务、修理和其他服务业	2045079	118.3	880576	116.8
居民服务业	922409	103.2	470937	103.4
机动车、电子产品和日用产品修理业	496137	141.5	211321	143.6
其他服务业	626533	129.6	198318	130.5
教育	1910020	115.3	1453596	112.5
卫生和社会工作	2925742	116.0	1351450	118.9
卫生	2832460	115.8	1286524	118.6
社会工作	93282	124.5	64926	124.5
文化、体育和娱乐业	1026711	112.4	531816	117.9
新闻和出版业	277282	113.1	102387	111.9
广播、电视、电影和影视录音制作业	557950	110.0	292476	117.1
文化艺术业	129550	123.2	97969	126.2
体育	11981	122.9	9476	128.6
娱乐业	49948	108.3	29508	118.1
公共管理、社会保障和社会组织	2849805	106.5	1903301	104.9
第一产业	8409206	100.8	4808781	100.9
第二产业	118809456	107.3	26939187	104.4
第三产业	49159077	110.3	27529325	110.4

注：以上行业是根据《国民经济行业分类》（GB/T 4754—2011）划分的，三次产业划分执行新规定，即第一产业是指农、林、牧、渔业（不含农、林、牧、渔服务业）第二产业是指采矿业（不含开采辅助活动），制造业（不含金属制品、机械和设备修理业），电力、燃气及水生产和供应业，建筑业；第三产业即服务业，是指除第一产业、第二产业以外的其他行业。

分县（市）地区生产总值

1—5　　（2016 年）　　计量单位：万元、%

行政单位	地区生产总值	发展速度（以上年为 100）	第一产业		第二产业	
			绝对值	发展速度（以上年为 100）	绝对值	发展速度（以上年为 100）
石家庄市	**59277293**	**106.8**	**4808781**	**100.9**	**26939187**	**104.4**
市　区	32148250	107.3	1347124	99.0	12470337	104.0
井 陉 县	1506926	103.2	117688	89.5	618757	99.6
正 定 县	2927014	107.0	323968	102.4	1172264	105.8
行 唐 县	1336533	103.2	281477	105.8	642572	98.7
灵 寿 县	899756	103.2	166412	103.7	389841	98.4
高 邑 县	881952	106.5	129870	103.9	500253	105.5
深 泽 县	1079534	106.6	160399	101.9	634049	105.8
赞 皇 县	977766	106.1	165758	102.8	535329	105.1
无 极 县	1965162	106.7	269048	101.1	1059388	106.6
平 山 县	2085091	106.8	182506	100.9	1208108	105.8
元 氏 县	2001614	106.9	256485	102.4	1071035	105.5
赵　县	2127267	106.0	337065	100.4	1233150	105.6
晋 州 市	3004688	106.7	290652	102.0	1715389	105.5
新 乐 市	2079912	106.6	292967	101.0	1137382	105.7
辛 集 市	4255828	107.0	487362	101.4	2551333	105.2

1—5续表　　（2016年）　　计量单位:万元、%

行政单位	工业增加值		第三产业		人均地区生产总值（元）	
	绝对值	发展速度（以上年为00）	绝对值	发展速度（以上年为100）	绝对值	发展速度（以上年为100）
石家庄市	**24170076**	**104.5**	**27529325**	**110.4**	**55177**	**106.0**
市　区	10693748	103.9	18330789	110.0	67493	106.1
井 陉 县	544040	98.4	770481	109.1	47447	103.1
正 定 县	1051808	105.9	1430782	109.2	59504	106.0
行 唐 县	613024	98.3	412484	109.5	31875	103.1
灵 寿 县	355813	97.9	343503	110.1	26255	103.2
高 邑 县	446252	105.8	251829	110.0	45935	106.3
深 泽 县	556080	105.7	285086	111.3	43530	106.5
赞 皇 县	491892	105.0	276679	110.4	38677	105.9
无 极 县	1006902	106.7	636726	109.5	37835	106.4
平 山 县	1136192	105.9	694477	110.4	46490	106.7
元 氏 县	1008274	105.6	674094	111.0	46152	106.7
赵　县	1181821	105.8	557052	110.9	35988	105.9
晋 州 市	1654561	105.7	998647	110.6	54295	106.4
新 乐 市	1051154	105.7	649563	110.9	40552	106.3
辛 集 市	2429208	104.9	1217133	113.5	67350	106.7

注：人均GDP按常住平均人口计算，市区口径为区划调整后的新口径。

历年地区生产总值指数

1—6　（上年 = 100）　计量单位 :%

年 份	地区生产总值	第一产业	第二产业	第三产业
1953	122.8	98.7	194.9	101.2
1954	109.1	95.3	128.5	98.8
1955	115.9	120.6	120.6	104.9
1956	103.1	90.6	107.4	108.2
1957	108.3	116.2	106.9	104.3
1958	152.2	112.8	209.0	108.6
1959	123.9	95.8	138.3	113.7
1960	83.2	88.6	79.7	90.7
1961	70.4	86.2	63.4	77.4
1962	86.4	102.1	79.1	89.0
1963	95.5	73.7	102.1	106.8
1964	119.4	138.4	115.7	111.6
1965	125.5	128.2	130.3	111.5
1966	111.9	104.2	114.6	114.0
1967	98.8	97.4	92.3	118.0
1968	120.3	113.3	129.1	108.0
1969	111.5	99.7	116.0	111.3
1970	103.2	113.1	100.5	101.4
1971	104.3	102.3	103.8	107.7
1972	98.7	101.7	95.7	103.6
1973	109.7	111.4	111.5	103.7
1974	108.5	115.5	106.5	106.0
1975	108.0	100.2	108.1	116.9
1976	104.8	99.1	107.0	105.2
1977	109.9	97.0	109.7	122.9
1978	104.7	121.6	100.4	101.5
1979	106.7	101.5	105.0	115.4

1—6 续表　　（上年＝100）　　计量单位 :%

年份	地区生产总值	第一产业	第二产业	第三产业
1980	108.2	103.5	103.2	121.9
1981	104.1	106.0	104.8	100.8
1982	111.6	109.0	115.4	106.9
1983	118.9	128.6	107.0	133.7
1984	111.5	114.0	113.1	106.1
1985	106.8	102.6	112.0	101.9
1986	109.7	106.2	109.3	114.7
1987	113.5	103.3	124.7	102.9
1988	115.5	106.4	123.2	107.3
1989	100.8	105.0	102.0	92.9
1990	104.5	107.0	101.7	109.7
1991	109.8	103.5	110.2	116.6
1992	119.0	104.5	125.1	123.3
1993	120.5	105.7	131.7	112.5
1994	114.6	107.4	117.6	114.2
1995	121.8	110.1	125.8	122.3
1996	114.8	107.9	116.1	116.7
1997	114.9	110.9	115.3	116.6
1998	112.8	104.8	114.1	115.1
1999	109.8	103.7	111.0	110.6
2000	109.8	104.2	110.4	111.3
2001	108.5	103.4	108.5	110.2
2002	109.2	103.4	110.3	109.9
2003	111.1	104.1	114.4	109.6
2004	113.3	105.5	116.5	112.1
2005	113.8	104.3	118.3	110.9
2006	113.4	100.9	115.6	114.6
2007	113.2	102.2	115.7	113.1
2008	111.0	103.9	110.8	112.9
2009	111.1	100.2	111.0	113.8
2010	112.2	102.7	113.1	113.1
2011	112.0	104.3	113.6	112.1
2012	110.4	103.6	112.0	110.0
2013	109.4	102.7	109.8	110.5
2014	107.9	102.6	107.1	109.9
2015	107.5	102.3	105.8	110.5
2016	106.8	100.9	104.4	110.4

二、单位从业人员和工资总额

全市单位从业人员和工资总额

2—1　　（2016 年）　　计量单位：人、千元、个、元

行业名称	年末单位从业人员	#女 性	1.在岗职工	2.劳务派遣人员	3 其他从业人员
总　计	**995421**	**411005**	**908080**	**43199**	**44142**
一、按企业、事业、机关分组					
（一）企业	626107	231156	566209	30468	29430
（二）事业	268428	149643	247446	10333	10649
（三）机关	97502	28349	91204	2398	3900
（四）民间非营利组织	2096	1377	1933		163
（五）其他	1288	480	1288		
二、按国民经济行业分组					
（一）农、林、牧、渔业	1971	610	1969	2	
（二）采矿业	4237	619	2995	153	1089
（三）制造业	227345	91763	214725	10656	1964
（四）电力、热力、燃气及水生产和供应业	23273	6789	22944	216	113
（五）建筑业	80102	12199	63774	4684	11644
（六）批发和零售业	59770	34820	57349	1203	1218
（七）交通运输、仓储和邮政业	73771	20902	65329	5285	3157
（八）住宿和餐饮业	11519	5949	10877	120	522
（九）信息传输、软件和信息技术服务业	21917	8732	20942	899	76
（十）金融业	54891	28822	45090	2758	7043
（十一）房地产业	19022	7406	17277	1548	197
（十二）租赁和商务服务业	36597	8421	31956	2689	1952
（十三）科学研究、技术服务业	39039	11892	34588	3704	747
（十四）水利、环境和公共设施管理业	21007	7695	14194	1643	5170
（十五）居民服务、修理和其他服务业	3524	995	3367	98	59
（十六）教育	131554	85187	126697	2217	2640
（十七）卫生和社会工作	59102	39046	55612	1530	1960
（十八）文化、体育和娱乐业	15592	6394	14017	1060	515
（十九）公共管理、社会保障和社会组织	111188	32764	104378	2734	4076

2—1 续表 1　　(2016 年)　　计量单位：人、千元、个、元

行业名称	单位从业人员平均人数	在岗职工	劳务派遣人员	其他从业人员
总　　计	**991080**	**903022**	**44180**	**43878**
一、按企业、事业、机关分组				
（一）企业	624062	563222	31541	29299
（二）事业	266484	245627	10284	10573
（三）机关	97159	90972	2355	3832
（四）民间非营利组织	2071	1898		173
（五）其他	1304	1303		1
二、按国民经济行业分组				
（一）农、林、牧、渔业	1970	1968	2	
（二）采矿业	4317	3044	156	1117
（三）制造业	228068	213895	12209	1964
（四）电力、热力、燃气及水生产和供应业	22981	22732	136	113
（五）建筑业	79587	62504	5161	11922
（六）批发和零售业	59798	57139	1302	1357
（七）交通运输、仓储和邮政业	73381	66806	4049	2526
（八）住宿和餐饮业	11430	10686	126	618
（九）信息传输、软件和信息技术服务业	22901	21644	1176	81
（十）金融业	54253	44551	2804	6898
（十一）房地产业	18640	16847	1533	260
（十二）租赁和商务服务业	35446	30860	2635	1951
（十三）科学研究、技术服务业	39107	34625	3726	756
（十四）水利、环境和公共设施管理业	20739	13948	1653	5138
（十五）居民服务、修理和其他服务业	3389	3201	83	105
（十六）教育	130798	125978	2193	2627
（十七）卫生和社会工作	57857	54450	1516	1891
（十八）文化、体育和娱乐业	15622	14050	1026	546
（十九）公共管理、社会保障和社会组织	110796	104094	2694	4008

2—1 续表 2 （2016 年） 计量单位：人、千元、个、元

行业名称	单位从业人员工资总额	在岗职工	劳务派遣人员	其他从业人员	单位数
总　计	**58808188**	**55553025**	**1815043**	**1440120**	**8808**
一、按企业、事业、机关分组					
（一）企业	33977641	31572511	1360477	1044653	2704
（二）事业	18391219	17691758	394995	304466	4228
（三）机关	6258697	6114271	59571	84855	1850
（四）民间非营利组织	95556	89603		5953	14
（五）其他	85075	84882		193	12
二、按国民经济行业分组					
（一）农、林、牧、渔业	83329	83315	14		90
（二）采矿业	183743	142037	4931	36775	6
（三）制造业	9970810	9462794	448354	59662	552
（四）电力、热力、燃气及水生产和供应业	1662400	1656008	4753	1639	57
（五）建筑业	3712876	2990674	209483	512719	175
（六）批发和零售业	2523118	2435229	46273	41616	589
（七）交通运输、仓储和邮政业	4745394	4440777	233678	70939	229
（八）住宿和餐饮业	429990	402479	6147	21364	87
（九）信息传输、软件和信息技术服务业	1876677	1810821	61722	4134	97
（十）金融业	5589111	5219151	155225	214735	322
（十一）房地产业	934244	881503	43287	9454	307
（十二）租赁和商务服务业	1476480	1311333	116975	48172	209
（十三）科学研究、技术服务业	3383436	3145509	211633	26294	395
（十四）水利、环境和公共设施管理业	895298	694002	48805	152491	199
（十五）居民服务、修理和其他服务业	137314	129440	4175	3699	61
（十六）教育	9165595	9033392	61533	70670	2416
（十七）卫生和社会工作	3965726	3840301	61165	64260	486
（十八）文化、体育和娱乐业	1013151	971295	28274	13582	238
（十九）公共管理、社会保障和社会组织	7059496	6902965	68616	87915	2293

2—1 续表 3　　（2016 年）　　计量单位：人、千元、个、元

行业名称	单位从业人员平均工资	在岗职工	劳务派遣人员	其他从业人员
总　计	**59337**	**61519**	**41083**	**32821**
一、按企业、事业、机关分组				
（一）企业	54446	56057	43134	35655
（二）事业	69014	72027	38409	28797
（三）机关	64417	67210	25296	22144
（四）民间非营利组织	46140	47209		34410
（五）其他	65242	65144		193000
二、按国民经济行业分组				
（一）农、林、牧、渔业	42299	42335	7000	
（二）采矿业	42563	46661	31609	32923
（三）制造业	43719	44240	36723	30378
（四）电力、热力、燃气及水生产和供应业	72338	72849	34949	14504
（五）建筑业	46652	47848	40590	43006
（六）批发和零售业	42194	42619	35540	30668
（七）交通运输、仓储和邮政业	64668	66473	57713	28084
（八）住宿和餐饮业	37619	37664	48786	34570
（九）信息传输、软件和信息技术服务业	81947	83664	52485	51037
（十）金融业	103019	117150	55358	31130
（十一）房地产业	50120	52324	28237	36362
（十二）租赁和商务服务业	41654	42493	44393	24691
（十三）科学研究、技术服务业	86517	90845	56799	34780
（十四）水利、环境和公共设施管理业	43170	49756	29525	29679
（十五）居民服务、修理和其他服务业	40518	40437	50301	35229
（十六）教育	70074	71706	28059	26901
（十七）卫生和社会工作	68544	70529	40346	33982
（十八）文化、体育和娱乐业	64854	69131	27558	24875
（十九）公共管理、社会保障和社会组织	63716	66315	25470	21935

2—1 续表 4 （2016 年） 计量单位：人、千元、个、元

行业名称	在岗职工（含劳务派遣）			
	期末人数	平均人数	工资总额	平均工资
总　计	**951279**	**947202**	**57368068**	**60566**
一、按企业、事业、机关分组				
（一）企业	596677	594763	32932988	55372
（二）事业	257779	255911	18086753	70676
（三）机关	93602	93327	6173842	66153
（四）民间非营利组织	1933	1898	89603	47209
（五）其他	1288	1303	84882	65144
二、按国民经济行业分组				
（一）农、林、牧、渔业	1971	1970	83329	42299
（二）采矿业	3148	3200	146968	45928
（三）制造业	225381	226104	9911148	43834
（四）电力、热力、燃气及水生产和供应业	23160	22868	1660761	72624
（五）建筑业	68458	67665	3200157	47294
（六）批发和零售业	58552	58441	2481502	42462
（七）交通运输、仓储和邮政业	70614	70855	4674455	65972
（八）住宿和餐饮业	10997	10812	408626	37794
（九）信息传输、软件和信息技术服务业	21841	22820	1872543	82057
（十）金融业	47848	47355	5374376	113491
（十一）房地产业	18825	18380	924790	50315
（十二）租赁和商务服务业	34645	33495	1428308	42642
（十三）科学研究、技术服务业	38292	38351	3357142	87537
（十四）水利、环境和公共设施管理业	15837	15601	742807	47613
（十五）居民服务、修理和其他服务业	3465	3284	133615	40687
（十六）教育	128914	128171	9094925	70959
（十七）卫生和社会工作	57142	55966	3901466	69711
（十八）文化、体育和娱乐业	15077	15076	999569	66302
（十九）公共管理、社会保障和社会组织	107112	106788	6971581	65284

全市国有单位从业人员和工资总额

2—2　　（2016 年）　　计量单位：人、千元、个、元

行业名称	年末单位从业人员	# 女性	1. 在岗职工	2. 劳务派遣人员	3. 其他从业人员
总　计	**484263**	**210524**	**451676**	**16685**	**15902**
一、按隶属关系分组					
1. 中央	69262	18720	63566	4819	877
2. 地方	415001	191804	388110	11866	15025
二、按企业、事业、机关分组					
（一）企业	126522	37593	120259	4326	1937
1. 中央	50530	13138	46851	3237	442
2. 地方	75992	24455	73408	1089	1495
（二）事业	259525	144202	239498	9961	10066
1. 中央	14638	4091	12928	1488	222
2. 地方	244887	140111	226570	8473	9844
（三）机关	97404	28328	91107	2398	3899
1. 中央	4094	1491	3787	94	213
2. 地方	93310	26837	87320	2304	3686
（四）民间非营利组织	377	236	377		
1. 中央					
2. 地方	377	236	377		
（五）其他	435	165	435		
1. 中央					
2. 地方	435	165	435		
三、按国民经济行业分组					
（一）农、林、牧、渔业	1782	564	1780	2	
（二）采矿业					
（三）制造业	13619	4013	13358	216	45
（四）电力、热力、燃气及水生产和供应业	10889	2726	10784	8	97
（五）建筑业	11759	2600	9629	1255	875
（六）批发和零售业	10560	6847	10472	42	46
（七）交通运输、仓储和邮政业	51491	14383	48590	2327	574
（八）住宿和餐饮业	5503	2608	5183	68	252
（九）信息传输、软件和信息技术服务业	4481	1816	4023	408	50
（十）金融业	3360	1351	3152	188	20
（十一）房地产业	1307	460	1306		1
（十二）租赁和商务服务业	17538	1508	17421	38	79
（十三）科学研究、技术服务业	27827	8583	24122	3318	387
（十四）水利、环境和公共设施管理业	19155	7198	12657	1630	4868
（十五）居民服务、修理和其他服务业	1211	389	1182	6	23
（十六）教育	126759	82089	122127	2214	2418
（十七）卫生和社会工作	54042	35565	51120	1218	1704
（十八）文化、体育和娱乐业	11921	5086	10520	1013	388
（十九）公共管理、社会保障和社会组织	111059	32738	104250	2734	4075

2—2 续表 1　　（2016 年）　　计量单位：人、千元、个、元

行业名称	单位从业人员平均人数	在岗职工	劳务派遣人员	其他从业人员
总　计	**481646**	**449382**	**16418**	**15846**
一、按隶属关系分组				
1. 中央	69611	64091	4650	870
2. 地方	412035	385291	11768	14976
二、按企业、事业、机关分组				
（一）企业	126064	119891	4151	2022
1. 中央	50956	47440	3081	435
2. 地方	75108	72451	1070	1587
（二）事业	257711	237807	9912	9992
1. 中央	14563	12864	1477	222
2. 地方	243148	224943	8435	9770
（三）机关	97061	90875	2355	3831
1. 中央	4092	3787	92	213
2. 地方	92969	87088	2263	3618
（四）民间非营利组织	377	377		
1. 中央				
2. 地方	377	377		
（五）其他	433	432		1
1. 中央				
2. 地方	433	432		1
三、按国民经济行业分组				
（一）农、林、牧、渔业	1781	1779	2	
（二）采矿业				
（三）制造业	13523	13269	207	47
（四）电力、热力、燃气及水生产和供应业	10752	10647	8	97
（五）建筑业	11992	9820	1288	884
（六）批发和零售业	10604	10516	42	46
（七）交通运输、仓储和邮政业	52005	49331	2108	566
（八）住宿和餐饮业	5548	5157	73	318
（九）信息传输、软件和信息技术服务业	4514	4047	417	50
（十）金融业	3366	3161	185	20
（十一）房地产业	1320	1315		5
（十二）租赁和商务服务业	16487	16379	29	79
（十三）科学研究、技术服务业	27791	24038	3347	406
（十四）水利、环境和公共设施管理业	19152	12676	1640	4836
（十五）居民服务、修理和其他服务业	1222	1193	6	23
（十六）教育	126089	121493	2190	2406
（十七）卫生和社会工作	52923	50084	1204	1635
（十八）文化、体育和娱乐业	11911	10512	978	421
（十九）公共管理、社会保障和社会组织	110666	103965	2694	4007

2—2 续表 2　　（2016 年）　　计量单位：人、千元、个、元

行业名称	单位从业人员工资总额	在岗职工	劳务派遣人员	其他从业人员	单位数
总　计	**31590993**	**30483240**	**651919**	**455834**	**6453**
一、按隶属关系分组					
1. 中央	5957550	5671804	257189	28557	166
2. 地方	25633443	24811436	394730	427277	6287
二、按企业、事业、机关分组					
（一）企业	7403693	7110833	211844	81016	523
1. 中央	3917569	3752069	145033	20467	94
2. 地方	3486124	3358764	66811	60549	429
（二）事业	17871638	17201351	380504	289783	4075
1. 中央	1763940	1648946	110358	4636	39
2. 地方	16107698	15552405	270146	285147	4036
（三）机关	6256259	6111846	59571	84842	1846
1. 中央	276041	270789	1798	3454	33
2. 地方	5980218	5841057	57773	81388	1813
（四）民间非营利组织	30359	30359			5
1. 中央					
2. 地方	30359	30359			5
（五）其他	29044	28851		193	4
1. 中央					
2. 地方	29044	28851		193	4
三、按国民经济行业分组					
（一）农、林、牧、渔业	78645	78631	14		85
（二）采矿业					
（三）制造业	687145	676883	8541	1721	34
（四）电力、热力、燃气及水生产和供应业	670859	669540	215	1104	30
（五）建筑业	670874	557731	75329	37814	21
（六）批发和零售业	359341	354120	4084	1137	171
（七）交通运输、仓储和邮政业	3535187	3418263	95049	21875	121
（八）住宿和餐饮业	212124	195477	3840	12807	39
（九）信息传输、软件和信息技术服务业	273595	257139	14514	1942	28
（十）金融业	466918	460120	6296	502	45
（十一）房地产业	63200	63112		88	31
（十二）租赁和商务服务业	574063	569316	2693	2054	75
（十三）科学研究、技术服务业	2666787	2466676	187422	12689	294
（十四）水利、环境和公共设施管理业	841793	647677	48415	145701	184
（十五）居民服务、修理和其他服务业	57709	57170	151	388	35
（十六）教育	8948357	8823995	61478	62884	2379
（十七）卫生和社会工作	3641042	3535322	48684	57036	398
（十八）文化、体育和娱乐业	788169	753401	26578	8190	196
（十九）公共管理、社会保障和社会组织	7055185	6898667	68616	87902	2287

2—2 续表 3 （2016 年） 计量单位：人、千元、个、元

行业名称	单位从业人员平均工资	在岗职工	劳务派遣人员	其他从业人员
总　计	**65590**	**67834**	**39708**	**28767**
一、按隶属关系分组				
1. 中央	85583	88496	55309	32824
2. 地方	62212	64397	33543	28531
二、按企业、事业、机关分组				
（一）企业	58730	59311	51034	40067
1. 中央	76881	79091	47073	47051
2. 地方	46415	46359	62440	38153
（二）事业	69348	72333	38388	29002
1. 中央	121125	128183	74718	20883
2. 地方	66246	69139	32027	29186
（三）机关	64457	67256	25296	22146
1. 中央	67459	71505	19543	16216
2. 地方	64325	67071	25529	22495
（四）民间非营利组织	80528	80528		
1. 中央				
2. 地方	80528	80528		
（五）其他	67076	66785		193000
1. 中央				
2. 地方	67076	66785		193000
三、按国民经济行业分组				
（一）农、林、牧、渔业	44158	44200	7000	
（二）采 矿 业				
（三）制 造 业	50813	51012	41261	36617
（四）电力、热力、燃气及水生产和供应业	62394	62885	26875	11381
（五）建筑业	55943	56795	58485	42776
（六）批发和零售业	33887	33674	97238	24717
（七）交通运输、仓储和邮政业	67978	69292	45090	38648
（八）住宿和餐饮业	38234	37905	52603	40274
（九）信息传输、软件和信息技术服务业	60610	63538	34806	38840
（十）金融业	138716	145562	34032	25100
（十一）房地产业	47879	47994		17600
（十二）租赁和商务服务业	34819	34759	92862	26000
（十三）科学研究、技术服务业	95959	102616	55997	31254
（十四）水利、环境和公共设施管理业	43953	51095	29521	30128
（十五）居民服务、修理和其他服务业	47225	47921	25167	16870
（十六）教育	70969	72630	28072	26136
（十七）卫生和社会工作	68799	70588	40435	34884
（十八）文化、体育和娱乐业	66172	71671	27176	19454
（十九）公共管理、社会保障和社会组织	63752	66356	25470	21937

2—2 续表 4　　（2016 年）　　计量单位：人、千元、个、元

行业名称	在岗职工（含劳务派遣）			
	期末人数	平均人数	工资总额	平均工资
总　计	**468361**	**465800**	**31135159**	**66842**
一、按隶属关系分组				
1. 中央	68385	68741	5928993	86251
2. 地方	399976	397059	25206166	63482
二、按企业、事业、机关分组				
（一）企业	124585	124042	7322677	59034
1. 中央	50088	50521	3897102	77138
2. 地方	74497	73521	3425575	46593
（二）事业	249459	247719	17581855	70975
1. 中央	14416	14341	1759304	122677
2. 地方	235043	233378	15822551	67798
（三）机关	93505	93230	6171417	66196
1. 中央	3881	3879	272587	70272
2. 地方	89624	89351	5898830	66019
（四）民间非营利组织	377	377	30359	80528
1. 中央				
2. 地方	377	377	30359	80528
（五）其他	435	432	28851	66785
1. 中央				
2. 地方	435	432	28851	66785
三、按国民经济行业分组				
（一）农、林、牧、渔业	1782	1781	78645	44158
（二）采矿业				
（三）制造业	13574	13476	685424	50863
（四）电力、热力、燃气及水生产和供应业	10792	10655	669755	62858
（五）建筑业	10884	11108	633060	56991
（六）批发和零售业	10514	10558	358204	33927
（七）交通运输、仓储和邮政业	50917	51439	3513312	68301
（八）住宿和餐饮业	5251	5230	199317	38110
（九）信息传输、软件和信息技术服务业	4431	4464	271653	60854
（十）金融业	3340	3346	466416	139395
（十一）房地产业	1306	1315	63112	47994
（十二）租赁和商务服务业	17459	16408	572009	34862
（十三）科学研究、技术服务业	27440	27385	2654098	96918
（十四）水利、环境和公共设施管理业	14287	14316	696092	48623
（十五）居民服务、修理和其他服务业	1188	1199	57321	47807
（十六）教育	124341	123683	8885473	71841
（十七）卫生和社会工作	52338	51288	3584006	69880
（十八）文化、体育和娱乐业	11533	11490	779979	67883
（十九）公共管理、社会保障和社会组织	106984	106659	6967283	65323

全市城镇集体单位从业人员和工资总额

2—3　　（2016 年）　　计量单位：人、千元、个、元

行业名称	年末单位从业人员	#女 性	1.在岗职工	2.劳务派遣人员	3.其他从业人员
总　计	**23023**	**10049**	**21973**	**604**	**446**
一、按企业、事业、机关分组					
（一）企业	18236	7302	17724	292	220
（二）事业	4426	2642	3889	312	225
（三）机关	98	21	97		1
（四）其他	263	84	263		
二、按国民经济行业分组					
（一）农、林、牧、渔业	189	46	189		
（二）采矿业					
（三）制造业	2128	791	2109	10	9
（四）电力、热力、燃气及水生产和供应业					
（五）建筑业	1400	137	1400		
（六）批发和零售业	4815	2144	4741	4	70
（七）交通运输、仓储和邮政业	1054	344	1046		8
（八）住宿和餐饮业	320	178	320		
（九）信息传输、软件和信息技术服务业	129	42	129		
（十）金融业	5197	2207	4797	278	122
（十一）房地产业	490	258	490		
（十二）租赁和商务服务业	2503	1079	2502		1
（十三）科学研究、技术服务业	36	20	36		
（十四）水利、环境和公共设施管理业	167	47	167		
（十五）居民服务、修理和其他服务业	221	72	221		
（十六）教育	957	696	957		
（十七）卫生和社会工作	2889	1766	2343	312	234
（十八）文化、体育和娱乐业	399	196	398		1
（十九）公共管理、社会保障和社会组织	129	26	128		1

2—3 续表 1　　（2016 年）　　量单位：人、千元、个、元

行业名称	单位从业人员平均人数	在岗职工	劳务派遣人员	其他从业人员
总　计	**22811**	**21735**	**614**	**462**
一、按企业、事业、机关分组				
（一）企业	18044	17503	302	239
（二）事业	4394	3860	312	222
（三）机关	98	97		1
（四）其他	275	275		
二、按国民经济行业分组				
（一）农、林、牧、渔业	189	189		
（二）采矿业				
（三）制造业	2192	2173	10	9
（四）电力、热力、燃气及水生产和供应业				
（五）建筑业	1299	1299		
（六）批发和零售业	4592	4518	4	70
（七）交通运输、仓储和邮政业	1054	1046		8
（八）住宿和餐饮业	320	320		
（九）信息传输、软件和信息技术服务业	127	127		
（十）金融业	5249	4833	286	130
（十一）房地产业	474	474		
（十二）租赁和商务服务业	2542	2531	2	9
（十三）科学研究、技术服务业	36	36		
（十四）水利、环境和公共设施管理业	167	167		
（十五）居民服务、修理和其他服务业	223	223		
（十六）教育	951	951		
（十七）卫生和社会工作	2870	2324	312	234
（十八）文化、体育和娱乐业	396	395		1
（十九）公共管理、社会保障和社会组织	130	129		1

2—3 续表 2　　　　（2016 年）　　　　量单位：人、千元、个、元

行业名称	单位从业人员工资总额	在岗职工	劳务派遣人员	其他从业人员	单位数
总　计	**979070**	**933693**	**29618**	**15759**	**503**
一、按企业、事业、机关分组					
（一）企业	783417	756250	17137	10030	372
（二）事业	185238	167041	12481	5716	126
（三）机关	2438	2425		13	4
（四）其他	7977	7977			1
二、按国民经济行业分组					
（一）农、林、牧、渔业	4684	4684			5
（二）采矿业					
（三）制造业	69668	69208	214	246	33
（四）电力、热力、燃气及水生产和供应业					
（五）建筑业	34859	34859			8
（六）批发和零售业	130379	129250	91	1038	165
（七）交通运输、仓储和邮政业	40141	39929		212	10
（八）住宿和餐饮业	8059	8059			6
（九）信息传输、软件和信息技术服务业	4015	4015			3
（十）金融业	410376	385828	16802	7746	109
（十一）房地产业	10236	10236			6
（十二）租赁和商务服务业	68355	68197	30	128	30
（十三）科学研究、技术服务业	1369	1369			2
（十四）水利、环境和公共设施管理业	5312	5312			6
（十五）居民服务、修理和其他服务业	5461	5461			11
（十六）教育	42862	42862			11
（十七）卫生和社会工作	123861	105026	12481	6354	82
（十八）文化、体育和娱乐业	15122	15100		22	10
（十九）公共管理、社会保障和社会组织	4311	4298		13	6

2—3 续表 3　　　　（2016 年）　　　　量单位：人、千元、个、元

行业名称	单位从业人员平均工资	在岗职工	劳务派遣人员	其他从业人员
总　计	**42921**	**42958**	**48238**	**34110**
一、按企业、事业、机关分组				
（一）企业	43417	43207	56745	41967
（二）事业	42157	43275	40003	25748
（三）机关	24878	25000		13000
（四）其他	29007	29007		
二、按国民经济行业分组				
（一）农、林、牧、渔业	24783	24783		
（二）采矿业				
（三）制造业	31783	31849	21400	27333
（四）电力、热力、燃气及水生产和供应业				
（五）建筑业	26835	26835		
（六）批发和零售业	28393	28608	22750	14829
（七）交通运输、仓储和邮政业	38084	38173		26500
（八）住宿和餐饮业	25184	25184		
（九）信息传输、软件和信息技术服务业	31614	31614		
（十）金融业	78182	79832	58748	59585
（十一）房地产业	21595	21595		
（十二）租赁和商务服务业	26890	26945	15000	14222
（十三）科学研究、技术服务业	38028	38028		
（十四）水利、环境和公共设施管理业	31808	31808		
（十五）居民服务、修理和其他服务业	24489	24489		
（十六）教育	45070	45070		
（十七）卫生和社会工作	43157	45192	40003	27154
（十八）文化、体育和娱乐业	38187	38228		22000
（十九）公共管理、社会保障和社会组织	33162	33318		13000

2—3 续表 4　　（2016 年）　　量单位：人、千元、个、元

行业名称	在岗职工（含劳务派遣）			
	期末人数	平均人数	工资总额	平均工资
总　　计	**22577**	**22349**	**963311**	**43103**
一、按企业、事业、机关分组				
（一）企业	18016	17805	773387	43437
（二）事业	4201	4172	179522	43030
（三）机关	97	97	2425	25000
（四）其他	263	275	7977	29007
二、按国民经济行业分组				
（一）农、林、牧、渔业	189	189	4684	24783
（二）采矿业				
（三）制造业	2119	2183	69422	31801
（四）电力、热力、燃气及水生产和供应业				
（五）建筑业	1400	1299	34859	26835
（六）批发和零售业	4745	4522	129341	28603
（七）交通运输、仓储和邮政业	1046	1046	39929	38173
（八）住宿和餐饮业	320	320	8059	25184
（九）信息传输、软件和信息技术服务业	129	127	4015	31614
（十）金融业	5075	5119	402630	78654
（十一）房地产业	490	474	10236	21595
（十二）租赁和商务服务业	2502	2533	68227	26935
（十三）科学研究、技术服务业	36	36	1369	38028
（十四）水利、环境和公共设施管理业	167	167	5312	31808
（十五）居民服务、修理和其他服务业	221	223	5461	24489
（十六）教育	957	951	42862	45070
（十七）卫生和社会工作	2655	2636	117507	44578
（十八）文化、体育和娱乐业	398	395	15100	38228
（十九）公共管理、社会保障和社会组织	128	129	4298	33318

全市城镇其他单位从业人员和工资总额

2—4　　（2016年）　　计量单位：人、千元、个、元

行业名称	年末单位从业人员	#女 性	1.在岗职工	2.劳务派遣人员	3.其他从业人员
总　计	**488135**	**190432**	**434431**	**25910**	**27794**
一、按经济注册类型分组					
（一）内资	408325	151841	362056	19084	27185
1.股份合作	2102	922	1932	155	15
2.联营	196	96	185	11	
3.有限责任公司	296182	101818	260982	15950	19250
4.股份有限公司	101243	43916	90835	2780	7628
5.其他	8602	5089	8122	188	292
（二）港澳台投资经济	52323	26513	46212	6031	80
（三）外商投资	27487	12078	26163	795	529
二、按国民经济行业分组					
（一）农、林、牧、渔业					
（二）采矿业	4237	619	2995	153	1089
（三）制造业	211598	86959	199258	10430	1910
（四）电力、热力、燃气及水生产和供应业	12384	4063	12160	208	16
（五）建筑业	66943	9462	52745	3429	10769
（六）批发和零售业	44395	25829	42136	1157	1102
（七）交通运输、仓储和邮政业	21226	6175	15693	2958	2575
（八）住宿和餐饮业	5696	3163	5374	52	270
（九）信息传输、软件和信息技术服务业	17307	6874	16790	491	26
（十）金融业	46334	25264	37141	2292	6901
（十一）房地产业	17225	6688	15481	1548	196
（十二）租赁和商务服务业	16556	5834	12033	2651	1872
（十三）科学研究、技术服务业	11176	3289	10430	386	360
（十四）水利、环境和公共设施管理业	1685	450	1370	13	302
（十五）居民服务、修理和其他服务业	2092	534	1964	92	36
（十六）教育	3838	2402	3613	3	222
（十七）卫生和社会工作	2171	1715	2149		22
（十八）文化、体育和娱乐业	3272	1112	3099	47	126
（十九）公共管理、社会保障和社会组织					

2—4 续表 1 （2016 年） 计量单位：人、千元、个、元

行业名称	单位从业人员平均人数	在岗职工	劳务派遣人员	其他从业人员
总　计	**486623**	**431905**	**27148**	**27570**
一、按经济注册类型分组				
（一）内资	405770	358415	20433	26922
1. 股份合作	2097	1925	157	15
2. 联营	191	183	8	
3. 有限责任公司	294327	258563	17246	18518
4. 股份有限公司	100726	89764	2873	8089
5. 其他	8429	7980	149	300
（二）港澳台投资经济	51928	46000	5847	81
（三）外商投资	28925	27490	868	567
二、按国民经济行业分组				
（一）农、林、牧、渔业				
（二）采矿业	4317	3044	156	1117
（三）制造业	212353	198453	11992	1908
（四）电力、热力、燃气及水生产和供应业	12229	12085	128	16
（五）建筑业	66296	51385	3873	11038
（六）批发和零售业	44602	42105	1256	1241
（七）交通运输、仓储和邮政业	20322	16429	1941	1952
（八）住宿和餐饮业	5562	5209	53	300
（九）信息传输、软件和信息技术服务业	18260	17470	759	31
（十）金融业	45638	36557	2333	6748
（十一）房地产业	16846	15058	1533	255
（十二）租赁和商务服务业	16417	11950	2604	1863
（十三）科学研究、技术服务业	11280	10551	379	350
（十四）水利、环境和公共设施管理业	1420	1105	13	302
（十五）居民服务、修理和其他服务业	1944	1785	77	82
（十六）教育	3758	3534	3	221
（十七）卫生和社会工作	2064	2042		22
（十八）文化、体育和娱乐业	3315	3143	48	124
（十九）公共管理、社会保障和社会组织				

2—4 续表 2　　（2016 年）　　计量单位：人、千元、个、元

行业名称	单位从业人员工资总额	在岗职工	劳务派遣人员	其他从业人员	单位数
总　　计	**26238125**	**24136092**	**1133506**	**968527**	**1852**
一、按经济注册类型分组					
（一）内资	22320347	20492018	872875	955454	1723
1. 股份合作	158109	148259	9465	385	21
2. 联营	10208	9809	399		3
3. 有限责任公司	14674323	13289732	692950	691641	1291
4. 股份有限公司	6946558	6528464	165183	252911	347
5. 其他	531149	515754	4878	10517	61
（二）港澳台投资经济	2415384	2201095	211546	2743	65
（三）外商投资	1502394	1442979	49085	10330	64
二、按国民经济行业分组					
（一）农、林、牧、渔业					
（二）采矿业	183743	142037	4931	36775	6
（三）制造业	9213997	8716703	439599	57695	485
（四）电力、热力、燃气及水生产和供应业	991541	986468	4538	535	27
（五）建筑业	3007143	2398084	134154	474905	146
（六）批发和零售业	2033398	1951859	42098	39441	253
（七）交通运输、仓储和邮政业	1170066	982585	138629	48852	98
（八）住宿和餐饮业	209807	198943	2307	8557	42
（九）信息传输、软件和信息技术服务业	1599067	1549667	47208	2192	66
（十）金融业	4711817	4373203	132127	206487	168
（十一）房地产业	860808	808155	43287	9366	270
（十二）租赁和商务服务业	834062	673820	114252	45990	104
（十三）科学研究、技术服务业	715280	677464	24211	13605	99
（十四）水利、环境和公共设施管理业	48193	41013	390	6790	9
（十五）居民服务、修理和其他服务业	74144	66809	4024	3311	15
（十六）教育	174376	166535	55	7786	26
（十七）卫生和社会工作	200823	199953		870	6
（十八）文化、体育和娱乐业	209860	202794	1696	5370	32
（十九）公共管理、社会保障和社会组织					

2—4 续表 3　　（2016 年）　　计量单位：人、千元、个、元

行业名称	单位从业人员平均工资	在岗职工	劳务派遣人员	其他从业人员
总　计	**53919**	**55883**	**41753**	**35130**
一、按经济注册类型分组				
（一）内资	55007	57174	42719	35490
1. 股份合作	75398	77018	60287	25667
2. 联营	53445	53601	49875	
3. 有限责任公司	49857	51398	40180	37350
4. 股份有限公司	68965	72729	57495	31266
5. 其他	63014	64631	32738	35057
（二）港澳台投资经济	46514	47850	36180	33864
（三）外商投资	51941	52491	56550	18219
二、按国民经济行业分组				
（一）农、林、牧、渔业				
（二）采矿业	42563	46661	31609	32923
（三）制造业	43390	43923	36658	30238
（四）电力、热力、燃气及水生产和供应业	81081	81627	35453	33438
（五）建筑业	45359	46669	34638	43025
（六）批发和零售业	45590	46357	33518	31782
（七）交通运输、仓储和邮政业	57576	59808	71421	25027
（八）住宿和餐饮业	37722	38192	43528	28523
（九）信息传输、软件和信息技术服务业	87572	88704	62198	70710
（十）金融业	103243	119627	56634	30600
（十一）房地产业	51099	53669	28237	36729
（十二）租赁和商务服务业	50805	56387	43876	24686
（十三）科学研究、技术服务业	63411	64209	63881	38871
（十四）水利、环境和公共设施管理业	33939	37116	30000	22483
（十五）居民服务、修理和其他服务业	38140	37428	52260	40378
（十六）教育	46401	47124	18333	35231
（十七）卫生和社会工作	97298	97920		39545
（十八）文化、体育和娱乐业	63306	64522	35333	43306
（十九）公共管理、社会保障和社会组织				

2—4 续表 4　　　　（2016 年）　　　　计量单位：人、千元、个、元

行业名称	在岗职工（含劳务派遣）			
	期末人数	平均人数	工资总额	平均工资
总　计	**460341**	**459053**	**25269598**	**55047**
一、按经济注册类型分组				
（一）内资	381140	378848	21364893	56394
1. 股份合作	2087	2082	157724	75756
2. 联营	196	191	10208	53445
3. 有限责任公司	276932	275809	13982682	50697
4. 股份有限公司	93615	92637	6693647	72257
5. 其他	8310	8129	520632	64046
（二）港澳台投资经济	52243	51847	2412641	46534
（三）外商投资	26958	28358	1492064	52615
二、按国民经济行业分组				
（一）农、林、牧、渔业				
（二）采矿业	3148	3200	146968	45928
（三）制造业	209688	210445	9156302	43509
（四）电力、热力、燃气及水生产和供应业	12368	12213	991006	81144
（五）建筑业	56174	55258	2532238	45826
（六）批发和零售业	43293	43361	1993957	45985
（七）交通运输、仓储和邮政业	18651	18370	1121214	61035
（八）住宿和餐饮业	5426	5262	201250	38246
（九）信息传输、软件和信息技术服务业	17281	18229	1596875	87601
（十）金融业	39433	38890	4505330	115848
（十一）房地产业	17029	16591	851442	51320
（十二）租赁和商务服务业	14684	14554	788072	54148
（十三）科学研究、技术服务业	10816	10930	701675	64197
（十四）水利、环境和公共设施管理业	1383	1118	41403	37033
（十五）居民服务、修理和其他服务业	2056	1862	70833	38041
（十六）教育	3616	3537	166590	47099
（十七）卫生和社会工作	2149	2042	199953	97920
（十八）文化、体育和娱乐业	3146	3191	204490	64083
（十九）公共管理、社会保障和社会组织				

市区单位从业人员和工资总额

2—5 （2016 年） 计量单位：人、千元、个、元

行业名称	年末单位从业人员	#女 性	1.在岗职工	2.劳务派遣人员	3.其他从业人员
总　计	**699418**	**277732**	**626763**	**39484**	**33171**
一、按企业、事业、机关分组					
（一）企业	478978	170938	428401	28310	22267
（二）事业	163959	89078	146684	9142	8133
（三）机关	53197	15924	48557	2032	2608
（四）民间非营利组织	2096	1377	1933		163
（五）其他	1188	415	1188		
二、按国民经济行业分组					
（一）农、林、牧、渔业	594	184	592	2	
（二）采矿业	4226	614	2984	153	1089
（三）制造业	146709	52765	135557	9619	1533
（四）电力、热力、燃气及水生产和供应业	18377	5635	18089	193	95
（五）建筑业	61918	10759	49271	4602	8045
（六）批发和零售业	48791	28307	46853	1194	744
（七）交通运输、仓储和邮政业	59706	16580	52394	4501	2811
（八）住宿和餐饮业	9451	4787	8931	118	402
（九）信息传输、软件和信息技术服务业	20654	8282	19721	899	34
（十）金融业	45303	24527	36745	2438	6120
（十一）房地产业	16777	6557	15091	1544	142
（十二）租赁和商务服务业	32861	7471	29416	2689	756
（十三）科学研究、技术服务业	36602	11055	32308	3575	719
（十四）水利、环境和公共设施管理业	13172	4968	7350	1634	4188
（十五）居民服务、修理和其他服务业	2144	621	2011	92	41
（十六）教育	68599	44758	65247	1528	1824
（十七）卫生和社会工作	38318	25813	35587	1292	1439
（十八）文化、体育和娱乐业	13208	5393	11675	1053	480
（十九）公共管理、社会保障和社会组织	62008	18656	56941	2358	2709

2—5 续表 1　　　　（2016 年）　　　　计量单位：人、千元、个、元

行业名称	单位从业人员平均人数	在岗职工	劳务派遣人员	其他从业人员
总　　计	**697358**	**623557**	**40364**	**33437**
一、按企业、事业、机关分组				
（一）企业	478405	426579	29263	22563
（二）事业	162664	145468	9110	8086
（三）机关	53012	48407	1991	2614
（四）民间非营利组织	2071	1898		173
（五）其他	1206	1205		1
二、按国民经济行业分组				
（一）农、林、牧、渔业	594	592	2	
（二）采矿业	4302	3029	156	1117
（三）制造业	147016	134374	11094	1548
（四）电力、热力、燃气及水生产和供应业	18114	17906	113	95
（五）建筑业	62067	48443	5039	8585
（六）批发和零售业	49138	46943	1293	902
（七）交通运输、仓储和邮政业	59548	54086	3276	2186
（八）住宿和餐饮业	9355	8782	124	449
（九）信息传输、软件和信息技术服务业	21650	20435	1176	39
（十）金融业	44778	36180	2480	6118
（十一）房地产业	16416	14697	1526	193
（十二）租赁和商务服务业	31753	28339	2635	779
（十三）科学研究、技术服务业	36663	32337	3597	729
（十四）水利、环境和公共设施管理业	13129	7320	1644	4165
（十五）居民服务、修理和其他服务业	2136	1972	77	87
（十六）教育	68397	65067	1504	1826
（十七）卫生和社会工作	37261	34577	1291	1393
（十八）文化、体育和娱乐业	13245	11715	1019	511
（十九）公共管理、社会保障和社会组织	61796	56763	2318	2715

2—5 续表 2　　（2016 年）　　计量单位：人、千元、个、元

行业名称	单位从业人员工资总额	在岗职工	劳务派遣人员	其他从业人员	单位数
总　计	**45056129**	**42251205**	**1668717**	**1136207**	**4084**
一、按企业、事业、机关分组					
（一）企业	28130573	26045472	1262082	823019	1663
（二）事业	12709334	12104143	355499	249692	1574
（三）机关	4039797	3931311	51136	57350	822
（四）民间非营利组织	95556	89603		5953	14
（五）其他	80869	80676		193	11
二、按国民经济行业分组					
（一）农、林、牧、渔业	33234	33220	14		10
（二）采矿业	183419	141713	4931	36775	5
（三）制造业	7223937	6772727	403311	47899	343
（四）电力、热力、燃气及水生产和供应业	1231444	1226216	4181	1047	29
（五）建筑业	3175594	2574935	206506	394153	122
（六）批发和零售业	2223508	2150797	45947	26764	303
（七）交通运输、仓储和邮政业	3827325	3570989	198763	57573	111
（八）住宿和餐饮业	372168	352447	6099	13622	59
（九）信息传输、软件和信息技术服务业	1814510	1750273	61722	2515	74
（十）金融业	4913279	4586980	137884	188415	115
（十一）房地产业	828426	778045	43042	7339	236
（十二）租赁和商务服务业	1353257	1215506	116975	20776	168
（十三）科学研究、技术服务业	3231789	2998999	207190	25600	287
（十四）水利、环境和公共设施管理业	617124	438565	48543	130016	78
（十五）居民服务、修理和其他服务业	94751	87287	4024	3440	33
（十六）教育	5484056	5391519	37874	54663	751
（十七）卫生和社会工作	2954021	2846794	53736	53491	173
（十八）文化、体育和娱乐业	902649	861384	28179	13086	139
（十九）公共管理、社会保障和社会组织	4591638	4472809	59796	59033	1048

2—5 续表 3　　（2016 年）　　计量单位：人、千元、个、元

行业名称	单位从业人员平均工资	在岗职工	劳务派遣人员	其他从业人员
总　计	**64610**	**67758**	**41342**	**33981**
一、按企业、事业、机关分组				
（一）企业	58801	61057	43129	36476
（二）事业	78132	83208	39023	30880
（三）机关	76205	81214	25684	21940
（四）民间非营利组织	46140	47209		34410
（五）其他	67056	66951		193000
二、按国民经济行业分组				
（一）农、林、牧、渔业	55949	56115	7000	
（二）采矿业	42636	46785	31609	32923
（三）制造业	49137	50402	36354	30943
（四）电力、热力、燃气及水生产和供应业	67983	68481	37000	11021
（五）建筑业	51164	53154	40982	45912
（六）批发和零售业	45250	45817	35535	29672
（七）交通运输、仓储和邮政业	64273	66024	60672	26337
（八）住宿和餐饮业	39783	40133	49185	30339
（九）信息传输、软件和信息技术服务业	83811	85651	52485	64487
（十）金融业	109725	126782	55598	30797
（十一）房地产业	50465	52939	28206	38026
（十二）租赁和商务服务业	42618	42892	44393	26670
（十三）科学研究、技术服务业	88149	92742	57601	35117
（十四）水利、环境和公共设施管理业	47005	59913	29527	31216
（十五）居民服务、修理和其他服务业	44359	44263	52260	39540
（十六）教育	80180	82861	25182	29936
（十七）卫生和社会工作	79279	82332	41624	38400
（十八）文化、体育和娱乐业	68150	73528	27654	25609
（十九）公共管理、社会保障和社会组织	74303	78798	25796	21743

2—5 续表 4 （2016 年） 计量单位：人、千元、个、元

行业名称	在岗职工（含劳务派遣）			
	期末人数	平均人数	工资总额	平均工资
总　计	**666247**	**663921**	**43919922**	**66152**
一、按企业、事业、机关分组				
（一）企业	456711	455842	27307554	59906
（二）事业	155826	154578	12459642	80604
（三）机关	50589	50398	3982447	79020
（四）民间非营利组织	1933	1898	89603	47209
（五）其他	1188	1205	80676	66951
二、按国民经济行业分组				
（一）农、林、牧、渔业	594	594	33234	55949
（二）采矿业	3137	3185	146644	46042
（三）制造业	145176	145468	7176038	49331
（四）电力、热力、燃气及水生产和供应业	18282	18019	1230397	68283
（五）建筑业	53873	53482	2781441	52007
（六）批发和零售业	48047	48236	2196744	45542
（七）交通运输、仓储和邮政业	56895	57362	3769752	65719
（八）住宿和餐饮业	9049	8906	358546	40259
（九）信息传输、软件和信息技术服务业	20620	21611	1811995	83846
（十）金融业	39183	38660	4724864	122216
（十一）房地产业	16635	16223	821087	50613
（十二）租赁和商务服务业	32105	30974	1332481	43019
（十三）科学研究、技术服务业	35883	35934	3206189	89224
（十四）水利、环境和公共设施管理业	8984	8964	487108	54340
（十五）居民服务、修理和其他服务业	2103	2049	91311	44564
（十六）教育	66775	66571	5429393	81558
（十七）卫生和社会工作	36879	35868	2900530	80867
（十八）文化、体育和娱乐业	12728	12734	889563	69857
（十九）公共管理、社会保障和社会组织	59299	59081	4532605	76718

市区国有单位从业人员和工资总额

2—6 （2016 年） 计量单位：人、千元、个、元

行业名称	年末单位从业人员	#女 性	1.在岗职工	2.劳务派遣人员	3.其他从业人员
总　计	**321675**	**133134**	**295361**	**14660**	**11654**
一、按隶属关系分组					
1.中央	61189	16068	56116	4441	632
2.地方	260486	117066	239245	10219	11022
二、按企业、事业、机关分组					
（一）企业	110079	31777	104770	3858	1451
1.中央	44740	11190	41413	3027	300
2.地方	65339	20587	63357	831	1151
（二）事业	157687	85097	141322	8770	7595
1.中央	13830	3806	12253	1387	190
2.地方	143857	81291	129069	7383	7405
（三）机关	53197	15924	48557	2032	2608
1.中央	2619	1072	2450	27	142
2.地方	50578	14852	46107	2005	2466
（四）民间非营利组织	377	236	377		
1.中央					
2.地方	377	236	377		
（五）其他	335	100	335		
1.中央					
2.地方	335	100	335		
三、按国民经济行业分组					
（一）农、林、牧、渔业	581	182	579	2	
（二）采矿业					
（三）制造业	9794	2840	9533	216	45
（四）电力、热力、燃气及水生产和供应业	9030	2303	8938	3	89
（五）建筑业	10858	2316	8740	1255	863
（六）批发和零售业	8180	5819	8138	42	
（七）交通运输、仓储和邮政业	44765	12156	42666	1786	313
（八）住宿和餐饮业	4665	2187	4465	68	132
（九）信息传输、软件和信息技术服务业	3614	1490	3190	408	16
（十）金融业	2479	1053	2329	145	5
（十一）房地产业	857	296	857		
（十二）租赁和商务服务业	16446	1314	16385	38	23
（十三）科学研究、技术服务业	25733	7840	22157	3207	369
（十四）水利、环境和公共设施管理业	12568	4850	7059	1621	3888
（十五）居民服务、修理和其他服务业	521	172	516		5
（十六）教育	65235	42430	62090	1525	1620
（十七）卫生和社会工作	34639	23067	32436	980	1223
（十八）文化、体育和娱乐业	9702	4163	8342	1006	354
（十九）公共管理、社会保障和社会组织	62008	18656	56941	2358	2709

2—6 续表 1 （2016 年） 计量单位：人、千元、个、元

行业名称	单位从业人员平均人数	在岗职工	劳务派遣人员	其他从业人员
总计	**320026**	**293963**	**14396**	**11667**
一、按隶属关系分组				
1. 中央	61511	56616	4256	639
2. 地方	258515	237347	10140	11028
二、按企业、事业、机关分组				
（一）企业	109787	104616	3667	1504
1. 中央	45140	41980	2853	307
2. 地方	64647	62636	814	1197
（二）事业	156515	140229	8738	7548
1. 中央	13743	12177	1376	190
2. 地方	142772	128052	7362	7358
（三）机关	53012	48407	1991	2614
1. 中央	2628	2459	27	142
2. 地方	50384	45948	1964	2472
（四）民间非营利组织	377	377		
1. 中央				
2. 地方	377	377		
（五）其他	335	334		1
1. 中央				
2. 地方	335	334		1
三、按国民经济行业分组				
（一）农、林、牧、渔业	581	579	2	
（二）采矿业				
（三）制造业	9749	9495	207	47
（四）电力、热力、燃气及水生产和供应业	8929	8837	3	89
（五）建筑业	11055	8895	1288	872
（六）批发和零售业	8234	8192	42	
（七）交通运输、仓储和邮政业	45348	43474	1555	319
（八）住宿和餐饮业	4667	4445	73	149
（九）信息传输、软件和信息技术服务业	3653	3220	417	16
（十）金融业	2487	2338	144	5
（十一）房地产业	869	869		
（十二）租赁和商务服务业	15436	15384	29	23
（十三）科学研究、技术服务业	25693	22068	3236	389
（十四）水利、环境和公共设施管理业	12522	7026	1631	3865
（十五）居民服务、修理和其他服务业	532	527		5
（十六）教育	65076	61964	1501	1611
（十七）卫生和社会工作	33702	31548	979	1175
（十八）文化、体育和娱乐业	9697	8339	971	387
（十九）公共管理、社会保障和社会组织	61796	56763	2318	2715

2—6 续表 2　　　　（2016 年）　　　　计量单位：人、千元、个、元

行业名称	单位从业人员工资总额	在岗职工	劳务派遣人员	其他从业人员	单位数
总　计	**23003172**	**22067306**	**581559**	**354307**	**2567**
一、按隶属关系分组					
1. 中央	5517567	5250752	246637	20178	87
2. 地方	17485605	16816554	334922	334129	2480
二、按企业、事业、机关分组					
（一）企业	6619840	6370161	189415	60264	250
1. 中央	3625529	3471890	139210	14429	50
2. 地方	2994311	2898271	50205	45835	200
（二）事业	12288338	11710830	341008	236500	1487
1. 中央	1693396	1582977	106732	3687	21
2. 地方	10594942	10127853	234276	232813	1466
（三）机关	4039797	3931311	51136	57350	822
1. 中央	198642	195885	695	2062	16
2. 地方	3841155	3735426	50441	55288	806
（四）民间非营利组织	30359	30359			5
1. 中央					
2. 地方	30359	30359			5
（五）其他	24838	24645		193	3
1. 中央					
2. 地方	24838	24645		193	3
三、按国民经济行业分组					
（一）农、林、牧、渔业	32569	32555	14		9
（二）采矿业					
（三）制造业	534773	524511	8541	1721	27
（四）电力、热力、燃气及水生产和供应业	575439	574494	58	887	11
（五）建筑业	640963	528825	75329	36809	14
（六）批发和零售业	295496	291412	4084		46
（七）交通运输、仓储和邮政业	3098912	3017126	70231	11555	45
（八）住宿和餐饮业	186729	177824	3840	5065	25
（九）信息传输、软件和信息技术服务业	229835	214854	14514	467	13
（十）金融业	408037	402600	5317	120	16
（十一）房地产业	41541	41541			19
（十二）租赁和商务服务业	541381	538100	2693	588	50
（十三）科学研究、技术服务业	2527013	2331346	183432	12235	194
（十四）水利、环境和公共设施管理业	586216	414758	48153	123305	75
（十五）居民服务、修理和其他服务业	30272	30143		129	17
（十六）教育	5315028	5230172	37819	47037	730
（十七）卫生和社会工作	2686142	2597247	41255	47640	124
（十八）文化、体育和娱乐业	681188	646989	26483	7716	104
（十九）公共管理、社会保障和社会组织	4591638	4472809	59796	59033	1048

2—6 续表 3　　（2016 年）　　计量单位：人、千元、个、元

行业名称	单位从业人员平均工资	在岗职工	劳务派遣人员	其他从业人员
总　　计	**71879**	**75068**	**40397**	**30368**
一、按隶属关系分组				
1. 中央	89700	92743	57950	31577
2. 地方	67639	70852	33030	30298
二、按企业、事业、机关分组				
（一）企业	60297	60891	51654	40069
1. 中央	80317	82703	48794	47000
2. 地方	46318	46272	61677	38292
（二）事业	78512	83512	39026	31333
1. 中央	123219	129997	77567	19405
2. 地方	74209	79092	31822	31641
（三）机关	76205	81214	25684	21940
1. 中央	75587	79660	25741	14521
2. 地方	76238	81297	25683	22366
（四）民间非营利组织	80528	80528		
1. 中央				
2. 地方	80528	80528		
（五）其他	74143	73787		193000
1. 中央				
2. 地方	74143	73787		193000
三、按国民经济行业分组				
（一）农、林、牧、渔业	56057	56226	7000	
（二）采矿业				
（三）制造业	54854	55241	41261	36617
（四）电力、热力、燃气及水生产和供应业	64446	65010	19333	9966
（五）建筑业	57979	59452	58485	42212
（六）批发和零售业	35887	35573	97238	
（七）交通运输、仓储和邮政业	68336	69401	45165	36223
（八）住宿和餐饮业	40010	40005	52603	33993
（九）信息传输、软件和信息技术服务业	62917	66725	34806	29188
（十）金融业	164068	172198	36924	24000
（十一）房地产业	47803	47803		
（十二）租赁和商务服务业	35073	34978	92862	25565
（十三）科学研究、技术服务业	98354	105644	56685	31452
（十四）水利、环境和公共设施管理业	46815	59032	29524	31903
（十五）居民服务、修理和其他服务业	56902	57197		25800
（十六）教育	81674	84407	25196	29197
（十七）卫生和社会工作	79703	82327	42140	40545
（十八）文化、体育和娱乐业	70247	77586	27274	19938
（十九）公共管理、社会保障和社会组织	74303	78798	25796	21743

2—6 续表 4　　（2016 年）　　计量单位：人、千元、个、元

行业名称	在岗职工（含劳务派遣）			
	期末人数	平均人数	工资总额	平均工资
总　　计	**310021**	**308359**	**22648865**	**73450**
一、按隶属关系分组				
1. 中央	60557	60872	5497389	90311
2. 地方	249464	247487	17151476	69303
二、按企业、事业、机关分组				
（一）企业	108628	108283	6559576	60578
1. 中央	44440	44833	3611100	80546
2. 地方	64188	63450	2948476	46469
（二）事业	150092	148967	12051838	80903
1. 中央	13640	13553	1689709	124674
2. 地方	136452	135414	10362129	76522
（三）机关	50589	50398	3982447	79020
1. 中央	2477	2486	196580	79075
2. 地方	48112	47912	3785867	79017
（四）民间非营利组织	377	377	30359	80528
1. 中央				
2. 地方	377	377	30359	80528
（五）其他	335	334	24645	73787
1. 中央				
2. 地方	335	334	24645	73787
三、按国民经济行业分组				
（一）农、林、牧、渔业	581	581	32569	56057
（二）采矿业				
（三）制造业	9749	9702	533052	54942
（四）电力、热力、燃气及水生产和供应业	8941	8840	574552	64995
（五）建筑业	9995	10183	604154	59330
（六）批发和零售业	8180	8234	295496	35887
（七）交通运输、仓储和邮政业	44452	45029	3087357	68564
（八）住宿和餐饮业	4533	4518	181664	40209
（九）信息传输、软件和信息技术服务业	3598	3637	229368	63065
（十）金融业	2474	2482	407917	164350
（十一）房地产业	857	869	41541	47803
（十二）租赁和商务服务业	16423	15413	540793	35087
（十三）科学研究、技术服务业	25364	25304	2514778	99383
（十四）水利、环境和公共设施管理业	8680	8657	462911	53472
（十五）居民服务、修理和其他服务业	516	527	30143	57197
（十六）教育	63615	63465	5267991	83006
（十七）卫生和社会工作	33416	32527	2638502	81117
（十八）文化、体育和娱乐业	9348	9310	673472	72339
（十九）公共管理、社会保障和社会组织	59299	59081	4532605	76718

市区城镇集体单位从业人员和工资总额

2—7　　（2016年）　　计量单位：人、千元、个、元

行业名称	年末单位从业人员	#女 性	1.在岗职工	2.劳务派遣人员	3.其他从业人员
总　　计	**11007**	**4949**	**10390**	**414**	**203**
一、按企业、事业、机关分组					
（一）企业	8649	3486	8524	102	23
（二）事业	2095	1379	1603	312	180
（三）其他	263	84	263		
二、按国民经济行业分组					
（一）农、林、牧、渔业	13	2	13		
（二）采矿业					
（三）制造业	1786	637	1770	10	6
（四）电力、热力、燃气及水生产和供应业					
（五）建筑业	151	46	151		
（六）批发和零售业	2355	798	2349	4	2
（七）交通运输、仓储和邮政业	86	21	86		
（八）住宿和餐饮业	163	97	163		
（九）信息传输、软件和信息技术服务业	77	33	77		
（十）金融业	1261	535	1173	88	
（十一）房地产业	490	258	490		
（十二）租赁和商务服务业	2312	1031	2311		1
（十三）科学研究、技术服务业	31	19	31		
（十四）水利、环境和公共设施管理业	53	17	53		
（十五）居民服务、修理和其他服务业	114	47	114		
（十六）教育	327	233	327		
（十七）卫生和社会工作	1508	1031	1002	312	194
（十八）文化、体育和娱乐业	280	144	280		
（十九）公共管理、社会保障和社会组织					

2—7 续表 1　　（2016 年）　　计量单位：人、千元、个、元

行业名称	单位从业人员平均人数	在岗职工	劳务派遣人员	其他从业人员
总　计	**11019**	**10388**	**418**	**213**
一、按企业、事业、机关分组				
（一）企业	8678	8538	106	34
（二）事业	2066	1575	312	179
（三）其他	275	275		
二、按国民经济行业分组				
（一）农、林、牧、渔业	13	13		
（二）采矿业				
（三）制造业	1780	1764	10	6
（四）电力、热力、燃气及水生产和供应业				
（五）建筑业	151	151		
（六）批发和零售业	2363	2357	4	2
（七）交通运输、仓储和邮政业	86	86		
（八）住宿和餐饮业	165	165		
（九）信息传输、软件和信息技术服务业	77	77		
（十）金融业	1271	1181	90	
（十一）房地产业	474	474		
（十二）租赁和商务服务业	2347	2336	2	9
（十三）科学研究、技术服务业	31	31		
（十四）水利、环境和公共设施管理业	53	53		
（十五）居民服务、修理和其他服务业	115	115		
（十六）教育	319	319		
（十七）卫生和社会工作	1495	987	312	196
（十八）文化、体育和娱乐业	279	279		
（十九）公共管理、社会保障和社会组织				

2—7 续表 2 （2016 年） 计量单位：人、千元、个、元

行业名称	单位从业人员工资总额	在岗职工	劳务派遣人员	其他从业人员	单位数
总　计	**433694**	**410474**	**17838**	**5382**	**180**
一、按企业、事业、机关分组					
（一）企业	327845	321331	5357	1157	114
（二）事业	97872	81166	12481	4225	65
（三）其他	7977	7977			1
二、按国民经济行业分组					
（一）农、林、牧、渔业	665	665			1
（二）采矿业					
（三）制造业	55568	55148	214	206	26
（四）电力、热力、燃气及水生产和供应业					
（五）建筑业	6953	6953			1
（六）批发和零售业	75677	75519	91	67	52
（七）交通运输、仓储和邮政业	2655	2655			3
（八）住宿和餐饮业	4829	4829			3
（九）信息传输、软件和信息技术服务业	2282	2282			2
（十）金融业	105983	100961	5022		3
（十一）房地产业	10236	10236			6
（十二）租赁和商务服务业	60295	60137	30	128	23
（十三）科学研究、技术服务业	1204	1204			1
（十四）水利、环境和公共设施管理业	4314	4314			1
（十五）居民服务、修理和其他服务业	3298	3298			7
（十六）教育	20388	20388			3
（十七）卫生和社会工作	67056	49594	12481	4981	43
（十八）文化、体育和娱乐业	12291	12291			5
（十九）公共管理、社会保障和社会组织					

2—7 续表 3　　（2016 年）　　计量单位：人、千元、个、元

行业名称	单位从业人员平均工资	在岗职工	劳务派遣人员	其他从业人员
总　计	**39359**	**39514**	**42675**	**25268**
一、按企业、事业、机关分组				
（一）企业	37779	37635	50538	34029
（二）事业	47373	51534	40003	23603
（三）其他	29007	29007		
二、按国民经济行业分组				
（一）农、林、牧、渔业	51154	51154		
（二）采矿业				
（三）制造业	31218	31263	21400	34333
（四）电力、热力、燃气及水生产和供应业				
（五）建筑业	46046	46046		
（六）批发和零售业	32026	32040	22750	33500
（七）交通运输、仓储和邮政业	30872	30872		
（八）住宿和餐饮业	29267	29267		
（九）信息传输、软件和信息技术服务业	29636	29636		
（十）金融业	83386	85488	55800	
（十一）房地产业	21595	21595		
（十二）租赁和商务服务业	25690	25744	15000	14222
（十三）科学研究、技术服务业	38839	38839		
（十四）水利、环境和公共设施管理业	81396	81396		
（十五）居民服务、修理和其他服务业	28678	28678		
（十六）教育	63912	63912		
（十七）卫生和社会工作	44854	50247	40003	25413
（十八）文化、体育和娱乐业	44054	44054		
（十九）公共管理、社会保障和社会组织				

2—7 续表 4　　（2016 年）　　计量单位：人、千元、个、元

行业名称	在岗职工（含劳务派遣）			
	期末人数	平均人数	工资总额	平均工资
总　　计	**10804**	**10806**	**428312**	**39636**
一、按企业、事业、机关分组				
（一）企业	8626	8644	326688	37794
（二）事业	1915	1887	93647	49627
（三）其他	263	275	7977	29007
二、按国民经济行业分组				
（一）农、林、牧、渔业	13	13	665	51154
（二）采矿业				
（三）制造业	1780	1774	55362	31207
（四）电力、热力、燃气及水生产和供应业				
（五）建筑业	151	151	6953	46046
（六）批发和零售业	2353	2361	75610	32025
（七）交通运输、仓储和邮政业	86	86	2655	30872
（八）住宿和餐饮业	163	165	4829	29267
（九）信息传输、软件和信息技术服务业	77	77	2282	29636
（十）金融业	1261	1271	105983	83386
（十一）房地产业	490	474	10236	21595
（十二）租赁和商务服务业	2311	2338	60167	25734
（十三）科学研究、技术服务业	31	31	1204	38839
（十四）水利、环境和公共设施管理业	53	53	4314	81396
（十五）居民服务、修理和其他服务业	114	115	3298	28678
（十六）教育	327	319	20388	63912
（十七）卫生和社会工作	1314	1299	62075	47787
（十八）文化、体育和娱乐业	280	279	12291	44054
（十九）公共管理、社会保障和社会组织				

市区城镇其他单位从业人员和工资总额

2—8　　　　（2016 年）　　　　计量单位：人、千元、个、元

行业名称	年末单位从业人员	# 女 性	1. 在岗职工	2. 劳务派遣人员	3. 其他从业人员
总　计	**366736**	**139649**	**321012**	**24410**	**21314**
一、按经济注册类型分组					
（一）内资	311951	117343	273592	17584	20775
1. 股份合作	1350	553	1216	124	10
2. 联营					
3. 有限责任公司	222169	74359	193728	14642	13799
4. 股份有限公司	80777	37551	71355	2688	6734
5. 其他	7655	4880	7293	130	232
（二）港澳台投资经济	33578	14200	27469	6031	78
（三）外商投资	21207	8106	19951	795	461
二、按国民经济行业分组					
（一）农、林、牧、渔业					
（二）采矿业	4226	614	2984	153	1089
（三）制造业	135129	49288	124254	9393	1482
（四）电力、热力、燃气及水生产和供应业	9347	3332	9151	190	6
（五）建筑业	50909	8397	40380	3347	7182
（六）批发和零售业	38256	21690	36366	1148	742
（七）交通运输、仓储和邮政业	14855	4403	9642	2715	2498
（八）住宿和餐饮业	4623	2503	4303	50	270
（九）信息传输、软件和信息技术服务业	16963	6759	16454	491	18
（十）金融业	41563	22939	33243	2205	6115
（十一）房地产业	15430	6003	13744	1544	142
（十二）租赁和商务服务业	14103	5126	10720	2651	732
（十三）科学研究、技术服务业	10838	3196	10120	368	350
（十四）水利、环境和公共设施管理业	551	101	238	13	300
（十五）居民服务、修理和其他服务业	1509	402	1381	92	36
（十六）教育	3037	2095	2830	3	204
（十七）卫生和社会工作	2171	1715	2149		22
（十八）文化、体育和娱乐业	3226	1086	3053	47	126
（十九）公共管理、社会保障和社会组织					

2—8 续表 1 （2016 年） 计量单位：人、千元、个、元

行业名称	单位从业人员平均人数	在岗职工	劳务派遣人员	其他从业人员
总计	**366313**	**319206**	**25550**	**21557**
一、按经济注册类型分组				
（一）内资	310348	270533	18835	20980
1. 股份合作	1362	1226	126	10
2. 联营				
3. 有限责任公司	221020	191646	15879	13495
4. 股份有限公司	80477	70512	2740	7225
5. 其他	7489	7149	90	250
（二）港澳台投资经济	33349	27423	5847	79
（三）外商投资	22616	21250	868	498
二、按国民经济行业分组				
（一）农、林、牧、渔业				
（二）采矿业	4302	3029	156	1117
（三）制造业	135487	123115	10877	1495
（四）电力、热力、燃气及水生产和供应业	9185	9069	110	6
（五）建筑业	50861	39397	3751	7713
（六）批发和零售业	38541	36394	1247	900
（七）交通运输、仓储和邮政业	14114	10526	1721	1867
（八）住宿和餐饮业	4523	4172	51	300
（九）信息传输、软件和信息技术服务业	17920	17138	759	23
（十）金融业	41020	32661	2246	6113
（十一）房地产业	15073	13354	1526	193
（十二）租赁和商务服务业	13970	10619	2604	747
（十三）科学研究、技术服务业	10939	10238	361	340
（十四）水利、环境和公共设施管理业	554	241	13	300
（十五）居民服务、修理和其他服务业	1489	1330	77	82
（十六）教育	3002	2784	3	215
（十七）卫生和社会工作	2064	2042		22
（十八）文化、体育和娱乐业	3269	3097	48	124
（十九）公共管理、社会保障和社会组织				

2—8 续表 2　　（2016 年）　　计量单位：人、千元、个、元

行业名称	单位从业人员工资总额	在岗职工	劳务派遣人员	其他从业人员	单位数
总　计	**21619263**	**19773425**	**1069320**	**776518**	**1337**
一、按经济注册类型分组					
（一）内资	18565976	16991913	808689	765374	1251
1. 股份合作	118904	111752	7037	115	9
2. 联营					
3. 有限责任公司	11844841	10678140	637600	529101	984
4. 股份有限公司	6110119	5721984	160943	227192	209
5. 其他	492112	480037	3109	8966	49
（二）港澳台投资经济	1734164	1519953	211546	2665	41
（三）外商投资	1319123	1261559	49085	8479	45
二、按国民经济行业分组					
（一）农、林、牧、渔业					
（二）采矿业	183419	141713	4931	36775	5
（三）制造业	6633596	6193068	394556	45972	290
（四）电力、热力、燃气及水生产和供应业	656005	651722	4123	160	18
（五）建筑业	2527678	2039157	131177	357344	107
（六）批发和零售业	1852335	1783866	41772	26697	205
（七）交通运输、仓储和邮政业	725758	551208	128532	46018	63
（八）住宿和餐饮业	180610	169794	2259	8557	31
（九）信息传输、软件和信息技术服务业	1582393	1533137	47208	2048	59
（十）金融业	4399259	4083419	127545	188295	96
（十一）房地产业	776649	726268	43042	7339	211
（十二）租赁和商务服务业	751581	617269	114252	20060	95
（十三）科学研究、技术服务业	703572	666449	23758	13365	92
（十四）水利、环境和公共设施管理业	26594	19493	390	6711	2
（十五）居民服务、修理和其他服务业	61181	53846	4024	3311	9
（十六）教育	148640	140959	55	7626	18
（十七）卫生和社会工作	200823	199953		870	6
（十八）文化、体育和娱乐业	209170	202104	1696	5370	30
（十九）公共管理、社会保障和社会组织					

2—8 续表 3 （2016 年） 计量单位：人、千元、个、元

行业名称	单位从业人员平均工资	在岗职工	劳务派遣人员	其他从业人员
总计	**59019**	**61946**	**41852**	**36022**
一、按经济注册类型分组				
（一）内资	59823	62809	42935	36481
1. 股份合作	87301	91152	55849	11500
2. 联营				
3. 有限责任公司	53592	55718	40154	39207
4. 股份有限公司	75924	81149	58738	31445
5. 其他	65711	67147	34544	35864
（二）港澳台投资经济	52000	55426	36180	33734
（三）外商投资	58327	59367	56550	17026
二、按国民经济行业分组				
（一）农、林、牧、渔业				
（二）采矿业	42636	46785	31609	32923
（三）制造业	48961	50303	36274	30751
（四）电力、热力、燃气及水生产和供应业	71421	71863	37482	26667
（五）建筑业	49698	51759	34971	46330
（六）批发和零售业	48061	49015	33498	29663
（七）交通运输、仓储和邮政业	51421	52366	74684	24648
（八）住宿和餐饮业	39931	40698	44294	28523
（九）信息传输、软件和信息技术服务业	88303	89458	62198	89043
（十）金融业	107247	125024	56788	30802
（十一）房地产业	51526	54386	28206	38026
（十二）租赁和商务服务业	53800	58129	43876	26854
（十三）科学研究、技术服务业	64318	65096	65812	39309
（十四）水利、环境和公共设施管理业	48004	80884	30000	22370
（十五）居民服务、修理和其他服务业	41089	40486	52260	40378
（十六）教育	49514	50632	18333	35470
（十七）卫生和社会工作	97298	97920		39545
（十八）文化、体育和娱乐业	63986	65258	35333	43306
（十九）公共管理、社会保障和社会组织				

2—8 续表 4　　（2016 年）　　计量单位：人、千元、个、元

行业名称	在岗职工（含劳务派遣）			
	期末人数	平均人数	工资总额	平均工资
总　计	**345422**	**344756**	**20842745**	**60457**
一、按经济注册类型分组				
（一）内资	291176	289368	17800602	61515
1. 股份合作	1340	1352	118789	87862
2. 联营				
3. 有限责任公司	208370	207525	11315740	54527
4. 股份有限公司	74043	73252	5882927	80311
5. 其他	7423	7239	483146	66742
（二）港澳台投资经济	33500	33270	1731499	52044
（三）外商投资	20746	22118	1310644	59257
二、按国民经济行业分组				
（一）农、林、牧、渔业				
（二）采矿业	3137	3185	146644	46042
（三）制造业	133647	133992	6587624	49164
（四）电力、热力、燃气及水生产和供应业	9341	9179	655845	71451
（五）建筑业	43727	43148	2170334	50300
（六）批发和零售业	37514	37641	1825638	48501
（七）交通运输、仓储和邮政业	12357	12247	679740	55503
（八）住宿和餐饮业	4353	4223	172053	40742
（九）信息传输、软件和信息技术服务业	16945	17897	1580345	88302
（十）金融业	35448	34907	4210964	120634
（十一）房地产业	15288	14880	769310	51701
（十二）租赁和商务服务业	13371	13223	731521	55322
（十三）科学研究、技术服务业	10488	10599	690207	65120
（十四）水利、环境和公共设施管理业	251	254	19883	78280
（十五）居民服务、修理和其他服务业	1473	1407	57870	41130
（十六）教育	2833	2787	141014	50597
（十七）卫生和社会工作	2149	2042	199953	97920
（十八）文化、体育和娱乐业	3100	3145	203800	64801
（十九）公共管理、社会保障和社会组织				

分县（市）区单位从业人员和工资总额

2—9　　（2016年）　　计量单位：人、千元、个、元

行政单位	年末单位从业人员	#在岗职工	单位从业人员年平均人数	#在岗职工	单位从业人员工资总额	#在岗职工
石家庄市	**995421**	**951279**	**991080**	**947202**	**58808188**	**57368068**
市　区	699418	666247	697358	663921	45056129	43919922
长安区	156410	154697	155966	154287	9992462	9939161
桥西区	164561	151328	165446	152311	11829500	11432070
新华区	81745	75348	80665	74298	5455630	5176636
裕华区	78625	73516	77433	72211	5079343	4921274
矿　区	8975	7834	9073	7900	444008	405840
藁城区	42286	40020	42884	40483	2611519	2531629
鹿泉区	56517	54254	56010	53762	3291959	3227339
栾城区	32772	32567	32673	32463	1953707	1941468
高新区	67545	66877	66994	66214	3830789	3788788
循环化工园区	9982	9806	10214	9992	567212	555717
井陉县	21693	20563	20938	19898	1064221	1034584
正定县	34880	28098	34042	27679	2124158	1928247
行唐县	14126	14068	14107	14047	704411	702059
灵寿县	15930	15860	15961	15894	648953	647203
高邑县	13045	12977	13098	13013	516906	515404
深泽县	11639	11419	11391	11179	432726	428491
赞皇县	16960	16960	16759	16759	623620	623620
无极县	16644	15976	16510	15981	750720	738849
平山县	23476	23300	23667	23441	1277756	1268103
元氏县	20094	19985	19843	19726	784432	780164
赵　县	23999	23974	24025	23997	1076639	1076122
晋州市	21243	21133	21359	21159	832902	826779
新乐市	22072	20851	22278	21085	1083148	1056542
辛集市	40202	39868	39744	39423	1831467	1821979

2—9 续表 1 （2016 年） 计量单位：人、千元、个、元

行政单位	单位数	单位从业人员平均工资	# 在岗职工平均工资
石家庄市	**8808**	**59337**	**60566**
市　区	4084	64610	66152
长安区	628	64068	64420
桥西区	877	71501	75057
新华区	593	67633	69674
裕华区	344	65597	68151
矿　区	127	48937	51372
藁城区	404	60897	62536
鹿泉区	476	58774	60030
栾城区	328	59796	59806
高新区	265	57181	57220
循环化工园区	42	55533	55616
井陉县	332	50827	51994
正定县	530	62398	69665
行唐县	269	49933	49979
灵寿县	303	40659	40720
高邑县	260	39464	39607
深泽县	227	37988	38330
赞皇县	278	37211	37211
无极县	357	45471	46233
平山县	357	53989	54098
元氏县	193	39532	39550
赵　县	345	44813	44844
晋州市	399	38995	39075
新乐市	346	48620	50109
辛集市	528	46082	46216

三、固定资产投资　建筑业

全市全社会固定资产投资

3—1　（2016 年）　计量单位：万元

指标名称	合计	固定资产投资		农村个人投资
		建设项目投资	房地产开发	
一、全社会固定资产投资	59575769	48796801	10363096	415872
二、固定资产投资	59159897	48796801	10363096	
1. 按经济类型分				
国有经济	9349100	9317200	31900	
集体经济	879848	879848		
私营个体经济	26989113	22197519	4791594	
股份合作	109506	109506		
联营经济	36180	36180		
有限责任公司	16822269	11651560	5170709	
港、澳、台商投资	582231	582231		
外商投资	472289	472289		
其他	3919361	3550468	368893	
2. 按构成分				
建筑工程	28545118	21650407	6894711	
安装工程	6526817	5296758	1230059	
设备工器具购置	12679970	12257938	422032	
其他费用	11407992	9591698	1816294	
3. 本年新增固定资产	35664189	32687879	2976310	
4. 按资金来源分				
资金来源合计	61537146	48651172	12885974	
上年末结余资金	2432873	770988	1661885	
本年资金来源小计	59104273	47880184	11224089	
国家预算内资金	3682853	3682853		
国内贷款	4775525	4002396	773129	
债券	9155	9155		
利用外资	42786	42786		
自筹资金	47608748	38488768	9119980	
其他资金来源	2985206	1654226	1330980	
5. 按三次产业分				
三次产业小计	59159897	48796801	10363096	
第一产业	2761353	2761353		
第二产业	26644652	26644652		
第三产业	29753892	19390796	10363096	

注：三次产业小计不包含农村个人投资。

分县（市）区全社会固定资产投资

3—2　　　　（2016 年）　　　　计量单位：万元

行政单位	全社会固定资产投资	一、固定资产投资			二、农村个人
		合计	建设项目投资	房地产开发	
全市总计	**59575769**	**59159897**	**48796801**	**10363096**	**415872**
市区合计	31567372	31494747	22513655	8981092	72625
长安区	4728729	4728729	1588965	3139764	
桥西区	4927007	4927007	2689970	2237037	
新华区	3477245	3477245	2556116	921129	
裕华区	4084424	4084424	2297076	1787348	
矿　区	832182	832182	832182		
藁城区	3058417	3021638	2989638	32000	36779
鹿泉区	3677888	3661031	3148530	512501	16857
栾城区	2461677	2445280	2264010	181270	16397
高新区	2835740	2835740	2665697	170043	
循环化工园区	907407	904816	904816		2591
井陉县	1712455	1705213	1683374	21839	7242
正定县	3074696	3027012	2670904	356108	47684
行唐县	1724784	1689513	1671585	17928	35271
灵寿县	1314305	1299025	1299025		15280
高邑县	940072	934638	934428	210	5434
深泽县	970591	959707	939040	20667	10884
赞皇县	1646564	1638213	1628296	9917	8351
无极县	1568980	1522182	1434068	88114	46798
平山县	2458978	2426477	2245131	181346	32501
元氏县	2450137	2400827	2235804	165023	49310
赵　县	1870080	1852791	1827551	25240	17289
晋州市	3134873	3104553	3046033	58520	30320
新乐市	2756609	2729735	2498089	231646	26874
辛集市	2385274	2375264	2169818	205446	10010

全市及市区建设项目投资情况

3—3　　（2016 年）　　计量单位：万元

项目名称	建设项目投资	# 市区	地方建设项目投资	# 市区
本年完成投资	**48796801**	**22513655**	**48435265**	**22196175**
#住宅	294147	155514	294147	155514
1. 建筑工程	21650407	12049877	21445954	11849789
2. 安装工程	5296758	2148384	5266051	2127905
3. 设备工器具购置	12257938	4378183	12141963	4287595
4. 其他费用	9591698	3937211	9581297	3930886
本年新增固定资产	32694279	15323201	32482438	15154980
本年施工房屋面积（平方米）	21361519	7090032	21345519	7074032
#住宅（平方米）	1416557	1003490	1416557	1003490
本年竣工房屋面积（平方米）	14872010	4976393	14856010	4960393
#住宅（平方米）	899254	767240	899254	767240
施工项目个数（个）	5211	1857	5174	1827
#本年新开工（个）	4466	1618	4434	1593
本年投产项目个数（个）	4128	1578	4102	1559
本年资金来源合计	48651172	22411118	48288503	22092505
1. 上年末结余资金	770988	194281	767028	190321
2. 本年资金来源小计	47880184	22216837	47521475	21902184
（1）国家预算内资金	3682853	3190752	3665548	3179507
（2）国内贷款	4002396	1125955	3985123	1122599
（3）债券	9155		9155	
（4）利用外资	42786	1880	42786	1880
#外商直接投资				
（5）自筹资金	38488768	17567191	38164637	17267139
#企事业单位自有资金	7603252	4063735	7573309	4037272
（6）其他资金来源	1654226	331059	1654226	331059
本年各项应付款合计	2430897	1250709	2303781	1123593
#工程款	291994	187082	291994	187082

3—3 续表 1　　（2016 年）　　计量单位：万元

项目名称	建设项目投资	# 市区	地方建设项目投资	# 市区
总计中按登记注册类型分：	48796801	22513655	48435265	22196175
内资企业	47582218	21557801	47220682	21240321
国有企业	9317200	6098842	9232078	6037177
集体企业	879848	744807	879848	744807
股份合作企业	109506	4858	109506	4858
联营企业	36180	31380	36180	31380
国有联营企业	31380	31380	31380	31380
集体联营企业	4800		4800	
有限责任公司	9961348	5868552	9806701	5713905
股份有限公司	1690212	976989	1584855	892231
私营企业	22037456	6556933	22032546	6552023
其他企业	3550468	1275440	3538968	1263940
港、澳、台商投资企业	582231	497739	582231	497739
合资经营企业(港或澳、台资)	261224	227553	261224	227553
港、澳、台商独资经营企业	314637	263816	314637	263816
港、澳、台商投资股份有限公司	4870	4870	4870	4870
其他港、澳、台商投资企业	1500	1500	1500	1500
外商投资企业	472289	428714	472289	428714
中外合资经营企业	195488	161763	195488	161763
外资企业	276801	266951	276801	266951
个体经营	160063	29401	160063	29401
个体户	123926	24436	123926	24436
个人合伙	36137	4965	36137	4965

3—3 续表 2　　（2016 年）　　计量单位：万元

项目名称	建设项目投资	# 市区	地方建设项目投资	# 市区
总计中按隶属关系分：				
中央	361536	317480		
地方	48435265	22196175	48435265	22196175
省	1267413	962037	1267413	962037
市	4918671	4686175	4918671	4686175
县(县级市)	7673949	3940229	7673949	3940229
其他	34575232	12607734	34575232	12607734
总计中按建设性质分：				
新建	22591062	11195216	22495462	11123073
扩建	10544567	4016950	10534417	4006800
改建和技术改造	13818471	6096531	13627434	5926093
单纯建造生活设施	94285	75856	94285	75856
迁建	957457	384308	957457	384308
恢复	57480	26917	57480	26917
单纯购置	733479	717877	668730	653128
总计中按控股情况分：				
国有控股	12932022	8828910	12586896	8527840
集体控股	2030331	1433258	2030331	1433258
私人控股	25762175	8862651	25757265	8857741
港澳台商控股	401627	346986	401627	346986
外商控股	370133	360283	370133	360283
总计中按建设状态分：				
在建	19410473	8768007	19252238	8609772
全部投产	29297589	13740673	29094288	13581428
全部停缓建	88739	4975	88739	4975
总计中按开发区级别式分：				
国务院批准的	4084676	4033301	4079476	4028101
省批准的	2362993	1001727	2334368	977077
省以下批准的	3918310	1599720	3789664	1471074
不属于开发区的项目	38430822	15878907	38231757	15719923

3—3 续表 3　　（2016 年）　　计量单位：万元

项目名称	建设项目投资	# 市区	地方建设项目投资	# 市区
总计中按行业分：				
农、林、牧、渔业	2761353	358631	2761353	358631
农业	1623151	232400	1623151	232400
林业	141689	9743	141689	9743
畜牧业	674249	73930	674249	73930
渔业	24100	4700	24100	4700
农、林、牧、渔服务业	298164	37858	298164	37858
采矿业	162374	11699	162374	11699
煤炭开采和洗选业	28859	11199	28859	11199
黑色金属矿采选业	8700		8700	
有色金属矿采选业	4800		4800	
非金属矿采选业	109585		109585	
制造业	24599673	9225079	24446259	9071665
农副食品加工业	1033118	268101	1033118	268101
食品制造业	1005674	466484	1005674	466484
酒、饮料和精制茶制造业	564570	151758	564570	151758
纺织业	1584403	276196	1584403	276196
纺织服装、服饰业	287797	49219	287797	49219
皮革、毛皮、羽毛及其制品和制鞋业	840533	40830	835633	35930
木材加工和木、竹、藤、棕、草制品业	480073	154428	480073	154428
家具制造业	612492	67934	612492	67934
造纸和纸制品业	611707	137495	606797	132585
印刷和记录媒介复制业	290879	179839	290879	179839
文教、工美、体育和娱乐用品制造业	204225	45059	204225	45059
石油加工、炼焦和核燃料加工业	236080	88244	227843	80007
化学原料和化学制品制造业	3099595	959098	3099595	959098
医药制造业	2362986	1643842	2362986	1643842
化学纤维制造业	302178	89966	302178	89966
橡胶和塑料制品业	811215	320024	811215	320024
非金属矿物制品业	1990466	518674	1985215	513423
黑色金属冶炼和压延加工业	344626	200987	344626	200987
有色金属冶炼和压延加工业	159966	14400	159966	14400
金属制品业	1282389	431544	1282389	431544
通用设备制造业	1734657	707130	1734657	707130

3—3 续表 4　　　　（2016 年）　　　　计量单位：万元

项目名称	建设项目投资	# 市区	地方建设项目投资	# 市区
专用设备制造业	1822793	992568	1822793	992568
汽车制造业	709727	160514	709727	160514
铁路、船舶、航空航天和其他运输设备制造业	257196	231074	148330	122208
电气机械和器材制造业	1099821	557003	1099821	557003
计算机、通信和其他电子设备制造业	459113	390808	437863	369558
仪器仪表制造业	61533	16875	61533	16875
其他制造业	236909	39131	236909	39131
废弃资源综合利用业	100178	22830	100178	22830
金属制品、机械和设备修理业	12774	3024	12774	3024
电力、热力、燃气及水生产和供应业	1876705	1230908	1804632	1196831
电力、热力生产和供应业	1406048	901723	1345475	879146
燃气生产和供应业	291692	207559	291692	207559
水的生产和供应业	178965	121626	167465	110126
批发和零售业	1507312	996895	1464943	954526
交通运输、仓储和邮政业	3508329	1978258	3504769	1974698
住宿和餐饮业	227918	117100	227918	117100
信息传输、软件和信息技术服务业	292091	167783	292091	167783
金融业	615006	417767	574031	376792
房地产业	3046945	2484708	3041084	2478847
租赁和商务服务业	1456357	995018	1456357	995018
科学研究和技术服务业	663329	286960	663329	286960
水利、环境和公共设施管理业	5321723	2780808	5315663	2780808
水利管理业	246317	64709	240257	64709
生态保护和环境治理业	185802	58042	185802	58042
公共设施管理业	4889604	2658057	4889604	2658057
居民服务、修理和其他服务业	312652	228862	312652	228862
教育	676969	439851	672119	435001
卫生和社会工作	391069	243248	382469	234648
文化、体育和娱乐业	773123	337226	749349	313452
公共管理、社会保障和社会组织	597973	212854	597973	212854

分县（市）区建设项目城镇投资情况

3—4　　（2016 年）　　计量单位：万元、平方米、个

指标名称	全市	市区	市辖区	长安区	桥西区	新华区
本年完成投资	**48796801**	**22513655**	**576655**	**1588965**	**2689970**	**2556116**
#住宅	294147	155514		5058		48930
本年完成投资中:						
建筑工程	21650407	12049877	337849	871782	1451600	1652742
安装工程	5296758	2148384		72294	256497	449132
设备工器具购置	12257938	4378183	105886	102280	550364	337239
本年新增固定资产	32694279	15323201		790472	1577258	2083162
本年施工房屋面积	21361519	7090032		1753415		102163
#住宅	1416557	1003490		522940		9550
本年竣工房屋面积	14872010	4976393		1065195		87598
#住宅	899254	767240		522940		
施工项目个数	5211	1857	5	94	96	229
#本年新开工	4466	1618	1	77	58	221
本年投产项目个数	4128			74	59	197
本年资金来源合计	48651172	22411118	713159	1597819	2589082	2492598
1. 上年末结余资金	770988	194281	89269	8350	1050	
2. 本年资金来源小计	47880184	22216837	623890	1589469	2588032	2492598
（1）国家预算内资金	3682853	3190752		173999	1281406	160922
（2）国内贷款	4002396	1125955	53890	70000	70100	256346
（3）债券	9155					
（4）利用外资	42786	1880				
（5）自筹资金	38488768	17567191	570000	1343170	1236526	2069247
（6）其他资金来源	1654226	331059		2300		6083

3—4 续表 1　　　　（2016 年）　　　　计量单位：万元、平方米、个

指标名称	裕华区	矿　区	藁城区	鹿泉区	栾城区
本年完成投资	**2297076**	**832182**	**3046033**	**3148530**	**2264010**
#住宅	63000	22510	12959		900
本年完成投资中：					
建筑工程	1304916	170277	446521	1498362	1398125
安装工程	507826	21940	81296	191291	183223
设备工器具购置	115297	431600	930847	651323	318482
本年新增固定资产	2038298	607835	2567027	1912925	1697736
本年施工房屋面积	1483687	9048	418520	1857019	1236709
#住宅	450000		4093		4500
本年竣工房屋面积	1204687	9048	398132	979427	1072874
#住宅	225600		630		4500
施工项目个数	300	63	428	311	315
#本年新开工	271	44	355	274	268
本年投产项目个数	270	56	347	264	264
本年资金来源合计	2286338	834415	3107913	3196951	2233812
1. 上年末结余资金	6260	23850	7490	672	5492
2. 本年资金来源小计	2280078	810565	3100423	3196279	2228320
（1）国家预算内资金	446597	2900	11313	292218	57981
（2）国内贷款	5640	17012	95502	115900	196184
（3）债券			200		
（4）利用外资					1880
（5）自筹资金	1726141	783794	2993408	2774741	1793073
（6）其他资金来源	101700	6859		13420	179202

3—4 续表 2　　（2016 年）　　计量单位：万元、平方米、个

指标名称	高新区	循环化工园区	井陉县	正定县
本年完成投资	**2665697**	**904816**	**1683374**	**2670904**
＃住宅		11936	6420	59882
本年完成投资中：				
建筑工程	1158908	432534	658357	1250831
安装工程	128570	174161	127005	451992
设备工器具购置	619223	220482	522970	649285
本年新增固定资产	1625408	459656	1014455	1386729
本年施工房屋面积	20500	71835	565090	1761225
＃住宅		16000	63760	162978
本年竣工房屋面积	6000	56110	463335	756353
＃住宅		13700	41000	800
施工项目个数	62	67	183	305
＃本年新开工	43	64	172	274
本年投产项目个数	34	55	152	199
本年资金来源合计	2669197	806046	1633798	2704341
1. 上年末结余资金	38538	20800	5940	12968
2. 本年资金来源小计	2630659	785246	1627858	2691373
（1）国家预算内资金	755602	19127	8899	101084
（2）国内贷款	4492	124701	592910	258370
（3）债券				
（4）利用外资				
（5）自筹资金	1860565	629923	1014965	2039185
（6）其他资金来源	10000	11495	11084	292734

3—4 续表 3　　　　（2016 年）　　　　计量单位：万元、平方米、个

指标名称	行唐县	灵寿县	高邑县	深泽县
本年完成投资	**1671585**	**1299025**	**934428**	**939040**
#住宅	658	8322	140	
本年完成投资中:				
建筑工程	813553	144198	350672	196806
安装工程	154018	1300	57658	17218
设备工器具购置	458017	51350	465070	712510
本年新增固定资产	1144628	1291035	767142	886841
本年施工房屋面积	377836		644433	2323216
#住宅	1173			
本年竣工房屋面积	227231		555059	1847355
#住宅	1173			
施工项目个数	287	213	73	190
#本年新开工	248	207	57	125
本年投产项目个数	223	180	47	112
本年资金来源合计	1685042	1301506	906114	943241
1. 上年末结余资金	1002			
2. 本年资金来源小计	1684040	1301506	906114	943241
（1）国家预算内资金	25509		98276	2530
（2）国内贷款	35700		122294	219155
（3）债券				
（4）利用外资				
（5）自筹资金	1372545	1301506	678008	721556
（6）其他资金来源	250286		7536	

3—4 续表 4　　（2016 年）　　计量单位：万元、平方米、个

指标名称	赞皇县	无极县	平山县	元氏县
本年完成投资	**1628296**	**1434068**	**2245131**	**2235804**
# 住宅	2452	5356	5980	3739
本年完成投资中：				
建筑工程	885135	308308	882212	731527
安装工程	279215	64714	151633	498005
设备工器具购置	318688	952322	306719	652524
本年新增固定资产	1135703	693375	1057539	1024699
本年施工房屋面积	47701	4325426	975241	202893
# 住宅	7300	23800	4150	11145
本年竣工房屋面积	29240	2777405	969041	162735
# 住宅	1000	21500	3450	9975
施工项目个数	251	143	140	138
# 本年新开工	229	114	126	81
本年投产项目个数	199	93	104	108
本年资金来源合计	1621042	1438150	2150766	2199173
1. 上年末结余资金	2300	2070	718	31000
2. 本年资金来源小计	1618742	1436080	2150048	2168173
（1）国家预算内资金	14514	31654	115535	7390
（2）国内贷款		728099	281172	312598
（3）债券				1000
（4）利用外资		39906		1000
（5）自筹资金	1557877	623769	1715391	1287246
（6）其他资金来源	46351	12652	37950	558939

3—4 续表 5　　　　（2016 年）　　　　计量单位：万元、平方米、个

指标名称	赵 县	晋州市	新乐市	辛集市
本年完成投资	**1827551**	**3046033**	**2498089**	**2169818**
#住宅	15121	12959	17604	
本年完成投资中：				
建筑工程	613689	446521	1115788	1202933
安装工程	356027	81296	518329	389964
设备工器具购置	624250	930847	668974	566229
本年新增固定资产	1220366	2567027	1627620	1553919
本年施工房屋面积	934263	418520	648319	1047324
#住宅	20531	4093	114137	
本年竣工房屋面积	361790	398132	474347	873594
#住宅		630	52486	
施工项目个数	273	428	299	431
#本年新开工	237	355	233	390
本年投产项目个数	189	347	236	361
本年资金来源合计	1904722	3107913	2473612	2170634
1. 上年末结余资金	1300	7490	511919	
2. 本年资金来源小计	1903422	3100423	1961693	2170634
（1）国家预算内资金	4678	11313	40646	30073
（2）国内贷款	30501	95502	182140	18000
（3）债券		200	7955	
（4）利用外资				
（5）自筹资金	1863623	2993408	1631063	2121435
（6）其他资金来源	4620		99889	1126

全市房地产开发企业投资完成情况

3—5　（2016 年）　计量单位：个、万元、平方米

指标名称	数值	指标名称	数值
企业个数	414		
计划总投资	44020846	2. 本年资金来源小计	11224089
自开始建设累计完成投资	27973491	（1）国内贷款	773129
本年完成投资	10363096	其中：银行贷款	710429
#配套工程投资		其中：非银行金融机构贷款	62700
按构成分		（2）利用外资	
建筑工程	6894711	其中：外商直接投资	
安装工程	1230059	（3）自筹资金	9119980
设备工器具购置	422032	其中：自有资金	3695299
其他费用	1816294	股东投入资金	423643
其中：旧建筑物购置费	213416	借入资金	519001
其中：土地购置费	871871	（4）其他资金来源	1330980
按工程用途分		其中：定金及预收款	700168
商品住宅	6800412	其中：个人按揭贷款	416041
其中：90 平方米以下	2578636	二、本年各项应付款合计	1397271
其中：144 平方米以上	1295104	其中：工程款	447165
其中：别墅、高档公寓	75030	三、土地部分	
办公楼	1076213	待开发土地面积	343093
商业营业用房	1394477	本年购置土地面积	713674
其他	1091994	本年土地成交价款	290619
本年新增固定资产	2976310	其中：拆迁补偿费	10399
一、本年资金来源合计	12885974	土地使用权出让金	237339
1. 上年末结余资金	1661885	契税	5006

全市房地产开发企业分组完成情况

3—6　　　　（2016 年）　　　　计量单位：个、万元

指标名称	个数	完成额
合　　计	386	**10363096**
按登记注册类型分		
内资	384	10193634
国有	1	31900
有限责任公司	162	5170709
国有独资公司		
其他有限责任公司	162	5170709
股份有限公司	9	199431
私营	212	4791594
其他		
港澳台商投资	1	121462
与港澳台商合资经营		
与港澳台商合作经营		
港澳台商独资	1	121462
港澳台商投资股份有限公司		
外商投资	1	48000
中外合资经营		
中外合作经营		
外资企业	1	48000
外商投资股份有限公司		
按控股情况分		
国有控股	17	538524
集体控股	4	72111
私人控股	315	7559835
港澳台商控股	1	121462

3—6 续表　　（2016 年）　　计量单位：个、万元

指标名称	个数	完成额
外商控股	1	48000
其他	48	2023164
按隶属关系分		
中央	6	156041
地方	380	10207055
省（自治区、直辖市）	13	292601
地（区、市、州、盟）	16	383867
县（区、市、旗）	26	399763
其他	325	9130824
按资质等级分		
一级	6	195878
二级	17	485084
三级	48	890336
四级	69	1179474
暂定	237	7443309
其他	9	169015
按企业营业状况分		
营业	378	10186929
停业（歇业）	2	542
筹建		
当年关闭		
当年破产		
其他	6	175625

分县（市）区房地产开发完成情况

3—7　　（2016 年）　　计量单位：个、万元、平方米

行政单位	本年完成投资	商品住宅	其中：90 平方米以下	其中：144 平方米以上	其中：别墅、高档公寓	办公楼	商业营业用房	其他	本年新增固定资产
石家庄市	**10363096**	**6800412**	**2578636**	**1295104**	**75030**	**1076213**	**1394477**	**1091994**	**2976310**
长安区	3139764	2235229	1157744	497780		238062	469647	196826	1103071
桥西区	2237037	1245169	558202	231111		384776	382654	224438	430418
新华区	921129	482811	110682	98353		87916	82028	268374	220216
裕华区	1787348	1274462	343399	229913	10600	157990	135796	219100	557910
矿　区									
藁城区	32000						32000		32000
鹿泉区	512501	361812	121889	143299	64239	78231	38750	33708	125609
栾城区	181270	168544	61120	15221		6150	6376	200	159821
高新区	170043	130056	64734	12357		1596	37081	1310	
循环化工园区									
井陉县	21839	20411	3289					1428	
正定县	356108	184368	23149	33452		78700	37160	55880	188577
行唐县	17928	17478	2987	2307			333	117	12860
灵寿县									
高邑县	210	210							
深泽县	20667	17002	34	780			1792	1873	27090
赞皇县	9917	7970	2120			645	636	666	3660
无极县	88114	7642	15	10		8806	62282	9384	
平山县	181346	123712	58579			104	795	56735	23824
元氏县	165023	165023							
赵　县	25240	24220	14010	5			1020		20
晋州市	58520	35420	16733			4765	3260	15075	18500
新乐市	231646	136252	7350	24000		21700	73694		37000
辛集市	205446	162621	32600	6516	191	6772	29173	6880	35734

3—7 续表 1　　（2016 年）　　计量单位：个、万元、平方米

行政单位	本年资金来源小计	自筹资金	本年购置土地面积	本年土地成交价款	其中：拆迁补偿费	土地使用权出让金	契税
石家庄市	**11224089**	**9119980**	**713674**	**290619**	**10399**	**237339**	**5006**
长 安 区	3100747	2849637	10001	6600		6600	
桥 西 区	2591124	2137869	76196	98693	50	75846	
新 华 区	1060231	748422	130818	77900	3500	74400	2976
裕 华 区	1776496	1338286	46580	29004	600	16300	652
矿　区							
藁 城 区	25000	25000					
鹿 泉 区	670299	524649	49226	6060	86	5974	127
栾 城 区	149531	41901	21850	6910			
高 新 区	201259	103731					
循环化工园区							
井 陉 县	43763	7122					
正 定 县	357920	343620	103170	27880		27880	440
行 唐 县	24658	15361	22217	1544		878	
灵 寿 县							
高 邑 县	1000		13727	1880	1880		
深 泽 县	20684	18977	4765	365		365	
赞 皇 县	9606	7256					
无 极 县	94056	30000					
平 山 县	182280	107300	10000	3375	3375		
元 氏 县	312628	312628					
赵　县	23220	10220					
晋 州 市	90711	88211					
新 乐 市	268067	250650	97310	13058		13058	170
辛 集 市	220809	159140	127814	17350	908	16038	641

3—7 续表 2　　（2016 年）　　计量单位：个、万元、平方米

行政单位	房屋施工面积	住宅				办公楼	商业营业用房	其他房屋
			90 平米以下住房	144 平米以上住房	别墅、高档公寓			
石家庄市	**42023819**	**29954573**	**10550071**	**4289609**	**968806**	**3703674**	**5567758**	**2797814**
长安区	10241750	7660505	3420228	677463		601121	1237530	742594
桥西区	7408324	4463647	1692726	578690		1493372	1308563	142742
新华区	4065572	2934825	1423772	507439		408128	427511	295108
裕华区	3880759	2337043	491111	526586	13500	512123	403827	627766
矿　区								
藁城区	164743						164743	
鹿泉区	3137018	2419637	784702	1144579	953647	214562	332099	170720
栾城区	1573368	1379759	642199	25233		12250	171969	9390
高新区	1644204	1455328	841405	159297		12149	33271	143456
循环化工园区								
井陉县	428732	393821	161592				16406	18505
正定县	910828	561079	51266	116286		227790	52089	69870
行唐县	169052	168303	9900	10946				749
灵寿县								
高邑县	5130	5130						
深泽县	361074	337170	47747	39430			16259	7645
赞皇县	349292	255042	30100	15500		9875	52481	31894
无极县	1187774	176238	19674	2800		108000	863536	40000
平山县	735145	583741	85785	205881		2300	45384	103720
元氏县	1488968	1325697	15983				22350	140921
赵　县	67522	65200	31500	1000			2322	
晋州市	1074940	862955	177523	63717		8718	103695	99572
新乐市	738074	656366	84045	134080		22426	59282	
辛集市	2391550	1913087	538813	80682	1659	70860	254441	153162

3—7 续表 3　　　　（2016 年）　　　　计量单位：个、万元、平方米

行政单位	房屋竣工面积	住宅				办公楼	商业营业用房	其他房屋
			90 平米以下住房	144 平米以上住房	别墅、高档公寓			
石家庄市	**4105265**	**3172336**	**985312**	**554141**	**28678**	**299419**	**493206**	**140304**
长安区	689411	476099	222111	236853		103332	90937	19043
桥西区	566152	381629	129154	152801		38707	52876	92940
新华区	306580					156580	150000	
裕华区	268589	268589						
矿　区								
藁城区	110046						110046	
鹿泉区	431508	396508	232342	50261	27019		35000	
栾城区	625830	601997	242020	11661			23833	
高新区								
循环化工园区								
井陉县								
正定县	432502	432502	43066	17786				
行唐县	46398	46398		4097				
灵寿县								
高邑县								
深泽县	146846	139846	13944				7000	
赞皇县	28764	28764						
无极县								
平山县	147199	136515	19440			800	4884	5000
元氏县								
赵　县								
晋州市	13279	6610					4345	2324
新乐市	151740	146425	83235				5315	
辛集市	140421	110454		80682	1659		8970	20997

3—7 续表 4　　（2016 年）　　计量单位：套

行政单位	商品住宅竣工套数	90 平米以下住房	144 平米以上住房	别墅、高档公寓
石家庄市	**27259**	**13076**	**2540**	**79**
长安区	3852	2502	1233	
桥西区	3021	1474	926	
新华区				
裕华区	2162			
矿　区				
藁城区				
鹿泉区	5122	3884	154	74
栾城区	5380	3246	79	
高新区				
循环化工园区				
井陉县				
正定县	3108	532	117	
行唐县	414		26	
灵寿县				
高邑县				
深泽县	384	166		
赞皇县	204			
无极县				
平山县	1153	216		
元氏县				
赵　县				
晋州市	50			
新乐市	1550	1056		
辛集市	859		5	5

3—7 续表 5　　　　（2016 年）　　　　计量单位：个、万元、平方米

行政单位	商品房销售面积	住宅				办公楼	商业营业用房	其他房屋
			90 平米以下住房	144 平米以上住房	别墅、高档公寓			
石家庄市	**8556928**	**7047128**	**2298674**	**1018914**	**27367**	**629785**	**818877**	**61138**
长安区	2120674	1799957	724195	337399		200179	109237	11301
桥西区	1651233	953583	199519	339735		267021	430629	
新华区	506124	323124	197897	38150		48000	120000	15000
裕华区	880095	830741	222822	136055	4000	6600	42754	
矿　区								
藁城区	58950						58950	
鹿泉区	469491	460891	177389	46577	19367		6600	2000
栾城区	424447	417292	200835				5350	1805
高新区	410280	408186	290169	4182	4000		371	1723
循环化工园区								
井陉县	141920	141920	35661					
正定县	448496	349716	21871	21819		90780	7281	719
行唐县	34290	34290		3998				
灵寿县								
高邑县								
深泽县	87696	86238	4104	1930			1458	
赞皇县	89900	67141	7530	25681			18759	4000
无极县	15224	15224						
平山县	142115	137031	19440	1435			1884	3200
元氏县	291644	291644						
赵　县								
晋州市	54084	51044	50308					3040
新乐市	157505	157190	71470	22820			315	
辛集市	572760	521916	75464	39133		17205	15289	18350

3—7 续表 6　　（2016 年）　　计量单位：个、万元、平方米

行政单位	商品房销售额					商品房平均销售价格（元/平方米）	
		住宅	办公楼	商业营业用房	其他房屋		住宅
石家庄市	**6837021**	**5003785**	**787299**	**1005558**	**40379**	**7990**	**7100**
长安区	2455367	2010386	327790	97579	19612	11578	11169
桥西区	1404603	609847	298583	496173		8506	6395
新华区	657208	247408	100800	300000	9000	12985	7657
裕华区	839194	781523	5280	52391		9535	9408
矿　区							
藁城区	29475			29475		5000	
鹿泉区	249214	241814		6100	1300	5308	5247
栾城区	175332	170369		4150	813	4131	4083
高新区	258904	258222		331	351	6310	6326
循环化工园区							
井陉县	41427	41427				2919	2919
正定县	255927	200532	49162	6033	200	5706	5734
行唐县	9900	9900				2887	2887
灵寿县							
高邑县							
深泽县	24343	23930		413		2776	2775
赞皇县	22424	16082		5302	1040	2494	2395
无极县	3451	3451				2267	2267
平山县	23024	22228		295	501	1620	1622
元氏县	104276	104276				3575	3575
赵　县							
晋州市	21443	20958			485	3965	4106
新乐市	36441	36346		95		2314	2312
辛集市	225068	205086	5684	7221	7077	3930	3929

全市建筑业企业生产情况

3—8　（2016 年）　单位：个、千元

指标名称	企业个数		合同情况		承包工程完成情况	
	企业个数	亏损企业	签订合同额	本年新签合同额	直接从建设单位承揽工完成的产值	自行完成施工产值
合　计	**286**	**36**	**195125614**	**111246304**	**104040652**	**103392489**
其中：国有及国有控股	30	35	131884829	73248670	64406173	64406173
按登记注册类型分						
内资企业	285	36	194795804	110916494	103710842	103062679
国有企业	12	4	16969356	10262079	9861977	9861977
集体企业	6		574064	522056	515455	515455
股份合作企业						
联营企业						
有限责任公司	117	19	152583683	86256186	75685057	75088285
其他有限责任公司	111		88557065	50755508	41999228	41402456
股份有限公司	23	3	9400978	6115736	6188727	6188727
私营企业	126	10	15171653	7664367	11363556	11312165
其他企业						
港、澳、台商投资企业	1		329810	329810	329810	329810
外商投资企业						
按行业分						
房屋建筑业	140	17	121712340	61769858	59418681	59313062
土木工程建筑业	49	7	54415966	34365381	32715003	32172459
建筑安装业	47	8	15453891	12141442	8903841	8903841
建筑装饰和其他建筑业	50	4	3543417	2969623	3003127	3003127
按资质登记分						
施工总承包	187	24	187998444	105797684	98056031	97904958
特级	4	1	54230345	30627941	28676825	28667936
一级	46	13	118204739	67265957	59128985	59029755
二级	82	8	11844090	6225999	7741081	7698327
三级及以下	55	2	3719270	1677787	2509140	2508940
专业承包	99	12	7127170	5448620	5984621	5487531
一级	30	2	4271303	3461887	3846505	3349415
二级	32	5	1214889	1044330	972176	972176
三级及以下	37	5	1640978	942403	1165940	1165940

3—8 续表 1　　（2016 年）　　单位：个、千元

指标名称	建筑业总产值					
	建筑业总产值	其中：装饰装修产值	其中：在外省完成的产值	按构成分：1. 建筑工程产值	2. 安装工程产值	3. 其他建筑业产值
合　计	**109133548**	**5132644**	**42595701**	**84818003**	**18345620**	**5969925**
其中：国有及国有控股	67853203	1779146	30700092	54804023	10889872	2159308
按登记注册类型分						
内资企业	108803738	4802834	42595701	84488193	18345620	5969925
国有企业	9861977		3020455	6135872	3179784	546321
集体企业	515455			412603	102852	
股份合作企业						
联营企业						
有限责任公司	80787044	3212621	36643690	61846877	14038305	4901862
其他有限责任公司	44400145	1887174	19728431	29998245	10125669	4276231
股份有限公司	6188727	417626	1608070	6115665	56002	17060
私营企业	11354465	1172587	1323486	9881106	968677	504682
其他企业						
港、澳、台商投资企业	329810	329810		329810		
外商投资企业						
按行业分						
房屋建筑业	61710330	2710308	18742217	53875325	5417695	2417310
土木工程建筑业	34173936	1	17539744	26070750	5677872	2425314
建筑安装业	10163689	511530	5945843	2761034	6927681	474974
建筑装饰和其他建筑业	3085593	1910805	367897	2110894	322372	652327
按资质登记分						
施工总承包	103567403	3220309	41698060	81525461	16783884	5258058
特级	29417908	981653	13024509	24879641	3912636	625631
一级	61933451	1665267	27953382	45225913	12393669	4313869
二级	9707104	355947	594943	9064507	384160	258437
三级及以下	2508940	217442	125226	2355400	93419	60121
专业承包	5566145	1912335	897641	3292542	1561736	711867
一级	3424259	1745482	449796	1959157	784551	680551
二级	975946	150100	59654	468941	493911	13094
三级及以下	1165940	16753	388191	864444	283274	18222

3—8 续表 2　　（2016 年）　　单位：个、千元

指标名称	竣工产值	房屋建筑施工面积			
		房屋建筑施工面积	其中：本年新开工	其中：实行投标承包面积	不可销售面积
合　计	**50102700**	**70564036**	**17573436**	**51024490**	
其中：国有及国有控股	17618522	32537765	6394455	28328372	
按登记注册类型分					
内资企业	49772890	70564036	17573436	51024490	
国有企业	3510431	1458547	321379	1325331	
集体企业	177404	270980	244653	264771	
股份合作企业					
联营企业					
有限责任公司	38507542	54958980	11689675	40486876	
其他有限责任公司	28511002	30825004	6351602	16554891	
股份有限公司	1433199	2627059	1055191	2014447	
私营企业	6065074	11179560	4193628	6933065	
其他企业					
港、澳、台商投资企业	329810				
外商投资企业					
按行业分					
房屋建筑业	38128504	67024300	15294287	49408561	
土木工程建筑业	5861342	1221034	557777	984387	
建筑安装业	3963226	2318702	1721372	631542	
建筑装饰和其他建筑业	2149628				
按资质登记分					
施工总承包	47221671	69992318	17343536	50475190	
特级	6955811	21123442	4637402	21118442	
一级	34064688	39539616	8937699	24048298	
二级	4856370	7039831	2744833	3679742	
三级及以下	1344802	2289429	1023602	1628708	
专业承包	2881029	571718	229900	549300	
一级	1785164	370718	45000	365000	
二级	579722	82000	81600	81000	
三级及以下	516143	119000	103300	103300	

3—8 续表 3　　（2016 年）　　单位：个、千元

指标名称	施工机械设备		从业人员情况			
	年末自有施工机械设备（净值）	年末自有施工机械设备（总台数）	计算建筑业劳动生产率的平均人数	年末从业人员数（合计）	其中：工程技术人员	其中：现场施工工人
合　计	**2131196**	**90014**	**145364**	**136807**	**32582**	**74803**
其中：国有及国有控股	866352	27055	38537	37798	13963	22007
按登记注册类型分						
内资企业	2130928	89464	145001	136431	32487	74731
国有企业	225471	7046	12169	10778	3354	6813
集体企业	7340	530	1620	1329	166	782
股份合作企业						
联营企业						
有限责任公司	1253280	64351	75411	72414	19315	41443
其他有限责任公司	959517	55005	62096	59059	15224	32275
股份有限公司	81461	4095	11635	12011	2956	6999
私营企业	492686	13242	42306	38039	6535	16834
其他企业						
港、澳、台商投资企业	268	550	363	376	95	72
外商投资企业						
按行业分						
房屋建筑业	924706	66285	98342	90615	17491	51770
土木工程建筑业	974368	15651	30927	31127	10937	17662
建筑安装业	128823	5426	8567	8552	2611	2443
建筑装饰和其他建筑业	103299	2652	7528	6513	1543	2928
按资质登记分						
施工总承包	1971558	85335	130074	122355	29683	66940
特级	73717	7831	10095	10228	4354	5406
一级	1057203	49318	65794	62611	17204	32356
二级	662405	23768	37597	34585	6497	19402
三级及以下	178233	4418	16588	14931	1628	9776
专业承包	159638	4679	15290	14452	2899	7863
一级	79581	2655	6858	6992	1235	3624
二级	43615	833	4362	3382	967	1882
三级及以下	36442	1191	4070	4078	697	2357

全市建筑业企业财务状况

3—9　（2016 年）　计量单位：千元

指标名称	固定资产原价	在建工程	资产合计	流动负债合计	流动资产合计	固定资产合计	非流动负债合计	负债合计
合　计	**11532309**	**888414**	**89672871**	**67659537**	**77981187**	**6752528**	**1307767**	**69739516**
其中：国有及国有控股企业	11298460	886814	87992550	66568558	76563201	6625199	1207034	68547803
内资企业	11499178	888414	89433925	67488041	77815469	6742388	1307767	69568020
国有企业	1792261	23501	10044751	9249499	8275834	1040901	176318	9425818
集体企业	17673		287882	75337	147620	16190		117035
有限责任公司	6889995	746985	57751638	45859854	51423735	3830512	704422	46857752
股份有限公司	890866	31327	9492047	6253897	7915994	616230	386459	6943096
私营企业	1908383	86601	11857607	6049454	10052286	1238555	40568	6224319
其他企业								
港、澳、台商投资企业	33131		238946	171496	165718	10140		171496
房屋建筑业	4142122	230086	42577133	32408655	37612001	2857394	356278	33444131
土木工程建筑业	6379176	526337	37775628	30053255	32651609	2968152	763659	30818209
建筑安装业	717234	62587	5794195	3422200	4765564	667877	171783	3643595
建筑装饰和其他建筑业	293777	69404	3525915	1775427	2952013	259105	16047	1833581
施工总承包	10686929	816774	82756496	64415689	72132980	6127199	1259406	66396613
特级	1107005	23103	22030245	18186265	20032256	486742	382008	18612873
一级	7122591	663485	49926994	41652317	44091575	3737991	828494	42520816
二级	1805592	82252	7961839	3571576	6165568	1227033	42554	3852517
三级及以下	651741	47934	2837418	1005531	1843581	675433	6350	1410407
专业承包	845380	71640	6916375	3243848	5848207	625329	48361	3342903
一级	308511	66157	4141855	2233659	3481022	321448	41131	2283291
二级	184068	5483	955715	314619	776438	128783		349974
三级及以下	352801		1818805	695570	1590747	175098	7230	709638

3—9 续表 1　　（2016 年）　　计量单位：千元

指标名称	所有者权益合计	其中：实收资本	国家资本	集体资本	法人资本	个人资本	港澳台资本	外商资本
合　计	**19933355**	**13229710**	**4044685**	**855580**	**3133564**	**5164848**	**31033**	
其中：国有及国有控股企业	19444747	12921526	4044685	778676	3095644	4971488	31033	
内资企业	19865905	13193625	4044685	850528	3133564	5164848		
国有企业	618933	893006	518626		374380			
集体企业	170847	13000		6000	7000			
有限责任公司	10893886	7581874	2515604	646128	1889831	2530311		
股份有限公司	2548951	1449062	1010455	186340	98132	154135		
私营企业	5633288	3256683		12060	764221	2480402		
其他企业								
港、澳、台商投资企业	67450	36085		5052			31033	
房屋建筑业	9133002	6536265	1578622	336854	1045989	3574800		
土木工程建筑业	6957419	4828524	2104260	372498	1503130	848636		
建筑安装业	2150600	1046523	300248	57612	327935	360728		
建筑装饰和其他建筑业	1692334	818398	61555	88616	256510	380684	31033	
施工总承包	16359883	11467294	3910557	722768	2656999	4176970		
特级	3417372	2233242	2223772		9470			
一级	7406178	5635709	1483888	412936	1591019	2147866		
二级	4109322	2642011	185867	237282	689383	1529479		
三级及以下	1427011	956332	17030	72550	367127	499625		
专业承包	3573472	1762416	134128	132812	476565	987878	31033	
一级	1858564	811180	100070	100552	236040	343485	31033	
二级	605741	335032	18955	12260	88450	215367		
三级及以下	1109167	616204	15103	20000	152075	429026		

3—9 续表 2　（2016 年）　计量单位：千元

指标名称	营业收入	主营业务收入	营业成本	主营业务成本	营业税金及附加	其他业务利润	管理费用	其中：税金
合　计	**100654036**	**98938090**	**93234514**	**91624122**	**1868620**	**74215**	**3133208**	**98025**
其中：国有及国有控股企业	99249872	97544091	91950882	90349140	1836112	72852	3084519	96780
内资企业	100333814	98617868	92946505	91336113	1864859	74215	3117362	97804
国有企业	10214189	9881141	9483854	9165149	106294	-1502	550827	14335
集体企业	378458	378458	337453	337453	18874		7560	619
有限责任公司	71753663	71258802	67164071	66708799	1357357	71328	1988955	51039
股份有限公司	6246711	6188590	5547356	5493430	69577	1637	247500	8675
私营企业	11740793	10910877	10413771	9631282	312757	2752	322520	23136
其他企业								
港、澳、台商投资企业	320222	320222	288009	288009	3761		15846	221
房屋建筑业	51235962	51176185	48002783	47939494	1253514	7412	945124	25639
土木工程建筑业	37576557	37043107	34778553	34276605	444992	38498	1646634	44167
建筑安装业	8100929	7778117	7177098	6924374	90969	22723	367754	20023
建筑装饰和其他建筑业	3740588	2940681	3276080	2483649	79145	5582	173696	8196
施工总承包	93995234	93101434	87514320	86671666	1741750	62994	2788061	83474
特级	25166685	25109969	23678570	23636990	557342	670	582036	7090
一级	58088457	57321535	54757027	54121380	845093	59573	1819568	41716
二级	7906105	7870348	6699464	6564536	242994	1811	293158	28735
三级及以下	2833987	2799582	2379259	2348760	96321	940	93299	5933
专业承包	6658802	5836656	5720194	4952456	126870	11221	345147	14551
一级	4636813	3841105	4066991	3328178	87468	4519	212019	8659
二级	952756	950412	788409	777538	25120	118	45634	3293
三级及以下	1069233	1045139	864794	846740	14282	6584	87494	2599

3—9 续表 3　　　　（2016 年）　　　　计量单位：千元

指标名称	财务费用			营业利润	利润总额	应交所得税	应付职工薪酬（本年贷方累计发生额）
		利息收入	利息支出				
合　计	**364326**	**37345**	**256322**	**1340452**	**1402317**	**335553**	**4689434**
其中：国有及国有控股企业	355186	31611	254597	1309734	1371784	325647	4567563
内资企业	363739	37159	255599	1328433	1390045	333712	4666451
国有企业	62353	4037	62207	−26590	−11726	15442	787740
集体企业	1055	14	42	8626	8626	1360	17769
有限责任公司	184757	21630	111327	551963	595203	185176	2375862
股份有限公司	61788	7521	43496	316843	311096	35738	601518
私营企业	53786	3957	38527	477591	486846	95996	883562
其他企业							
港、澳、台商投资企业	587	186	723	12019	12272	1841	22983
房屋建筑业	153484	11765	55365	261023	268325	146879	2360158
土木工程建筑业	185097	20373	175118	531420	561186	100261	1780677
建筑安装业	19636	4271	21099	347900	365445	44112	327231
建筑装饰和其他建筑业	6109	936	4740	200109	207361	44301	221368
施工总承包	343655	32212	234144	902435	957418	265063	4290068
特级	90361	5499	45761	236161	229178	30422	915024
一级	186093	23792	162521	69002	117646	110677	1981754
二级	33714	1026	21716	396578	410890	104151	1043479
三级及以下	33487	1895	4146	200694	199704	19813	349811
专业承包	20671	5133	22178	438017	444899	70490	399366
一级	6590	883	6463	271967	279314	48368	175376
二级	2430	228	964	81470	80774	10559	95018
三级及以下	11651	4022	14751	84580	84811	11563	128972

全市建筑业企业房屋建筑竣工面积情况

3—10　　　　（2016 年）　　　　计量单位：平方米

指标名称	房屋竣工面积	商业及服务用房屋	商厦房屋（批发和零售用房）	宾馆用房屋（住宿用房）	餐饮用房屋（餐饮用房）	商务会展用房屋	其他商业及服务用房屋（居民服务业用房）
总　计	**14870029**	**587087**	**334834**		**9946**	**34886**	**207421**
其中：国有及国有控股	4461107	18027					18027
内资企业	14870029	587087	334834		9946	34886	207421
国有企业	151314						
集体企业	109923						
有限责任公司	11190984	430122	322759		6204		101159
其他有限责任公司	7759665	412095	322759		6204		83132
股份有限公司	1078155	40128			3742	34886	1500
私营企业	2287521	116837	12075				104762
其他企业	52132						
房屋建筑业	13884324	579180	334834		9946	34886	199514
土木工程建筑业	348694	7907					7907
建筑安装业	636721						
建筑装饰和其他建筑业	290						
施工总承包	14355668	587087	334834		9946	34886	207421
特级	2247755	5060					5060
一级	8765923	571323	333834		9946	34886	192657
二级	2449297	10407	1000				9407
三级及以下	892693	297					297
专业承包	514361						
一级	464400						
二级	7200						
三级及以下	42761						

3—10 续表 1　　（2016 年）　　计量单位：平方米

指标名称	住宅房屋	办公用房屋	科研、教育、医疗用房屋	科学研究用房屋	教育用房屋	医疗用房屋(卫生医疗 用房)
总　计	**10171526**	**319376**	**588367**	**52962**	**218987**	**316418**
其中：国有及国有控股	2154153	126943	209766		17080	192686
内资企业	10171526	319376	588367	52962	218987	316418
国有企业	1683	10695	5900		5900	
集体企业	101283		8640		8640	
有限责任公司	7328882	234809	441218	36500	127771	276947
其他有限责任公司	5362309	123561	237352	36500	116591	84261
股份有限公司	873873	18208	13901		13901	
私营企业	1813673	55664	118708	16462	62775	39471
其他企业	52132					
房屋建筑业	9575390	280518	538367	22962	218987	296418
土木工程建筑业	131446	38858				
建筑安装业	464400		50000	30000		20000
建筑装饰和其他建筑业	290					
施工总承包	9679836	319376	588367	52962	218987	316418
特级	1165609	58695	101933		5590	96343
一级	5640567	246013	348756	51864	113956	182936
二级	2077777	12658	80702		44392	36310
三级及以下	795883	2010	56976	1098	55049	829
专业承包	491690					
一级	464400					
二级	7200					
三级及以下	20090					

3—10 续表 2　　（2016 年）　　计量单位：平方米

指标名称	文化、体育和娱乐用房	厂房及建筑物	厂房	仓库	其他未列明的房屋建筑物
总　计	**60503**	**2259884**	**1955363**	**91047**	**792239**
其中：国有及国有控股	35000	1728170	1592063	6708	182340
内资企业	60503	2259884	1955363	91047	792239
国有企业		133036	86146		
集体企业					
有限责任公司	43186	1976490	1734359	84238	652039
其他有限责任公司	8186	1068933	916019	77530	469699
股份有限公司		23988	23988		108057
私营企业	17317	126370	110870	6809	32143
其他企业					
房屋建筑业	60503	1999788	1801844	84339	766239
土木工程建筑业		157775	96698	6708	6000
建筑安装业		102321	56821		20000
建筑装饰和其他建筑业					
施工总承包	60503	2237213	1948192	91047	792239
特级	17500	807788	807788		91170
一级	42317	1240277	1006313	63010	613660
二级	499	173994	133537	21228	72032
三级及以下	187	15154	554	6809	15377
专业承包		22671	7171		
一级					
二级					
三级及以下		22671	7171		

全市建筑业企业房屋建筑竣工造价情况

3—11　　　　　　　　　　　　（2016 年）　　　　　　　　　　　　计量单位：千元

指标名称	房屋竣工价值	住宅房屋	商业及服务用房屋	商厦房屋（批发和零售用房）	宾馆用房屋（住宿用房）	餐饮用房屋（餐饮用房）
总　计	26967291	13064565	941777	416747		47145
其中：国有及国有控股	12090979	3382434	91108			
内资企业	26967291	13064565	941777	416747		47145
国有企业	797709	1859				
集体企业	141998	126446				
有限责任公司	21262191	9081948	671998	399238		38703
股份有限公司	1268222	1007384	58482			8442
私营企业	3417931	2767688	211297	17509		
其他企业	79240	79240				
房屋建筑业	24738582	12822621	922009	416747		47145
土木工程建筑业	1065654	176866	19768			
建筑安装业	1160397	62420				
建筑装饰和其他建筑业	2658	2658				
施工总承包	26860336	12975187	941777	416747		47145
特级	5782647	1821099	35670			
一级	16201387	6925721	883049	415547		47145
二级	3970619	3453912	22168	1200		
三级及以下	905683	774455	890			
专业承包	106955	89378				
一级	62420	62420				
二级	3500	3500				
三级及以下	41035	23458				

3—11 续表 1　　（2016 年）　　计量单位：千元

指标名称	其他商业及服务用房屋（居民服务业用房）	办公用房屋	科研、教育、医疗用房屋	科学研究用房屋	教育用房屋	医疗用房屋（卫生医疗用房）
总　计	**429045**	**491686**	**915025**	**43150**	313802	**558073**
其中：国有及国有控股	91108	199091	345739		19079	326660
内资企业	429045	491686	915025	43150	313802	558073
国有企业		15946	8559		8559	
集体企业			15552		15552	
有限责任公司	234057	369785	698313	15750	188291	494272
股份有限公司	1200	21100	16481		16481	
私营企业	193788	84855	176120	27400	84919	63801
其他企业						
房屋建筑业	409277	436981	884025	37150	313802	533073
土木工程建筑业	19768	54705				
建筑安装业			31000	6000		25000
建筑装饰和其他建筑业						
施工总承包	429045	491686	915025	43150	313802	558073
特级	35670	89750	168590		5260	163330
一级	371517	379579	530583	41101	171562	317920
二级	20968	18771	141307		65310	75997
三级及以下	890	3586	74545	2049	71670	826
专业承包						
一级						
二级						
三级及以下						

3—11 续表 2　　（2016 年）　　计量单位：千元

指标名称	商务会展用房屋	文化、体育和娱乐用房	厂房及建筑物	厂房	仓库	其他未列明的房屋建筑物
总　计	**48840**	**298754**	**6632610**	**5747810**	**131801**	**4491073**
其中：国有及国有控股		268440	5451237	4828915	6708	2346222
内资企业	48840	298754	6632610	5747810	131801	4491073
国有企业			771345	279152		
集体企业						
有限责任公司		282912	5769068	5388529	128326	4259841
股份有限公司	48840		28786	28786		135989
私营企业		15842	63411	51343	3475	95243
其他企业						
房屋建筑业	48840	298754	5311341	5060749	125093	3937758
土木工程建筑业			804292	282152	6708	3315
建筑安装业			516977	404909		550000
建筑装饰和其他建筑业						
施工总承包	48840	298754	6615033	5742301	131801	4491073
特级		134220	2360207	2360207		1173111
一级	48840	161462	4100126	3302353	103340	3117527
二级		2512	128910	78081	24986	178053
三级及以下		560	25790	1660	3475	22382
专业承包			17577	5509		
一级						
二级						
三级及以下			17577	5509		

分县（市）区建筑业企业主要指标情况

3—12　（2016 年）　计量单位：个、千元

行政单位	建筑业企业个数	签订的建筑合同额	建筑业总产值	装饰装修产　值	在外省完成的产值	竣工产值
石家庄市	**286**	**195125614**	**109133548**	**5132644**	**42595701**	**50102700**
市　区	202	183230678	101962805	4595051	42486858	45306246
长安区	37	48870703	21491879	577277	10138826	6455521
桥西区	43	29646116	21108897	1473255	3962546	17505133
新华区	39	67621724	36659075	2201221	17891790	14712796
裕华区	25	20753463	12475215	313193	4131543	3950367
矿　区	2	52612	40416			
藁城区	5	1174952	429636			203238
鹿泉区	28	9906359	6533143	526	5206270	948426
栾城区	12	526900	501522	21386		384751
高新区	10	4508649	2471152	8193	1155883	1132323
循环化工园区	1	169200	251870			13691
井陉县	6	305256	304046	33200	5000	233332
正定县	10	3540560	1595245	155727		1290908
行唐县	1	173400	153000	11260		44244
灵寿县	3	378458	378458			141998
高邑县	3	233686	158882			102340
深泽县	5	779291	532571			396690
赞皇县	7	1079438	529792	203846		243756
无极县	5	475959	418745			323690
平山县	8	469318	291276		100125	77490
元氏县	2	220514	249514			150514
赵　县	6	582541	456633			319169
晋州市	4	169950	429300	200		156300
新乐市	9	866680	518111	92300	3718	459089
辛集市	15	2619885	1155170	41060		856934

3—12 续表 1　　（2016 年）　　计量单位：个、千元、人

行政单位	计算建筑业劳动生产率的平均人数	年末从业人员数（合计）	房屋建筑竣工价值	所有者权益合计	其中：实收资本	营业收入
石家庄市	**145364**	**136807**	**26967291**	**19933355**	**13229710**	**100654036**
市　区	102321	95556	22509842	16906181	11281924	93436824
长安区	27619	23266	4196591	1426093	2148060	20332409
桥西区	22425	21829	5127493	5842866	3883053	22227013
新华区	19234	19295	11460429	4199018	2098964	30337824
裕华区	12919	13590	835432	2311649	1330755	10490987
矿　区	251	173		16707	12859	83628
藁城区	3719	3994	104213	390447	203679	544445
鹿泉区	7820	6939	179497	1286609	885534	6193166
栾城区	4247	3095	237698	215402	147080	490908
高新区	3144	3152	354798	1036045	511940	2484574
循环化工园区	943	223	13691	181345	60000	251870
井陉县	1127	1070	202735	130154	89356	290865
正定县	7091	6737	1249294	558807	372240	1792079
行唐县	360	160	44244	106178	36000	153000
灵寿县	1206	908	141998	170847	13000	378458
高邑县	1250	1280	102340	74019	55005	158882
深泽县	6066	6696	392690	246475	187500	498018
赞皇县	3429	3429	203846	146231	99372	481977
无极县	3130	2845	318860	123646	83205	330976
平山县	1913	3214	50526	120829	64128	366416
元氏县	1210	1410	133014	73936	49000	151396
赵　县	1905	1408	319169	289666	200000	568054
晋州市	1670	1580	141500	60213	56800	163563
新乐市	2062	1559	425189	422121	331636	424909
辛集市	10624	8955	732044	504052	310544	1458619

3—12 续表 2　　（2016 年）　　计量单位：千元

行政单位	营业成本	营业税金及附加	管理费用	财务费用	营业利润	利润总额
石家庄市	**93234514**	**1868620**	**3133208**	**364326**	**1340452**	**1402317**
市　区	87167599	1639175	2926274	304009	988546	1040881
长安区	19197862	250960	829627	53658	–316359	–264113
桥西区	20595073	370501	723287	82104	504225	492703
新华区	28469218	683859	556784	79752	438918	452123
裕华区	9760348	115406	379108	43197	176918	171524
矿　区	75943	1940	5390	280	–592	165
藁城区	472961	22287	14252	2978	31319	31319
鹿泉区	5701521	89602	279981	33673	77600	75303
栾城区	415964	41731	17415	541	13951	13919
高新区	2261672	54339	116086	7774	44379	49751
循环化工园区	217037	8550	4344	52	18187	18187
井陉县	244898	12624	22708	364	10146	10094
正定县	1581524	54439	27458	8323	109392	109446
行唐县		15162	910	480	9180	9180
灵寿县	337453	18874	7560	1055	8626	8626
高邑县	148006	3924	2843	1286	2443	2443
深泽县	447499	11701	10660	2912	22032	22038
赞皇县	421317	9342	7866	11255	23439	23439
无极县	174389	6821	6038	1004	10204	10203
平山县	284487	14715	16417	256	50482	50447
元氏县	127356	6128	5390	990	11305	10943
赵　县	467838	23809	21991	17559	24436	24400
晋州市	139824	4987	5703	2987	18212	20412
新乐市	364076	13652	13112	2718	21788	29229
辛集市	1328248	33267	58278	9128	30221	30536

四、能源消费

全市规模以上工业企业能源购进、消费及库存

4—1

（2016 年）

能源名称	计量单位	年初库存	购进量		消费量			年末库存
			实物量	其中：购自省外	合 计	1. 工业生产消费	2. 非工业生产消费	
能源合计	**吨标准煤**				**63550095**	**63421818**	**128277**	
焦炉煤气	万立方米		33017		33017	33017		
高炉煤气	万立方米				2332103	2332103		
转炉煤气	万立方米				177092	177092		
发生炉煤气	万立方米		9218		9218	9218		
天然气	万立方米	311	245278		30183	29940	243	12
液化天然气	吨		4916	458	4918	4437	482	
原油	吨	595386	5980893	5980893	6008781	6008781		567498
汽油	吨	24922	87848	35713	88757	79696	9061	31350
煤油	吨	12692	1579	1469	1451	1451		6545
柴油	吨	70824	74923	84	74800	67326	7474	53263
燃料油	吨	140	20483	1650	20482	20482		140
液化石油气	吨	10	406		407	407		
炼厂干气	吨				214358	214358		
石脑油	吨		167		167	167		
润滑油	吨	27	30205		30211	30209	2	21
石蜡	吨		120	120	120	120		
石油沥青	吨	146	1100		1020	1020		210
其它石油制品	吨		105113	89070	745006	745006		
热力	百万千焦		21725886	11984	26205368	25882255	323113	
电力	万千瓦时		2488341		3235319	3208577	26742	
煤矸石（用于燃料）	吨		6745	6740	2350	2350		
城市生活垃圾(用于燃料)	吨				306077	306076		
生物燃料	吨标准煤	308	231020	4801	225391	225175	216	308
余热余压	百万千焦		826120		6046603	5966213	80390	
工业废料（用于燃料）	吨				6855	6855		
其他燃料	吨标准煤	27	893		1369	1343	26	2

注：全市规模以上能耗数据包含辛集市。

市区规模以上工业企业能源购进、消费及库存

4—2　　（2016 年）

能源名称	计量单位	年初库存	购进量		消费量			年末库存
			实物量	其中：购自省外	合计	1. 工业生产消费	2. 非工业生产消费	
能源合计	**吨标准煤**				**37051741**	**37002549**	**49192**	
焦炉煤气	万立方米		21902		21902	21902		
高炉煤气	万立方米				262495	262495		
转炉煤气	万立方米				17925	17925		
发生炉煤气	万立方米		923		923	923		
天然气	万立方米	301	15381		15369	15211	158	1
液化天然气	吨		1187		1189	708	482	
原油	吨	595386	5980893	5980893	6008781	6008781		567498
汽油	吨	23966	10309	610	10418	4640	5778	30505
煤油	吨	12690	1493	1468	1367	1367		6545
柴油	吨	68237	11950	82	11956	9858	2098	50392
燃料油	吨	140						140
液化石油气	吨		237		237	237		
炼厂干气	吨				214358	214358		
润滑油	吨	27	21		27	25	2	21
其它石油制品	吨		98531	89070	738424	738424		
热力	百万千焦		16913453	11984	21094214	20815923	278291	
电力	万千瓦时		1039147		1339937	1324230	15707	
城市生活垃圾（用于燃料）	吨				306077	306076		
生物燃料	吨标准煤	208	39795	4801	39728	39683	45	307
余热余压	百万千焦		826032		4467979	4467979		
其他燃料	吨标准煤	19	866		866	866		

全市规模以上工业企业综合能源消费量

4—3　　（2016 年）

行业名称	综合能源消费量（吨标准煤）	
	本年	去年同期
总　　计	**26868955**	**27871744**
煤炭开采和洗选业	326475	452025
黑色金属矿采选业	20816	37728
非金属矿采选业	2478	3353
农副食品加工业	347678	455016
食品制造业	162230	171854
酒、饮料和精制茶制造业	75211	80009
烟草制品业	6760	8370
纺织业	514892	566637
纺织服装、服饰业	104604	104978
皮革、毛皮、羽毛及其制品和制鞋业	209213	240299
木材加工和木、竹、藤、棕、草制品业	189414	267969
家具制造业	56684	51891
造纸和纸制品业	142193	172688
印刷和记录媒介复制业	48124	50852
文教、工美、体育和娱乐用品制造业	17806	21149
石油加工、炼焦和核燃料加工业	1471088	1481412
化学原料和化学制品制造业	3621666	3798427
医药制造业	707580	758742
化学纤维制造业	175311	155638
橡胶和塑料制品业	253522	303429
非金属矿物制品业	2173906	2280506
黑色金属冶炼和压延加工业	7268418	7483900
有色金属冶炼和压延加工业	17748	22463
金属制品业	207706	219997
通用设备制造业	142516	151696
专用设备制造业	136719	155839
汽车制造业	55475	55541
铁路、船舶、航空航天和其他运输设备制造业	20739	20100
电气机械和器材制造业	82943	97603
计算机、通信和其他电子设备制造业	29859	30798
仪器仪表制造业	2708	3069
其他制造业	6919	6523
废弃资源综合利用业	6396	6245
金属制品、机械和设备修理业	4143	4705
电力、热力生产和供应业	8245249	8136402
燃气生产和供应业	612	615
水的生产和供应业	13152	13273

注：全市规模以上能耗数据包含辛集市。

全市主要能源调出调入情况

4—4 （2016 年） 计量单位：万吨、亿立方米

能源名称	调出量	# 调出省外	调入量	# 省外调入
原油			457.30	457.30
汽油	–29.80	–29.80	145.79	145.79
柴油	–7.35	–7.35	131.79	131.79
燃料油	–27.89	–27.89	28.22	28.22
天然气			14.22	14.22
液化天然气			0.82	0.82

注：本表中数据为不含辛集市数据。

全市规模以下工业企业主要能源消费情况

4—5

（2016 年）

行业名称	汽油（吨）	柴油（吨）	电力（万千瓦时）
合　计			
（一）采矿业	5263	17236	30425
煤炭开采和洗选业	30	317	3606
黑色金属矿采选业	508	4880	10387
有色金属矿采选业	44	833	349
非金属矿采选业	4306	10550	14389
其他采矿业	375	656	1694
（二）制造业	243105	169502	864435
农副食品加工业	15742	13085	125012
食品制造业	4406	6453	13574
酒、饮料和精制茶制造业	869	892	13651
烟草制品业	95	430	607
纺织业	11151	7094	61617
纺织服装、服饰业	59462	3467	75065
皮革、毛皮、羽毛及其制品和制鞋业	3774	5820	16904
木材加工和木、竹、藤、棕、草制品业	1040	1188	10829
家具制造业	18402	22357	102294
造纸和纸制品业	5594	1680	46799
印刷和记录媒介复制业	1110	369	7184

注：本表中数据为不含辛集市数据。

4—5 续　　（2016 年）

行业名称	汽油（吨）	柴油（吨）	电力（万千瓦时）
文教、工美、体育和娱乐用品制造业	179	17	3278
石油加工、炼焦和核燃料加工业	1334	1019	7552
化学原料和化学制品制造业	53688	36647	100274
医药制造业	966	202	1192
化学纤维制造业	309	218	615
橡胶和塑料制品业	6092	4340	33400
非金属矿物制品业	15839	20273	82751
黑色金属冶炼和压延加工业	10251	20068	58335
有色金属冶炼和压延加工业	2974	1248	10470
金属制品业	5115	2811	44110
通用设备制造业	10571	9834	12808
专用设备制造业	1366	662	5344
汽车制造业	896	875	609
电气机械和器材制造业	107	82	340
计算机、通信和其他电子设备制造业	443	1222	1369
仪器仪表制造业	196	408	375
其他制造业	934	1079	4469
废弃资源综合利用业	10200	5662	23608
（三）电力、热力、燃气及水生产和供应业	548	438	397
电力、热力生产和供应业	548	438	397

注：本表中数据为不含辛集市数据。

全市有关行业能源消费量

4—6 （2016 年）

能源名称	计量单位	本年消费量	# 农林牧渔水利业	建筑业	批发零售贸易餐饮业	公路运输业
焦炉煤气	万立方米	67			63	
天然气	万立方米	29602		3852	25742	
液化天然气	吨	2185	1523	76	507	
原油	吨	6603	2201	970	330	191
汽油	吨	204852	8039	13486	16497	11509
煤油	吨	3266	78	142	200	2027
柴油	吨	158301	1045	38529	10130	82466
燃料油	吨	8726	229	8042	58	
液化石油气	吨	4545	127	3395	458	229
热力	百万千焦	13126169	9916	244020	4650725	2455
电力	万千瓦时	810277	30343	28349	114227	49705

注：本表中数据为不含辛集市数据。

全市行业用电分类情况

4—7 （2016 年） 计量单位：万千瓦时

指标名称	全市	#市区
全社会用电总计	**4521861**	**2278894**
A、全行业用电合计	3917861	1983634
第一产业	135331	28045
第二产业	2926431	1324631
第三产业	856099	630958
B、城乡居民生活用电合计	604000	295260
城镇居民	244255	199401
乡村居民	359745	95859
全行业用电分类	3917861	1983634
一、农、林、牧、渔业	135331	28045
1. 农业	17971	5017
2. 林业	718	449
3. 畜牧业	14016	3860
4. 渔业	247	168
5. 农、林、牧、渔服务业	102379	18551
其中：排灌	97321	16996
二、工业	2872044	1293218
轻工业	743314	292673
重工业	2128730	1000545
（一）采矿业	36277	10632
1. 煤炭开采和洗选业	15197	9691
2. 石油和天然气开采业	4782	721
3. 黑色金属矿采选业	2227	
4. 有色金属矿采选业	2329	12
5. 非金属矿采选业	8424	152
6. 其他采矿业	3318	56
（二）制造业	2176678	783117
1. 食品、饮料和烟草制造业	90884	41244
其中：农副食品加工业	56196	18783
2. 纺织业	190114	31845
3. 服装鞋帽、皮革羽绒及其制品业	39676	7103
4. 木材加工及制品和家具制品业	44357	20547
其中：轻工业	8394	2161

4—7 续表 1　　（2016 年）　　计量单位：万千瓦时

指标名称	全 市	# 市 区
5. 造纸及纸制品业	54186	9879
6. 印刷业和记录媒介的复制	5941	3578
7. 文体用品制造业	176	100
8. 石油加工、炼焦及核燃料加工业	81204	60781
9. 化学原料及化学制品制造业	473112	95161
其中 : 轻工业	14169	4466
其中 : 氯碱	28358	28358
电石		
黄磷		
其中 : 肥料制造	227604	17600
10. 医药制造业	163739	142942
11. 化学纤维制造业	28026	19299
12. 橡胶和塑料制品业	78851	21076
其中 : 轻工业	23196	6196
13. 非金属矿物制品业	334554	89396
其中 : 轻工业	86652	2238
其中 : 水泥制造	82373	65450
14. 黑色金属冶炼及压延加工业	302375	98928
其中：铁合金冶炼	2544	1035
15. 有色金属冶炼及压延加工业	22588	13741
其中：铝冶炼	4827	4680
16. 金属制品业	146229	52020
其中 : 轻工业	5283	1615
17. 通用及专用设备制造业	47011	24810
其中：轻工业	695	630
18. 交通运输、电气、电子设备制造业	57999	45088
其中：轻工业	10410	7550
其中：交通运输设备制造业	10975	8412
19. 工艺品及其他制造业	13163	4844
20. 废弃资源和废旧材料回收加工业	2493	735
（三）电力、燃气及水的生产和供应业	659089	499468
1. 电力、热力的生产和供应业	616668	471252
其中 : 电厂生产全部耗用电量	366541	342981

4—7 续表 2　　（2016 年）　　计量单位：万千瓦时

指标名称	全 市	# 市 区
线路损失电量	235186	114309
抽水蓄能抽水耗用电量	2078	2039
2. 燃气生产和供应业	5902	3182
3. 水的生产和供应业	36519	25034
其中：轻工业	8610	6983
三、建筑业	54387	31413
四、交通运输、仓储和邮政业	173621	152255
1. 交通运输业	150781	142028
其中：城市公共交通	7142	6523
管道运输业	23221	23206
电气化铁路	74349	74162
2. 仓储业	21255	9061
3. 邮政业	1585	1166
五、信息传输、计算机服务和软件业	40640	27846
1. 电信和其他信息传输服务业	39645	27174
2. 计算机服务和软件业	995	672
六、商业、住宿和餐饮业	249927	153389
1. 批发和零售业	216477	128275
2. 住宿和餐饮业	33450	25114
七、金融、房地产、商务及居民服务业	188698	155552
1. 金融业	12531	9961
2. 房地产业	96616	89057
3. 租赁和商务服务业、居民服务和其它服务业	79551	56534
八、公共事业及管理组织	203213	141916
1. 科学研究、技术服务和地质勘查业	10159	9593
其中：地质勘查业	362	329
2. 水利、环境和公共设施管理业	41476	21133
其中：水利管理业	12850	4266
其中：公共照明业	26385	16322
3. 教育、文化、体育和娱乐业	73867	54005
其中：教育	60632	42502
4. 卫生、社会保障和社会福利业	35116	25482
5. 公共管理和社会组织、国际组织	42595	31703

分县（市）用电情况

4—8　　（2016 年）　　计量单位：万千瓦时

行政单位	2009 年	2010 年	2011 年	2012 年	2013 年
石家庄市	**3404834.0**	**3835366.0**	**4132762.0**	**4355525.0**	**4485240.0**
市　区	1270267.0	1316611.0	1387842.0	1412249.1	1463932.7
井陉县	47727.0	93754.0	107666.0	103326.0	97616.8
正定县	155718.0	182648.0	195842.0	207867.0	210870.4
栾城区	107413.0	118557.0	132874.0	137601.0	135813.5
行唐县	36337.0	46003.0	50135.0	47218.0	51788.2
灵寿县	83262.0	90719.0	104491.0	118538.0	146412.0
高邑县	67192.0	78420.0	91400.0	94981.0	99450.0
深泽县	49014.0	55656.0	60933.0	60597.0	61532.0
赞皇县	53910.0	72672.0	80274.0	77551.0	91923.4
无极县	70039.0	86889.0	99095.0	104441.0	109495.0
平山县	226256.0	268878.0	304127.0	380828.0	384506.6
元氏县	120923.0	137451.0	146479.0	157845.0	163234.2
赵　县	98862.0	123154.0	139105.0	142643.0	136027.6
藁城市	222530.0	263335.0	286905.0	298640.0	312760.7
晋州市	220207.0	238508.0	255629.0	248267.0	250356.6
新乐市	88362.0	94954.0	111089.0	138541.0	135816.7
鹿泉市	255410.0	278379.0	271930.0	289281.9	282133.1
辛集市	231405.0	288778.0	306946.0	335110.0	351570.6

4—8 续表 1　　（2016 年）　　计量单位：万千瓦时

行政单位	2014 年	2015 年	2016 年
石家庄市	**4496414.0**	**4431195.0**	**4521861.0**
市　区	2196894.1	2193131.2	2278894.0
井 陉 县	102878.1	103700.5	109319.0
正 定 县	222724.8	226105.5	241685.2
行 唐 县	60057.1	60301.3	65370.9
灵 寿 县	151569.9	150757.3	137314.0
高 邑 县	117942.0	113029.0	116082.0
深 泽 县	68629.0	71527.0	72648.0
赞 皇 县	114171.0	105724.0	115235.2
无 极 县	117293.0	124671.0	134976.0
平 山 县	346442.9	296055.7	259442.5
元 氏 县	156436.0	151258.9	157669.2
赵　县	149624.1	158177.2	161687.4
晋 州 市	260742.3	254878.9	250715.5
新 乐 市	145947.5	147962.5	151540.8
辛 集 市	285062.3	273915.2	269281.4

五、财政　金融

财政收入情况

5—1　　　　（2016 年）　　　　计量单位：万元

行政单位	全部财政收入	#公共财政预算收入		
			#增值税	营业税
石家庄市	**8473702**	**4107238**	**794270**	**465549**
市　区	6877607	3149665	614244	354308
长安区	1073727	436797	102022	87056
桥西区	1463852	627615	127504	97650
新华区	602847	252840	57191	46626
裕华区	570370	283417	62246	39409
矿　区	49522	26519	9314	2235
藁城区	685266	207406	48758	11575
鹿泉区	357046	197339	44472	25711
栾城区	188154	101873	24531	10221
高新区	551268	257633	67941	31249
循环化工园区	858399	108486	45251	2571
井陉县	129109	55086	13480	6514
正定县	251090	160017	22076	19181
行唐县	62812	40406	6194	5938
灵寿县	51715	35343	5223	3240
高邑县	54572	42800	4597	4569
深泽县	56713	43002	6833	4104
赞皇县	50331	31450	6271	3189
无极县	87926	52350	11104	5383
平山县	217218	107802	27524	9076
元氏县	129895	66631	17323	7119
赵　县	81026	51971	10076	6093
晋州市	115139	80099	11362	13494
新乐市	97473	68026	10080	11583
辛集市	211076	122590	27883	11758

5—1 续表　　　　（2016 年）　　　　计量单位：万元

行政单位	公共财政预算收入中：				
	企业所得税	个人所得税	城市维护建设税	耕地占用税	契税
石家庄市	**264721**	**123318**	**248242**	**107785**	**266133**
市　区	223397	109847	210990	36297	233747
长安区	42756	21983	27303	1545	0
桥西区	86339	30905	48732	299	0
新华区	16966	21557	16815	220	0
裕华区	21909	13668	16608	259	0
矿　区	515	238	2341	951	462
藁城区	11648	2840	25684	8481	7432
鹿泉区	10982	3744	11806	12560	13785
栾城区	6280	1307	5964	10321	2967
高新区	20692	12581	18171	1234	0
循环化工园区	873	713	31327	427	1486
井陉县	1504	1089	3811	145	619
正定县	8124	2405	4789	18703	9851
行唐县	1820	450	618	823	635
灵寿县	807	266	721	2347	577
高邑县	544	255	842	11574	1530
深泽县	772	369	666	4924	822
赞皇县	893	204	698	3408	1086
无极县	2646	397	1292	10695	1254
平山县	8830	2413	7292	953	1034
元氏县	4947	1809	3163	1078	1716
赵　县	1679	552	1738	3497	1638
晋州市	2120	816	2695	6725	1611
新乐市	1509	792	2105	1381	2255
辛集市	5129	1654	6822	5235	7758

财政支出情况

5—2　　　　（2016 年）　　　　计量单位：万元

行政单位	财政支出	#一般公共服务	公共安全	教 育	科学技术
石家庄市	**7461188**	**719753**	**475836**	**1591856**	**122300**
市　区	4435983	449323	343285	888882	96324
长安区	263422	31326	9655	110029	1580
桥西区	325204	81381	7515	107473	1331
新华区	201314	38880	6027	79637	1602
裕华区	183905	23762	4466	53031	2735
矿　区	89500	13132	5149	15802	818
藁城区	356397	31916	17845	103618	3310
鹿泉区	339428	30331	20515	78374	4670
栾城区	206559	20937	10394	61306	2960
高新区	223783	19707	11228	25024	16108
循环化工园区	103283	7650	2288	9105	713
井陉县	192938	13845	9026	48624	1705
正定县	347910	35154	15966	81129	2286
行唐县	223185	22728	8084	50840	4629
灵寿县	185736	11574	8056	36050	380
高邑县	118690	12115	5598	24233	337
深泽县	121755	9091	5782	24209	1304
赞皇县	154029	12085	6946	31694	686
无极县	190152	21299	9775	46467	793
平山县	322513	22386	10308	72800	2416
元氏县	188546	15894	8048	53330	1232
赵　县	218311	17090	9675	63131	1073
晋州市	226640	25116	12516	54577	3158
新乐市	216036	14020	10623	40255	4870
辛集市	318764	38033	12148	75635	1107

5—2 续表　（2016 年）　计量单位：万元

行政单位	财政支出中：				
	文化体育与传媒	社会保障和就业	医疗卫生	城乡社区事务	农林水事务
石家庄市	**99078**	**726391**	**725228**	**631581**	**739653**
市　区	57176	363802	359306	486605	259397
长安区	621	33793	18438	33077	5380
桥西区	804	34472	18267	33033	1630
新华区	885	20338	10341	26021	2186
裕华区	860	9630	13520	27858	34081
矿　区	769	7209	4354	9085	9784
藁城区	2339	38753	50130	23239	38754
鹿泉区	2697	22955	26940	53444	48858
栾城区	2457	22730	21186	10552	21363
高新区	784	16956	5380	18732	3296
循环化工园区	7	9966	14754	22755	20799
井陉县	2222	31317	20241	6844	34737
正定县	17001	21012	31146	31304	28955
行唐县	2006	23994	21513	10691	49697
灵寿县	1555	29041	24319	2508	46541
高邑县	510	13175	11042	14502	14686
深泽县	1556	16800	19009	2306	17474
赞皇县	2859	16611	16845	3793	30705
无极县	1101	23851	28550	3934	20087
平山县	3454	49512	26938	16259	55047
元氏县	918	16870	29748	3295	35310
赵　县	2663	27153	33080	9095	34468
晋州市	1650	22921	36236	12242	29310
新乐市	2061	30814	29883	11560	39692
辛集市	2346	39518	37372	16643	43547

全市金融机构本外币信贷收支情况

5—3　　（2016 年）　　计量单位：万元

指标名称	本年余额	比年初	
		本年	去年
一、各项存款	112290738.8	13553385.7	5958562.4
（一）境内存款	112267184.9	13552190.1	5973211.9
1. 住户存款	53975163.5	4985718.1	3825210.0
（1）活期存款	18070530.0	2740521.1	1574587.6
（2）定期及其他存款	35904633.4	2245197.0	2250622.3
2. 非金融企业存款	32577912.7	4050587.3	1629902.0
（1）活期存款	12322959.6	2979729.9	673395.5
（2）定期及其他存款	20254953.1	1070857.4	956506.6
3. 广义政府存款	21391784.9	3531809.3	352531.2
（1）财政性存款	2032942.8	714805.1	102389.2
（2）机关团体存款	19358842.0	2817004.1	250142.0
4. 非银行业金融机构存款	4322323.9	984075.4	165568.7
（二）境外存款	23553.9	1195.6	–14649.5
二、金融债券	50000.0	50000.0	
其中：境外发行			
三、卖出回购资产	277152.0	108337.0	97534.0
四、借款及非银行业金融机构拆入	66434.4	64591.0	–23277.1
五、联行往来（净）			
六、应付及暂收款	2240867.8	5102.5	–30689.8
七、各项准备	1699692.0	268794.4	281365.5
八、所有者权益	3171580.0	410624.2	158314.2
其中：实收资本	1607021.9	348031.1	11244.2
九、其他	1061163.3	7755960.1	525243.4
资金运用总计	**120857628.2**	**22216794.8**	**6967052.8**

5—3 续表　　（2016 年）　　计量单位 : 万元

指标名称	本年余额	比年初	
		本年	去年
一、各项贷款	72367288.2	10511865.6	9574664.0
（一）境内贷款	72366574.6	10511417.0	9574608.8
1. 住户贷款	22018258.3	4882560.4	2817021.2
（1）短期贷款	4445770.1	–401197.3	428970.9
消费贷款	974108.0	–97431.7	175266.2
经营贷款	3471662.1	–303765.6	253704.6
（2）中长期贷款	17572488.2	5283757.7	2388050.3
消费贷款	15338740.7	5098184.8	2312469.9
经营贷款	2233747.4	185572.9	75580.4
2. 非金融企业及机关团体贷款	50348316.3	5628856.6	6757587.6
（1）短期贷款	16067643.4	–334122.2	1143387.8
（2）中长期贷款	25961921.9	3472427.6	3281866.5
（3）票据融资	5646432.2	1357094.0	1866949.8
（4）融资租赁	2477077.9	1179341.9	325177.0
（5）各项垫款	195240.9	–45884.7	140206.4
3. 非银行业金融机构贷款			
（二）境外贷款	713.7	448.6	55.2
二、债券投资	3468902.9	1471141.3	902664.9
其中：境外债券			
三、股权及其他投资	1959102.9	–195460.1	536155.0
四、买入返售资产	16868.0	–360632.0	–1132571.0
五、存放非银行业金融机构款项	2700.4	2048.1	–120.1
六、联行往来（净）	41188529.0	10149682.5	–2645417.3
其中：境内存放二级准备金	5212160.1	1215877.2	–93264.8
七、金银占款			
八、外汇买卖			
九、应收及预付款	964315.1	520851.0	–300549.9
十、投资性房地产	5109.0	–68.0	–68.0
十一、固定资产	884812.7	117366.3	32295.2
资金运用总计	**120857628.2**	**22216794.8**	**6967052.8**

全市金融机构人民币信贷收支情况

5—4　　　　（2016 年）　　　　计量单位：万元

指标名称	本年余额	比年初	
		本年	去年
一、各项存款	110779001.2	12777517.5	5894022.9
（一）境内存款	110762225.8	12776524.3	5913047.3
1. 住户存款	53482021.0	4792705.5	3728746.6
（1）活期存款	17790599.7	2627240.0	1514186.4
（2）定期及其他存款	35691421.4	2165465.5	2214560.2
2. 非金融企业存款	32009362.0	3860117.7	1672597.4
（1）活期存款	11862981.5	2679177.3	610015.1
（2）定期及其他存款	20146380.5	1180940.4	1062582.3
3. 广义政府存款	21028800.6	3209677.3	350258.9
（1）财政性存款	2032942.8	714805.1	102389.2
（2）机关团体存款	18995857.8	2494872.2	247869.7
4. 非银行业金融机构存款	4242042.1	914023.7	161444.5
（二）境外存款	16775.4	993.2	−19024.4
二、金融债券	50000.0	50000.0	
其中：境外发行			
三、卖出回购资产	277152.0	108337.0	97534.0
四、借款及非银行业金融机构拆入	65869.0	65000.0	
五、联行往来（净）			
六、应付及暂收款	2237422.1	3593.5	48503.1
七、各项准备	1687136.0	264698.7	279451.8
八、所有者权益	3207149.7	448499.7	154591.0
其中：实收资本	1602499.0	347742.0	11000.0
九、其他	924239.9	7644698.7	463942.5
资金来源总计	**119227969.9**	**21362345.0**	**6938045.3**

5—4 续表　　（2016 年）　　计量单位：万元

指标名称	本年余额	比年初	
		本年	去年
一、各项贷款	71758898.8	10547855.6	9151811.8
（一）境内贷款	71758185.1	10547407.0	9151756.6
1. 住户贷款	22016352.3	4883589.7	2816489.3
（1）短期贷款	4443973.7	−400242.0	428435.3
消费贷款	972311.5	−96476.4	174730.7
经营贷款	3471662.1	−303765.6	253704.6
（2）中长期贷款	17572378.7	5283831.7	2388053.9
消费贷款	15338631.2	5098258.8	2312473.6
经营贷款	2233747.4	185572.9	75580.4
2. 非金融企业及机关团体贷款	49741832.8	5663817.4	6335267.4
（1）短期贷款	15977300.4	−291277.9	1215810.4
（2）中长期贷款	25451957.0	3440594.9	2811801.0
（3）票据融资	5646432.2	1357094.0	1866949.8
（4）融资租赁	2477077.9	1179341.9	325177.0
（5）各项垫款	189065.4	−21935.6	115529.1
3. 非银行业金融机构贷款			
（二）境外贷款	713.7	448.6	55.2
二、债券投资	3468902.9	1471141.3	902664.9
其中：境外债券			
三、股权及其他投资	1959102.9	−195460.1	536155.0
四、买入返售资产	16868.0	−360632.0	−1132571.0
五、存放非银行业金融机构款项	2099.0	2098.0	1.0
六、联行往来（净）	40180969.6	9268300.6	−2322503.1
其中：境内存放二级准备金	5191061.7	1200548.9	−84033.0
七、金银占款			
八、外汇买卖			
九、应收及预付款	951207.0	511743.3	−229740.3
十、投资性房地产	5109.0	−68.0	−68.0
十一、固定资产	884812.7	117366.3	32295.2
资金运用总计	**119227969.9**	**21362345.0**	**6938045.3**

市区金融机构人民币信贷收支情况

5—5　（2016 年）　计量单位：万元

指标名称	本年余额	指 标 名 称	本年余额
一、各项存款	83929972.7	一、各项贷款	60051607.7
（一）境内存款	83914818.9	（一）境内贷款	60050894.0
1. 住户存款	33072116.8	1. 住户贷款	17540018.2
（1）活期存款	12090374.8	（1）短期贷款	2854233.0
（2）定期及其他存款	20981742.0	消费贷款	821903.6
2. 非金融企业存款	29602022.7	经营贷款	2032329.4
（1）活期存款	10268771.0	（2）中长期贷款	14685785.2
（2）定期及其他存款	19333251.8	消费贷款	13172526.4
3. 广义政府存款	17004229.8	经营贷款	1513258.8
（1）财政性存款	1715118.8	2. 非金融企业及机关团体贷款	42510875.8
（2）机关团体存款	15289111.0	（1）短期贷款	13437523.9
4. 非银行业金融机构存款	4236449.5	（2）中长期贷款	22699549.4
（二）境外存款	15153.8	（3）票据融资	3717693.1
二、金融债券	50000.0	（4）融资租赁	2477077.9
其中：境外发行		（5）各项垫款	179031.5
三、卖出回购资产	242074.0	3. 非银行业金融机构贷款	
四、借款及非银行业金融机构拆入	65000.0	（二）境外贷款	713.7
五、联行往来（净）		二、债券投资	2310609.4
六、应付及暂收款	1606245.8	其中：境外债券	
七、各项准备	1339775.6	三、股权及其他投资	1255510.9
八、所有者权益	2430351.6	四、买入返售资产	3000.0
其中：实收资本	1226780.0	五、存放非银行业金融机构款项	2079.0
九、其他	4148420.5	六、联行往来（净）	28607390.8
		其中：境内存放二级准备金	4253704.1
		七、金银占款	
		八、外汇买卖	
		九、应收及预付款	864397.7
		十、投资性房地产	5109.0
		十一、固定资产	712135.8
资金来源总计	**93811840.3**	**资金运用总计**	**93811840.3**

全市金融机构外汇信贷收支情况

5—6　　（2016 年）　　计量单位 : 万美元

指标名称	本年余额	比年初	
		本年	去年
一、各项存款	217923.8	104601.6	3609.9
（一）境内存款	216946.7	104637.1	2956.9
1. 住户存款	71088.7	24869.4	12935.1
（1）活期存款	40353.2	14689.6	8300.0
（2）定期及其他存款	30735.5	10179.8	4635.1
2. 非金融企业存款	81959.2	23735.5	−10541.9
（1）活期存款	66307.9	41756.7	8855.0
（2）定期及其他存款	15651.2	−18021.2	−19396.9
3. 广义政府存款	52325.8	46034.7	−13.8
（1）财政性存款			
（2）机关团体存款	52325.8	46034.7	−13.8
4. 非银行业金融机构存款	11573.0	9997.6	577.6
（二）境外存款	977.2	−35.5	653.0
二、金融债券			
其中：境外发行			
三、卖出回购资产			
四、借款及非银行业金融机构拆入	81.5	−68.5	−3813.3
五、联行往来（净）			
六、应付及暂收款	496.7	198.5	−12960.4
七、外汇买卖 1			
八、各项准备	1810.0	507.1	233.0
九、所有者权益	−5127.5	−5482.6	595.2
其中：实收资本	652.0		
十、其他	19738.1	15786.2	9881.0
资金来源总计	**234922.6**	**115542.2**	**−2454.6**

5—6 续表　　（2016 年）　　计量单位：万美元

指标名称	本年余额	比年初	
		本年	去年
一、各项贷款	87702.1	-11530.9	63029.8
（一）境内贷款	87702.1	-11530.9	63029.8
1. 住户贷款	274.8	-177.3	59.3
（1）短期贷款	259.0	-164.8	61.6
消费贷款	259.0	-164.8	61.6
经营贷款			
（2）中长期贷款	15.8	-12.5	-2.3
消费贷款	15.8	-12.5	-2.3
经营贷款			
2. 非金融企业及机关团体贷款	87427.3	-11353.6	62970.6
（1）短期贷款	13023.4	-7487.2	-13091.3
（2）中长期贷款	73513.8	-117.5	72313.0
（3）票据融资			
（4）融资租赁			
（5）各项垫款	890.2	-3748.9	3748.9
3. 非银行业金融机构贷款			
（二）境外贷款			
二、债券投资			
其中：境外债券			
三、股权及其他投资			
四、买入返售资产			
五、存放非银行业金融机构款项	86.7	-13.6	-25.9
六、联行往来（净）	145244.2	125813.2	-53848.7
其中：境内存放二级准备金	3041.4	2152.9	-1563.1
七、应收及预付款	1889.6	1273.6	-11609.8
八、投资性房地产			
九、固定资产			
资金运用总计	**234922.6**	**115542.2**	**-2454.6**

分县（市）金融机构人民币信贷情况

5—7　（2016 年）　计量单位：万元

行政单位	各项存款	#境内存款	#住户存款	（一）活期存款	（二）定期及其他存款
石家庄市	**110779001.2**	**110762225.8**	**53482021.0**	**17790599.7**	**35691421.4**
市　区	83929972.7	83914818.9	33072116.8	12090374.8	20981742.0
井 陉 县	1541937.7	1541908.2	1154253.7	294129.2	860124.5
正 定 县	5243465.8	5243068.4	2895158.7	844015.1	2051143.7
行 唐 县	1538711.5	1538708.3	1213057.7	307349.6	905708.1
灵 寿 县	1238752.0	1238749.6	990919.7	318503.3	672416.4
高 邑 县	726015.8	725995.6	618210.7	183530.3	434680.4
深 泽 县	1130884.1	1130877.3	960935.6	204018.3	756917.3
赞 皇 县	933320.5	933282.3	645182.0	213923.0	431259.0
无 极 县	1738956.1	1738803.5	1519722.9	458394.5	1061328.4
平 山 县	2065118.6	2065090.3	1518577.4	402936.9	1115640.5
元 氏 县	1695509.2	1695459.5	1264907.1	329192.6	935714.5
赵　县	1469251.7	1469245.0	1235073.8	331993.9	903079.8
晋 州 市	2355029.2	2354991.1	2059002.9	524165.1	1534837.9
新 乐 市	1615867.3	1615740.0	1285656.9	500816.4	784840.6
辛 集 市	3556209.0	3555487.8	3049245.1	787256.7	2261988.4

5—7 续表 1　　（2016 年）　　计量单位：万元

行政单位	各项存款中：				
	境内存款中：				
	#非金融企业存款	活期存款	定期及其他存款	#广义政府存款	#非银行业金融机构存款
石家庄市	**32009362.0**	**11862981.5**	**20146380.5**	**21028800.6**	**4242042.1**
市　区	29602022.7	10268771.0	19333251.8	17004229.8	4236449.5
井陉县	109390.2	87542.5	21847.7	276272.1	1992.3
正定县	857707.3	611072.1	246635.2	1490186.7	15.7
行唐县	55340.8	41943.2	13397.6	270309.8	0.0
灵寿县	151643.8	102099.6	49544.2	93186.0	3000.0
高邑县	46177.5	30586.2	15591.2	61565.5	41.9
深泽县	40083.6	28040.4	12043.1	129857.5	0.7
赞皇县	39999.2	30522.2	9477.0	248101.2	
无极县	93207.9	63717.8	29490.2	125866.1	6.6
平山县	163460.8	123428.1	40032.7	383041.5	10.7
元氏县	231226.6	149358.1	81868.5	199315.5	10.3
赵　县	82111.7	59844.0	22267.6	151557.8	501.7
晋州市	156149.3	65409.3	90740.0	139835.5	3.4
新乐市	143360.3	61132.2	82228.0	186722.8	0.0
辛集市	237480.5	139514.8	97965.7	268752.7	9.6

5—7 续表 2　　（2016 年）　　计量单位：万元

行政单位	各项贷款	#境内贷款			
			#住户贷款	（一）短期贷款	（二）中长期贷款
石家庄市	**71758898.8**	**71758185.1**	**22016352.3**	**4443973.7**	**17572378.7**
市　区	60051607.7	60050894.0	17540018.2	2854233.0	14685785.2
井陉县	607906.0	607906.0	145382.3	45684.3	99698.0
正定县	2649250.2	2649250.2	902830.6	432631.3	470199.2
行唐县	511926.0	511926.0	128544.6	51481.1	77063.5
灵寿县	477074.6	477074.6	222470.7	95936.1	126534.5
高邑县	297037.6	297037.6	87025.9	23782.6	63243.3
深泽县	339325.7	339325.7	109612.1	24679.5	84932.6
赞皇县	385942.0	385942.0	141896.9	54447.3	87449.6
无极县	545970.4	545970.4	196270.3	80149.5	116120.8
平山县	989526.2	989526.2	309038.0	75639.9	233398.1
元氏县	744523.2	744523.2	383001.9	93111.4	289890.5
赵　县	673732.8	673732.8	299888.0	105762.4	194125.6
晋州市	1051008.9	1051008.9	520868.4	175300.9	345567.5
新乐市	736758.4	736758.4	335571.5	71210.5	264361.0
辛集市	1697308.9	1697308.9	693933.1	259923.9	434009.2

5—7 续表 3 （2016 年） 计量单位：万元

行政单位	各项贷款中：				
	境内贷款中：				
	# 非金融企业及相关团体贷款	短期贷款	中长期贷款	票据融资	融资租赁
石家庄市	**49741832.8**	**15977300.4**	**25451957.0**	**5646432.2**	**2477077.9**
市　区	42510875.8	13437523.9	22699549.4	3717693.1	2477077.9
井 陉 县	462523.7	177219.1	131115.5	154189.1	
正 定 县	1746419.7	617835.4	974759.5	146825.9	
行 唐 县	383381.5	55071.6	125844.9	202465.0	
灵 寿 县	254603.9	81492.2	113346.7	59765.0	
高 邑 县	210011.7	55391.5	72291.0	82329.2	
深 泽 县	229713.7	73062.5	47296.2	109355.0	
赞 皇 县	244045.1	111222.6	78726.2	54096.4	
无 极 县	349700.1	82851.5	174448.7	92400.0	
平 山 县	680488.3	58615.5	238594.0	383278.8	
元 氏 县	361521.3	118548.9	108968.3	134004.1	
赵　县	373844.7	101208.2	77420.5	193649.0	
晋 州 市	530140.5	171973.4	270773.1	85926.0	
新 乐 市	401187.0	182439.7	80197.3	138550.0	
辛 集 市	1003375.8	652844.4	258625.7	91905.6	

六、物 价

mandarin
orange
red
grapefruit
pear
green apple
kiwi
white grape
wild

居民消费价格指数

6—1　　　　（2016 年）

类别及品名	主城区
	以上年同期价格为 100
居民消费价格总指数	**101.6**
一、食品烟酒	103.1
1. 食品	103.9
2. 茶及饮料	97.7
3. 烟酒	103.0
4. 在外餐饮	101.2
二、衣着	101.4
1. 服装	102.0
2. 服装材料	99.0
3. 其他衣着及配件	102.6
4. 衣着加工服务费	103.3
5. 鞋类	99.4
三、居住	100.7
1. 租赁房房租	101.8
2. 住房保养维修及管理	99.7
3. 水电燃料	99.9
4. 自有住房	101.1
四、生活用品及服务	100.2
1. 家具及室内装饰品	99.2
2. 家用器具	100.0
3. 家用纺织品	101.3
4. 家庭日用杂品	99.4
5. 个人护理用品	100.5

6—1 续表　　（2016 年）

类别及品名	主城区
	以上年同期价格为 100
6. 家庭服务	105.9
五、交通和通信	100.1
1. 交通	100.3
2. 通信	99.8
六、教育文化和娱乐	99.7
1. 教育	100.8
2. 文化娱乐	98.5
七、医疗保健	104.4
1. 药品及医疗器具	109.4
2. 医疗服务	100.0
八、其他用品和服务	102.0
1. 其他用品类	102.6
2. 其他服务类	101.5

商品零售价格指数

6—2　（2016 年）

类别及品名	主城区
	以上年同期价格为 100
商品零售价格指数	**101.7**
一、食品	103.5
1. 粮食	101.2
2. 薯类	109.6
3. 豆类	100.9
4. 食用油	102.0
5. 菜	111.1
6. 畜肉类	113.2
7. 禽肉类	100.3
8. 水产品	95.1
9. 蛋类	93.0
10. 奶类	95.1
11. 干鲜瓜果类	101.0
12. 糖果糕点类	99.7
13. 调味品	103.4
14. 其他食品类	103.1
15. 在外餐饮	101.2
二、饮料、烟酒	101.7
1. 茶及饮料	98.0
2. 烟草	102.1
3. 酒类	103.9
三、服装、鞋帽	101.5
1. 服装	102.1
2. 鞋袜帽	99.5
3. 其他衣着配件	104.5
四、纺织品	101.6
1. 服装材料	99.0
2. 床上用品	101.9
五、家用电器及音像器材	99.8
1. 家庭设备	100.2
2. 文娱用耐用消费品	98.9

6—2 续表　　（2016 年）

类别及品名	主城区
	以上年同期价格为 100
3. 专业音像器材	98.8
六、文化办公用品	100.6
七、日用品	99.2
1. 日用百货	98.8
2. 厨具餐具茶具	101.4
3. 清洗用品	97.3
4. 其他日用品	99.7
八、体育娱乐用品	98.8
1. 体育户外用品	100.8
2. 娱乐用品	98.4
九、交通、通信用品	100.6
1. 交通运输机械	101.1
2. 通信器材	99.2
十、家具	99.3
十一、化妆品	100.6
十二、金银饰品	105.4
十三、中西药品及医疗保健用品	109.4
1. 医疗卫生器具	106.0
2. 中药	102.0
3. 西药	112.2
4. 保健器具及用品	108.0
十四、书报杂志及电子出版物	100.8
1. 教材及参考书	100.4
2. 书报杂志	100.0
3. 计算机办公软件	103.7
十五、燃料	98.1
1. 煤炭及制品	100.0
2. 石油及制品	97.9
十六、建筑材料及五金电料	99.5
1. 建筑装璜材料	99.3
2. 五金水暖	100.2

工业生产者出厂价格指数

6—3　　　　（2016 年）

类别及品名	以上年同期为 100	类别及品名	以上年同期为 100
总指数	**98.4**		
轻工业	98.3	工业部门	
以农产品为原料	97.4	冶金工业	105.2
以非农产品为原料	101.6	电力工业	94.1
重工业	98.4	煤炭及炼焦工业	97.6
采掘	107.8	石油工业	94.2
原材料	94.6	化学工业	97.0
加工	100.9	机械工业	99.1
生产资料	98.7	建筑材料工业	98.5
采掘	107.8	森林工业	101.6
原材料	95.5	食品工业	95.7
加工	100.1	纺织工业	99.2
生活资料	97.8	缝纫工业	96.9
食品	96.7	皮革工业	97.0
衣着	97.4	造纸工业	100.0
一般日用品	97.3	文教艺术用品工业	99.6
耐用消费品	105.0	其它工业	105.2

工业生产者购进价格指数

6—4　　（2016 年）

行业名称	以上年同期为 100	行业名称	以上年同期为 100
总指数	**98.9**	（四）化工原料类	95.8
（一）燃料、动力类	101.1	（五）木材及纸浆类	100.2
（二）黑色金属材料类	95.3	（六）建筑材料及非金属类	100.8
#钢材	99.0	（七）其它工业原材料及半成品类	99.5
其它	90.2	（八）农副产品类	98.7
（三）有色金属材料及电线类	97.3	（九）纺织原料类	99.7

城市房地产价格指数

6—5　　（2016 年）

项　目	以上年同期为 100	项　目	以上年同期为 100
住宅销售价格指数			
一、新建住宅	109.4	二、二手住宅	110.9
#商品住宅	109.6	（一）90 平方米以下	111.7
（一）90 平方米以下	108.5	（二）90-144 平方米	110.5
（二）90 － 144 平方米	110.1	（三）144 平方米以上	109.8
（三）144 平方米以上	109.0		

七、居民生活

城乡居民家庭收支情况

7—1　　（2016 年）

指标名称	单位	总计	城镇住户	农村住户
第一部分、可支配收入	元	22652.21	30459.26	12345.47
一、工资性收入	元	15242.92	19772.09	9263.57
（一）工资	元	14477.23	18929.09	8599.95
1. 按月发放的工资	元	13502.14	17899.00	7697.47
2. 补发工资	元	120.21	176.70	45.65
3. 不按月发放的奖金津贴过节费等	元	854.88	853.40	856.83
（二）实物福利	元	8.10	8.71	7.29
1. 从单位或雇主得到的实物产品折价	元	7.03	7.94	5.83
（1）食品	元	6.50	7.12	5.67
①谷物薯类及豆类	元	4.52	5.08	3.78
②食用油（植物油）	元	0.81	0.96	0.61
③蔬菜及制品	元	0.01	0.02	
④肉禽蛋奶及制品	元	0.18	0.28	0.05
⑤水产品及制品	元	0.04	0.07	
⑥糖烟酒饮料类	元	0.47	0.15	0.90
⑦干鲜瓜果类	元	0.19	0.29	0.06
⑧其他类食品	元	0.27	0.26	0.27
（2）衣着	元	0.14	0.18	0.09
（3）居住	元			
（4）家庭设备和日用品	元	0.27	0.45	0.02
（5）交通通信工具及用品	元	0.06	0.11	
（6）教育文化娱乐用品	元			
（7）医疗保健用品	元			
（8）其他用品	元	0.06	0.08	0.05
2. 从单位或雇主得到的服务折价	元	1.07	0.77	1.47
（1）免费或低价提供的工作餐	元	1.05	0.77	1.42

7—1 续表 1 （2016 年）

指标名称	单位	总计	城镇住户	农村住户
（2）免费或低价提供的住宿	元			
（3）单位缴纳的水电费取暖费物业费等	元			
（4）免费或低价提供的交通和通信服务	元			
（5）单位缴纳的教育入学赞助费	元			
（6）免费或低价提供的旅游服务	元	0.02		0.04
（7）其他服务	元			
3. 单位或雇主实物福利报销所得	元			
（三）其他	元	757.58	834.29	656.33
1. 住房公积金	元	414.17	711.42	21.76
2. 辞退金	元	1.36	0.90	1.95
3. 自由职业劳动所得（如稿费翻译费）	元	11.66	20.49	
4. 安家费	元	0.49	0.87	
5. 股票期权	元	0.57	1.01	
6. 其他劳动所得	元	329.33	99.60	632.61
二、经营净收入	元	2287.09	2199.70	2402.45
（一）第一产业经营净收入	元	639.75	74.92	1385.43
1. 农业	元	592.34	68.73	1283.61
2. 林业	元	–2.41	1.69	–7.83
3. 牧业	元	50.95	4.52	112.23
4. 渔业	元	–1.13	–0.02	–2.59
（二）第二产业经营净收入	元	344.14	453.46	199.83
1. 采矿业	元	140.53	227.22	26.08
2. 制造业	元	157.19	191.14	112.38
3. 电力热力燃气及水生产和供应业	元	–0.56	–0.98	0.00
4. 建筑业	元	46.98	36.08	61.38
（三）第三产业经营净收入	元	1303.19	1671.32	817.19

7—1 续表 2　　（2016 年）

指标名称	单位	总计	城镇住户	农村住户
1. 批发和零售业	元	856.20	1177.12	432.53
2. 交通运输仓储和邮政业	元	193.83	188.20	201.26
3. 住宿和餐饮业	元	81.15	86.21	74.48
4. 房地产业	元	–0.16	0.00	–0.37
5. 租赁和商务服务业	元	43.94	62.45	19.50
6. 居民服务修理和其他服务业	元	98.47	126.69	61.22
7. 其他	元	19.57	30.66	4.93
8. 农林牧渔服务业	元	10.18	–0.01	23.64
三、财产净收入	元	1647.59	2817.16	103.54
（一）利息净收入	元	13.84	9.93	19.00
（二）红利收入	元	150.25	242.55	28.38
1. 集体分配的红利	元	48.40	78.54	8.61
2. 其他红利收入	元	99.94	160.67	19.77
（三）储蓄性保险净收益	元	6.42	10.88	0.53
（四）转让承包土地经营权租金净收入	元	38.75	37.76	40.06
（五）出租房屋财产性收入	元	153.49	267.45	3.04
（六）出租机械专利版权等资产的收入	元	0.24		0.55
（七）其他财产净收入	元	45.35	70.63	11.97
（八）房屋虚拟租金	元	1239.25	2177.94	
四、转移净收入	元	3474.62	5670.31	575.91
（一）转移性收入	元	4382.62	7119.85	768.98
1. 养老金或离退休金	元	3902.12	6555.18	399.58
（1）离退休金	元	3803.35	6471.39	281.03
（2）（城镇）居民社会养老保险	元	32.88	25.24	42.96
（3）新型农村养老保险	元	41.34	21.90	67.00

7—1 续表 3　　（2016 年）

指标名称	单位	总计	城镇住户	农村住户
（4）其他养老金	元	24.56	36.65	8.59
2. 社会救济和补助	元	24.03	10.53	41.85
（1）最低生活保障费	元	7.40	5.50	9.90
（2）五保户救助金	元	2.28		5.30
（3）扶贫款	元	2.38		5.53
（4）救灾款	元	1.92		4.45
（5）抚恤金	元	3.81	1.00	7.52
（6）其他社会救济收入	元	6.23	4.02	9.14
3. 政策性生活补贴	元	171.65	298.95	3.60
（1）家电补贴	元	0.82	1.42	0.03
（2）能源补贴	元			
（3）免费或低价提供的住宿（廉租房）	元			
（4）其他生活补贴	元	170.83	297.53	3.56
4. 报销医疗费	元	69.64	85.72	48.41
5. 家庭外出从业人员寄回带回收入	元	65.61	20.30	125.43
6. 赡养收入	元	88.13	94.12	80.23
7. 其他经常转移收入	元	14.19	21.32	4.78
（1）失业保险金	元	2.19	3.84	0.01
（2）经常性捐赠收入	元	1.23	2.08	0.11
（3）经常性赔偿收入	元			
（4）其他转移性收入	元	10.77	15.40	4.66
8. 从政府和组织得到的实物产品和服务折价	元	10.11	7.90	13.02
（1）食品	元	5.07	2.81	8.05
①谷物薯类及豆类	元	2.08	0.95	3.57
②食用油（植物油）	元	2.72	1.62	4.18

7—1 续表 4 （2016 年）

指标名称	单位	总计	城镇住户	农村住户
③蔬菜及制品	元			
④肉禽蛋奶及制品	元	0.01	0.01	0.01
⑤水产品及制品	元			
⑥糖烟酒饮料类	元	0.11	0.20	
⑦干鲜瓜果类	元			
⑧其他类食品	元	0.14	0.03	0.28
（2）衣着	元	0.50	0.20	0.89
（3）居住	元			
（4）家庭设备和日用品	元	3.08	3.13	3.02
（5）交通通信工具及用品	元	0.75	1.29	0.04
（6）教育文化娱乐用品	元			
（7）医疗保健用品	元	0.01	0.01	
（8）其他用品	元	0.55	0.42	0.72
（9）其他服务折价（不含廉租房）	元	0.16	0.04	0.31
9. 现金政策性惠农补贴	元	37.14	25.83	52.08
（二）转移性支出	元	908.00	1449.54	193.07
1. 个人所得税	元	17.74	30.50	0.91
2. 社会保障支出	元	786.80	1259.62	162.59
（1）个人缴纳的养老保险	元	489.40	805.50	72.08
（2）个人缴纳的医疗保险	元	233.76	344.36	87.76
（3）个人缴纳的失业保险	元	30.91	53.43	1.19
（4）其他社会保障支出	元	32.72	56.33	1.56
3. 外来从业人员寄给家人的支出	元	1.11	1.48	0.62
4. 赡养支出	元	48.14	72.41	16.11
5. 其他转移性支出	元	54.20	85.53	12.85

7—1 续表 5　　（2016 年）

指标名称	单位	总计	城镇住户	农村住户
（1）经常性捐赠支出		2.57	4.37	0.20
（2）经常性赔偿支出	元	0.01	0.01	
（3）其他经常转移支出	元	51.63	81.15	12.65
第二部分、消费支出	元	14316.77	19182.01	7893.75
（一）食品烟酒	元	3624.27	4710.05	2190.82
1. 食品	元	2638.42	3392.15	1643.36
（1）谷物	元	376.26	401.72	342.65
（2）薯类	元	46.27	55.36	34.27
（3）豆类	元	40.76	53.16	24.39
（4）食用油	元	125.99	149.23	95.30
（5）蔬菜和食用菌	元	340.19	432.97	217.70
（6）肉类	元	557.98	705.72	362.93
（7）禽类	元	77.10	110.56	32.93
（8）水产品	元	101.58	156.33	29.31
（9）蛋类	元	110.68	127.92	87.93
（10）奶类	元	213.98	302.51	97.10
（11）干鲜瓜果类	元	315.99	445.80	144.60
（12）糖果糕点类	元	106.94	146.18	55.12
（13）其他食品	元	224.71	304.68	119.13
2. 烟酒	元	363.29	430.42	274.67
（1）烟草	元	164.32	181.58	141.52
（2）酒类	元	198.98	248.84	133.15
3. 饮料	元	111.68	154.05	55.75
4. 饮食服务	元	510.87	733.43	217.04
（1）食堂用餐	元	28.32	34.41	20.27

7—1 续表 6　　（2016 年）

指标名称	单位	总计	城镇住户	农村住户
（2）其他在外饮食	元	478.89	696.75	191.27
（3）食品加工服务费	元	3.66	2.27	5.50
（二）衣着	元	1100.25	1529.39	533.72
1. 衣类	元	829.19	1157.47	395.80
2. 鞋类	元	271.06	371.92	137.92
（三）居住	元	3871.35	5262.53	2034.74
1. 租赁房房租	元	84.13	135.55	16.23
2. 住房维修及管理	元	530.07	632.27	395.16
3. 水电燃料及其他	元	957.40	1154.04	697.80
4. 自有住房折算租金	元	2299.75	3340.66	925.54
（1）租赁公房房租	元	3.04	4.12	1.60
（2）租赁私房房租	元	81.09	131.43	14.63
5. 物业管理费	元	52.12	89.90	2.24
（四）生活用品及服务	元	1108.69	1524.33	559.98
1. 家具及室内装饰品	元	206.50	264.22	130.30
2. 家用器具	元	311.59	435.07	148.58
3. 家用纺织品	元	104.77	140.25	57.94
4. 家庭日用杂品	元	285.21	384.11	154.64
5. 个人用品	元	140.97	206.60	54.32
6. 家庭服务	元	59.65	94.08	14.19
其中：家政服务	元	29.43	50.84	1.17
（五）交通通信	元	1911.33	2457.07	1190.87
1. 交通	元	1288.33	1668.23	786.78
（1）交通工具	元	690.82	832.80	503.39
（2）交通费	元	105.11	156.74	36.95
（3）交通工具用燃料	元	287.71	403.39	134.98

7—1 续表 7　　（2016 年）

指标名称	单位	总计	城镇住户	农村住户
（4）交通工具使用及维修	元	204.68	275.29	111.47
其中：车辆保险支出	元	75.42	106.84	33.94
2. 通信	元	623.01	788.84	404.08
（1）通信工具	元	206.69	265.68	128.81
（2）通信服务	元	416.32	523.15	275.27
（六）教育文化娱乐	元	1432.99	2010.24	670.92
1. 教育	元	764.86	977.44	484.22
（1）学前教育	元	95.72	132.55	47.11
（2）小学教育	元	80.34	108.93	42.59
（3）初中教育	元	118.01	146.54	80.36
（4）高中教育	元	139.85	191.70	71.40
（5）中专职高教育	元	20.28	19.73	21.00
（6）大专及以上教育	元	264.85	321.12	190.56
（7）成人教育	元	45.81	56.88	31.20
2. 文化娱乐	元	668.13	1032.79	186.70
（1）文娱耐用消费品	元	99.50	123.42	67.91
（2）其他文娱用品	元	132.36	182.82	65.75
（3）文化娱乐服务	元	436.27	726.55	53.04
（七）医疗保健	元	961.31	1257.19	570.71
1. 医疗器具及药品	元	413.39	590.18	179.99
2. 医疗服务	元	547.92	667.00	390.71
（1）门诊总费用	元	242.51	325.90	132.43
（2）住院总费用	元	305.41	341.10	258.28
（八）其他用品和服务	元	306.57	431.23	142.00
1. 其他用品	元	191.04	273.94	81.58
2. 其他服务	元	115.53	157.28	60.41
第三部分、现住房建筑面积	平方米			

7—1 续表 8 （2016 年）

指标名称	单位	总计	城镇住户	农村住户
期末拥有房屋面积	平方米	39.50	38.26	41.14
第四部分、家庭耐用品百户拥有量				
1. 家用汽车	辆	36.09	43.68	23.53
2. 摩托车	辆	28.21	9.27	59.57
3. 助力车	台	83.10	70.18	104.50
4. 洗衣机	台	97.41	100.67	92.02
5. 电冰箱（柜）	台	92.49	99.68	80.57
6. 微波炉	台	50.55	65.33	26.08
7. 彩色电视机	台	115.14	113.99	117.04
8. 其中：接入有线电视	台	69.69	87.87	39.58
9. 空调	台	127.91	160.21	74.42
10. 热水器	台	85.02	93.68	70.67
11. 其中：太阳能热水器	台	49.72	43.09	60.69
12. 消毒碗柜	台	1.66	2.48	0.31
13. 洗碗机	台	1.11	1.31	0.77
14. 排油烟机	台	56.10	76.99	21.50
15. 固定电话	线	21.43	27.02	12.17
16. 移动电话	部	225.63	222.56	230.71
17. 其中：接入互联网	部	80.81	97.36	53.40
18. 计算机	台	66.96	82.89	40.57
19. 其中：接入互联网	台	54.38	69.40	29.50
20. 摄像机	台	6.04	9.12	0.94
21. 照相机	台	26.00	38.53	5.26
22. 中高档乐器	架	2.01	2.74	0.81
23. 健身器材	台	5.20	7.38	1.58
24. 组合音响	套	6.05	6.12	5.92

城镇居民家庭收支按相对收入等距 5 组分组汇总情况

7—2　　　　（2016 年）

指标名称	单位	20% 城镇低收入户	20% 城镇中低收入户	20% 城镇中等收入户	20% 城镇中高收入户	20% 城镇高收入户
第一部分、可支配收入	元	14266.14	22773.21	30208.10	38675.68	59606.40
一、工资性收入	元	11086.19	18035.20	21929.85	24393.37	28356.24
（一）工资	元	10597.94	17411.60	21264.76	23228.16	26727.28
1. 按月发放的工资	元	10251.91	17049.59	20718.68	22053.74	23038.81
2. 补发工资	元	16.25	81.18	128.51	263.16	552.92
3. 不按月发放的奖金津贴过节费等	元	329.78	280.84	417.57	911.26	3135.55
（二）实物福利	元	2.47	6.70	4.10	23.45	10.86
1. 从单位或雇主得到的实物产品折价	元	2.47	6.27	4.10	21.89	8.16
（1）食品	元	2.45	4.68	3.88	21.30	5.99
①谷物薯类及豆类	元	0.74	2.70	2.41	18.32	3.68
②食用油（植物油）	元	1.22	0.87	0.87	1.02	0.74
③蔬菜及制品	元		0.10			
④肉禽蛋奶及制品	元	0.09	0.20	0.28	0.87	
⑤水产品及制品	元				0.38	
⑥糖烟酒饮料类	元	0.25	0.04			0.54
⑦干鲜瓜果类	元	0.11	0.10		0.50	1.03
⑧其他类食品	元	0.05	0.67	0.32	0.21	
（2）衣着	元		0.71		0.15	
（3）居住	元					
（4）家庭设备和日用品	元	0.02	0.39		0.25	2.16
（5）交通通信工具及用品	元		0.49			
（6）教育文化娱乐用品	元					
（7）医疗保健用品	元					
（8）其他用品	元			0.22	0.19	
2. 从单位或雇主得到的服务折价	元		0.43		1.56	2.71
（1）免费或低价提供的工作餐	元		0.43		1.56	2.71

7—2 续表 1　　（2016 年）

指标名称	单位	20% 城镇低收入户	20% 城镇中低收入户	20% 城镇中等收入户	20% 城镇中高收入户	20% 城镇高收入户
（2）免费或低价提供的住宿	元					
（3）单位缴纳的水电费取暖费物业费等	元					
（4）免费或低价提供的交通和通信服务	元					
（5）单位缴纳的教育入学赞助费	元					
（6）免费或低价提供的旅游服务	元					
（7）其他服务	元					
3. 单位或雇主实物福利报销所得	元					
（三）其他	元	485.78	616.89	661.00	1141.76	1618.10
1. 住房公积金	元	282.10	521.59	585.21	969.30	1584.41
2. 辞退金	元		4.14			
3. 自由职业劳动所得（如稿费翻译费）	元	60.12	17.08	1.11	9.00	
4. 安家费	元		3.99			
5. 股票期权	元		3.80		1.00	
6. 其他劳动所得	元	143.56	66.29	74.68	162.46	33.68
二、经营净收入	元	1061.78	594.19	814.29	2804.70	7734.51
（一）第一产业经营净收入	元	112.81	–3.93	82.54	171.29	–0.04
1. 农业	元	96.51	–3.77	71.91	171.50	–0.04
2. 林业	元	–2.09	–0.03	10.67	–0.03	
3. 牧业	元	18.39	–0.03	–0.03	–0.18	
4. 渔业	元		–0.11			
（二）第二产业经营净收入	元	194.40	77.85		961.87	1474.02
1. 采矿业	元		–1.42		431.26	1024.86
2. 制造业	元	184.74	79.27		536.12	219.91
3. 电力热力燃气及水生产和供应业	元				–5.52	
4. 建筑业	元	9.66				229.25
（三）第三产业经营净收入	元	754.58	520.28	731.75	1671.55	6260.53

7—2 续表 2　　（2016 年）

指标名称	单位	20% 城镇低收入户	20% 城镇中低收入户	20% 城镇中等收入户	20% 城镇中高收入户	20% 城镇高收入户
1. 批发和零售业	元	328.74	276.13	180.40	1143.59	5401.93
2. 交通运输仓储和邮政业	元	165.77	32.85	91.63	186.44	595.62
3. 住宿和餐饮业	元	271.81		–0.59	106.30	–0.91
4. 房地产业	元					
5. 租赁和商务服务业	元			154.66		205.74
6. 居民服务修理和其他服务业	元	–3.12	214.90	266.92	147.86	–9.30
7. 其他	元	–8.57	–3.61	38.73	87.35	67.45
8. 农林牧渔服务业	元	–0.06				
三、财产净收入	元	1446.04	2083.20	2288.32	3316.39	6367.07
（一）利息净收入	元	11.81	7.90	–30.38	17.38	57.92
（二）红利收入	元	85.13	182.69	127.12	211.69	798.63
1. 集体分配的红利	元	81.95	182.69	76.76	13.36	0.00
2. 其他红利收入	元	3.19		50.37	179.57	798.63
（三）储蓄性保险净收益	元	7.87	31.56		11.49	
（四）转让承包土地经营权租金净收入	元	88.13	14.55	33.12	32.53	
（五）出租房屋财产性收入	元	98.52	223.67	241.17	419.85	470.09
（六）出租机械专利版权等资产的收入	元					
（七）其他财产净收入	元	43.52	4.68	6.50	95.02	275.61
（八）房屋虚拟租金	元	1111.06	1618.15	1910.78	2528.42	4764.81
四、转移净收入	元	672.13	2060.62	5175.64	8161.21	17148.58
（一）转移性收入	元	1654.81	3298.55	6603.22	9987.35	19274.81
1. 养老金或离退休金	元	1443.86	2924.09	5954.22	9162.87	18265.35
（1）离退休金	元	1329.39	2761.57	5910.76	9110.49	18254.84
（2）（城镇）居民社会养老保险	元	0.35	79.74	22.39	17.44	
（3）新型农村养老保险	元	34.79	40.46	16.49	0.13	6.68

7—2 续表 3　　（2016 年）

指标名称	单位	20% 城镇低收入户	20% 城镇中低收入户	20% 城镇中等收入户	20% 城镇中高收入户	20% 城镇高收入户
（4）其他养老金	元	79.33	42.32	4.58	34.82	3.83
2. 社会救济和补助	元	20.32	5.53	2.83	20.64	
（1）最低生活保障费	元	7.32			20.64	
（2）五保户救助金	元					
（3）扶贫款	元					
（4）救灾款	元					
（5）抚恤金	元		4.41	0.20		
（6）其他社会救济收入	元	13.00	1.12	2.64		
3. 政策性生活补贴	元	21.01	156.70	403.28	512.99	571.73
（1）家电补贴	元	5.71				
（2）能源补贴	元					
（3）免费或低价提供的住宿（廉租房）	元					
（4）其他生活补贴	元	15.31	156.70	403.28	512.99	571.73
4. 报销医疗费	元	22.84	48.68	61.62	186.66	158.52
5. 家庭外出从业人员寄回带回收入	元	4.97	2.50	37.08	19.54	49.73
6. 赡养收入	元	77.71	90.21	90.43	66.45	166.51
7. 其他经常转移收入	元	4.24	41.77	12.35		58.50
（1）失业保险金	元					
（2）经常性捐赠收入	元					
（3）经常性赔偿收入	元					
（4）其他转移性收入	元	4.24	24.14	2.36		58.50
8. 从政府和组织得到的实物产品和服务折价	元	6.59	8.47	12.11	6.93	4.48
（1）食品	元	3.40	3.72	2.01	3.27	1.01
①谷物薯类及豆类	元	1.25	1.41	0.44	1.11	0.25
②食用油（植物油）	元	1.96	2.08	1.57	1.34	0.76

7—2 续表 4　　（2016 年）

指标名称	单位	20% 城镇低收入户	20% 城镇中低收入户	20% 城镇中等收入户	20% 城镇中高收入户	20% 城镇高收入户
③蔬菜及制品	元					
④肉禽蛋奶及制品	元	0.02	0.03			
⑤水产品及制品	元					
⑥糖烟酒饮料类	元	0.04	0.20		0.83	
⑦干鲜瓜果类	元					
⑧其他类食品	元	0.13				
（2）衣着	元	0.03	0.17	0.18	0.41	0.30
（3）居住	元					
（4）家庭设备和日用品	元	3.01	3.20	3.69	3.05	2.55
（5）交通通信工具及用品	元		0.49	5.68		
（6）教育文化娱乐用品	元					
（7）医疗保健用品	元					0.07
（8）其他用品	元	0.15	0.90	0.56	0.20	0.25
（9）其他服务折价（不含廉租房）	元					0.30
9. 现金政策性惠农补贴	元	53.25	20.60	29.29	11.28	
（二）转移性支出	元	982.69	1237.93	1427.57	1826.14	2126.23
1. 个人所得税	元	0.81	4.23	21.02	70.23	84.83
2. 社会保障支出	元	930.13	1086.13	1283.43	1446.21	1813.44
（1）个人缴纳的养老保险	元	568.36	694.00	827.00	952.07	1163.19
（2）个人缴纳的医疗保险	元	290.09	303.46	340.51	388.48	448.63
（3）个人缴纳的失业保险	元	33.92	53.67	52.81	69.33	67.61
（4）其他社会保障支出	元	37.76	35.00	63.11	36.33	134.00
3. 外来从业人员寄给家人的支出	元	0.14		0.11	7.76	0.29
4. 赡养支出	元	39.95	46.79	87.63	96.64	114.25
5. 其他转移性支出	元	11.65	100.78	35.39	205.30	113.42

7—2 续表 5　　（ 2016 年 ）

指标名称	单位	20% 城镇低收入户	20% 城镇中低收入户	20% 城镇中等收入户	20% 城镇中高收入户	20% 城镇高收入户
（1）经常性捐赠支出	元	2.50	6.05	2.63	10.44	0.14
（2）经常性赔偿支出	元					0.09
（3）其他经常转移支出	元	9.15	94.73	32.76	194.87	113.19
第二部分、消费支出	元	11599.70	16109.02	19090.81	23803.53	31071.94
（一）食品烟酒	元	2893.24	4128.86	4617.30	5986.28	7224.39
1. 食品	元	2175.64	3031.06	3341.59	4256.08	5006.32
（1）谷物	元	307.90	382.22	393.97	462.98	525.81
（2）薯类	元	41.20	56.01	53.27	66.88	67.33
（3）豆类	元	34.79	49.06	53.89	67.96	71.28
（4）食用油	元	101.00	139.19	138.10	171.82	234.00
（5）蔬菜和食用菌	元	309.73	378.53	437.93	531.97	594.77
（6）肉类	元	430.02	668.15	711.61	897.39	986.24
（7）禽类	元	67.24	95.72	104.23	136.76	182.92
（8）水产品	元	68.11	117.38	160.66	205.12	297.81
（9）蛋类	元	97.82	122.62	122.53	140.56	178.92
（10）奶类	元	172.64	253.40	298.50	410.42	469.47
（11）干鲜瓜果类	元	261.74	373.50	440.50	585.80	701.64
（12）糖果糕点类	元	92.68	134.28	136.03	193.00	211.80
（13）其他食品	元	190.77	260.98	290.36	385.40	484.34
2. 烟酒	元	254.29	354.62	419.48	528.58	736.86
（1）烟草	元	127.63	146.21	187.89	215.50	275.11
（2）酒类	元	126.66	208.42	231.60	313.08	461.74
3. 饮料	元	87.69	134.70	133.86	211.12	254.20
4. 饮食服务	元	375.61	608.48	722.36	990.50	1227.02
（1）食堂用餐	元	22.47	27.90	45.68	33.89	48.89

7—2 续表 6 （2016 年）

指标名称	单位	20% 城镇低收入户	20% 城镇中低收入户	20% 城镇中等收入户	20% 城镇中高收入户	20% 城镇高收入户
（2）其他在外饮食	元	350.99	577.98	673.24	955.92	1175.90
（3）食品加工服务费	元	2.15	2.60	3.44	0.70	2.23
（二）衣着	元	940.55	1355.30	1370.80	2042.06	2385.10
1. 衣类	元	718.60	1027.75	1031.08	1599.66	1733.82
2. 鞋类	元	221.95	327.56	339.71	442.40	651.28
（三）居住	元	3178.24	4130.92	4405.15	6481.59	10199.29
1. 租赁房房租	元	158.68	181.80	26.99	203.09	99.81
2. 住房维修及管理	元	354.28	322.82	333.18	989.35	1551.58
3. 水电燃料及其他	元	811.78	991.26	1123.23	1336.24	1796.42
4. 自有住房折算租金	元	1853.50	2635.04	2921.76	3952.91	6751.48
（1）租赁房房租中租赁公房房租	元	0.00	5.22	0.00	0.66	19.52
（2）租赁房房租中租赁私房房租	元	158.68	176.58	26.99	202.42	80.29
（3）住房维修及管理中物业管理费	元	27.29	50.62	86.93	149.59	185.68
5、物业管理费						
（四）生活用品及服务	元	731.06	1181.33	1468.43	2334.42	2469.18
1. 家具及室内装饰品	元	135.46	197.58	242.45	381.38	469.28
2. 家用器具	元	144.64	307.36	503.18	730.06	660.46
3. 家用纺织品	元	71.79	93.67	136.59	193.84	265.17
4. 家庭日用杂品	元	234.30	315.75	341.47	553.02	594.01
5. 个人用品	元	119.16	171.88	167.79	306.90	339.10
6. 家庭服务	元	25.72	95.10	76.95	169.22	141.16
其中：家政服务	元	4.65	17.37	45.41	140.98	76.78
（五）交通通信	元	1434.29	1889.35	3781.43	2228.93	3426.66
1. 交通	元	913.52	1081.55	3041.00	1297.69	2317.13
（1）交通工具	元	485.76	393.14	2108.99	246.39	973.77
（2）交通费	元	56.02	89.13	147.44	198.76	389.44

7—2 续表 7　　（2016 年）

指标名称	单位	20% 城镇低收入户	20% 城镇中低收入户	20% 城镇中等收入户	20% 城镇中高收入户	20% 城镇高收入户
（3）交通工具用燃料	元	242.08	370.93	449.49	589.57	432.66
（4）交通工具使用及维修	元	129.65	228.35	335.08	262.98	521.26
其中：车辆保险支出	元	46.89	77.22	127.71	95.64	236.08
2. 通信	元	520.77	807.80	740.43	931.23	1109.53
（1）通信工具	元	165.71	286.54	210.56	317.64	418.83
（2）通信服务	元	355.06	521.26	529.87	613.59	690.70
（六）教育文化娱乐	元	1587.54	1967.62	1832.72	2185.46	2826.87
1. 教育	元	1129.82	1216.27	852.65	760.51	806.17
（1）学前教育	元	105.84	117.28	161.10	150.73	137.75
（2）小学教育	元	144.80	117.88	107.69	45.86	113.35
（3）初中教育	元	87.16	283.95	157.65	102.94	80.28
（4）高中教育	元	239.43	303.04	127.31	135.69	105.28
（5）中专职高教育	元	34.53	17.82	15.43	18.06	5.67
（6）大专及以上教育	元	468.64	319.19	248.57	216.80	304.25
（7）成人教育	元	49.42	57.11	34.90	90.41	59.58
2. 文化娱乐	元	457.72	751.35	980.08	1424.95	2020.70
（1）文娱耐用消费品	元	55.51	82.57	202.64	155.49	147.47
（2）其他文娱用品	元	124.44	199.49	171.00	219.27	229.30
（3）文化娱乐服务	元	277.77	469.30	606.43	1050.19	1643.93
（七）医疗保健	元	651.06	1216.00	1310.77	1573.79	1882.27
1. 医疗器具及药品	元	279.15	529.27	557.31	745.82	1063.85
2. 医疗服务	元	371.91	686.72	753.45	827.97	818.42
（1）门诊总费用	元	224.76	364.51	297.45	399.37	390.69
（2）住院总费用	元	147.15	322.21	456.00	428.59	427.73
（八）其他用品和服务	元	183.73	239.65	304.21	971.01	658.17
1. 其他用品	元	104.43	109.23	162.27	738.09	399.36

7—2 续表 8　　（2016 年）

指标名称	单位	20% 城镇低收入户	20% 城镇中低收入户	20% 城镇中等收入户	20% 城镇中高收入户	20% 城镇高收入户
2. 其他服务	元	79.30	130.41	141.94	232.92	258.82
3.20-30 平方米	户					
第三部分、现住房建筑面积	平方米					
期末拥有房屋面积	平方米	30.81	36.11	36.24	41.45	53.03
第四部分、家庭耐用品百户拥有量						
1. 家用汽车	辆	39.88	47.13	46.64	44.01	40.77
2. 摩托车	辆	15.25	14.08	5.13	8.39	3.59
3. 助力车	台	82.61	81.66	70.32	61.01	55.50
4. 洗衣机	台	98.53	103.40	101.80	100.56	99.09
5. 电冰箱（柜）	台	95.85	99.21	101.36	101.73	100.26
6. 微波炉	台	49.26	66.09	58.93	72.17	80.08
7. 彩色电视机	台	117.75	112.53	114.87	113.24	111.56
8. 其中：接入有线电视	台	77.16	89.32	82.13	93.33	97.38
9. 空调	台	130.72	148.09	165.03	177.14	179.84
10. 热水器	台	85.94	92.81	95.65	99.50	94.48
11. 其中：太阳能热水器	台	45.88	49.90	45.79	40.21	33.78
12. 消毒碗柜	台	0.72	3.61	2.11	3.00	2.94
13. 洗碗机	台	0.05		1.19	0.81	4.45
14. 排油烟机	台	67.00	77.50	77.87	83.90	78.67
15. 固定电话	线	22.51	22.89	29.67	29.92	30.09
16. 移动电话	部	237.02	239.16	231.24	222.35	183.49
17. 其中：接入互联网	部	88.47	98.75	108.76	101.73	89.11
18. 计算机	台	68.90	83.46	81.42	88.63	91.98
19. 其中：接入互联网	台	57.28	73.05	70.96	68.66	76.95
20. 摄像机	台	5.63	6.02	7.76	9.33	16.76
21. 照相机	台	27.29	34.24	37.79	35.59	57.49
22. 中高档乐器	架	2.61	2.94	2.66	2.77	2.73
23. 健身器材	台	3.21	7.26	9.15	7.37	9.89
24. 组合音响	套	4.98	8.33	2.83	3.51	10.93

农村居民家庭收支按相对收入等距 5 组分组汇总情况

7—3　　（2016 年）

指标名称	单位	20% 农村低收入户	20% 农村中低收入户	20% 农村中等收入户	20% 农村中高收入户	20% 农村高收入户
第一部分、可支配收入	元	3790.46	8440.41	12005.94	15744.76	23672.51
一、工资性收入	元	2539.66	6079.14	9332.19	12719.95	16889.90
（一）工资	元	2219.31	5528.43	8567.75	12065.63	15799.17
1. 按月发放的工资	元	2013.49	4866.00	7642.36	11200.30	13750.93
2. 补发工资	元	12.33	53.75	44.31	63.57	53.81
3. 不按月发放的奖金津贴过节费等	元	193.49	608.68	881.08	801.76	1994.43
（二）实物福利	元	4.25	1.62	17.33	3.01	10.18
1. 从单位或雇主得到的实物产品折价	元	4.25	1.62	16.69	2.74	2.51
（1）食品	元	4.14	1.62	16.41	2.74	2.08
①谷物薯类及豆类	元	0.25	0.61	15.05	0.72	0.88
②食用油（植物油）	元	0.06	0.33	0.75	1.18	0.70
③蔬菜及制品	元					
④肉禽蛋奶及制品	元	0.03		0.16	0.05	
⑤水产品及制品	元					
⑥糖烟酒饮料类	元	3.66	0.41		0.42	0.07
⑦干鲜瓜果类	元		0.05	0.08	0.04	0.15
⑧其他类食品	元	0.14	0.22	0.37	0.34	0.28
（2）衣着	元	0.10				0.40
（3）居住	元					
（4）家庭设备和日用品	元			0.07		0.03
（5）交通通信工具及用品	元					
（6）教育文化娱乐用品	元					
（7）医疗保健用品	元					
（8）其他用品	元			0.21		
2. 从单位或雇主得到的服务折价	元			0.64	0.27	7.68

7—3 续表 1　　（2016 年）

指标名称	单位	20% 农村低收入户	20% 农村中低收入户	20% 农村中等收入户	20% 农村中高收入户	20% 农村高收入户
（1）免费或低价提供的工作餐	元			0.64	0.06	7.68
（2）免费或低价提供的住宿	元					
（3）单位缴纳的水电费取暖费物业费等	元					
（4）免费或低价提供的交通和通信服务	元				0.21	
（5）单位缴纳的教育入学赞助费	元					
（6）免费或低价提供的旅游服务	元					
（7）其他服务	元					
3. 单位或雇主实物福利报销所得	元					
（三）其他	元	316.10	549.09	747.11	651.31	1080.55
1. 住房公积金	元			16.12	22.79	81.70
2. 辞退金	元			4.12	5.08	
3. 自由职业劳动所得（如稿费翻译费）	元					
4. 安家费	元					
5. 股票期权	元					
6. 其他劳动所得	元	316.10	549.09	726.87	623.44	998.86
二、经营净收入	元	935.27	1823.15	2114.92	2370.96	5299.74
（一）第一产业经营净收入	元	704.68	1128.96	1179.12	1525.61	2617.93
1. 农业	元	739.25	1032.11	1037.67	1485.86	2324.63
2. 林业	元	8.28	–2.84	–8.96	–25.64	–9.50
3. 牧业	元	–42.84	111.81	150.41	65.39	302.80
4. 渔业	元		–12.12			
（二）第二产业经营净收入	元	–29.48	103.96	300.60	187.73	474.40
1. 采矿业	元	5.73	–7.95	125.19	–4.44	
2. 制造业	元	–38.26	78.51	134.67	158.91	245.70
3. 电力热力燃气及水生产和供应业	元					

7—3 续表 2 （2016 年）

指标名称	单位	20% 农村低收入户	20% 农村中低收入户	20% 农村中等收入户	20% 农村中高收入户	20% 农村高收入户
4. 建筑业	元	3.05	33.41	40.74	33.25	228.70
（三）第三产业经营净收入	元	260.07	590.23	635.20	657.62	2207.41
1. 批发和零售业	元	105.34	325.20	429.61	220.04	1225.02
2. 交通运输仓储和邮政业	元	47.70	89.99	100.10	209.68	650.03
3. 住宿和餐饮业	元	16.65	75.32	76.81	119.53	82.16
4. 房地产业	元	–0.63	–1.14			
5. 租赁和商务服务业	元	–1.27			4.23	114.13
6. 居民服务修理和其他服务业	元	37.28	62.49	18.35	82.45	118.37
7. 其他	元	–8.29	9.69	–13.64	23.71	15.65
8. 农林牧渔服务业	元	63.29	28.68	23.98	–2.03	2.04
三、财产净收入	元	15.01	52.70	60.58	91.68	345.40
（一）利息净收入	元	–0.83	4.15	6.95	44.44	45.86
（二）红利收入	元	0.83	6.91	5.47	9.98	142.02
1. 集体分配的红利	元	0.83	6.91	5.47	0.53	34.23
2. 其他红利收入	元				9.45	107.79
（三）储蓄性保险净收益	元	0.31				2.85
（四）转让承包土地经营权租金净收入	元	9.75	29.32	33.37	44.40	93.09
（五）出租房屋财产性收入	元		0.44	12.30		1.44
（六）出租机械专利版权等资产的收入	元	0.03	0.09		0.06	3.12
（七）其他财产净收入	元	4.92	11.79	2.49	–7.20	57.02
（八）房屋虚拟租金	元					
四、转移净收入	元	300.51	485.42	498.25	562.17	1137.47
（一）转移性收入	元	475.87	628.56	659.02	752.34	1462.57
1. 养老金或离退休金	元	170.81	365.71	334.74	508.13	663.54
（1）离退休金	元	17.98	277.25	264.75	277.59	621.39

7—3 续表 3 （2016 年）

指标名称	单位	20% 农村低收入户	20% 农村中低收入户	20% 农村中等收入户	20% 农村中高收入户	20% 农村高收入户
（2）（城镇）居民社会养老保险	元	0.17	1.95	23.90	159.23	26.73
（3）新型农村养老保险	元	129.90	80.94	44.90	58.79	14.67
（4）其他养老金	元	22.77	5.57	1.19	12.52	0.75
2. 社会救济和补助	元	87.41	45.22	28.80	27.68	18.94
（1）最低生活保障费	元	29.10	13.23	0.50	6.32	
（2）五保户救助金	元	5.11	14.32	3.02	2.80	
（3）扶贫款	元		6.47	4.77	9.29	7.16
（4）救灾款	元	18.24	0.64		0.43	4.09
（5）抚恤金	元	5.89	0.09	20.17	4.98	5.37
（6）其他社会救济收入	元	29.07	10.46	0.34	3.85	2.33
3. 政策性生活补贴	元	5.53	1.88	2.76	2.30	6.29
（1）家电补贴	元		0.16			
（2）能源补贴	元					
（3）免费或低价提供的住宿（廉租房）	元					
（4）其他生活补贴	元	5.53	1.72	2.76	2.30	6.29
4. 报销医疗费	元	27.07	51.11	59.38	23.03	87.05
5. 家庭外出从业人员寄回带回收入	元	41.26	44.98	143.52	90.90	347.37
6. 赡养收入	元	98.85	58.71	13.55	37.30	228.50
7. 其他经常转移收入	元	1.66	4.82	7.53	3.04	6.92
（1）失业保险金	元	0.07				
（2）经常性捐赠收入	元		0.51			
（3）经常性赔偿收入	元					
（4）其他转移性收入	元	1.59	4.31	7.53	3.04	6.92
8. 从政府和组织得到的实物产品和服务折价	元	5.13	10.05	14.68	11.77	25.52

7—3 续表 4　　（2016 年）

指标名称	单位	20% 农村低收入户	20% 农村中低收入户	20% 农村中等收入户	20% 农村中高收入户	20% 农村高收入户
（1）食品	元	2.00	5.60	8.10	7.21	19.32
①谷物薯类及豆类	元	0.36	1.67	4.13	2.80	10.04
②食用油（植物油）	元	1.22	3.64	3.73	4.12	9.05
③蔬菜及制品	元					
④肉禽蛋奶及制品	元				0.02	0.03
⑤水产品及制品	元					
⑥糖烟酒饮料类	元					
⑦干鲜瓜果类	元					
⑧其他类食品	元	0.41	0.29	0.24	0.27	0.19
（2）衣着	元	1.17	1.12	0.88	0.55	0.68
（3）居住	元					
（4）家庭设备和日用品	元	1.64	2.57	3.34	2.96	4.87
（5）交通通信工具及用品	元		0.12	0.05		
（6）教育文化娱乐用品	元					
（7）医疗保健用品	元					
（8）其他用品	元	0.31	0.61	0.93	1.05	0.66
（9）其他服务折价（不含廉租房）	元		0.02	1.38		
9. 现金政策性惠农补贴	元	38.15	46.08	54.06	48.19	78.44
（二）转移性支出	元	175.36	143.14	160.77	190.16	325.10
1. 个人所得税	元			0.38	0.10	4.86
2. 社会保障支出	元	120.22	133.84	141.98	161.21	278.75
（1）个人缴纳的养老保险	元	37.64	48.57	57.20	75.63	158.41
（2）个人缴纳的医疗保险	元	79.58	85.26	83.27	81.00	115.00
（3）个人缴纳的失业保险	元	0.34	0.01	1.18	1.24	3.66
（4）其他社会保障支出	元	2.66		0.33	3.35	1.68
3. 外来从业人员寄给家人的支出	元			2.82		
4. 赡养支出	元	22.94	4.27	5.06	23.78	28.53

7—3 续表 5　　（2016 年）

指标名称	单位	20% 农村低收入户	20% 农村中低收入户	20% 农村中等收入户	20% 农村中高收入户	20% 农村高收入户
5. 其他转移性支出	元	32.19	5.04	10.52	5.08	12.96
（1）经常性捐赠支出	元			0.10	0.21	0.79
（2）经常性赔偿支出	元					
（3）其他经常转移支出	元	32.19	5.04	10.42	4.88	12.17
第二部分、消费支出	元	5147.67	6708.57	7840.94	9495.54	10729.83
（一）食品烟酒	元	1555.77	1752.90	2080.55	2456.20	3320.04
1. 食品	元	1232.06	1359.98	1579.87	1831.45	2343.61
（1）谷物	元	280.88	276.39	345.88	380.39	449.59
（2）薯类	元	29.74	33.77	27.22	36.64	46.68
（3）豆类	元	15.58	20.18	23.75	27.47	37.21
（4）食用油	元	56.74	77.18	88.71	114.94	148.41
（5）蔬菜和食用菌	元	158.82	178.40	215.84	238.70	314.05
（6）肉类	元	298.73	297.75	329.34	403.43	516.98
（7）禽类	元	17.23	23.62	35.19	40.18	51.36
（8）水产品	元	11.53	16.75	30.60	38.57	53.17
（9）蛋类	元	59.95	73.37	85.13	100.47	127.75
（10）奶类	元	54.37	76.99	93.16	114.69	156.67
（11）干鲜瓜果类	元	92.64	116.71	140.44	167.43	218.88
（12）糖果糕点类	元	35.38	44.12	56.82	64.83	78.22
（13）其他食品	元	120.46	124.75	107.78	103.71	144.66
2. 烟酒	元	191.23	222.49	259.34	280.53	453.40
（1）烟草	元	88.15	116.18	138.70	151.85	227.93
（2）酒类	元	103.08	106.31	120.64	128.68	225.47
3. 饮料	元	32.51	41.71	58.05	65.50	86.03
4. 饮食服务	元	99.98	128.71	183.28	278.73	437.00
（1）食堂用餐	元	12.25	8.92	15.83	25.70	43.54

7—3 续表 6　　（2016 年）

指标名称	单位	20% 农村低收入户	20% 农村中低收入户	20% 农村中等收入户	20% 农村中高收入户	20% 农村高收入户
（2）其他在外饮食	元	78.62	114.36	163.31	247.98	389.77
（3）食品加工服务费	元	9.10	5.43	4.14	5.05	3.69
（二）衣着	元	358.63	481.58	502.97	589.34	778.71
1. 衣类	元	263.05	359.83	361.71	434.36	595.80
2. 鞋类	元	95.58	121.75	141.26	154.97	182.91
（三）居住	元	1332.17	1641.64	1764.81	2889.61	2663.15
1. 租赁房房租	元	7.03	31.80	4.09	11.43	29.11
2. 住房维修及管理	元	165.83	171.64	255.88	1038.32	337.52
3. 水电燃料及其他	元	545.33	651.18	633.56	778.91	921.89
4. 自有住房折算租金	元	613.98	787.01	871.28	1060.96	1374.63
（1）租赁公房房租	元	0.03		0.21		9.35
（2）租赁私房房租	元	7.01	31.80	3.87	11.43	19.76
（3）住房维修及管理中物业管理费		0.93	0.17	3.53	1.78	5.30
5. 物业管理费						
（四）生活用品及服务	元	284.13	398.42	628.38	656.88	881.43
1. 家具及室内装饰品	元	22.66	67.72	172.77	146.04	261.64
2. 家用器具	元	89.41	96.47	170.17	195.54	198.24
3. 家用纺织品	元	21.60	33.05	64.05	72.54	106.49
4. 家庭日用杂品	元	115.19	149.69	152.86	155.20	209.15
5. 个人用品	元	21.75	40.81	59.33	69.59	84.43
6. 家庭服务	元	13.51	10.68	9.19	17.97	21.48
其中：家政服务	元	1.12	1.47	0.73	1.21	1.38
（五）交通通信	元	602.35	970.89	1471.37	1441.77	1481.16
1. 交通	元	356.82	643.29	1067.67	970.47	874.96
（1）交通工具	元	185.72	408.47	806.23	661.84	398.86
（2）交通费	元	19.64	21.79	26.30	54.87	68.73

7—3 续表 7　　（2016 年）

指标名称	单位	20% 农村低收入户	20% 农村中低收入户	20% 农村中等收入户	20% 农村中高收入户	20% 农村高收入户
（3）交通工具用燃料	元	83.64	112.80	139.42	145.36	205.22
（4）交通工具使用及维修	元	67.83	100.23	95.73	108.39	202.14
其中：车辆保险支出	元	3.64	39.04	31.76	51.72	43.75
2. 通信	元	245.52	327.60	403.70	471.30	606.20
（1）通信工具	元	83.46	94.28	116.66	163.73	199.44
（2）通信服务	元	162.06	233.32	287.04	307.57	406.76
（六）教育文化娱乐	元	394.38	732.50	670.88	848.53	695.37
1. 教育	元	275.56	560.22	487.60	617.25	461.17
（1）学前教育	元	34.51	44.62	55.45	65.47	31.15
（2）小学教育	元	43.71	45.25	31.32	55.48	36.78
（3）初中教育	元	96.96	97.42	58.04	84.39	63.48
（4）高中教育	元	37.12	75.96	67.30	86.18	92.87
（5）中专职高教育	元	3.13	39.02	29.50	14.33	15.75
（6）大专及以上教育	元	34.17	233.59	210.25	274.86	187.63
（7）成人教育	元	25.96	24.37	35.74	36.55	33.51
2. 文化娱乐	元	118.82	172.28	183.28	231.28	234.19
（1）文娱耐用消费品	元	30.80	56.40	67.01	102.73	84.27
（2）其他文娱用品	元	52.53	65.65	66.16	71.82	73.29
（3）文化娱乐服务	元	35.49	50.23	50.11	56.73	76.63
（七）医疗保健	元	487.83	611.96	592.08	473.23	707.96
1. 医疗器具及药品	元	166.88	195.68	150.00	205.09	183.82
2. 医疗服务	元	320.95	416.28	442.09	268.14	524.14
（1）门诊总费用	元	90.71	127.18	147.18	109.28	197.51
（2）住院总费用	元	230.24	289.10	294.90	158.86	326.63

7—3 续表 8　　（2016 年）

指标名称	单位	20% 农村低收入户	20% 农村中低收入户	20% 农村中等收入户	20% 农村中高收入户	20% 农村高收入户
（八）其他用品和服务	元	132.42	118.70	129.89	139.97	202.02
1. 其他用品	元	81.41	73.97	72.97	71.92	115.14
2. 其他服务	元	51.01	44.72	56.92	68.05	86.88
第三部分、现住房建筑面积	平方米					
期末拥有房屋面积	平方米	32.84	38.04	37.89	45.87	53.35
第四部分、家庭耐用品百户拥有量						
1. 家用汽车	辆	13.28	22.56	29.38	25.88	26.51
2. 摩托车	辆	56.00	65.57	66.89	56.10	53.26
3. 助力车	台	66.30	95.94	113.75	122.29	124.07
4. 洗衣机	台	70.06	96.56	96.33	98.48	98.52
5. 电冰箱（柜）	台	55.57	82.84	86.17	88.73	89.42
6. 微波炉	台	13.21	26.57	29.49	25.24	35.84
7. 彩色电视机	台	102.40	118.03	122.79	125.65	116.25
8. 其中：接入有线电视	台	19.38	46.58	46.96	44.16	40.72
9. 空调	台	41.25	69.00	91.15	84.82	85.79
10. 热水器	台	38.63	72.78	75.65	83.19	82.93
11. 其中：太阳能热水器	台	34.15	63.17	66.76	68.86	70.38
12. 消毒碗柜	台	0.45	0.63			0.45
13. 洗碗机	台		0.40	1.28	1.34	0.85
14. 排油烟机	台	9.24	17.11	32.58	24.16	24.41
15. 固定电话	线	11.45	12.53	10.87	14.49	11.49
16. 移动电话	部	181.38	227.74	262.27	246.93	235.07
17. 其中：接入互联网	部	34.19	53.69	71.81	48.43	58.85
18. 计算机	台	15.81	37.24	50.66	53.31	45.75
19. 其中：接入互联网	台	6.97	28.25	36.74	38.86	36.61
20. 摄像机	台	0.58	0.00	1.53	1.07	1.51
21. 照相机	台	2.94	4.64	5.36	5.06	8.27
22. 中高档乐器	架	0.90	0.62	0.82	0.79	0.91
23. 健身器材	台		0.28	1.62	2.06	3.94
24. 组合音响	套	4.09	5.57	7.22	5.35	7.39

分县（市）区城乡居民人均可支配收入及生活消费支出

7—4　　（2016 年）　　单位：元

单位名称	人均可支配收入	
	城镇	农村
石家庄市	**30459**	**12345**
长 安 区	34113	
桥 西 区	34836	
新 华 区	34295	
井陉矿区	27271	15943
裕 华 区	35087	
藁 城 区	30411	16318
鹿 泉 区	29269	16314
栾 城 区	27209	14895
井 陉 县	25335	11253
正 定 县	27168	15669
行 唐 县	25446	6809
灵 寿 县	25001	6164
高 邑 县	23408	11878
深 泽 县	24257	11393
赞 皇 县	23302	5729
无 极 县	24886	12922
平 山 县	26087	7270
元 氏 县	24168	12590
赵　 县	26087	13143
晋 州 市	28817	16264
新 乐 市	24267	14410

注：2016 年全市人均生活消费支出为 14316.8 元。其中，城镇居民人均生活消费支出为 19182 元；农村人均生活消费支出为 7893.8 元。

八、城市公用设施

城市市政公用设施水平

8—1 （2016 年）

指标名称	计量单位	全市	市区	指标名称	计量单位	全市	市区
人均日生活用水量	升	146.00	155.46	污水处理率	%	96.09	96.12
用水普及率	%	99.37	100.00	#污水处理厂集中处理率	%	96.09	96.12
燃气普及率	%	99.01	100.00	人均公园绿地面积	平方米	14.46	15.77
每万人拥有公交车辆	标台	24.00		建成区绿化覆盖率	%	42.89	44.53
人均城市道路面积	平方米	19.48	19.61	建成区绿地率	%	38.58	40.36
排水管道密度	公里 / 平方公里	8.32	7.93	生活垃圾无害化处理率	%	99.54	100.00

城市建设用地情况

8—2 （2016 年）

指标名称	计量单位	全市	市区	指标名称	计量单位	全市	市区
土地面积	平方公里	15848					
建成区土地面积	平方公里	432.13	283.72	工业用地	平方公里	34.84	16.14
城市建设用地面积	平方公里	412.00	265.55	物流仓储用地	平方公里	12.44	5.87
#居住用地	平方公里	140.07	96.43	交通设施用地	平方公里	64.29	41.24
公共管理与服务	平方公里	43.83	26.89	公用设施用地	平方公里	22.57	14.77
商业服务业设施	平方公里	30.05	18.28	绿地	平方公里	63.91	45.93

城市供水情况

8—3　　（2016 年）

指标名称	计量单位	全市	市区	指标名称	计量单位	全市	市区
综合生产能力	万立方米 / 日	182.84	122.34	公共服务用水	万立方米	7043.25	5949.40
#地下水	万立方米 / 日	130.89	72.34	居民家庭用水	万立方米	14554.35	10100.14
供水管道长度	公里	3294.85	2029.23	用水户数	户	674404	392009
供水总量	万立方米	44350.22	31169.07	#家庭用户	户	564287	319798
#生产运营用水	万立方米	16267.91	9896.52	用水人口	万人	406.13	283.64

城市节约用水情况

8—4　　（2016 年）

指标名称	计量单位	全市	市区	指标名称	计量单位	全市	市区
实际用水量	万立方米	66208	66208	重复利用量	万立方米	59998	59998
#工业	万立方米	61965	61965	#工业	万立方米	59836	59836
新水取水量	万立方米	6210	6210	节约用水量	万立方米	938	938
#工业	万立方米	2129	2129	#工业	万立方米	421	421

城市燃气情况

8—5　　（2016 年）

指标名称	计量单位	全市	市区	指标名称	计量单位	全市	市区
一、人工煤气							
生产能力	万立方米 / 日	6	6	# 销售气量	万立方米	124316.85	114788.11
储气能力	万立方米	2.5	2.5	# 居民家庭	万立方米	16944.31	13550.51
供气管道长度	公里	9.8	9.8	用气户数	户	1506721	1322817
供气总量	万立方米	9184.3	9184.3	# 家庭用户	户	1488958	1317836
# 销售气量	万立方米	9184.3	9184.3	用气人口	万人	294.62	230.77
# 居民家庭	万立方米	608	608	三、液化石油气			
用气户数	户	17418	17418	储气能力	吨	2894.2	2039
# 家庭用户	户	17315	17315	供气总量	吨	23.31	17.75
用气人口	万人	4.09	4.09	# 销售气量	吨	65087.61	44339.59
二、天然气				# 家庭用户	吨	65012	44336
储气能力	万立方米	207.58	61.88	用气户数	户	225378	82387
供气管道长度	公里	5139.74	4176.47	# 家庭用户	户	219781	78879
供气总量	万立方米	134414.55	124792.7	用气人口	万人	105.95	48.78

城市集中供热情况

8—6　　（2016 年）

指标名称	计量单位	全市	市区	指标名称	计量单位	全市	市区
一、蒸汽				供热能力	兆瓦	8662.3	6247.2
供热能力	吨 / 小时	3105.98	2348.00	供热总量	万吉焦	6450.58	5100.25
供热总量	万吉焦	2324.84	1944.32	管道长度	公里	1839.19	1210.43
管道长度	公里	626.52	493.52	三、供热面积			
二、热水				住宅供热面积	万平方米	21036.92	17481.33

城市公共汽车和出租汽车情况

8—7　　（2016 年）

指标名称	计量单位	全市	市区	指标名称	计量单位	全市	市区
一、公共汽车				运营线路长度	公里	3915.00	1516.7
公共汽车数	辆	5730	4637	公交专用车道长度	公里	18	18
#天然气燃料车	辆	3611	2747	客运总量	亿人次	4.2	
柴油车	辆	199		二、出租汽车			
标准运营车数	标台	7333.1	6833.8	出租车数量	辆	10127	
运营线路条数	条	226	115	客运总量	万人次	18170	

城市市政设施情况

8—8　　（2016 年）

指标名称	计量单位	全市	市区	指标名称	计量单位	全市	市区
道路长度	公里	3354.78	2100.55	污水排放量	万立方米	54963	42728
道路面积	万平方米	7960.56	5562.15	排水管道长度	公里	3595.35	2248.51
#人行道面积	万平方米	1469.51	935.75	#污水管道	公里	1306.99	829.73
桥梁数	座	247	162	污水处理厂	座	23	10
#立交桥	座	135	118	污水处理能力	万立方米/日	195.3	134
路灯盏数	千盏	74.082	18.3	污水处理量	万立方米	52814	41070
安装路灯的道路长度	公里	1062.8	305.8	干污泥处置量	吨	88746	70186

城市园林绿化及风景名胜区情况

8—9 （2016 年）

指标名称	计量单位	全市	市区	指标名称	计量单位	全市	市区
绿化覆盖面积	公顷	20808.47	13963.95	公园个数	个	209	96
# 建成区	公顷	18534.57	12634.02	公园面积	公顷	5209.97	4235.86
园林绿地面积	公顷	17980.8	12422.78	风景名胜区面积	平方公里	439	439
# 建成区	公顷	16671.93	11449.65	# 可游览面积	平方公里	254	254
公园绿地面积	公顷	5910.98	4473.84	游人量	万人次	842	842

城市市容环境卫生情况

8—10 （2016 年）

指标名称	计量单位	全市	市区	指标名称	计量单位	全市	市区
道路清扫保洁面积	万平方米	6937	4928	# 卫生填埋	吨 / 日	2070	500
# 机械化	万平方米	4903	3677	焚烧	吨 / 日	3850	3600
生活垃圾清运量	万吨	151.42	95.97	无害化处理量	万吨	150.73	95.96
无害化处理厂（场）数	座	19	6	# 卫生填埋	万吨	77.38	36.2
# 卫生填埋	座	13	3	粪便清运量	万吨	21.63	19.88
焚烧	座	4	3	公厕数	座	1002	514
无害化处理能力	吨 / 日	6170	4100	市容环卫专用车辆总数	台	1398	962

全市污染物排放及处理利用情况

8—11　　（2016 年）

指标名称	计量单位	2016 年
一、工业废水		
废水治理设施数	套	678
废水治理设施处理能力	万吨 / 日	54.86
工业废水处理量	万吨	27053.62
工业废水排放量	万吨	13021.71
# 排入污水处理厂的	万吨	10218.49
化学需氧量排放量	吨	23788.08
氨氮排放量	吨	3998.19
石油类排放量	吨	84.70
挥发酚排放量	千克	2305.80
氰化物排放量	千克	834.87
砷排放量	千克	1.35
铅排放量	千克	1.18
汞排放量	千克	0.14
总铬排放量	千克	373.63
六价铬排放量	千克	38.73
二、工业废气		
工业废气排放量	亿立方米	5889.83
废气治理设施数	套	3374
废气治理设施处理能力	万立方米 / 时	344279
脱硫设施数	套	421
脱硝设施数	套	78
除尘设施数	套	1516

8—11 续表 1 （2016 年）

指标名称	计量单位	2016 年
二氧化硫排放量	吨	85815.22
氮氧化物排放量	吨	106023.35
烟（粉）尘排放量	吨	52704.87
砷排放量	千克	0.00
铅排放量	千克	146.65
镉排放量	千克	0.00
汞排放量	千克	0.03
总铬排放量	千克	10.99
六价铬排放量	千克	10.85
三、工业固体废物		
一般工业固体废物产生量	万吨	1444.65
一般工业固体废物综合利用量	万吨	1371.84
一般工业固体废物处置量	万吨	34.44
一般工业固体废物贮存量	万吨	40.43
一般工业固体废物倾倒丢弃量	万吨	0.00
危险废物产生量	万吨	7.23
危险废物综合利用量	万吨	3.20
危险废物处置量	万吨	4.54
四、机动车污染物排放情况		
氮氧化物排放量	万吨	6.57
总颗粒物排放量	万吨	0.66
一氧化碳排放量	万吨	24.07
碳氢化合物排放量	万吨	3.02

8—11 续表 2　　（2016 年）

指标名称	计量单位	2016 年
五、城镇生活污染物排放情况		
城镇生活污水排放量	万吨	43146.90
城镇生活化学需氧量产生量	吨	135355.15
城镇生活化学需氧量排放量	吨	3457.46
城镇生活氨氮产生量	吨	17974.61
城镇生活氨氮排放量	吨	1230.71
生活二氧化硫排放量	吨	31212.00
生活氮氧化物排放量	吨	9918.00
生活烟尘排放量	吨	41310.00
六、城镇污水处理情况		
污水处理厂处理能力	万吨 / 日	206.67
污水处理量	万吨	60574.97
# 处理工业废水量	万吨	10471.14
污水再生利用量	万吨	24983.34
化学需氧量去除量	吨	172043.80
氨氮去除量	吨	16059.74
总氮去除量	吨	19376.50
污泥产生量	万吨	39.03
污泥处置量	万吨	39.03
# 填埋处置量	万吨	23.08
七、危险废物（医疗废物）集中处置情况		
危险废物实际处置能力	吨 / 日	171.60
危险废物处置量	吨	21401.96
# 处置工业危险废物量	吨	13810.13
焚烧残渣安全填埋处置量	吨	19.89

九、农村经济

农村基础设施情况

9—1 （2016 年） 计量单位：个

行政单位	自来水受益村	通宽带村数	通公共交通村数
石家庄市	**4112**	**4303**	**4148**
长 安 区	8	8	8
桥 西 区	15	15	15
新 华 区	13	13	13
裕 华 区	6	6	6
矿　区			
藁 城 区	226	226	222
鹿 泉 区	208	208	194
栾 城 区	173	173	173
高 新 区	28	28	28
循环化工园区	13	13	13
井 陉 县	295	301	310
正 定 县	154	154	154
行 唐 县	250	317	322
灵 寿 县	249	252	279
高 邑 县	107	107	107
深 泽 县	125	125	125
赞 皇 县	143	212	212
无 极 县	213	213	213
平 山 县	692	715	597
元 氏 县	185	208	208
赵　县	281	281	281
晋 州 市	224	224	164
新 乐 市	160	160	160
辛 集 市	344	344	344

乡村人口与乡村从业人员情况

9—2　　（2016 年）　　计量单位：人

行政单位	一、乡村劳动力资源数	二、乡村从业人员					
		合计	（一）按性别分		（二）按国民经济行业分		
			1. 男	2. 女	1. 农林牧渔业从业人员	2. 工业从业人员	# 采矿业
石家庄市	**4119752**	**3760444**	**2007977**	**1752467**	**1391892**	**1081168**	**36496**
长安区	14444	10889	5994	4895	2656	2559	
桥西区	18675	17838	9019	8819	1295	3231	8
新华区	39396	36321	18949	17372	2622	10301	
裕华区	14334	13372	8050	5322	3370	4553	
矿　区	20934	19837	10375	9462	3752	10439	
藁城区	423146	386173	215113	171060	66481	138400	
鹿泉区	209021	177717	92487	85230	68351	41564	2482
栾城区	188551	174676	92260	82416	43745	52353	
高新区	41611	31925	16997	14928	10209	9690	5
循环化工园区	26342	23340	10352	12988	4546	8695	
井陉县	168017	147839	82629	65210	62990	38677	13737
正定县	251273	228852	125273	103579	69038	53849	1516
行唐县	188342	186675	95339	91336	77971	39279	3216
灵寿县	152628	145830	79886	65944	75106	29273	110
高邑县	97081	95440	49970	45470	44723	22137	51
深泽县	134688	127912	67233	60679	47253	39649	661
赞皇县	135352	127570	70161	57409	47791	20566	2503
无极县	262845	249271	124980	124291	116064	78735	
平山县	273060	244157	142771	101386	155935	42386	10420
元氏县	291630	242277	129000	113277	159700	26815	1502
赵　县	312282	290718	151921	138797	102107	90024	
晋州市	277825	260695	136620	124075	84645	115753	
新乐市	236655	223610	114332	109278	50940	84742	285
辛集市	341620	297510	158266	139244	90602	117498	

9—2 续表 1 （2016 年） 计量单位：人

行政单位	二、乡村从业人员（续）					
	（二）按国民经济行业分（续）					
	2. 工业从业人员（续）		3. 建筑业从业人员	4. 批发和零售业从业人员	5. 交通运输业、仓储业和邮电通讯业从业人员	6. 住宿和餐饮业从业人员
	制造业	电力、煤气及水的生产和供应业				
石家庄市	**1016731**	**27941**	**388406**	**271902**	**203444**	**118897**
长安区	2170	389	1559	720	537	521
桥西区	2548	675	1841	3070	966	2265
新华区	10281	20	3056	5789	2161	1489
裕华区	4536	17	1523	1346	648	293
矿区	10139	300	1343	1084	1924	734
藁城区	134353	4047	53808	37948	32510	20343
鹿泉区	37559	1523	15254	16191	10346	10852
栾城区	51353	1000	27480	17195	10442	5642
高新区	9108	577	4085	1700	871	811
循环化工园区	8528	167	3490	2020	142	365
井陉县	24310	630	10257	7955	8900	3760
正定县	49909	2424	40749	15931	17260	9961
行唐县	34237	1826	21649	10257	12025	5827
灵寿县	28682	481	8526	6443	5483	7056
高邑县	21712	374	7056	5379	4118	3858
深泽县	38057	931	16032	8795	8083	1961
赞皇县	17719	344	9512	14564	14451	11855
无极县	77835	900	16853	18391	8553	1340
平山县	29316	2650	11960	12340	8100	960
元氏县	24520	793	22582	8676	810	6135
赵县	88345	1679	31087	16089	19588	8233
晋州市	114468	1285	17695	17256	11456	3880
新乐市	81035	3422	25608	29460	14458	6025
辛集市	116011	1487	35401	13303	9612	4731

9—2 续表 2　　（2016 年）　　计量单位：人

行政单位	二、乡村从业人员（续）					
	（二）按国民经济行业分（续）					
	7. 信息传输、计算机服务和软件业从业人员	8. 金融业从业人员	9. 房地产业从业人员	10. 租赁和商务服务业从业人员	11. 科学研究、技术服务和地质勘查业从业人员	12. 水利、环境和公共设施管理业从业人员
石家庄市	**22314**	**14345**	**9396**	**40038**	**5662**	**9719**
长 安 区	30	22	743	420	52	100
桥 西 区	388	174	162	406	68	96
新 华 区	709	328	1074	2131	43	2775
裕 华 区	46	36	6	60		20
矿　区	10	54		2		30
藁 城 区	3147	1400	3933	9082	381	726
鹿 泉 区	1060	611	273	1665	229	567
栾 城 区	788	148		2661		9
高 新 区	236	103	131	1944	52	100
循环化工园区	128	68	137			
井陉县	644	250	63	660	284	235
正定县	1928	634	260	3442	109	895
行唐县	632	990	131	1882	219	665
灵寿县	2252	481	53	310	32	919
高邑县	379	707	12	295	54	89
深泽县	657	420	44	432	59	80
赞皇县	900	929	410	523	1652	168
无极县	127	1350	48	614		104
平山县	310	480	410	2770	1280	200
元氏县	4667	462	573	7486	162	362
赵　县	910	1557		470	473	489
晋州市	32	806		885	95	237
新乐市	838	1030	585	650	237	198
辛集市	1496	1305	348	1248	181	655

9—2 续表 3　　　　（2016 年）　　　　计量单位：人

行政单位	二、乡村从业人员（续）					
	（二）按国民经济行业分（续）					（三）按文化程度分
	13. 居民服务和其他服务业从业人员	14. 教育从业人员	15. 卫生、社会保障和社会福利业从业人员	16. 文化、体育和娱乐业从业人员	17. 公共管理和社会组织从业人员	1. 未上过学
石家庄市	**89328**	**35552**	**25796**	**22544**	**30041**	**40508**
长安区	447	152	182	33	156	
桥西区	2551	470	263	200	392	6
新华区	535	617	475	16	2200	93
裕华区	1105	156	60	70	80	
矿　区	3	398	48		16	
藁城区	6543	4874	1698	1754	3145	515
鹿泉区	6220	1412	1141	611	1370	680
栾城区	7280	3015	2315	689	914	
高新区	539	500	174	302	478	
循环化工园区	2250	162	97	143	1097	25
井陉县	6242	1181	1077	2858	1806	3
正定县	4124	2732	3042	2416	2482	2652
行唐县	7882	2199	1967	879	2221	
灵寿县	5226	2051	1122	954	543	3450
高邑县	5428	363	313	93	436	41
深泽县	1261	804	790	549	1043	343
赞皇县	284	413	929	813	1810	2239
无极县	2963	108	329	2013	1679	8568
平山县	986	1660	2190	210	1980	14350
元氏县	610	1315	686	386	850	4940
赵　县	6782	3066	2764	4911	2168	1577
晋州市	3260	1329	1301	1170	895	166
新乐市	1933	3990	1838	585	493	95
辛集市	14874	2585	995	889	1787	765

9—2 续表 4　　（2016 年）　　计量单位：人

行政单位	二、乡村从业人员（续） （三）按文化程度分（续） 2. 小学文化程度从业人员	3. 初中文化程度从业人员	4. 高中（中专）文化程度从业人员	5. 大专及大专以上文化程度从业人员
石家庄市	**740100**	**1786502**	**1049067**	**144267**
长安区	1058	4176	3958	1697
桥西区	1050	5358	7400	4024
新华区	642	8636	16411	10539
裕华区	2461	5440	4871	600
矿　区		10110	5752	3975
藁城区	62104	194968	109546	19040
鹿泉区	26578	72504	62207	15748
栾城区	23009	78860	61325	11482
高新区	1730	12502	12047	5646
循环化工园区	2850	14245	5017	1203
井陉县	23952	66020	48996	8868
正定县	44021	107886	63695	10598
行唐县	29137	99028	56239	2271
灵寿县	37205	63405	40358	1412
高邑县	15566	38402	39417	2014
深泽县	32571	61512	31415	2071
赞皇县	24089	78883	21847	512
无极县	93679	96893	48532	1599
平山县	49280	112980	59157	8390
元氏县	63152	110763	56902	6520
赵　县	48922	166153	65442	8624
晋州市	61750	126652	71422	705
新乐市	30105	101405	81510	10495
辛集市	65189	149721	75601	6234

农业机械化情况

9—3　　（2016 年）　　单位：台、辆、公顷

行政单位	农用机械总动力（千瓦）			
	合计	1、柴油发动机动力	2、汽油发动机动力	3、电动机动力
石家庄市	**12808040**	**7656945**	**138099**	**5012996**
长 安 区	19321	15876		3445
桥 西 区	3889	2467	246	1176
新 华 区	27501	16125	474	10902
裕 华 区	1541	162		1379
矿　区	20849	13649	94	7106
藁 城 区	1454533	658093	30890	765550
鹿 泉 区	463295	257607	1765	203923
栾 城 区	560955	310489	1919	248547
高 新 区	43803	31570	3040	9193
循环化工园区				
井 陉 县	330835	227607	205	103023
正 定 县	822800	385250	6822	430728
行 唐 县	833392	451624	2172	379596
灵 寿 县	455284	350853	8037	96394
高 邑 县	458950	359502	33016	66432
深 泽 县	284866	205349		79517
赞 皇 县	501886	445562	6998	49326
无 极 县	639398	513270	1390	124738
平 山 县	592081	345257	9004	237820
元 氏 县	573645	472400	594	100651
赵　县	1033538	390469	3486	639583
晋 州 市	703780	429799	2302	271679
新 乐 市	1733120	1033995	5438	693687
辛 集 市	1248778	739970	20207	488601

9—3 续表 1　　（2016 年）　　单位：台、辆、公顷

行政单位	一、拖拉机及配套农具			
	大中型拖拉机（台）	小型拖拉机（台）	大中型拖拉机配套农具（台）	小型拖拉机配套农具（台）
石家庄市	**35324**	**156494**	**68665**	**143928**
长安区	59		55	60
桥西区	14	17	23	28
新华区	145	170	252	72
裕华区				
矿　区	131	526	177	369
藁城区	4945	2950	8950	4510
鹿泉区	1372	6762	3662	4247
栾城区	2016	4101	4443	11823
高新区	161		176	220
循环化工园区				
井陉县	657	22279	417	17771
正定县	2283	4946	4067	3787
行唐县	2554	2620	5098	7775
灵寿县	1601	8581	1513	5208
高邑县	870	8963	1247	6564
深泽县	1138	1200	4540	49
赞皇县	2507	16852	3119	17668
无极县	2010	9637	3036	2878
平山县	2037	9937	8687	5750
元氏县	2080	13073	4909	13138
赵　县	1615	6671	4217	15882
晋州市	1875	17329	3163	9865
新乐市	3169	4200	3300	5800
辛集市	2085	15680	3614	10464

9—3 续表2 （2016年） 单位：台、辆、公顷

行政单位	二、农用排灌机械			
	1. 农用排灌电动机（台）	2. 农用排灌柴油机（台）	3. 农用水泵（台）	4. 节水灌溉机械（套）
石家庄市	**219958**	**126458**	**198599**	**11340**
长安区	565		874	
桥西区	84		84	3
新华区	657		657	39
裕华区	102		99	3
矿　区	120		120	
藁城区	21750	850	21750	9100
鹿泉区	6899		5200	126
栾城区	12187	2817	8430	81
高新区	390			
循环化工园区				
井陉县	1982	642	2146	134
正定县	17438	6310	14279	132
行唐县	9824		10848	846
灵寿县	7580	9190	6053	15
高邑县	5986	1629	3664	
深泽县	3743		5470	24
赞皇县	3424	3863	7382	136
无极县	12780	12041	12780	
平山县	11253	5311	5305	345
元氏县	11119	6902	9351	124
赵　县	17048		18432	
晋州市	12170	3082	11002	192
新乐市	42201	49840	31720	21
辛集市	20656	23981	22953	19

9—3 续表 3　　（2016 年）　　单位：台、辆、公顷

行政单位	三、收获机械		四、农业机械化项目水平（公顷）		
	联合收割机（台）	机动脱粒机（台）	（一）当年实际机耕地面积	（二）当年机械播种面积	（三）当年机械收获面积
石家庄市	**29212**	**24703**	**507066**	**706167**	**660977**
长安区	32		7513	7513	7513
桥西区	5		127	127	127
新华区	31	52	2130	2130	2130
裕华区			174	204	194
矿　区	43	58		280	480
藁城区	2878	1500	53300	67333	67233
鹿泉区	912	4128	15704	29694	27513
栾城区	1459	2910	23520	32520	32520
高新区	53		3800	4920	4920
循环化工园区					
井陉县	393	6147	12300	12000	8900
正定县	1799		20790	41340	38560
行唐县	2386		34678	46233	36050
灵寿县	1493	485	20850	18380	32054
高邑县	811		18780	20580	22726
深泽县	1378		11867	26355	24974
赞皇县	625	297	21000	33000	22000
无极县	1782		33090	45727	43289
平山县	753	4834	19125	20500	13480
元氏县	2440		34767	50467	45798
赵　县	2655		38920	72950	73810
晋州市	2075		39333	44000	41200
新乐市	2713	1262	43433	43383	41040
辛集市	2496	3030	51865	86531	74466

农业主要能源及物资消耗情况

9—4　　（2016 年）　　单位：台、辆、公顷

行政单位	一、农村用电量（万千瓦时）	二、农用化肥施用量（吨）				
		按实物量计算				
		合计	氮肥	磷肥	钾肥	复合肥
石家庄市	**787930**	**1698148**	**874702**	**442443**	**56946**	**324057**
长 安 区	760	2419	593	425	269	1132
桥 西 区	6050	455	223	67	31	134
新 华 区		213	75	14	35	89
裕 华 区	750	255	75	20	10	150
矿　区	16639	1020	680	87	23	230
藁 城 区	97267	211102	98784	58319	8263	45736
鹿 泉 区	44845	38688	18066	8759	1975	9888
栾 城 区	16073	47419	20808	15909	1493	9209
高 新 区		4929	1727	1115	367	1720
循环化工园区	6095	55175	2578	65	785	51747
井陉县	18952	36435	17844	9049	1385	8157
正定县	19947	157457	93590	37604	3814	22449
行唐县	37183	105141	83105	7937	860	13239
灵寿县	27831	57279	31305	14706	829	10439
高邑县	12474	28532	11925	4726	1230	10651
深泽县	27007	50248	21882	12306	1251	14809
赞皇县	59479	32325	13969	5792	3	12561
无极县	48703	111910	63461	35895	2985	9569
平山县	17680	66962	39660	19820	22	7460
元氏县	19350	121027	58500	39202	2271	21054
赵　县	48660	148771	68788	38482	12817	28684
晋州市	193562	106108	65089	22870	2456	15693
新乐市	32721	88308	51970	25273	5484	5581
辛集市	35902	225970	110005	84001	8288	23676

9—4 续表 1　　（2016 年）　　单位：吨

行政单位	二、农用化肥施用量（续）				
	按折纯法计算				
	合计	氮肥	磷肥	钾肥	复合肥
石家庄市	**485349**	**252481**	**75676**	**26500**	**130692**
长 安 区	1081	277	243	34	527
桥 西 区	199	87	16	13	83
新 华 区	81	15	2	18	46
裕 华 区	118	22	5	5	86
矿　　区	302	200	20	1	81
藁 城 区	53056	22808	7907	4351	17990
鹿 泉 区	14891	6658	2215	1117	4901
栾 城 区	15603	7849	3266	653	3835
高 新 区	1767	603	257	224	683
循环化工园区	17255	515	30	280	16430
井陉县	11743	5059	2075	346	4263
正定县	42505	24295	6256	1932	10022
行唐县	25281	16989	1190	429	6673
灵寿县	10291	6265	1990	281	1755
高邑县	11522	4365	841	434	5882
深泽县	16021	6914	1672	629	6806
赞皇县	11500	3494	1738	1	6267
无极县	28919	18171	5574	1433	3741
平山县	14389	7932	4081	12	2364
元氏县	33938	17575	7845	1148	7370
赵　县	58132	30561	9326	6219	12026
晋州市	32867	19760	3262	1135	8710
新乐市	19933	12497	2789	2626	2021
辛集市	63955	39570	13076	3179	8130

9—4 续表 2　　（2016 年）　　单位：吨、公顷

行政单位	三、农用塑料薄膜使用情况			四、农用柴油消耗量	五、农药使用量
	塑料薄膜使用量	# 地膜使用量	地膜覆盖面积		
石家庄市	**7990**	**3166**	**49981**	**270754**	**12248**
长 安 区				625	140
桥 西 区	6	2	43	50	19
新 华 区	18	14	194	210	56
裕 华 区				12	
矿　区	2	1	20	57	12
藁 城 区	956	313	4918	29230	572
鹿 泉 区	514	59	982	7344	537
栾 城 区	111	56	793	7445	230
高 新 区	3	1	16		2
循环化工园区	175	33	485		25
井 陉 县	63	34	513	5750	142
正 定 县	807	270	3637	36734	507
行 唐 县	321	246	5236	24902	567
灵 寿 县	103	38	613	6819	138
高 邑 县	1100	150	2000	1400	264
深 泽 县	89	31	458	3091	265
赞 皇 县	373	146	1966	36596	388
无 极 县	473	127	2148	20716	590
平 山 县	158	152	2866	8655	212
元 氏 县	595	375	6478	5861	540
赵　县	261	93	1911	6157	2150
晋 州 市	162	48	651	19310	1017
新 乐 市	550	452	7030	18417	499
辛 集 市	1150	525.0	7023	31373	3376

农田水利建设情况

9—5　　（2016 年）　　单位：公顷、眼

行政单位	一、有效灌溉面积	二、旱涝保收面积	三、机电井年末达到数
石家庄市	**500480**	**464548**	**150389**
长 安 区	4030	4030	1237
桥 西 区	230	230	108
新 华 区	2370	2370	503
裕 华 区	174	174	102
矿　区	1880	150	160
藁 城 区	51470	51470	17398
鹿 泉 区	21740	21740	4219
栾 城 区	22120	22120	8193
高 新 区	1716	1716	924
循环化工园区	3580	3580	621
井 陉 县	10010	8640	664
正 定 县	29890	29890	11407
行 唐 县	24240	24240	11669
灵 寿 县	17430	9773	2914
高 邑 县	14370	14370	3208
深 泽 县	20640	20640	6674
赞 皇 县	22310	3700	3130
无 极 县	33440	33440	13313
平 山 县	18730	16200	2257
元 氏 县	20630	20630	3878
赵　县	47250	47250	13958
晋 州 市	39800	39800	12011
新 乐 市	32830	32830	14291
辛 集 市	59600	55565	17550

农业主要产品生产情况

9—6　　（2016 年）　　计量单位：公顷、公斤 / 公顷、吨

行政单位	农作物总播种面积	一、粮食作物合计			（一）夏收粮食		
		播种面积	单　产	总 产 量	播种面积	单　产	总 产 量
石家庄市	**998987**	**737477**	**6679**	**4958248**	**369642**	**6894**	**2563607**
长 安 区	7795	6679	6116	40847	3465	6195	21467
桥 西 区	1074	172	6134	1055	99	6030	597
新 华 区	4451	2693	5934	15981	1425	6255	8913
裕 华 区	743	543	6260	3399	280	5279	1478
矿　区	674	562	4813	2705	374	6174	2309
藁 城 区	102841	65801	7767	511099	32731	7619	249391
鹿 泉 区	47143	33972	5891	200146	15867	6266	99419
栾 城 区	44115	32459	7510	243777	16441	7470	122811
井 陉 县	29829	23251	3637	84570	7808	4538	35430
正 定 县	55310	38307	7481	286584	20840	7469	155650
行 唐 县	61932	37142	6532	242621	21267	6577	139866
灵 寿 县	36462	29564	4720	139543	12492	4924	61514
高 邑 县	32466	22260	7407	164890	11122	7125	79243
深 泽 县	35903	27809	7292	202796	12537	7314	91697
赞 皇 县	35925	25948	3689	95731	11745	4761	55917
无 极 县	65837	48542	7036	341562	25321	7299	184826
平 山 县	48896	36011	5572	200649	15653	6459	101098
元 氏 县	63972	52646	6264	329793	26260	6509	170917
赵　县	83428	70455	7995	563303	38013	7619	289605
高 新 区	5116	4266	6090	25980	2157	6173	13314
循环化工园区	7024	5528	7261	40138	2848	7530	21445
晋 州 市	61498	51426	6859	352740	25020	7236	181052
新 乐 市	65263	43288	7246	313654	24332	7158	174168
辛 集 市	101290	78153	7097	554685	41545	7257	301480

9—6 续表 1　　（2016 年）　　计量单位：公顷、公斤 / 公顷、吨

行政单位	夏收粮食中：冬小麦			（二）秋收粮食		
	播种面积	单　产	总 产 量	播种面积	单　产	总 产 量
石家庄市	**319167**	**6901**	**2562262**	**367835**	**6465**	**2394641**
长安区	3465	6195	21467	3214	6030	19380
桥西区	99	6030	597	73	6275	458
新华区	1425	6255	8913	1268	5574	7068
裕华区	374	6174	2309	169	6450	1090
矿　区	280	5279	1478	282	4352	1227
藁城区	32731	7619	249391	33070	7914	261708
鹿泉区	15867	6266	99419	18105	5564	100727
栾城区	16400	7474	122567	16018	7553	120966
井陉县	7808	4538	35430	15443	3182	49140
正定县	20840	7469	155650	17467	7496	130934
行唐县	21267	6577	139866	15875	6473	102755
灵寿县	12058	5010	60413	17072	4571	78029
高邑县	11122	7125	79243	11138	7689	85647
深泽县	12537	7314	91697	15272	7275	111099
赞皇县	11745	4761	55917	14203	2804	39814
无极县	25321	7299	184826	23221	6750	156736
平山县	15653	6459	101098	20358	4890	99551
元氏县	26260	6509	170917	26386	6021	158876
赵　县	38013	7619	289605	32442	8436	273698
高新区	2157	6172	13314	2109	6006	12666
循环化工园区	2848	7530	21445	2680	6975	18693
晋州市	25020	7236	181052	26406	6503	171688
新乐市	24332	7158	174168	18956	7359	139486
辛集市	41545	7257	301480	36608	6917	253205

9—6 续表 2　　（2016 年）　　计量单位：公顷、公斤 / 公顷、吨

行政单位	（一）谷物			# 玉　米		
	播种面积	单　产	总产量	播种面积	单　产	总产量
石家庄市	**700975**	**6871**	**4842040**	**321801**	**6982**	**2257360**
长安区	6679	6116	40847	3214	6030	19380
桥西区	171	6135	1049	72	6278	452
新华区	2426	6340	15380	1001	6461	6467
裕华区	543	6260	3399	169	6450	1090
矿　区	562	4813	2705	282	4351	1227
藁城区	63031	7917	499036	30200	8250	249150
鹿泉区	32379	6060	196202	16107	5944	95732
栾城区	31224	7734	241494	14579	8093	117986
井陉县	19836	3903	77422	10936	3720	40682
正定县	36995	7608	281462	16155	7788	125812
行唐县	33077	6709	221899	11053	7277	80432
灵寿县	26326	4962	130626	13961	4974	69436
高邑县	21683	7501	162646	10508	7920	83223
深泽县	26460	7472	197710	13833	7635	105617
赞皇县	23988	3864	92687	11710	3067	35911
无极县	46419	7240	336066	20145	7425	149577
平山县	33375	5840	194909	16400	5623	92214
元氏县	49804	6396	318540	22401	6486	145295
赵　县	70225	8005	562153	32212	8461	272548
高新区	4266	6090	25980	2109	6006	12666
循环化工园区	5528	7261	40138	2680	6975	18693
晋州市	48356	7147	345582	21495	7396	158985
新乐市	42004	7349	308692	17672	7612	134524
辛集市	75618	7213	545416	32907	7301	240261

9—6 续表 3　　（2016 年）　　计量单位：公顷、公斤 / 公顷、吨

行政单位	谷子			高粱		
	播种面积	单　产	总产量	播种面积	单　产	总产量
石家庄市	**9162**	**2028**	**19892**	**147**	**3102**	**456**
长安区						
桥西区						
新华区						
裕华区						
矿　区						
藁城区	100	4950	495			
鹿泉区	404	2594	1048	1	3000	3
栾城区	245	3841	941			
井陉县	977	1185	1158	20	1600	32
正定县						
行唐县	667	1988	1326	50	3780	189
灵寿县	281	2384	670			
高邑县	53	3396	180			
深泽县	90	4400	396			
赞皇县	491	1682	826	2	1500	3
无极县	905	1543	1396			
平山县	931	420	391	74	3095	229
元氏县	1011	1825	1845			
赵　县						
高新区						
循环化工园区						
晋州市	1841	3012	5545			
新乐市						
辛集市	1166	3152	3675			

9—6 续表 4 （2016 年） 计量单位：公顷、公斤 / 公顷、吨

行政单位	（二）豆类			# 大豆		
	播种面积	单产	总产量	播种面积	单产	总产量
石家庄市	**16142**	**1572**	**25382**	**13823**	**1653**	**22767**
长安区						
桥西区						
新华区	267	2251	601	267	2251	601
裕华区						
矿区						
藁城区	1642	2400	3941	1642	2400	3941
鹿泉区	1011	1279	1293	850	1285	1092
栾城区	1213	1736	2106	1194	1708	2039
井陉县	2030	978	1985	1269	979	1242
正定县	1052	2490	2619	1052	2490	2619
行唐县	395	1291	510	367	1251	459
灵寿县	123	1919	236	108	1861	201
高邑县	166	1988	330	132	2008	265
深泽县	851	1763	1500	851	1763	1500
赞皇县	570	677	386	553	671	371
无极县	1033	938	969			
平山县	686	1481	1016	580	1340	777
元氏县	1021	1559	1592	876	1555	1362
赵县						
高新区						
循环化工园区						
晋州市	2384	1621	3865	2384	1621	3865
新乐市	570	1151	656	570	1151	656
辛集市	1128	1575	1777	1128	1575	1777

9—6 续表 5 （2016 年） 计量单位：公顷、公斤 / 公顷、吨

行政单位	（三）薯　类			二、油　　料		
	播种面积	单　　产	总 产 量	播种面积	单　　产	总 产 量
石家庄市	**1888**	**15271**	**44791**	**61334**	**3394**	**208187**
长 安 区						
桥 西 区						
新 华 区				12	4083	49
裕 华 区						
矿　　区						
藁 城 区				1929	4592	8858
鹿 泉 区				1402	3479	4877
栾 城 区	45	40222	1810	63	3651	230
井 陉 县				2783	1767	4917
正 定 县				4537	4392	19928
行 唐 县				7490	3327	24919
灵 寿 县	436	12690	5520	2513	2082	5231
高 邑 县				1257	3859	4851
深 泽 县				1742	3835	6680
赞 皇 县				7039	1352	9514
无 极 县				4649	3705	17225
平 山 县				4142	2388	9892
元 氏 县				2843	2698	7670
赵　　县				880	4557	4010
高 新 区						
循环化工园区						
晋 州 市				2846	3226	9180
新 乐 市				8002	4654	37241
辛 集 市	1407	26625	37461	7205	4568	32915

9—6 续表 6　（2016 年）　计量单位：公顷、公斤 / 公顷、吨

行政单位	油料作物中：花生			三、棉　花		
	播种面积	单　产	总 产 量	播种面积	单　产	总 产 量
石家庄市	**53912**	**3564**	**192156**	**5650**	**981**	**5540**
长 安 区				24	1000	24
桥 西 区						
新 华 区	10	4300	43			
裕 华 区						
矿　区						
藁 城 区	1929	4592	8858	205	1859	381
鹿 泉 区	650	3769	2450	141	1028	145
栾 城 区	41	4073	167	13	538	7
井 陉 县	901	1837	1655	158	759	120
正 定 县	4439	4429	19660	226	841	190
行 唐 县	6758	3372	22786	313	668	209
灵 寿 县	2415	2143	5175	229	603	138
高 邑 县	1212	3903	4730	96	1115	107
深 泽 县	1742	3835	6680	60	900	54
赞 皇 县	5357	1348	7220	107	598	64
无 极 县	4649	3705	17225	361	665	240
平 山 县	3289	2365	7779	668	925	618
元 氏 县	2410	2840	6844	540	965	521
赵　县	880	4557	4010			
高 新 区						
循环化工园区						
晋 州 市	2640	3221	8504			
新 乐 市	8002	4654	37241	156	929	145
辛 集 市	6588	4725	31129	2353	1095	2577

9—6 续表 7　　（2016 年）　　计量单位：公顷、公斤 / 公顷、吨

行政单位	四、蔬菜及食用菌			五、瓜 果 类			瓜果类中：西瓜		
	播种面积	单 产	总产量	播种面积	单 产	总产量	播种面积	单 产	总产量
石家庄市	**162021**	**81529.9992**	**13209572**	**9906**	**52567**	**520727**	**7324**	**57171**	**418724**
长 安 区	1070	64648	69173	18	43167	777	13	47231	614
桥 西 区	824	65511	53981						
新 华 区	1620	64000	103680	46	15391	708	39	15359	599
裕 华 区	173	24694	4272						
矿　区	130	68931	8961						
藁 城 区	34378	90393	3107541	317	63858	20243	317	63858	20243
鹿 泉 区	11295	82078	927069	216	48819	10545	215	48860	10505
栾 城 区	9570	95139	910480	256	41402	10599	76	65934	5011
井 陉 县	3370	54219	182718						
正 定 县	8672	100344	870180	539	55618	29978	351	64020	22471
行 唐 县	5052	74519	376471	400	52825	21130	133	51000	6783
灵 寿 县	3222	73766	237673	190	16316	3100	170	17882	3040
高 邑 县	8307	74431	618295	495	67091	33210	465	70342	32709
深 泽 县	6087	77740	473204	142	65451	9294	110	68882	7577
赞 皇 县	2546	62167	158276	195	10538	2055	25	22400	560
无 极 县	11733	75671	887849	552	72507	40024	552	72507	40024
平 山 县	6397	49396	315989	502	27122	13615	372	25927	9645
元 氏 县	7109	71141	505741	827	44601	36885	607	50000	30350
赵　县	10930	78488	857870	1075	61450	66059	1075	61450	66059
高 新 区	848	62947	53379	2	16000	32			
循环化工园区	1496	56358	84312						
晋 州 市	7164	77777	557193	62	32968	2044	41	30488	1250
新 乐 市	8464	96161	813904	4020	54283	218218	2742	58332	159945
辛 集 市	11564	89187	1031361	52	42519	2211	21	63762	1339

水果及食用坚果生产情况

9—7 （2016 年） 单位：吨

行政单位	一、水果产量（不含果用瓜）	#1. 苹果			2. 梨
			红富士苹果	国光苹果	
石家庄市	**2801993**	**347294**	**265947**	**7187**	**1834330**
长安区	5900				2800
桥西区	67	55	55		
新华区	3350	435	372	63	2675
裕华区					
矿　区	4242	3710	3600	10	70
藁城区	243140	43640	13600	4300	178355
鹿泉区	42107	14195	12625	339	1829
栾城区	990				
高新区	1100	500	500		
循环化工园区					
井陉县	48846	43560	43560		
正定县	17080	3112	2400		1800
行唐县	144502	9000	9000		1000
灵寿县	25660	6250			4250
高邑县	4671	14			760
深泽县	115621	68714	54906	1500	25514
赞皇县	131910	5000	4350		2000
无极县	18254	2604	2604		15203
平山县	60390	19500	16400	600	4280
元氏县	16186	2035			1530
赵　县	620000				620000
晋州市	752400	20000	14040		614200
新乐市	30529	3750	3375	375	21000
辛集市	515048	101220	84560		337064

9—7 续表 1　　（2016 年）　　单位：吨

行政单位	一、水果产量（续）				
	梨产量（续）		3. 桃	4. 葡萄	5. 红枣
	雪花梨	鸭梨			
石家庄市	**418634**	**572266**	**111841**	**154025**	**276517**
长 安 区			2800	300	
桥 西 区			6		
新 华 区	2595	80		210	
裕 华 区					
矿　区			80		10
藁 城 区	4600	60000	6945	5340	4830
鹿 泉 区	1508	258	1493	14558	5240
栾 城 区			300	650	
高 新 区				600	
循环化工园区					
井 陉 县			251	90	4135
正 定 县	900		11348	500	20
行 唐 县	545	455	10	350	130000
灵 寿 县			110	4000	1350
高 邑 县			1282	250	230
深 泽 县	8375	500	1339	18450	230
赞 皇 县	2000		350	10	117400
无 极 县	10534	4669		447	
平 山 县	1400	2844	6300	400	6200
元 氏 县			225		5000
赵　县	342487	82500			
晋 州 市	24790	339600	30000	88000	
新 乐 市	18900	2100	3850	1250	
辛 集 市		79260	45152	18620	1872

9—7 续表 2　（2016 年）　单位：吨

行政单位	二、果园面积					三、食用坚果	
		# 苹果园	梨园	桃园	葡萄园		# 核桃
石家庄市	**170375**	**16849**	**51244**	**5029**	**5661**	**63655**	**56405**
长安区	443		115	108	20		
桥西区	24	2		1		10	10
新华区	202	69	58	27	14	27	27
裕华区							
矿　区	347	280	3	17	7	60	60
藁城区	7972	1655	5710	203	164	705	705
鹿泉区	3788	638	71	66	517	2634	2634
栾城区	970	223		97	47	100	100
高新区	33	13			20		
循环化工园区							
井陉县	1642	1116		26	3	2244	2244
正定县	667	130	46	431	16	72	72
行唐县	43528	1603	478	279	20	600	600
灵寿县	2710	400	200	100	210	14000	9600
高邑县	120	1	15	30	7	800	800
深泽县	3675	2118	837	33	633	1523	1523
赞皇县	32750	700	453	300	40	19700	18500
无极县	1002	150	819		33		
平山县	9652	2230	220	496	43	13650	12000
元氏县	5950	203	180	12		7500	7500
赵　县	16667		16667				
晋州市	16067	545	12055	589	2873		
新乐市	1307	237	601	240	147	20	20
辛集市	20859	4536	12716	1974	847	10	10

林业生产情况

9—8　　（2016 年）　　单位：公顷、株

行政单位	一、营林情况				
	1、当年造林面积	# 当年人工造林面积	2、当年零星（四旁）植树	3、封山育林面积	4、森林抚育面积
石家庄市	**247004**	**50124**	**16177483**	**133587**	**114346**
长安区			450000		
桥西区			24837		
新华区			21000		
裕华区					
矿　区	2200	667	100000	1333	200
藁城区	1854	927	750000		927
鹿泉区	16462	2490	650000	5333	8639
栾城区	2213	513	650000		1700
高新区	226		1646		226
循环化工园区					
井陉县	22712	6846	750000	20182	2533
正定县	3801	267	160000		3534
行唐县	20533	7000	1500000	14400	2000
灵寿县	21799	7533	600000	17475	933
高邑县	479	479	100000		
深泽县	1328	500	550000		828
赞皇县	21733	7133	1000000	32757	1267
无极县	467	467	450000		
平山县	87636	7000	5500000	29841	66500
元氏县	15983	5783	600000	12266	
赵　县	8985	885	520000		8100
晋州市	16725	438	450000		16287
新乐市	727	727	700000		
辛集市	1141	469	650000		672

9—8 续表　　（2016年）　　单位：公顷、株、立方米

行政单位	一、营林情况（续）		二、主要林产品产量		三、商品材	
	5、当年苗木产量	6、育苗面积	山杏仁	花椒		#村及村以下
石家庄市	**164581747**	**6118**	**1595**	**4195**	**30218**	**30218**
长安区	50000	16				
桥西区	186000	1				
新华区	222000	111				
裕华区						
矿　区	620000	13		6	320	320
藁城区	1802900	900			787	787
鹿泉区	4981400	135			1113	1113
栾城区	974000	682			3	3
高新区						
循环化工园区						
井陉县	26700000	67		299	3303	3303
正定县	400000	211			1053	1053
行唐县	1000000	1000			728	728
灵寿县	13800000	233	1500	90	10308	10308
高邑县	200000	30			156	156
深泽县	978447	75			498	498
赞皇县	85000000	847			1270	1270
无极县	4500000	150			104	104
平山县	1200000	180	95	3800	4950	4950
元氏县	860000	67			300	300
赵　县	1757000	163				
晋州市	4700000	200			778	778
新乐市	10910000	550			3127	3127
辛集市	3740000	487			1420	1420

畜牧业生产情况

9—9　　（2016 年）

行政单位	一、当年出售和自宰的（百头、百只）					
	（一）大牲畜	1、牛	2、马	3、驴	4、骡	（二）猪
石家庄市	**6255.5**	**5730.78**	**87.37**	**374.13**	**63.22**	**60806.83**
长安区	10.8	10.8				275
桥西区	2.4	2.4				162.6
新华区						
裕华区	0.1	0.1				39
矿　区	1	1				290
藁城区	523	498	6	12	7	5973
鹿泉区	147.16	146.55	0.09	0.35	0.17	2275.29
栾城区	274.36	274.36				2989
高新区	5.9	5.9				89.2
循环化工园区	26	26				73
井陉县	349.86	349.86				1071.25
正定县	672.3	672.3				6155.98
行唐县	661.51	640	2.08	16.38	3.05	3013
灵寿县	244	237	1	4	2	3037
高邑县	25.62	25.22		0.4		1102
深泽县	105	94	1	8	2	2346
赞皇县	697	697				1351
无极县	772	691	13	38	30	3791
平山县	130	130				2188
元氏县	593	557		36		3118
赵　县	173.2	148	0.2	25		4218
晋州市	174	168	3	1	2	4526
新乐市	480.04	221.04	47	195	17	5359.76
辛集市	187.25	135.25	14.00	38.00		7363.75

9—9 续表 1 （2016 年）

行政单位	一、当年出售和自宰的（百头、百只）（续）				
	（三）羊	（四）家禽	# 鸡	鸭	（五）兔
石家庄市	**15972.86**	**1563260.17**	**1520686.54**		**38812.31**
长 安 区	104.5	458	458		
桥 西 区	4.4	948	946		
新 华 区	4.3	90	90		
裕 华 区	14	280	280		
矿　 区	36	750	750		
藁 城 区	1628	233678	222141		3142
鹿 泉 区	424.81	46605.5	46265.8		70.91
栾 城 区	450.8	166326	166326		401.4
高 新 区	15.8	2173	2128		
循环化工园区	20	3220	3220		
井 陉 县	1003.87	29025.15	27515.15		2345
正 定 县	495.7	186272.7	185960.7		
行 唐 县	708	53700	53700		208
灵 寿 县	712	35548	34891		3332
高 邑 县	252	34167	34167		6521
深 泽 县	1066	29985	28625		1039
赞 皇 县	631	34545	33580		
无 极 县	1594	128513	128513		46
平 山 县	978	18050	17800		2690
元 氏 县	1853	88305	72105		3602
赵　 县	775	60500	60100		810
晋 州 市	1340	119888	119888		3610
新 乐 市	269.7	127050.26	118054.33		6100
辛 集 市	1591.98	163182.56	163182.56		4895.00

9—9 续表 2　　（2016 年）

行政单位	二、期末存栏（百头、百只）							
	（一）大牲畜	1、牛	（1）肉牛	（2）奶牛	（3）役用牛	2、马	3、驴	4、骡
石家庄市	**7676.21**	**7193.14**	**3541.41**	**3594.47**	**57.26**	**88.53**	**344.31**	**50.23**
长 安 区	21.87	21.87	7	14.87				
桥 西 区	1.1	1.1	1	0.1				
新 华 区								
裕 华 区	1.8	1.8	0	1.8				
矿　　区								
藁 城 区	615	599	310	289		3	9	4
鹿 泉 区	195.22	194.57	12.71	179.6	2.26	0.07	0.34	0.24
栾 城 区	549.71	549.71	136.2	413.51				
高 新 区	4.46	4.46	4.46					
循环化工园区	40	40	23	17				
井 陉 县	351.83	351.83	343.44	8.39				
正 定 县	856	856	418	438				
行 唐 县	966.72	890	21	849	20	6.26	64.47	5.99
灵 寿 县	507	441	205	220	16	12	44	10
高 邑 县	24.5	24	8	16			0.5	
深 泽 县	120	102	6	96		4	10	4
赞 皇 县	556	556	556					
无 极 县	924	863	625	238		7	43	11
平 山 县	247	247	197	31	19			
元 氏 县	459	455	320	135			4	
赵　　县	160.2	152	72	80		0.2	8	
晋 州 市	138	133	67	66		2	2	1
新 乐 市	507	326	27	299		45	122	14
辛 集 市	429.8	383.80	181.60	202.20		9.00	37.00	

9—9 续表 3　　（2016 年）

行政单位	二、期末存栏（百头、百只）（续）				
	（二）猪	（三）羊	（四）家禽	#蛋鸡	（五）兔
石家庄市	**34761.8**	**11804.53**	**1191073.75**	**1103262.77**	**18852.43**
长安区	173.5	87.89	265	265	
桥西区	6.3	3.35	522.2	521.6	
新华区		20			
裕华区	13	23	50	50	
矿　区	230	53	1110	1060	
藁城区	3070	984	171945	129271	1960
鹿泉区	856.5	251.28	39774.57	38657.19	43.43
栾城区	1484.77	317.46	118641.8	117441.8	223
高新区	92.27	31.38	1914.8	1554.8	
循环化工园区	70	27	8535	8535	
井陉县	769.96	864.29	25774.05	25504.05	560
正定县	3987	357	129557	102557	
行唐县	1795	640	48350	48350	139
灵寿县	1702	530	23617	16850	1912
高邑县	608	120	18895	18295	1703
深泽县	1001	603	19136	17852	835
赞皇县	806	636	21972	20642	
无极县	2256	1079	85211	85211	37
平山县	1522	753	18140	17002	350
元氏县	1903	1260	64088	64088	2301
赵　县	2190	498	49950	47750	700
晋州市	2716	873	75850	75820	920
新乐市	3450	210	89710	87920	5320
辛集市	4059.50	1582.88	178065.33	178065.33	1849.00

9—9 续表 4　　　　（2016 年）

行政单位	三、肉类产量（吨）						
		# 1、猪肉	2、牛肉	3、羊肉	4、家禽肉	5、驴肉	6、兔肉
石家庄市	**774695.3**	**456771.14**	**89007.8**	**22123.77**	**194934.59**	**3208**	**6288**
长安区	2447	2068	169	133	77		
桥西区	1288.5	1146.3	38.2	6	98		
新华区	16			5	11		
裕华区	364.9	299.4	1.5	19.2	44.8		
矿　区	2307	2175	12	45	75		
藁城区	84358	45144	7958	2220	28128	72	472
鹿泉区	26271.27	17062	2355.1	579.69	6257.48	4	10
栾城区	47511.7	22342	4307	598.7	19903		61
高新区	1037.88	662.54	73.2	18.24	283.9		
循环化工园区	1374	509	416	26	423		
井陉县	20410.09	8141.5	5551.96	1445.81	4801.82		469
正定县	77300.8	43745.7	10551.3	650.8	22353		
行唐县	40745	22844	10240	925	6443	196	30
灵寿县	31722	22516	3683	916	4117	32	407
高邑县	14148	8239	402	332	4127	3	1045
深泽县	24685	17826	1499	1479	3596	70	156
赞皇县	26255	10261	10071	799	5124		
无极县	57911	28902	10816	2209	15376	228	7
平山县	22866	16629	2080	1445	2174		538
元氏县	45875.25	23482	8155	2613.25	10806	280	539
赵　县	44297	31981	2340	1035	8481	225	162
晋州市	53967	34198	2625	1909	14644	9	520
新乐市	60890.01	39349.7	3455.54	356.18	14255.59	1747	893
辛集市	86646.90	57248.00	2208.00	2357.90	23335.00	342	979

9—9 续表 5

（2016 年）

行政单位	四、其他畜产品产量（吨）				
	1、奶类产量	# 牛奶产量	2、蜂蜜产量	3、禽蛋产量	# 鸡蛋
石家庄市	**1172071.98**	**1169362.98**	**3384**	**1122771.2**	**1074332.09**
长 安 区	3661	3661		405	271
桥 西 区	1.1	1.1		564	564
新 华 区				81	81
裕 华 区	375	375		249	249
矿　　区			4	1300	1300
藁 城 区	77826	77783		148226	129944
鹿 泉 区	71723.1	71723.1	25	34105.3	32945.4
栾 城 区	104728	104728		98415	98415
高 新 区	35.2	35.2		1502	1502
循环化工园区	1775	1775		4629	4629
井 陉 县	9760	9760	83	27610	27000
正 定 县	117578	117578		125239	125194
行 唐 县	335950	335200	5	36600	36600
灵 寿 县	57693	57682	118	20674	20605
高 邑 县	5196	5196		16718	16718
深 泽 县	45176	45142		19988	19127
赞 皇 县			1720	24151	23257
无 极 县	62342	62342		82792	82792
平 山 县	11000	11000	1100	15798	14685
元 氏 县	42790	42790	175	57263	39783
赵　　县	37500	37500	150	56200	55200
晋 州 市	22484	22484		78210	78120
新 乐 市	99828.58	97957.58		86084.9	79383.69
辛 集 市	64650.00	64650.00	4	185967.00	185967.00

渔业生产情况

9—10 （2016 年） 单位：吨、公顷

行政单位	水产品总产量	#淡水产品	#淡水养殖	水产品养殖面积	#池塘养殖	水库养殖
石家庄市	**31211**	**31211**	**14601**	**15210**	**793**	**14347**
长安区						
桥西区						
新华区	38	38	38	7	7	
裕华区						
矿区	10	10	10	3	2	1
藁城区	10	10	10	1	1	
鹿泉区	6340	6340	5313	1951	374	1577
栾城区						
高新区						
循环化工园区						
井陉县	280	280	280	21	21	
正定县	1300	1300	1300	200	130	
行唐县	1530	1530	974	840	24	816
灵寿县	7730	7730	3774	2767	70	2697
高邑县						
深泽县	115	115	115	10	10	
赞皇县	1000	1000	453	300		300
无极县	5	5	5	1	1	
平山县	12599	12599	2085	8850	137	8713
元氏县	213	213	203	247	4	243
赵县						
晋州市						
新乐市				1	1	
辛集市	41	41	41	11	11	

农林牧渔业总产值

9—11　　（2016 年）　　计量单位：万元

行政单位	农林牧渔业总产值	一、农业产值	（一）谷物及其它作物产值				
			总　计	1、谷物	2、薯类	3、油料	4、豆类
石家庄市	**8809674**	**4689309**	**1376667**	**960171**	**89498**	**111150**	**12811**
长安区	38035	24818	8181	8028			
桥西区	20817	15708	215	209	6		
新华区	27483	23227	3498	3081		26	291
裕华区	7065	3431	719	704			
矿　区	11442	2896	554	535			
藁城区	1281260	870958	147242	97347	8325	4695	1911
鹿泉区	410998	242722	68865	38659	2717	2579	690
栾城区	496079	221598	52339	47478	135	139	1039
高新区	28708	23869	5159	5159			
循环化工园区	54596	31845	8025	8025			
井陉县	215610	69652	28219	15277	5292	3271	1202
正定县	648710	267529	79529	55852	2566	10581	1270
行唐县	530837	220734	116807	45752	20194	13138	264
灵寿县	308209	137796	38347	25347	8611	2786	126
高邑县	227538	164556	35733	31592	1098	2645	162
深泽县	296803	178802	48523	38141	3675	3540	728
赞皇县	278971	131795	28747	19004	2725	4885	192
无极县	523972	243145	86339	67075	4640	9129	465
平山县	363993	175368	64533	38552	4182	5364	570
元氏县	452741	213552	79364	63554	9344	4470	846
赵　县	597974	378885	156524	110072	656	2125	
晋州市	534511	288150	85654	69762	3376	4791	1875
新乐市	554863	261032	92601	61496	4276	19738	318
辛集市	898459	497241	140950	109470	7680	17248	862

9—11 续表 1 （2016 年） 计量单位：万元

行政单位	一、农业产值（续）					
	（一）谷物及其它作物产值（续）		（二）蔬菜园艺作物		（三）水果、坚果、饮料和香料	（四）中药材
	5、棉花	6、烟草	1、蔬菜（含菜用瓜）	2、花卉		
石家庄市	**12231**	**594**	**2348987**	**8889**	**825113**	**19482**
长安区	53		14790	166	1681	
桥西区			10795	4664	34	
新华区			17992	539	1190	
裕华区			2712			
矿区			598	20	1489	81
藁城区	841		666806	802	53690	
鹿泉区	320		150302	218	22084	340
栾城区	15		150067	157	7038	213
高新区	0		18039		472	
循环化工园区	0		23683			
井陉县	265		21891		18730	213
正定县	420		164583	176	13617	121
行唐县	461	122	51330		44231	8366
灵寿县	305	472	13800		26481	360
高邑县	236		118059	1372	7592	
深泽县	119		85662	10	44156	18
赞皇县	141		16753	33	80734	2907
无极县	530		145751		10058	
平山县	1365		41567	663	47291	5544
元氏县	1150		106484	49	26990	
赵县			122758	20	98540	
晋州市			60657		141839	
新乐市	320		119048		48847	
辛集市	5690		224860		128329	1319

9—11 续表 2　　（2016 年）　　计量单位：万元

行政单位	二、林业产值			
	合 计	（一）林木的培育和种植	（二）竹木采运	（三）林产品
石家庄市	**198472**	**153991**	**1927**	
长 安 区	540	540		
桥 西 区	24	24		
新 华 区	43	43		
裕 华 区				
矿　区	1215	1180	20	15
藁 城 区	8196	8147	49	
鹿 泉 区	8580	8511	69	
栾 城 区	2046	2046		
高 新 区	68	68		
循环化工园区	300			300
井 陉 县	36960	15117	205	21638
正 定 县	2429	2298	65	66
行 唐 县	17191	15774	50	1367
灵 寿 县	17347	11858	639	4850
高 邑 县	989	979	10	
深 泽 县	1819	1788	31	
赞 皇 县	16606	16527	79	
无 极 县	1389	1383	6	
平 山 县	49614	38423	306	10885
元 氏 县	11625	11606	19	
赵　县	7293	4293		3000
晋 州 市	7127	7079	48	
新 乐 市	2957	2330	194	433
辛 集 市	4114	3977	137	

9—11 续表 3　　　　（2016 年）　　　　计量单位：万元

行政单位	三、牧业产值						
	合 计	（一）牲畜饲养	（1）牛	（2）羊	（3）其他牲畜	（4）奶产品	（5）毛绒产品
石家庄市	**3483324**	**943155**	**434594**	**124575**	**8427**	**369978**	**4239**
长 安 区	8567	2720	806	752		1162	
桥 西 区	4157	221	186	35			
新 华 区	124	36		36			
裕 华 区	1334	232	8	106		118	
矿　区	7198	359	76	280			3
藁 城 区	371106	75587	37907	12538	404	24484	254
鹿 泉 区	126923	37114	11105	3260	10	22698	41
栾 城 区	233119	57142	20637	3464		33041	
高 新 区	4120	601	469	121		11	
循环化工园区	21584	2601	1893	148		560	
井 陉 县	92280	38368	26735	7933		3107	593
正 定 县	357381	92316	51185	3882		37249	
行 唐 县	265539	162121	48414	5382	345	106554	84
灵 寿 县	130136	42373	18015	5398	113	18079	768
高 邑 县	51041	5623	1959	1954	6	1658	46
深 泽 县	101427	30495	7220	8503	177	14300	295
赞 皇 县	112204	56685	51945	4740			
无 极 县	258192	86300	52618	12469	1311	19592	310
平 山 县	99720	21271	10041	7571		3517	142
元 氏 县	200846	70607	41872	14452	576	13445	262
赵　县	183286	29840	11353	6007	403	11849	228
晋 州 市	214113	31672	13345	10860	97	7124	246
新 乐 市	261323	54388	16536	2050	4153	31037	612
辛 集 市	377604	44483	10269	12634	832	20393	355

9—11 续表 4 （2016 年） 计量单位：万元

行政单位	三、牧业产值（续）					
	（二）猪的饲养	（三）家禽饲养	1. 肉禽	2. 禽蛋	（四）其他畜牧业	# 兔
石家庄市	**1192640**	**1267786**	**333342**	**934444**	**79743**	**13567**
长 安 区	5408	439	101	338		
桥 西 区	3256	680	210	470		
新 华 区		88	20	68		
裕 华 区	783	269	60	209	50	
矿　区	5578	1261	161	1100		
藁 城 区	117107	173972	50543	123429	4440	1257
鹿 泉 区	44728	38761	10074	28687	6320	28
栾 城 区	57630	116147	35662	80485	2200	161
高 新 区	1799	1720	485	1235		
循环化工园区	1494	4664	722	3942	12825	
井 陉 县	21442	29212	6357	22855	3258	938
正 定 县	120338	144717	39702	105015	10	
行 唐 县	59384	42606	11474	31132	1428	83
灵 寿 县	59736	25027	7679	17348	3000	1333
高 邑 县	21443	21367	7325	14042	2608	2608
深 泽 县	45745	23335	6540	16795	1852	416
赞 皇 县	26245	27174	7562	19612	2100	
无 极 县	74311	97561	27414	70147	20	18
平 山 县	43059	16958	3856	13102	18432	1076
元 氏 县	60959	64040	15979	48061	5240	1441
赵　县	82364	60503	13113	47390	10579	324
晋 州 市	89478	91422	25728	65694	1541	1444
新 乐 市	105764	97331	27293	70038	3840	2440
辛 集 市	144589	188532	35282	153250		

9—11 续表 5　　（2016 年）　　计量单位：万元

行政单位	四、渔业产值	#鱼类	虾蟹类	五、农林牧渔服务业产值
石家庄市	**38101**	**30274**	**5105**	**400468**
长安区				4110
桥西区				928
新华区	41	41		4048
裕华区				2300
矿区	10	10		123
藁城区	10	10		30990
鹿泉区	8088	6218	858	24685
栾城区				39316
高新区				651
循环化工园区				867
井陉县	300	300		16418
正定县	1338	1338		20033
行唐县	2091	1488	95	25282
灵寿县	9268	7595	1664	13662
高邑县				10952
深泽县				14755
赞皇县	994	994		17372
无极县	19		13	21227
平山县	15691	12036	2468	23600
元氏县	210	203	7	26508
赵县				28510
晋州市				25121
新乐市				29551
辛集市	41	41		19459

农林牧渔业中间消耗

9—12　　（2016 年）　　计量单位：万元

行政单位	农林牧渔业中间消耗	一、农业中间消耗		
		合 计	1、物质消耗	2、生产服务支出
石家庄市	**3804169**	**1658148**	**1312226**	**345922**
长 安 区	14195	6724	5502	1222
桥 西 区	7170	4530	3470	1060
新 华 区	8281	6133	3933	2200
裕 华 区	3087	1184	906	278
矿　区	5660	911	778	133
藁 城 区	524974	323052	245520	77532
鹿 泉 区	162378	81831	65784	16047
栾 城 区	212958	78901	72353	6548
高 新 区	10623	8051	7327	724
循环化工园区	25189	12706	9910	2796
井 陉 县	88482	23829	19614	4215
正 定 县	314064	101359	82523	18836
行 唐 县	236724	74852	59399	15453
灵 寿 县	135031	47110	35621	11489
高 邑 县	91096	63766	51355	12411
深 泽 县	129261	61744	49416	12328
赞 皇 县	105485	44176	36505	7671
无 极 县	244409	92452	72348	20104
平 山 县	171764	67314	58550	8764
元 氏 县	185899	63961	43147	20814
赵　县	246546	134867	102035	32832
晋 州 市	231157	101882	101882	
新 乐 市	247200	93317	82001	11316
辛 集 市	402536	163496	102347	61149

9—12 续表 1　　（2016 年）　　计量单位：万元

行政单位	二、林业中间消耗			三、牧业中间消耗		
	合 计	1、物质消耗	2、生产服务支出	合 计	1、物质消耗	2、生产服务支出
石家庄市	**85760**	**67033**	**18727**	**1836438**	**1731546**	**104892**
长 安 区	302	302		5107	4883	224
桥 西 区	10	9	1	2136	2010	126
新 华 区	23	15	8	76	63	13
裕 华 区				760	726	34
矿　区	562	500	62	4113	3918	195
藁 城 区	4353	3630	723	181813	170904	10909
鹿 泉 区	3872	3120	752	62382	59387	2995
栾 城 区	973	809	164	112818	107602	5216
高 新 区	41	38	3	2173	1650	523
循环化工园区	120	91	29	11886	11293	593
井 陉 县	15880	11960	3920	41636	38976	2660
正 定 县	1152	1007	145	201542	190476	11066
行 唐 县	7249	5361	1888	141087	130271	10816
灵 寿 县	6526	4366	2160	69562	66223	3339
高 邑 县	493	405	88	22457	20832	1625
深 泽 县	712	580	132	59193	57816	1377
赞 皇 县	4747	4720	27	46411	43412	2999
无 极 县	460	352	108	140773	133298	7475
平 山 县	26396	19796	6600	55201	50400	4801
元 氏 县	4211	3690	521	101450	95285	6165
赵　县	3781	2981	800	93751	89251	4500
晋 州 市	1556	1106	450	115300	108100	7200
新 乐 市	780	657	123	138248	132793	5455
辛 集 市	1561	1538	23	226563	211977	14586

9—12 续表 2 （2016 年） 计量单位：万元

行政单位	四、渔业中间消耗			五、农林牧渔服务业中间消耗		
	合计	1. 物质消耗	2. 生产服务支出	合计	1. 物质消耗	2. 生产服务支出
石家庄市	**20079**	**16715**	**3364**	**203744**	**146796**	**56948**
长 安 区				2062	1945	117
桥 西 区				494	247	247
新 华 区	18	11	7	2031		2031
裕 华 区				1143	1044	99
矿 区	5	4	1	69	54	15
藁 城 区	7	6	1	15749	2362	13387
鹿 泉 区	3768	3105	663	10525	5276	5249
栾 城 区				20266	17224	3042
高 新 区				358	333	25
循环化工园区				477	376	101
井 陉 县	159	127	32	6978	6508	470
正 定 县	656	536	120	9355	9355	
行 唐 县	890	563	327	12646	10786	1860
灵 寿 县	4937	4070	867	6896	2401	4495
高 邑 县				4380	913	3467
深 泽 县				7612	6485	1127
赞 皇 县	507	438	69	9644	8711	933
无 极 县	12	10	2	10712	9726	986
平 山 县	8976	7716	1260	13877	12577	1300
元 氏 县	126	115	11	16151	15221	930
赵 县				14147	12647	1500
晋 州 市				12419	10932	1487
新 乐 市				14855	1865	12990
辛 集 市	18	14	4	10898	9808	1090

农林牧渔业增加值

9—13　（2016 年）　计量单位：万元

行政单位	农林牧渔业增加值	1、农业	2、林业	3、牧业	4、渔业	5、农林牧渔服务业
石家庄市	**5005505**	**3031161**	**112712**	**1646886**	**18022**	**196724**
长 安 区	23840	18094	238	3460		2048
桥 西 区	13647	11178	14	2021		434
新 华 区	19202	17094	20	48	23	2017
裕 华 区	3978	2247		574		1157
矿　区	5782	1985	653	3085	5	54
藁 城 区	756286	547906	3843	189293	3	15241
鹿 泉 区	248620	160891	4708	64541	4320	14160
栾 城 区	283121	142697	1073	120301		19050
高 新 区	18085	15818	27	1947		293
循环化工园区	29407	19139	180	9698		390
井 陉 县	127128	45823	21080	50644	141	9440
正 定 县	334646	166170	1277	155839	682	10678
行 唐 县	294113	145882	9942	124452	1201	12636
灵 寿 县	173178	90686	10821	60574	4331	6766
高 邑 县	136442	100790	496	28584		6572
深 泽 县	167542	117058	1107	42234		7143
赞 皇 县	173486	87619	11859	65793	487	7728
无 极 县	279563	150693	929	117419	7	10515
平 山 县	192229	108054	23218	44519	6715	9723
元 氏 县	266842	149591	7414	99396	84	10357
赵　县	351428	244018	3512	89535		14363
晋 州 市	303354	186268	5571	98813		12702
新 乐 市	307663	167715	2177	123075		14696
辛 集 市	495923	333745	2553	151041	23	8561

农林牧渔业商品产值

9—14　　　　（2016 年）　　　　计量单位：万元

行政单位	农林牧渔业商品产值	一、农业商品产值			
		合 计	（一）谷物及其他作物		
			小 计	1、谷物	2、薯类
石家庄市	**6481876**	**3364349**	**876851**	**610941**	**65982**
长 安 区	30494	22472	7508	7386	
桥 西 区	14579	11265	149	145	4
新 华 区	22414	22286	3161	2771	
裕 华 区	4372	3154	531	521	
矿 区	7773	1267	60	55	
藁 城 区	1041604	708790	104648	68144	6660
鹿 泉 区	307499	180393	37962	18309	815
栾 城 区	404687	177541	33982	30782	
高 新 区	22890	19204	4127	4127	
循环化工园区	33831	22292	5617	5617	
井 陉 县	148310	37032	14262	6163	3314
正 定 县	481873	168073	46487	30270	978
行 唐 县	410615	167366	83696	26569	19950
灵 寿 县	190128	97095	9129	1122	5205
高 邑 县	158873	115937	25013	22114	769
深 泽 县	229333	138514	37200	30378	3280
赞 皇 县	193923	93944	18059	12305	1907
无 极 县	359970	119978	39380	23195	2575
平 山 县	246894	134764	39512	26676	3275
元 氏 县	322870	149452	55556	44487	6541
赵 县	462825	307696	109129	88998	479
晋 州 市	352468	189235	38475	33191	2245
新 乐 市	405310	182725	64822	43048	2993
辛 集 市	628341	293874	98386	84568	4992

9—14 续表 1　　（2016 年）　　计量单位：万元

行政单位	一、农业商品产值（续）				
	（一）谷物及其他作物（续）				
	3、油料	4、豆类	5、棉花	6、烟叶	7、其他农作物
石家庄市	**70015**	**6714**	**7251**	**326**	
长 安 区			42		
桥 西 区					
新 华 区	24	286			
裕 华 区					
矿　区					
藁 城 区	3756	1529	673		
鹿 泉 区	1574	231	303		
栾 城 区					
高 新 区					
循环化工园区					
井 陉 县	1506	767			
正 定 县	6873	690			
行 唐 县	8886	234	282	147	
灵 寿 县	2227	89	43	179	
高 邑 县	1851	114	165		
深 泽 县	2438	631	73		
赞 皇 县	1828	109	110		
无 极 县	8645	312	353		
平 山 县	4543	185	1333		
元 氏 县	3130	593	805		
赵　县	1643				
晋 州 市	1724	290			
新 乐 市	13817	223	224		
辛 集 市	5550	431	2845		

9—14 续表 2　　　　（2016 年）　　　　计量单位：万元

行政单位	一、农业商品产值（续）						
	（二）蔬菜、园艺作物					（三）水果、坚果、饮料和香料作物	（四）中药材
	合计	1、蔬菜	2、食用菌	3、花卉	4、盆景园艺		
石家庄市	**1774169**	**1665371**	**92849**	**6799**	**9150**	**697320**	**16009**
长 安 区	13364	13198		166		1600	
桥 西 区	11116	8296		2820			
新 华 区	17994	17458	7	529		1131	
裕 华 区	2623	2623					
矿　区	121	91			30	1086	
藁 城 区	556126	553449	2007	670		48016	
鹿 泉 区	121282	120242	822	218		20809	340
栾 城 区	136589	125649	10803	137		6757	213
高 新 区	14699	14540	159			378	
循环化工园区	16675	16579	96				
井 陉 县	8465	7881	4		580	14128	177
正 定 县	108866	100327	7923	176	440	12599	121
行 唐 县	33078	33078				42226	8366
灵 寿 县	63089	6770	56319			24607	270
高 邑 县	85612	82640		1372	1600	5312	
深 泽 县	64314	63903	401	10		36986	14
赞 皇 县	15530	13401	2096	33		60355	
无 极 县	72340	71446	894			8258	
平 山 县	45277	30298	7831	648	6500	44655	5320
元 氏 县	75004	74539	465			18892	
赵　县	104474	103423	1031	20		94093	
晋 州 市	33125	33125				117635	
新 乐 市	83710	83335	375			34193	
辛 集 市	90696	89080	1616			103604	1188

9—14 续表 3　　（2016 年）　　计量单位：万元

行政单位	二、林业商品产值		三、牧业商品产值		
	总计	林产品	总 计	（一）牲畜的饲养	
				合 计	1、牛
石家庄市	**44500**	**33269**	**3038444**	**812711**	**371257**
长 安 区			8022	2389	725
桥 西 区			3314	155	130
新 华 区	10		77		
裕 华 区			1218	230	8
矿　区	30	10	6467	321	76
藁 城 区	44		332761	68028	34116
鹿 泉 区	293		118886	35817	10328
栾 城 区	29		227117	53732	20484
高 新 区			3686	583	455
循环化工园区	200	200	11339	2341	1704
井 陉 县	21270	20630	89719	37416	26133
正 定 县	113	48	312453	84439	45555
行 唐 县	1043	1026	240685	146989	43363
灵 寿 县	3740	3740	81210	14631	
高 邑 县	145		42791	4779	1665
深 泽 县	1041		89778	27580	6913
赞 皇 县	4360		94824	50610	46581
无 极 县			239986	75890	45711
平 山 县	4934	4650	92736	19679	8998
元 氏 县	1743		171505	60016	35591
赵　县	2900	2900	152229	29319	11046
晋 州 市	48		163185	15274	7864
新 乐 市	454	65	222131	46236	14055
辛 集 市	2103		332325	36257	9756

9—14 续表 4　　（2016 年）　　计量单位：万元

行政单位	三、牧业商品产值（续）				
	（一）牲畜的饲养（续）				（二）猪的饲养
	2、羊	3、其他牲畜	4、奶类	5、毛绒类	
石家庄市	**95030**	**7355**	**334123**	**3872**	**1037434**
长安区	677		987		5300
桥西区	25				2600
新华区					
裕华区	104		118		673
矿　区	242			3	5193
藁城区	11284	363	22036	229	105397
鹿泉区	3194	10	22244	41	42044
栾城区	3418		29830		57544
高新区	117		11		1565
循环化工园区	133		504		1345
井陉县	7641		3072	570	21313
正定县	3684		35200		91878
行唐县	5120	345	97004	83	54327
灵寿县			13883	748	46024
高邑县	1661	5	1409	39	18227
深泽县	6693	152	13622	200	39000
赞皇县	4029				22312
无极县	10880	1214	17775	310	71042
平山县	7136		3405	140	43039
元氏县	12284	490	11428	223	51815
赵　县	5859	400	11786	228	56979
晋州市	973	97	6094	246	76895
新乐市	1742	3530	26381	528	89900
辛集市	8134	749	17334	284	133022

9—14 续表 5　　（2016 年）　　计量单位：万元

行政单位	三、牧业商品产值（续）				四、渔业商品产值
	（三）家禽的饲养（续）			（四）其他畜牧业	
	合 计	1、肉禽	2、禽蛋		
石家庄市	**1122227**	**289777**	**127198**	**66072**	**34583**
长 安 区	333	96			
桥 西 区	559	169			
新 华 区	77	18			41
裕 华 区	267	58		48	
矿 区	953	107			9
藁 城 区	155340	45488		3996	9
鹿 泉 区	35021	9766		6004	7927
栾 城 区	113741	34310		2100	
高 新 区	1538	463			
循环化工园区	4198	650		3455	
井 陉 县	28318	6244		2672	289
正 定 县	136128	33852		8	1234
行 唐 县	38255	8464		1114	1521
灵 寿 县	17557	5731		2998	8083
高 邑 县	17185	6226		2600	
深 泽 县	22198	5656		1000	
赞 皇 县	19802	6074		2100	795
无 极 县	93036	24640		18	6
平 山 县	14818	2757		15200	14460
元 氏 县	54434	13582		5240	170
赵 县	58519	12873		7412	
晋 州 市	70031	19364		985	
新 乐 市	82731	23199		3264	
辛 集 市	157188	29990	127198	5858	39

十、工业 交通 邮政

全市规模以上工业企业主要产品产量

10—1　　（2016 年）

产品名称	计量单位	2016	2015	增长速度（%）
铁矿石原矿	吨	1545667	1416967	9.1
铁矿石成品矿	吨	198678	608018	-67.3
# 铁精矿	吨	198678	608018	-67.3
石灰石	吨	1765778	1610883.5	9.6
小麦粉	吨	5703123.7	5746045.7	-0.7
饲料	吨	1452024.7	1465354.1	-0.9
# 配合饲料	吨	3647261	3755268	-2.9
混合饲料	吨	243558	281798	-13.6
精制食用植物油	吨	161968	179668	-9.9
鲜、冷藏肉	吨	9275	9645	-3.8
糖果	吨	2707	2454	10.3
乳制品	吨	1063812.9	987541.2	7.7
# 液体乳	吨	1043179.3	970697	7.5
固体及半固体乳制品	吨	20633.6	16844.1	22.5
# 乳粉	吨	11472.6	6660.1	72.3
# 婴幼儿配方乳粉	吨	20633.6	16844.1	22.5
罐头	吨	188155.2	162260	16
酱油	吨	29127	29924	-2.7
冷冻饮品	吨	7423	6217	19.4
食品添加剂	吨	3881.8	13587.6	-71.4
饮料酒	千升	278779.4	334429.1	-16.6
# 白酒（折 65 度，商品量）	千升	9760.5	10408	-6.2
啤酒	千升	268774	322406	-16.6
软饮料	吨	1497828.3	1288199.8	16.3
# 碳酸型饮料（汽水）	吨	408681.9	358852.8	13.9
包装饮用水	吨	757134.2	641478.6	18
果汁和蔬菜汁类饮料	吨	82565.1	70865	16.5
卷烟	万支	2165000	2530000	-14.4
纱	吨	827398.3	794511.6	4.1
# 棉纱	吨	432900.8	439077.5	-1.4
棉混纺纱	吨	268918.5	235158.1	14.4

10—1 续表 1　　（2016 年）

产品名称	计量单位	2016	2015	增长速度（%）
化学纤维纱	吨	125579	120276	4.4
布	万米	395395.9	411202.6	-3.8
# 色织布（含牛仔布）	万米	2670	2788	-4.2
棉布	万米	358746.3	368660.6	-2.7
# 棉混纺布	万米	35882.3	41754.1	-14.1
化学纤维短纤布	万米	767.2	787.9	-2.6
印染布	万米	55653.3	29544.3	88.4
化纤长丝机织物	万米	2284	2308	-1
无纺布（无纺织物）	吨	73304.1	85404	-14.2
服装	万件	18809.2	18171.1	3.5
# 梭织服装	万件	9024	9123.1	-1.1
# 羽绒服装	万件	8.2	136.5	-94
西服套装	万件	1.8	0.2	800
衬衫	万件	397.4	452	-12.1
针织服装	万件	9785.2	9048	8.1
轻革	平方米	218613963	191768556	14
皮革服装	万件	1809.9	1904.1	-4.9
衣箱、提箱及类似容器	万个	88.9	80.4	10.6
天然毛皮服装	万件	5.8	6.1	-4.9
鞋	万双	811.2	824.1	-1.6
皮革鞋靴	万双	811.2	821.2	-1.2
人造板	立方米	1470461	1609735	-8.7
# 胶合板	立方米	313556	315149	-0.5
纤维板	立方米	857533	953841	-10.1
刨花板	立方米	299372	340745	-12.1
人造板表面装饰板	平方米	1274785.9	1324159.3	-3.7
家具	件	667231	693531	-3.8
# 木质家具	件	646951	676058	-4.3
软体家具	件	20280	17473	16.1
机制纸及纸板（外购原纸加工除外）	吨	685614.9	708556	-3.2
# 未涂布印刷书写用纸	吨	359716.4	362697.2	-0.8
# 新闻纸	吨	359716.4	362697.2	-0.8
包装用纸及纸板	吨	145008.5	159175.5	-8.9
# 箱纸板	吨	145008.5	159175.5	-8.9
纸制品	吨	864605	910449.5	-5
# 瓦楞纸箱	吨	820256.9	875944.5	-6.4

10—1 续表 2 （2016 年）

产品名称	计量单位	2016	2015	增长速度（%）
卫生用纸制品	吨	45.2	35.9	25.9
单色印刷品	令	286501	232116	23.4
多色印刷品	对开色令	162227.9	181530	-10.6
硫酸（折 100%）	吨	523017.1	531855.1	-1.7
浓硝酸（折 100%）	吨	12700	12810.7	-0.9
烧碱（折 100%）	吨	108480.9	106352.4	2
#离子膜法烧碱（折 100%）	吨	108480.9	106352.4	2
纯苯	吨	134465	160669.4	-16.3
精甲醇	吨	168137.7	141902.1	18.5
冰乙酸（冰醋酸）	吨	11729	10250	14.4
合成氨（无水氨）	吨	851966.3	939607.1	-9.3
农用氮、磷、钾化学肥料（折纯）	吨	699649.5	752288.6	-7
#氮肥（折含氮 100%）	吨	688463.5	742090.6	-7.2
#尿素（折含氮 100%）	吨	538298.4	600375.3	-10.3
钾肥（折氯化钾 100%）	吨	11186	10198	9.7
化学农药原药（折有效成分 100%）	吨	7536.8	10005.6	-24.7
#杀虫剂（杀螨剂）原药	吨	2127	3286.6	-35.3
杀菌剂原药	吨	2910.3	3120.8	-6.7
除草剂原药	吨	616	905.4	-32
涂料	吨	236119	249755.2	-5.5
初级形态塑料	吨	241955	226337	6.9
#聚丙烯树脂	吨	161732	151905	6.5
合成纤维单体	吨	80829.3	40312.2	100.5
合成纤维聚合物	吨	18734.1	15246.6	22.9
#聚酯	吨	14313	8492	68.5
化学试剂	吨	120739.5	147033.3	-17.9
合成洗涤剂	吨	143465	144630	-0.8
化学药品原药	吨	187734.4	173401	8.3
中成药	吨	19595.9	19009.1	3.1
兽用药品	吨	4728.3	4946.9	-4.4
化学纤维用浆粕	吨	5166	46239.7	-88.8
化学纤维	吨	46890.8	50126	-6.5
#人造纤维（纤维素纤维）	吨	30602	29863	2.5
#粘胶短纤维	吨	30602	29863	2.5

10—1 续表 3　　　　（2016 年）

产品名称	计量单位	2016	2015	增长速度（%）
合成纤维	吨	16288.8	20263	-19.6
#涤纶纤维	吨	16288.8	20263	-19.6
橡胶轮胎外胎	条	14700	20300	-27.6
#农、林机械用橡胶轮胎外胎	条	14700	20300	-27.6
塑料制品	吨	791675.3	763279.7	3.7
#塑料薄膜	吨	23299.1	22223.9	4.8
泡沫塑料	吨	63497	51770	22.7
塑料人造革、合成革	吨	21227	19267	10.2
日用塑料制品	吨	299596.3	266073	12.6
硅酸盐水泥熟料	吨	10635479.3	10780706.3	-1.3
#窑外分解窑水泥熟料	吨	9624034.5	9347284.6	3
水泥	吨	21330230.3	23677352.1	-9.9
#强度等级 42.5 水泥(含 R 型)	吨	8870427.8	8670704.2	2.3
强度等级 52.5 水泥(含 R 型)	吨	11330.1	17545.7	-35.4
石灰	吨	186629	260886	-28.5
商品混凝土	立方米	6292646.1	4537787.2	38.7
水泥混凝土排水管	千米	1073	345.9	210.2
石膏板	万平方米	3015	3161	-4.6
砖	万块	111198	114323	-2.7
瓦	万片	3410	4302	-20.7
瓷质砖	平方米	232494460	229305934	1.4
天然大理石建筑板材	平方米	4853777	5146773	-5.7
沥青和改性沥青防水卷材	平方米	46781080	41935428	11.6
平板玻璃	重量箱	10323739	10517079	-1.8
钢化玻璃	平方米	258404	299240	-13.6
日用玻璃制品	吨	294779	288530	2.2
玻璃包装容器	吨	295024.8	271845.9	8.5
玻璃纤维布		54827	50186	9.2
石墨及炭素制品	吨	880589.1	615223	43.1
生铁	吨	14739159	15157609	-2.8
粗钢	吨	14583798	14975265	-2.6
铸铁件	吨	486815.9	468921	3.8
铸钢件	吨	228362.2	221879.8	2.9
钢材	吨	14376058	14536752	-1.1
#棒材	吨	1517977	1418413	7
钢筋	吨	6515267	7114903	-8.4
线材(盘条)	吨	1533752	1560421	-1.7

10—1 续表 4　　（2016 年）

产品名称	计量单位	2016	2015	增长速度（%）
中板	吨	2182306	2057776	6.1
中厚宽钢带	吨	2221818	1942972	14.4
热轧窄钢带	吨	309603	374255	-17.3
冷轧窄钢带	吨	142	127	11.8
焊接钢管	吨	46721	15521	201
其他钢材	吨	48472	52364	-7.4
铁合金	吨	1533	8241	-81.4
十种有色金属	吨	9798	12126	-19.2
# 原铝 (电解铝)	吨	9798	12126	-19.2
黄金	千克	578.1	544	6.3
白银 (银锭)	千克	420.5	1076	-60.9
铝材	吨	5363	4693	14.3
钢结构	吨	7164.9	5558	28.9
金属切削工具	万件	9211.2	9065.2	1.6
钢丝	吨	2989	2524	18.4
粉末冶金零件	吨	87.9	72.4	21.4
金属成形机床	台	2762	2800	-1.4
泵	台	3748	3629	3.3
气体压缩机	台	36054	46760	-22.9
# 制冷设备用压缩机	台	15804	10268	53.9
# 非制冷设备用压缩机	台	20250	36492	-44.5
阀门	吨	5252	5736	-8.4
液压元件	件	2445	4961	-50.7
滚动轴承	万套	841.6	980.7	-14.2
齿轮	台	3947	3523	12
金属密封件	万件	10.4	10.1	3
金属紧固件	吨	31695.6	42950.9	-26.2
矿山专用设备	吨	3009	5017	-40
石油钻井设备	台 (套)	17	18	-5.6
金属冶炼设备	吨	2861.1	2200	30.1
炼油、化工生产专用设备	吨	1328.4	3704	-64.1
塑料加工专用设备	台	133	127	4.7
农产品加工专用设备	台	106063	109970	-3.6
农产品初加工机械	台	21890	9384	133.3
饲料生产专用设备	台	5043	5507	-8.4
中型拖拉机	台	70	272	-74.3

10—1 续表 5　　（2016 年）

产品名称	计量单位	2016	2015	增长速度（%）
小型拖拉机	台	270	600	-55
机械化农业及园艺机具	台	4019	3894	3.2
#收获机械	台	3567	3894	-8.4
#玉米收获机械	台	3034	3484	-12.9
医疗仪器设备及器械	台	2769	1034	167.8
环境污染防治专用设备	台（套）	5800	4875	19
#大气污染防治设备	台（套）	5800	4875	19
汽车	辆	2005	900	122.8
#新能源汽车	辆	2005	900	122.8
改装汽车	辆	8213	4689	75.2
城市轨道车辆	辆	48		
摩托车整车	辆	91051	93754	-2.9
电动机	千瓦	5963000	6191500	-3.7
#交流电动机	千瓦	2946000	3061000	-3.8
变压器	千伏安	361908	278884	29.8
通信及电子网络用电缆	对千米	73592	80681	-8.8
电力电缆	千米	408782.4	359143.8	13.8
光缆	芯千米	727015	1332976	-45.5
铅酸蓄电池	千伏安时	78411	63973	22.6
房间空气调节器	台	3001246	3055059	-1.8
家用电风扇	台	2226814	2696828	-17.4
电饭锅	个	298113	703377	-57.6
灯具及照明装置	套（台、个）	468360	437782	7
程控交换机	线	135038	133857	0.9
#数字程控交换机	线	135038	133857	0.9
移动通信基站设备	信道	69	101	-31.7
传感器	万只	91	73	24.7
集成电路	万块	4629.9	4546.7	1.8
光电子器件	万只（片）	528	907.7	-41.8
#发光二极管（LED 管）	万只	528	907.7	-41.8
电子元件	万只	30000	30000	
工业自动调节仪表与控制系统	台（万套）	60041	70694	-15.1
环境监测专用仪器仪表	台	125763	113160	11.1
表	只	888450	1364254	-34.9
眼镜成镜	副	7096894	7585028	-6.4
自来水生产量	万立方米	17853.4	16456.1	8.5

全市规模以上工业企业主要经济指标

10—2　　（2016 年）　　计量单位：千元

项目名称	工业企业单位数（个）	工业企业总产值	工业企业销售产值	资产合计	# 流动资产小计
总　计	**2704**	**964478768**	**948562679**	**621588839**	**237897856**
一、按登记注册类型分组					
内资企业	2616	907994322	893007041	530299236	196360475
国有企业	15	23590937	23452048	27870931	4478871
集体企业	12	2987281	2704348	924783	240606
股份合作企业	1	537959	525701	305909	47652
联营企业	1	545570	473240	186610	6623
有限责任公司	417	152016751	148865799	168976545	75278554
股份有限公司	96	63913545	63108955	60711363	23671762
私营企业	2073	664059937	653532816	271275201	92614746
其他企业	1	342342	344134	47894	21661
港、澳、台商投资企业	37	33187845	32816151	62448060	25703469
外商投资企业	51	23296601	22739487	28841543	15833912
二、按经济组织类型分组					
独资企业	145	77093547	74829142	80599943	31609297
合作、合伙企业	42	12273276	11872634	3807549	1056384
股份有限公司	226	155235112	153095371	112225622	40988436
有限责任公司	2291	719876833	708765532	424955725	164243739
三、在总计中：亏损企业	142	17888933	17483198	41180856	18011446
在总计中：国有控股企业	103	116725458	114767431	191958824	70023142
在总计中：农村工业	11	8390170	8182514	11881138	4218393
在总计中：轻工业	1067	388982563	380263852	217377819	92278091
重工业	1332	483128874	475865583	362635592	134743068
在总计中：大型企业	52	188250282	184554831	250085224	101143936
中型企业	390	231867607	228080294	152035485	68839938
小型企业	1957	451993548	443494310	177892702	57037285

10—2 续表 1　　（2016 年）　　计量单位：千元

项目名称	固定资产小计	固定资产原价	累计折旧
总　计	**270204782**	**397947569**	**141726461**
一、按登记注册类型分组			
内资企业	249220601	368118028	130421488
国有企业	19206033	37804019	18966075
集体企业	512863	608861	121684
股份合作企业	258257	313169	54912
联营企业	136390	312010	175620
有限责任公司	65774761	101648838	39719940
股份有限公司	28075208	45666097	17767168
私营企业	135240135	181741211	53609220
其他企业	16954	23823	6869
港、澳、台商投资企业	10766955	15189949	6068336
外商投资企业	10217226	14639592	5236637
二、按经济组织类型分组			
独资企业	35578681	61590519	27605526
合作、合伙企业	2196262	2894159	819621
股份有限公司	55098142	83440847	30761927
有限责任公司	177331697	250022044	82539387
三、在总计中：亏损企业	16641699	24993905	10239245
在总计中：国有控股企业	79915887	139633618	63957225
在总计中：农村工业	5081713	6990906	1964377
在总计中：轻工业	90606432	123366906	38269668
重工业	167235158	256705268	97616617
在总计中：大型企业	92590994	152142078	65158933
中型企业	68112930	101919786	36980404
小型企业	97137666	126010310	33746948

10—2 续表 2　　　　（2016 年）　　　　计量单位：千元

项目名称	负债合计	# 流动负债	所有者权益	# 实收资本
总　　计	**261392638**	**208481763**	**356786028**	**126768993**
一、按登记注册类型分组				
内资企业	225987480	177982240	301079737	113311927
国有企业	17185207	12842794	10685723	4312943
集体企业	278008	168832	646776	173097
股份合作企业	62456	62456	243453	15339
联营企业	48300	4484	138310	186230
有限责任公司	87819877	70220126	80445340	38225019
股份有限公司	30520487	23211282	30109907	8998757
私营企业	90071018	71470139	178764461	61395542
其他企业	2127	2127	45767	5000
港、澳、台商投资企业	25015444	21441259	37432610	8916257
外商投资企业	10389714	9058264	18273681	4540809
二、按经济组织类型分组				
独资企业	37913234	30733716	42199674	13379037
合作、合伙企业	1182053	942022	2448527	779129
股份有限公司	53663931	44369769	58405082	14315608
有限责任公司	168633420	132436256	253732745	98295219
三、在总计中：亏损企业	33212848	28871483	7967988	11057493
在总计中：国有控股企业	103044165	78276438	88914649	32763430
在总计中：农村工业	5145050	3411492	6736088	1577418
在总计中：轻工业	86521925	70668859	129877680	50349953
重工业	159553669	124890036	200649997	73636692
在总计中：大型企业	125717155	103579055	124368067	34465812
中型企业	61038195	47663232	90997268	48716568
小型企业	59320244	44316608	115162342	40804265

10—2 续表 3　　（2016 年）　　计量单位：千元

项目名称	实收资本中：		主营业务收入	主营业务成本	主营业务税金及附加
	#国家资本	集体资本			
总　计	**16865647**	**1980456**	**968829279**	**814469753**	**14271232**
一、按登记注册类型分组					
内资企业	14538554	1972180	901243139	762366998	13919719
国有企业	4309943		23095006	22033476	64815
集体企业	89	16151	2855113	2448470	13856
股份合作企业			525701	460692	4205
联营企业		186230	523146	457847	5240
有限责任公司	9337390	1733664	152265618	124854306	3538298
股份有限公司	890932	34555	74065950	56834505	7655565
私营企业	200	1580	647554132	554959197	2637161
其他企业			358473	318505	579
港、澳、台商投资企业	2015090		42532936	33345915	215946
外商投资企业	312003	8276	25053204	18756840	135567
二、按经济组织类型分组					
独资企业	4310032	16151	85413321	70569537	490251
合作、合伙企业		186230	11880226	10376053	43544
股份有限公司	890932	34555	159496869	131546624	7926530
有限责任公司	11664683	1743520	712038863	601977539	5810907
三、在总计中：亏损企业	2263180	110801	18004892	17185595	86651
在总计中：国有控股企业	16697615	190706	127641280	102998662	10570967
在总计中：农村工业		1502880	8112952	6703753	45683
在总计中：轻工业	4721614	218224	407637515	342189627	4631286
重工业	12056779	1754628	468226127	395754007	9364234
在总计中：大型企业	10054358	1494531	205676905	166100579	10927788
中型企业	4453940	199455	228554733	192999781	989832
小型企业	2270095	278866	441632004	378843274	2077900

10—2 续表 4　　（2016 年）　　计量单位：千元

项目名称	管理费用	# 税 金	财务费用	# 利息支出	营业利润
总　　计	**25890684**	**1114190**	**6808315**	**6735074**	**81357897**
一、按登记注册类型分组					
内资企业	22710589	930459	6508975	6255473	74400154
国有企业	374823	7390	218893	224474	374262
集体企业	104801	1209	2556	1451	243152
股份合作企业	8712	43	233	233	40885
联营企业	355	12	495		58619
有限责任公司	6322138	319451	1690304	1717723	9722233
股份有限公司	2420686	135435	796001	814091	4539651
私营企业	13478436	466891	3799994	3497002	59384302
其他企业	638	28	499	499	37050
港、澳、台商投资企业	1804338	101049	205573	331441	3850556
外商投资企业	1375757	82682	93767	148160	3107187
二、按经济组织类型分组					
独资企业	2612837	132737	369850	391207	7536373
合作、合伙企业	182819	9755	29406	31477	1035328
股份有限公司	4235545	259926	1646549	1631114	10847429
有限责任公司	18859483	711772	4762510	4681276	61938767
三、在总计中：亏损企业	1705011	123647	599819	533764	-2000056
在总计中：国有控股企业	4909561	314904	1721519	1933356	5027953
在总计中：农村工业	261465	5726	229032	232727	390447
在总计中：轻工业	10244975	474331	1839990	1765951	34138930
重工业	12188497	544272	3580743	3586626	38534121
在总计中：大型企业	6958729	441144	2018699	2269616	10562189
中型企业	6258404	266387	1375689	1354093	22466422
小型企业	9216339	311072	2026345	1728868	39644440

10—2 续表 5　　（2016 年）　　计量单位：千元、人

项目名称	投资收益	利润总额	所得税费用	本年应付职工薪酬	全部从业人员年平均人数
总　　计	**29722**	**82093112**	**5659546**	**40200478**	**685326**
一、按登记注册类型分组					
内资企业	-53003	74992641	4716918	36480131	617561
国有企业	12772	396338	98020	2950402	14976
集体企业		234828	4915	69399	1692
股份合作企业		40477		9191	213
联营企业		58619		1950	68
有限责任公司	-223035	10510375	1375659	8249578	141864
股份有限公司	26175	4955147	647677	2307141	36578
私营企业	131085	58759807	2590647	22884781	422002
其他企业		37050		7689	168
港、澳、台商投资企业	15342	3903656	474765	2331410	45110
外商投资企业	67383	3196815	467863	1388937	22655
二、按经济组织类型分组					
独资企业	69472	7649768	894213	5266505	59782
合作、合伙企业	1939	1024610	47299	323594	7564
股份有限公司	67101	11245390	1055260	5501351	89219
有限责任公司	-108790	62173344	3662774	29109028	528761
三、在总计中：亏损企业	126746	-1792872	10088	2106224	45598
在总计中：国有控股企业	173582	6002755	1381461	9589970	92495
在总计中：农村工业	-376054	428243	2674	229059	6586
在总计中：轻工业	131353	34619489	2454989	14885417	301614
重工业	-107040	38743885	3109694	17435078	304292
在总计中：大型企业	-135488	11740012	1976880	12322715	151446
中型企业	114522	22378631	1792215	8760704	194645
小型企业	45279	39244731	1795588	11237076	259815

市区规模以上工业企业主要经济指标

10—3　　（2016 年）　　计量单位：千元

项目名称	工业企业单位数（个）	工业企业总产值	工业企业销售产值	资产合计	# 流动资产小计
总　　计	**1022**	**416634366**	**409160049**	**372771426**	**163402802**
一、按登记注册类型分组					
内资企业	973	377418782	370674103	294531895	126121573
国有企业	13	23093477	22958250	27013556	3939205
集体企业	6	2224397	2201627	722483	192382
股份合作企业	1	537959	525701	305909	47652
有限责任公司	226	90735489	88615964	122097633	56183664
股份有限公司	63	48317685	47689626	46532076	19202553
私营企业	663	212167433	208338801	97812344	46534456
其他企业	1	342342	344134	47894	21661
港、澳、台商投资企业	17	21991090	21710837	55891061	24404837
外商投资企业	32	17224494	16775109	22348470	12876392
二、按经济组织类型分组					
独资企业	63	56376254	54608377	72005544	28670854
合作、合伙企业	11	3452730	3250817	1461754	682707
股份有限公司	95	61517228	60552096	56298133	22945445
有限责任公司	853	295288154	290748759	243005995	111103796
三、在总计中：亏损企业	81	10526236	10177677	24838607	11397867
在总计中：国有控股企业	79	101236061	99334376	166713514	62280180
在总计中：农村工业	4	6040444	5905329	11388479	4165931
在总计中：轻工业	408	168147953	163952836	146933326	71058569
重工业	614	248486413	245207213	225838100	92344233
在总计中：大型企业	32	121600924	118475698	199069349	82297430
中型企业	216	119687391	118055067	101159778	53106425
小型企业	774	175346051	172629284	72542299	27998947

10—3 续表 1　　（2016 年）　　计量单位：千元

项目名称	固定资产小计	固定资产原价	累计折旧
总　　计	**138486226**	**202408919**	**72448528**
一、按登记注册类型分组			
内资企业	122967981	180173249	63646894
国有企业	18931260	37314600	18668057
集体企业	388330	500575	112691
股份合作企业	258257	313169	54912
有限责任公司	43816319	65072447	24645501
股份有限公司	20398789	30316318	9930410
私营企业	39158072	46632317	10228454
其他企业	16954	23823	6869
港、澳、台商投资企业	7831085	11370185	4972059
外商投资企业	7687160	10865485	3829575
二、按经济组织类型分组			
独资企业	30920630	55361664	25878654
合作、合伙企业	651252	856491	234767
股份有限公司	24802894	35267924	11071035
有限责任公司	82111450	110922840	35264072
三、在总计中：亏损企业	8901756	12947087	5402415
在总计中：国有控股企业	64830089	107483236	46469472
在总计中：农村工业	4679745	6494297	1843808
在总计中：轻工业	48844806	67898620	22225374
重工业	89641420	134510299	50223154
在总计中：大型企业	67399234	109728186	46835665
中型企业	37219115	49787322	14203238
小型企业	33867877	42893411	11409625

10—3 续表 2　　　　（2016 年）　　　　计量单位：千元

项目名称	负债合计	#流动负债	所有者权益	#实收资本
总　　计	**166144566**	**129196688**	**206201282**	**81177475**
一、按登记注册类型分组				
内资企业	136535346	104015030	157749123	69680003
国有企业	16893381	12577036	10120174	4198199
集体企业	240364	131979	482120	147480
股份合作企业	62456	62456	243453	15339
有限责任公司	67974646	53100260	54092723	25095252
股份有限公司	24416639	17891531	22034470	6735664
私营企业	26945733	20249641	70730416	33483069
其他企业	2127	2127	45767	5000
港、澳、台商投资企业	21802135	18471599	34088922	8126236
外商投资企业	7807085	6710059	14363237	3371236
二、按经济组织类型分组				
独资企业	35986336	29239961	36019205	11910657
合作、合伙企业	482153	476863	944926	101714
股份有限公司	26681287	19713278	29535876	8786730
有限责任公司	102994790	79766586	139701275	60378374
三、在总计中：亏损企业	19773708	16773157	5064885	6007800
在总计中：国有控股企业	89285010	65699133	77428495	25707019
在总计中：农村工业	5030475	3307288	6358004	1552551
在总计中：轻工业	66090519	54478436	80607287	29459117
重工业	100054047	74718252	125593995	51718358
在总计中：大型企业	100314347	79714124	98755000	28053664
中型企业	38281918	28982376	62877844	35983384
小型企业	27548301	20500188	44568438	17140427

10—3 续表 3　　（2016 年）　　计量单位：千元

项目名称	实收资本中:		主营业务收入	主营业务成本	主营业务税金及附加
	#国家资本	集体资本			
总　计	**14970954**	**1608842**	**434651553**	**349728826**	**12426809**
一、按登记注册类型分组					
内资企业	12698761	1600566	384284388	311949369	12136757
国有企业	4195199		22657872	21648133	63020
集体企业	89	7947	2092229	1758385	12942
股份合作企业			525701	460692	4205
有限责任公司	7949483	1565364	93550838	75140643	3233678
股份有限公司	553990	27255	58016828	44027872	7576870
私营企业			207082447	168595139	1245463
其他企业			358473	318505	579
港、澳、台商投资企业	2000000		31447952	23861111	172575
外商投资企业	272193	8276	18919213	13918346	117477
二、按经济组织类型分组					
独资企业	4195288	7947	65024645	53001173	361216
合作、合伙企业			3273744	2793269	12306
股份有限公司	553990	27255	70627928	53235208	7652756
有限责任公司	10221676	1573640	295725236	240699176	4400531
三、在总计中：亏损企业	1551193	75801	10565355	9899666	63642
在总计中：国有控股企业	14819364	63906	111797235	90717470	10469046
在总计中：农村工业		1487713	5857308	4682392	30927
在总计中：轻工业	4706324	18094	192541590	152227167	3845030
重工业	10264630	1590748	242109963	197501659	8581779
在总计中：大型企业	9705525	1494531	144993892	112366343	10759957
中型企业	3306890	71255	118640014	96818478	627200
小型企业	1958539	43056	171017647	140544005	1039652

10—3 续表 4 （2016 年） 计量单位：千元

项目名称	管理费用	# 税 金	财务费用	# 利息支出	营业利润
总 计	**15840244**	**643791**	**2668436**	**2814923**	**36354830**
一、按登记注册类型分组					
内资企业	13367958	481335	2566472	2540901	30905463
国有企业	339058	5090	221115	224375	361552
集体企业	101197	1127	1300	1135	183879
股份合作企业	8712	43	233	233	40885
有限责任公司	4630566	223029	1242782	1243301	4598099
股份有限公司	1925236	97751	560802	578462	2621925
私营企业	6362551	154267	539741	492896	23062073
其他企业	638	28	499	499	37050
港、澳、台商投资企业	1363781	86606	93437	218486	3104129
外商投资企业	1108505	75850	8527	55536	2345238
二、按经济组织类型分组					
独资企业	2288135	125457	288507	314936	5442068
合作、合伙企业	66590	1576	-68	3666	337103
股份有限公司	2523876	139041	578216	597043	4069105
有限责任公司	10961643	377717	1801781	1899278	26506554
三、在总计中：亏损企业	1157442	79108	350381	307864	-1153420
在总计中：国有控股企业	4069349	251246	1368299	1556194	3192082
在总计中：农村工业	232142	1953	210909	216414	243807
在总计中：轻工业	7474357	331733	843302	914072	17315906
重工业	8365887	312058	1825134	1900851	19038924
在总计中：大型企业	5604630	349237	1340909	1541542	6312162
中型企业	4370016	139403	602824	634677	13438286
小型企业	5865598	155151	724703	638704	16604382

10—3 续表 5　　（2016 年）　　计量单位：千元、人

项目名称	投资收益	利润总额	所得税费用	本年应付职工薪酬	全部从业人员年平均人数
总　　计	**-4069**	**36647139**	**2621057**	**19895571**	**304366**
一、按登记注册类型分组					
内资企业	-106212	31082093	1793907	17214901	261138
国有企业	12772	380598	94490	2790795	12234
集体企业		175555	4757	51910	1140
股份合作企业		40477		9191	213
有限责任公司	-230059	5141725	606609	5662669	86920
股份有限公司	24275	2974123	336857	1866397	25757
私营企业	86800	22332565	751194	6826250	134706
其他企业		37050		7689	168
港、澳、台商投资企业	19992	3141321	467324	1570968	27100
外商投资企业	82151	2423725	359826	1109702	16128
二、按经济组织类型分组					
独资企业	67930	5544127	733321	4532499	46140
合作、合伙企业	1939	326541	13189	144987	2759
股份有限公司	36675	4383330	433224	2607748	37521
有限责任公司	-110613	26393141	1441323	12610337	217946
三、在总计中：亏损企业	128657	-1032009	2969	1468890	28268
在总计中：国有控股企业	169747	3993579	824039	8060365	71629
在总计中：农村工业	-376054	281603		177038	4641
在总计中：轻工业	135302	17587723	1315032	8674569	146894
重工业	-139371	19059416	1306025	11221002	157472
在总计中：大型企业	-162172	7363556	1393432	9212301	98927
中型企业	128669	13222557	726153	5633275	99945
小型企业	29434	16061026	501472	5049995	105494

全市规模以上工业企业分行业主要经济指标

10—4　　　　（2016 年）　　　　计量单位：千元

项目名称	工业企业单位数（个）	工业企业总产值	工业企业销售产值	资产合计	# 流动资产小计
总　计	**2704**	**964478768**	**948562679**	**621588839**	**237897856**
采矿业	59	15349493	14988356	5170728	2565332
煤炭开采和洗选业	40	9243724	9024002	3707313	2320154
黑色金属矿采选业	10	4146839	4066016	935385	160720
非金属矿采选业	9	1958930	1898338	528030	84458
制造业	2607	910567786	895004522	557459893	227304826
农副食品加工业	175	67088672	66128498	17292326	4959150
食品制造业	65	22362044	22197280	13309969	5921845
酒、饮料和精制茶制造业	33	11537286	11903403	5845277	1751869
烟草制品业	1	5036627	5105466	7018589	6002849
纺织业	266	82233239	81196275	36151073	14259505
纺织服装、服饰业	63	19844395	19525002	6684922	1999403
皮革、毛皮、羽毛及其制品和制鞋业	214	100877813	99869503	30386339	5332347
木材加工和木、竹、藤、棕、草制品业	39	14957026	14731864	4177854	730878
家具制造业	32	7865661	7712384	2236541	499122
造纸和纸制品业	45	13881717	13772283	6237391	1896723
印刷和记录媒介复制业	50	12254888	12195212	7761586	3175876
文教、工美、体育和娱乐用品制造业	31	9306827	9242539	2803656	865069
石油加工、炼焦和核燃料加工业	26	36447944	36059608	27487224	9567259
化学原料和化学制品制造业	344	114682431	113189023	57369117	22402053
医药制造业	93	55254108	51856253	82368623	41299456
化学纤维制造业	26	6162902	6122296	3368796	1186950
橡胶和塑料制品业	122	28356261	27895781	14178211	4765455
非金属矿物制品业	231	53956399	52503312	40976198	13242248
黑色金属冶炼和压延加工业	65	65215763	64959565	63116828	18627759
有色金属冶炼和压延加工业	20	3554926	3497321	1910439	564497
金属制品业	135	35134001	34480136	13816134	4768559
通用设备制造业	144	33628031	33229813	19307107	8827407
专用设备制造业	112	28788935	27868804	35475962	26125889
汽车制造业	45	10136930	9848999	10972823	6744157
铁路、船舶、航空航天和其他运输设备制造业	17	4683462	4476772	6761128	3650770
电气机械和器材制造业	140	47162997	45925010	21434627	7776946
计算机、通信和其他电子设备制造业	46	14848972	14170926	13027933	6512904
仪器仪表制造业	12	1433017	1499863	2864962	1790340
其他制造业	5	1330559	1279130	238565	94259
废弃资源综合利用业	9	1678064	1696312	378406	94331
金属制品、机械和设备修理业	1	865889	865889	2501287	1868951
电力、燃气及水生产和供应业	38	38561489	38569801	58958218	8027698
电力、热力生产和供应业	30	35746545	35760950	53712167	6651039
燃气生产和供应业	2	1728614	1728614	1877542	569696
水的生产和供应业	6	1086330	1080237	3368509	806963

自 2011 年报始，行业分类按照国家统计局修订的《国民经济行业分类》（2011 版）执行。

10—4 续表 1 （2016 年） 计量单位：千元

项目名称	固定资产小计	固定资产原价	累计折旧
总 计	**270204782**	**397947569**	**141726461**
采矿业	1214434	1593002	607034
煤炭开采和洗选业	536340	662102	271730
黑色金属矿采选业	357754	493185	160443
非金属矿采选业	320340	437715	174861
制造业	225576591	313912541	100770658
农副食品加工业	9717651	13524066	4417852
食品制造业	5517395	6656274	1572876
酒、饮料和精制茶制造业	3755956	4951873	1236904
烟草制品业	879568	1999389	1119821
纺织业	15195581	18871969	4575657
纺织服装、服饰业	3767348	4750402	1085086
皮革、毛皮、羽毛及其制品和制鞋业	10286305	12509636	2271350
木材加工和木、竹、藤、棕、草制品业	3165231	4536232	1401265
家具制造业	1665897	2421974	795508
造纸和纸制品业	3193238	4805410	1734599
印刷和记录媒介复制业	4194893	6863712	2727356
文教、工美、体育和娱乐用品制造业	1923156	2649196	751533
石油加工、炼焦和核燃料加工业	12669135	21047773	8429999
化学原料和化学制品制造业	22817638	31778080	10364518
医药制造业	25574915	34984211	11939400
化学纤维制造业	1549584	2017271	515919
橡胶和塑料制品业	7864506	11448377	4473755
非金属矿物制品业	22228162	30643113	8886790
黑色金属冶炼和压延加工业	23579227	36404693	14698660
有色金属冶炼和压延加工业	1182617	1555634	373657
金属制品业	6650297	10086390	3741454
通用设备制造业	7610797	10464333	3488468
专用设备制造业	6043102	7836511	2277185
汽车制造业	2702128	3557614	1147204
铁路、船舶、航空航天和其他运输设备制造业	2664372	2499941	569197
电气机械和器材制造业	11753387	14793177	3225197
计算机、通信和其他电子设备制造业	6178725	8245016	2248129
仪器仪表制造业	401510	611632	133998
其他制造业	120044	136706	17560
废弃资源综合利用业	281439	414002	144614
金属制品、机械和设备修理业	442787	847934	405147
电力、燃气及水生产和供应业	43413757	82442026	40348769
电力、热力生产和供应业	41274980	78838908	38701304
燃气生产和供应业	1132696	1361649	411081
水的生产和供应业	1006081	2241469	1236384

10—4 续表 2　　　　（2016 年）　　　　计量单位：千元

项目名称	负债合计	# 流动负债	所有者权益	# 实收资本
总　计	**261392638**	**208481763**	**356786028**	**126768993**
采矿业	3287869	2384328	1604350	432101
煤炭开采和洗选业	2736747	2157173	970565	308784
黑色金属矿采选业	380581	164641	276296	62900
非金属矿采选业	170541	62514	357489	60417
制造业	223116773	182359842	331211461	113617678
农副食品加工业	4919259	2860435	11989254	4327874
食品制造业	5599891	4516994	7537685	4176708
酒、饮料和精制茶制造业	2398914	1912356	3409730	2022353
烟草制品业	1095077	1095077	5923512	1000000
纺织业	14107187	10953443	21804366	7716413
纺织服装、服饰业	1927742	1391628	4757176	1452141
皮革、毛皮、羽毛及其制品和制鞋业	6467606	6327141	23918728	1686104
木材加工和木、竹、藤、棕、草制品业	1115954	631418	3038861	663056
家具制造业	575091	290298	1661450	651272
造纸和纸制品业	2139491	1624876	4097899	2426262
印刷和记录媒介复制业	1814698	1645907	5903837	2222298
文教、工美、体育和娱乐用品制造业	743921	700861	2059734	962028
石油加工、炼焦和核燃料加工业	18572906	13671894	8914318	768238
化学原料和化学制品制造业	23442212	18991735	32782411	9350086
医药制造业	38841973	32448440	43526647	16179864
化学纤维制造业	1687649	1485250	1681146	1318863
橡胶和塑料制品业	5062489	3555493	9083701	3221074
非金属矿物制品业	17086878	13760865	23759579	10525793
黑色金属冶炼和压延加工业	26946102	24282819	35992579	3253138
有色金属冶炼和压延加工业	545326	507368	1365112	369698
金属制品业	5386720	3908617	7928684	2481296
通用设备制造业	8377848	6892363	10907960	4204974
专用设备制造业	8854901	7477528	26621057	19890846
汽车制造业	6011432	4882964	4961388	1418147
铁路、船舶、航空航天和其他运输设备制造业	3589518	2549097	3171610	1346422
电气机械和器材制造业	8217322	7603771	12990559	5116767
计算机、通信和其他电子设备制造业	4995827	4136083	8032100	3877678
仪器仪表制造业	550223	476055	2314736	726208
其他制造业	59555	39777	179010	106310
废弃资源综合利用业	75452	48315	302954	92900
金属制品、机械和设备修理业	1907609	1690974	593678	62867
电力、燃气及水生产和供应业	34987996	23737593	23970217	12719214
电力、热力生产和供应业	31421673	20772323	22290491	11352909
燃气生产和供应业	1257049	1257049	620492	313325
水的生产和供应业	2309274	1708221	1059234	1052980

10—4 续表 3 （2016 年） 计量单位：千元

项目名称	实收资本中：		主营业务收入	主营业务成本	主营业务税金及附加
	国家资本	集体资本			
总计	**16865647**	**1980456**	**968829279**	**814469753**	**14271232**
采矿业			13615367	11927648	42065
煤炭开采和洗选业			7651504	7013740	27825
黑色金属矿采选业			4065919	3297138	12540
非金属矿采选业			1897944	1616770	1700
制造业	7984203	1857256	916615943	769379925	14003574
农副食品加工业			65903490	57258347	302459
食品制造业			23552676	18645368	114083
酒、饮料和精制茶制造业	104943		12261000	10123425	134778
烟草制品业	1000000		5095718	1746469	2680964
纺织业	32000	4004	92252471	82189119	320953
纺织服装、服饰业	60000		19162969	16814445	60214
皮革、毛皮、羽毛及其制品和制鞋业	150004	12300	100547627	82983583	266206
木材加工和木、竹、藤、棕、草制品业			14787897	12512590	52798
家具制造业			7678512	6571142	27090
造纸和纸制品业	3000		13657511	11470602	59665
印刷和记录媒介复制业	81441		12169772	10235668	58563
文教、工美、体育和娱乐用品制造业			9131484	7795719	61204
石油加工、炼焦和核燃料加工业	130000		35269660	25363938	7480036
化学原料和化学制品制造业	767217	35992	113617099	96768303	487014
医药制造业	2128111	194948	66043223	49606953	449985
化学纤维制造业	240828	1700	6200557	5533104	26007
橡胶和塑料制品业	38400	56139	28242522	24488691	129295
非金属矿物制品业	122615	1542563	52982451	45075632	243233
黑色金属冶炼和压延加工业	2000000		61474246	56130548	165326
有色金属冶炼和压延加工业	15270		3475957	3007039	6396
金属制品业	34351	580	34190324	29313227	189018
通用设备制造业	190469	6447	32494897	27263162	167691
专用设备制造业	10100		27673904	22834278	148425
汽车制造业	205023	2583	9324562	7527923	40467
铁路、船舶、航空航天和其他运输设备制造业	516105		4436141	3427884	33602
电气机械和器材制造业	2400		45863977	38715325	225748
计算机、通信和其他电子设备制造业	89059		14043293	11891846	45691
仪器仪表制造业			1495029	1030995	12344
其他制造业			1276736	1116677	8434
废弃资源综合利用业			1629328	1420243	4824
金属制品、机械和设备修理业	62867		680910	517680	1061
电力、燃气及水生产和供应业	8881444	123200	38597969	33162180	225593
电力、热力生产和供应业	7750914	123200	35706953	31127910	198559
燃气生产和供应业	120000		1721862	1215950	18940
水的生产和供应业	1010530		1169154	818320	8094

10—4 续表 4　　（2016 年）　　计量单位：千元

项目名称	管理费用	# 税 金	财务费用	# 利息支出	营业利润
总　计	**25890684**	**1114190**	**6808315**	**6735074**	**81357897**
采矿业	198402	11113	90212	60443	974581
煤炭开采和洗选业	51969	10876	54633	25727	289409
黑色金属矿采选业	101251	185	25303	24795	507596
非金属矿采选业	45182	52	10276	9921	177576
制造业	25061255	1050767	5949347	5946017	76545609
农副食品加工业	1188576	42289	230520	204670	5273146
食品制造业	661169	12221	54331	74547	1587880
酒、饮料和精制茶制造业	270267	10477	59951	43450	1122900
烟草制品业	402746	15721	-825	45	241063
纺织业	1438694	82122	486941	432378	6389926
纺织服装、服饰业	346784	19447	43763	43045	1518675
皮革、毛皮、羽毛及其制品和制鞋业	3095925	50671	1226247	1186724	10564466
木材加工和木、竹、藤、棕、草制品业	248181	5039	43662	33768	1550373
家具制造业	169379	2802	9783	6285	679007
造纸和纸制品业	370287	14389	92591	89721	1307777
印刷和记录媒介复制业	444451	16204	33099	48759	1147690
文教、工美、体育和娱乐用品制造业	101950	1577	23159	20702	945055
石油加工、炼焦和核燃料加工业	866700	62171	368719	392296	601871
化学原料和化学制品制造业	3282975	143839	586468	589410	9679533
医药制造业	3097730	207505	421939	458764	6453863
化学纤维制造业	107528	5393	30362	27098	376083
橡胶和塑料制品业	551504	13246	118549	112740	2591482
非金属矿物制品业	1258259	44367	540276	527011	4391304
黑色金属冶炼和压延加工业	1163597	102705	701178	814537	3044765
有色金属冶炼和压延加工业	82891	2262	4387	3973	355157
金属制品业	760272	24925	141845	136822	3071492
通用设备制造业	1305451	37729	201645	187361	2751660
专用设备制造业	993784	50145	136649	121959	2888837
汽车制造业	371240	27650	134838	124677	1022551
铁路、船舶、航空航天和其他运输设备制造业	344015	14240	53633	55920	508076
电气机械和器材制造业	1283456	16222	117033	112328	4624148
计算机、通信和其他电子设备制造业	489565	20093	82543	85873	1405135
仪器仪表制造业	160048	4706	1272	3693	171948
其他制造业	9164	192	5169	2876	126118
废弃资源综合利用业	21945	342	4595	4585	146470
金属制品、机械和设备修理业	172722	76	-4975		7158
电力、燃气及水生产和供应业	631027	52310	768756	728614	3837707
电力、热力生产和供应业	380816	39007	733484	692323	3388406
燃气生产和供应业	86451	4398	4262	5083	357903
水的生产和供应业	163760	8905	31010	31208	91398

10—4 续表 5　　（2016 年）　　计量单位：千元、人

项目名称	投资收益	利润总额	所得税费用	本年应付职工薪酬	全部从业人员年平均人数
总　计	**29722**	**82093112**	**5659546**	**40200478**	**685326**
采矿业	407	975287	10684	90778	3662
煤炭开采和洗选业	407	290115	8471	55608	2027
黑色金属矿采选业		507596	1957	19255	850
非金属矿采选业		177576	256	15915	785
制造业	18739	77089331	4673628	36333259	661881
农副食品加工业	23723	5183866	238301	1326603	30184
食品制造业	–6237	1727605	94463	1035343	18820
酒、饮料和精制茶制造业	24810	1112414	75473	422838	8212
烟草制品业		266433	67880	378194	1343
纺织业	4142	6616148	352744	2894858	68673
纺织服装、服饰业	225	1545395	42767	996591	16652
皮革、毛皮、羽毛及其制品和制鞋业		10566680	50269	7227232	72281
木材加工和木、竹、藤、棕、草制品业	241	1533021	50470	442727	8814
家具制造业		659350	54235	215652	4736
造纸和纸制品业	4426	1288798	53607	322939	8107
印刷和记录媒介复制业	12387	1139016	144234	742919	10181
文教、工美、体育和娱乐用品制造业		929330	106006	557208	9078
石油加工、炼焦和核燃料加工业	582	628149	228585	696594	11094
化学原料和化学制品制造业	3140	9543932	650437	3091467	74901
医药制造业	58487	6679301	836797	3075211	57670
化学纤维制造业	186	374301	8771	227233	5984
橡胶和塑料制品业	24266	2536355	186866	873882	22817
非金属矿物制品业	–375123	4495634	146441	1834937	48157
黑色金属冶炼和压延加工业	35193	3060309	122121	2098702	39217
有色金属冶炼和压延加工业		357117	9635	154401	3234
金属制品业	–239	2976406	132614	1134293	23221
通用设备制造业	14331	2687236	134225	1410372	28668
专用设备制造业	49734	3113366	285104	1012222	20240
汽车制造业	–6	1047539	196650	464088	9673
铁路、船舶、航空航天和其他运输设备制造业	113157	547243	64359	483816	7285
电气机械和器材制造业	222	4624575	281677	2221533	35718
计算机、通信和其他电子设备制造业	5496	1369979	31362	557969	9763
仪器仪表制造业	25596	203891	22490	189924	3286
其他制造业		119718	819	22218	593
废弃资源综合利用业		146463	4226	38293	1174
金属制品、机械和设备修理业		9761		183000	2105
电力、燃气及水生产和供应业	10576	4028494	975234	3776441	19783
电力、热力生产和供应业	10092	3563343	867722	3365870	13748
燃气生产和供应业	484	358284	93566	101167	1134
水的生产和供应业		106867	13946	309404	4901

市区规模以上工业企业分行业主要经济指标

10—5　　　　（2016 年）　　　　计量单位：千元

项目名称	工业企业单位数（个）	工业企业总产值	工业企业销售产值	资产合计	# 流动资产小计
总　　计	**1022**	**416634366**	**409160049**	**372771426**	**163402802**
采矿业	25	6623527	6404383	1866502	1256092
煤炭开采和洗选业	24	6584789	6367582	1842000	1254237
非金属矿采选业	1	38738	36801	24502	1855
制造业	973	379693253	372437006	326106615	156631524
农副食品加工业	69	22172282	22383410	6415054	2278567
食品制造业	34	12777193	12697876	7048888	3194032
酒、饮料和精制茶制造业	16	5076338	5459605	3543158	1033405
烟草制品业	1	5036627	5105466	7018589	6002849
纺织业	68	24007254	23905815	18236618	9242163
纺织服装、服饰业	30	7494241	7424885	2131359	522422
皮革、毛皮、羽毛及其制品和制鞋业	7	2834531	2800055	1436922	681126
木材加工和木、竹、藤、棕、草制品业	19	9256674	9201099	2472438	519062
家具制造业	11	2790483	2782560	879556	336385
造纸和纸制品业	19	6538824	6453995	2266026	586692
印刷和记录媒介复制业	23	5369904	5409699	4421191	2226201
文教、工美、体育和娱乐用品制造业	6	2561068	2533960	831801	293623
石油加工、炼焦和核燃料加工业	9	34554505	34167293	26171346	9202644
化学原料和化学制品制造业	129	48275094	47874612	20206877	8846164
医药制造业	52	46797433	43611230	75845981	38107438
化学纤维制造业	5	1863701	1899213	1120392	436425
橡胶和塑料制品业	46	10144148	9904957	5371519	2159476
非金属矿物制品业	59	18201433	18029262	20006102	7460147
黑色金属冶炼和压延加工业	30	15854048	16023769	29539521	7861805
有色金属冶炼和压延加工业	3	512755	502441	248648	154747
金属制品业	66	17407009	17106888	6856499	2821264
通用设备制造业	72	17741532	17615374	13099134	6837659
专用设备制造业	54	15630760	14887132	30838499	24568979
汽车制造业	15	3089775	2842537	4143756	2778074
铁路、船舶、航空航天和其他运输设备制造业	12	4031130	3826590	5530768	2866055
电气机械和器材制造业	64	23709513	22677463	12582766	5721421
计算机、通信和其他电子设备制造业	41	12700741	12030267	12812422	6457431
仪器仪表制造业	8	959261	1026107	2247450	1478606
其他制造业	3	1207537	1157871	172632	70782
废弃资源综合利用业	1	231570	229686	109416	16929
金属制品、机械和设备修理业	1	865889	865889	2501287	1868951
电力、燃气及水生产和供应业	24	30317586	30318660	44798309	5515186
电力、热力生产和供应业	17	27502642	27509809	40027259	4144790
燃气生产和供应业	2	1728614	1728614	1877542	569696
水的生产和供应业	5	1086330	1080237	2893508	800700

10—5 续表 1　　　　（2016 年）　　　　计量单位：千元

项目名称	固定资产小计	固定资产原价	累计折旧
总　计	**138486226**	**202408919**	**72448528**
采矿业	302402	284690	110775
煤炭开采和洗选业	290902	274190	109775
非金属矿采选业	11500	10500	1000
制造业	105100069	144169110	46089895
农副食品加工业	3620021	4621244	1043524
食品制造业	2639109	3260690	817624
酒、饮料和精制茶制造业	2282124	3171395	889925
烟草制品业	879568	1999389	1119821
纺织业	4314558	5661801	1368705
纺织服装、服饰业	1216626	1518188	339214
皮革、毛皮、羽毛及其制品和制鞋业	610872	744096	133524
木材加工和木、竹、藤、棕、草制品业	1953359	2212619	290340
家具制造业	538876	654384	115508
造纸和纸制品业	1377284	1672646	305895
印刷和记录媒介复制业	1887116	4005369	2140116
文教、工美、体育和娱乐用品制造业	538178	636395	98217
石油加工、炼焦和核燃料加工业	11953135	20256472	8358666
化学原料和化学制品制造业	7423689	9809473	2908325
医药制造业	23001893	31864415	11197746
化学纤维制造业	259449	501762	247626
橡胶和塑料制品业	2221643	2031011	662881
非金属矿物制品业	8950432	13001642	4150118
黑色金属冶炼和压延加工业	3177704	3046509	861212
有色金属冶炼和压延加工业	20792	49640	28875
金属制品业	2979304	3965506	1024989
通用设备制造业	4064543	5364816	1702560
专用设备制造业	3585993	4569876	1207451
汽车制造业	896056	1380478	561865
铁路、船舶、航空航天和其他运输设备制造业	2406134	2112058	439552
电气机械和器材制造业	5356622	6568119	1343972
计算机、通信和其他电子设备制造业	6084687	8129366	2221117
仪器仪表制造业	223178	298416	86316
其他制造业	101850	115487	13637
废弃资源综合利用业	92487	97914	5427
金属制品、机械和设备修理业	442787	847934	405147
电力、燃气及水生产和供应业	33083755	57955119	26247858
电力、热力生产和供应业	30945392	54353620	24601597
燃气生产和供应业	1132696	1361649	411081
水的生产和供应业	1005667	2239850	1235180

10—5 续表 2　　　　（2016 年）　　　　计量单位：千元

项目名称	负债合计	# 流动负债	所有者权益	# 实收资本
总　计	**166144566**	**129196688**	**206201282**	**81177475**
采矿业	1385175	1370838	481326	189238
煤炭开采和洗选业	1374675	1360338	467324	186383
非金属矿采选业	10500	10500	14002	2855
制造业	137105130	110048921	188575911	70893369
农副食品加工业	2162099	1485944	4171992	1588554
食品制造业	3945837	3192690	3013428	1197649
酒、饮料和精制茶制造业	1855068	1580762	1688089	1264168
烟草制品业	1095077	1095077	5923512	1000000
纺织业	8404697	6563268	9797245	2529250
纺织服装、服饰业	360975	243082	1770383	540977
皮革、毛皮、羽毛及其制品和制鞋业	361154	293084	1075768	489460
木材加工和木、竹、藤、棕、草制品业	561421	304419	1911017	357180
家具制造业	256161	142167	623395	300422
造纸和纸制品业	525324	269940	1740702	462996
印刷和记录媒介复制业	1117159	981449	3304026	1677258
文教、工美、体育和娱乐用品制造业	213593	182542	618208	290356
石油加工、炼焦和核燃料加工业	18026744	13234318	8144602	578792
化学原料和化学制品制造业	7763854	6275075	12431140	3770399
医药制造业	36524509	30327518	39321470	14284760
化学纤维制造业	1109723	935038	10669	315428
橡胶和塑料制品业	1961530	1648061	3379741	1669963
非金属矿物制品业	9169131	7146698	10836969	4255386
黑色金属冶炼和压延加工业	7103191	4857772	22258185	2433656
有色金属冶炼和压延加工业	94769	93498	153878	33000
金属制品业	2294410	1808756	4562085	1488137
通用设备制造业	6413209	5422838	6685923	2668694
专用设备制造业	7383844	6273487	23454652	18807723
汽车制造业	2059461	1802314	2084293	547239
铁路、船舶、航空航天和其他运输设备制造业	2792229	1912782	2738539	1228559
电气机械和器材制造业	6242611	5783388	6340150	2530641
计算机、通信和其他电子设备制造业	4918430	4065941	7893986	3831263
仪器仪表制造业	419823	401443	1827626	563592
其他制造业	41524	22742	131108	105000
废弃资源综合利用业	19964	11854	89452	20000
金属制品、机械和设备修理业	1907609	1690974	593678	62867
电力、燃气及水生产和供应业	27654261	17776929	17144045	10094868
电力、热力生产和供应业	24520373	15127279	15506884	8768563
燃气生产和供应业	1257049	1257049	620492	313325
水的生产和供应业	1876839	1392601	1016669	1012980

10—5 续表 3　　（2016 年）　　计量单位：千元

项目名称	实收资本中：		主营业务收入	主营业务成　本	主营业务税金及附加
	国家资本	集体资本			
总　计	**14970954**	**1608842**	**434651553**	**349728826**	**12426809**
采矿业			5561290	5030099	21461
煤炭开采和洗选业			5524156	5000392	21450
非金属矿采选业			37134	29707	11
制造业	6916311	1608842	398802960	317235294	12238290
农副食品加工业			22998700	19262452	123512
食品制造业			14350470	10910936	73243
酒、饮料和精制茶制造业	41500		5870738	4628934	110623
烟草制品业	1000000		5095718	1746469	2680964
纺织业	29940	3004	34099751	29798790	123290
纺织服装、服饰业	60000		7460628	6326711	35666
皮革、毛皮、羽毛及其制品和制鞋业	150004		3480342	2965045	11933
木材加工和木、竹、藤、棕、草制品业			9257207	7586233	40598
家具制造业			2744256	2205403	16739
造纸和纸制品业	3000		6455720	5213168	40464
印刷和记录媒介复制业	81441		5427864	4360389	36673
文教、工美、体育和娱乐用品制造业			2530629	1945477	14336
石油加工、炼焦和核燃料加工业	130000		33357548	23675044	7474221
化学原料和化学制品制造业	97973	28755	49250190	40649781	276277
医药制造业	2114881	8718	57657306	42938108	377960
化学纤维制造业	240828	1100	1985204	1655086	13428
橡胶和塑料制品业	38400	49272	10092011	8337115	83838
非金属矿物制品业	118215	1508963	18190154	14692688	107891
黑色金属冶炼和压延加工业	2000000		16181783	13987602	42457
有色金属冶炼和压延加工业			480204	381802	2660
金属制品业	34351		16762235	13687914	89814
通用设备制造业	75725	6447	16733693	13293243	102832
专用设备制造业	10100		14501888	11434507	70342
汽车制造业	19522	2583	3053587	2563181	15557
铁路、船舶、航空航天和其他运输设备制造业	516105		3785960	2903466	28427
电气机械和器材制造业	2400		22002503	17823356	186503
计算机、通信和其他电子设备制造业	89059		11905682	9899303	40004
仪器仪表制造业			1021273	643221	8798
其他制造业			1159120	1019565	5948
废弃资源综合利用业			229686	182625	2231
金属制品、机械和设备修理业	62867		680910	517680	1061
电力、燃气及水生产和供应业	8054643		30287303	27463433	167058
电力、热力生产和供应业	6924113		27435990	25472653	140024
燃气生产和供应业	120000		1721862	1215950	18940
水的生产和供应业	1010530		1129451	774830	8094

10—5 续表 4　　（2016 年）　　计量单位：千元

项目名称	管理费用	# 税 金	财务费用	# 利息支出	营业利润
总　计	**15840244**	**643791**	**2668436**	**2814923**	**36354830**
采矿业	46924	10315	47145	19428	226940
煤炭开采和洗选业	46918	10310	47127	19410	219557
非金属矿采选业	6	5	18	18	7383
制造业	15428475	614099	2072875	2291494	34407231
农副食品加工业	626128	18509	36074	42705	2087997
食品制造业	424417	6109	38358	35626	942350
酒、饮料和精制茶制造业	173649	9003	16720	19251	505156
烟草制品业	402746	15721	-825	45	241063
纺织业	864573	43161	240558	245151	2289611
纺织服装、服饰业	192635	7016	11248	11992	657849
皮革、毛皮、羽毛及其制品和制鞋业	90037	2176	3473	5043	351251
木材加工和木、竹、藤、棕、草制品业	170950	1415	10793	1921	1174307
家具制造业	83753	396	1351	1351	358702
造纸和纸制品业	268515	3495	21710	21397	754216
印刷和记录媒介复制业	376269	14596	13080	27451	500680
文教、工美、体育和娱乐用品制造业	62922	499	-421	452	345007
石油加工、炼焦和核燃料加工业	803514	57268	334975	358540	519962
化学原料和化学制品制造业	1797419	60819	193271	158251	4539430
医药制造业	2806010	187649	352406	391410	5790834
化学纤维制造业	95637	5145	21085	19808	77661
橡胶和塑料制品业	293658	6005	37866	37197	1200719
非金属矿物制品业	769503	22094	305062	315294	1197514
黑色金属冶炼和压延加工业	372461	27335	46519	180684	1263359
有色金属冶炼和压延加工业	40684	1353	-1092	233	41433
金属制品业	550827	11306	55831	59702	1833232
通用设备制造业	1039121	23007	130066	123006	1563018
专用设备制造业	721054	35145	67665	64600	1784436
汽车制造业	194256	11946	5912	22455	175931
铁路、船舶、航空航天和其他运输设备制造业	289645	9968	29654	32077	492690
电气机械和器材制造业	1133273	11200	39896	44592	2099711
计算机、通信和其他电子设备制造业	465782	18843	61581	64907	1332176
仪器仪表制造业	129105	2661	-2038	1504	142409
其他制造业	6737	89	4120	1896	116550
废弃资源综合利用业	10473	94	2952	2953	20819
金属制品、机械和设备修理业	172722	76	-4975		7158
电力、燃气及水生产和供应业	364845	19377	548416	504001	1720659
电力、热力生产和供应业	116909	6076	526976	481542	1251464
燃气生产和供应业	86451	4398	4262	5083	357903
水的生产和供应业	161485	8903	17178	17376	111292

10—5 续表 5　　（2016 年）　　计量单位：千元、人

项目名称	投资收益	利润总额	所得税费用	本年应付职工薪酬	全部从业人员年平均人数
总　计	**-4069**	**36647139**	**2621057**	**19895571**	**304366**
采矿业		227626	6758	25433	1321
煤炭开采和洗选业		220243	6758	24973	1302
非金属矿采选业		7383		460	19
制造业	-14645	34589931	2206024	16498687	286724
农副食品加工业	19016	1967617	53063	669111	13262
食品制造业	-8168	972189	44416	576956	11586
酒、饮料和精制茶制造业	24186	493955	32745	276626	5046
烟草制品业		266433	67880	378194	1343
纺织业	3952	2507059	102307	1173454	19806
纺织服装、服饰业		678169	24165	295242	6678
皮革、毛皮、羽毛及其制品和制鞋业		353103	15165	137430	2415
木材加工和木、竹、藤、棕、草制品业		1152590	1445	316338	5664
家具制造业		339042	5613	102432	1879
造纸和纸制品业		717554	10306	168173	3620
印刷和记录媒介复制业	12387	491406	62221	511870	5522
文教、工美、体育和娱乐用品制造业		327459	175	72808	1458
石油加工、炼焦和核燃料加工业	582	546204	224177	637089	9740
化学原料和化学制品制造业	2581	4384866	137548	1396508	30396
医药制造业	74797	5996100	768883	2831086	51213
化学纤维制造业		75363	986	82331	2123
橡胶和塑料制品业	24287	1140066	21312	304863	7354
非金属矿物制品业	-376054	1241536	82313	701438	13512
黑色金属冶炼和压延加工业	1787	1238647	45339	726025	9866
有色金属冶炼和压延加工业		43826	2884	23333	436
金属制品业	-239	1736120	16727	675705	13284
通用设备制造业	12043	1487465	83441	926275	17167
专用设备制造业	49727	1994032	173771	693155	12243
汽车制造业		197170	18991	284572	4005
铁路、船舶、航空航天和其他运输设备制造业	113157	530050	61274	437637	5238
电气机械和器材制造业	222	2100216	99923	1256526	18573
计算机、通信和其他电子设备制造业	5496	1297020	23968	542572	9115
仪器仪表制造业	25596	173944	20505	99791	1552
其他制造业		110150	277	14144	396
废弃资源综合利用业		20819	4204	4003	127
金属制品、机械和设备修理业		9761		183000	2105
电力、燃气及水生产和供应业	10576	1829582	408275	3371451	16321
电力、热力生产和供应业	10092	1364467	300763	2960880	10367
燃气生产和供应业	484	358284	93566	101167	1134
水的生产和供应业		106831	13946	309404	4820

分县（市）区规模以上工业企业主要经济指标

10—6　　　（2016 年）　　　计量单位：个、千元

行政单位	企业单位数	工业总产值	工业销售产值	资产合计	# 流动资产小计
石家庄市	**2704**	**964478768**	**948562679**	**621588839**	**237897856**
市　区	1022	416634366	409160049	372771426	163402802
长安区	20	8748085	9098107	44317447	16787235
桥西区	10	1657551	1631492	4445882	2023897
新华区	14	832127	815935	1251850	864642
裕华区	10	2958319	2973934	4209998	2236406
矿　区	45	17394606	17073178	17435788	8252036
藁城区	419	162345439	162415455	65532795	26830896
鹿泉区	198	73684884	71335176	46225667	16444208
栾城区	164	41680178	40687324	27577216	12759153
高新区	110	43857104	41703702	89913945	56249246
循环化工园区	29	31919377	31382474	19925081	6549643
井陉县	68	13588029	13397707	13711198	4855189
正定县	148	50184732	48600682	24058267	9203031
行唐县	87	22087081	21723828	16883001	6021700
灵寿县	69	12271106	11529027	6687277	1228840
高邑县	75	15862107	15271473	6049771	1932135
深泽县	92	22565707	21943723	3974803	1140729
赞皇县	67	18628534	18153048	7508982	2355387
无极县	115	41189886	39919883	6864992	1939469
平山县	24	41709044	41418821	37491153	12326590
元氏县	78	35145333	34858216	14407033	6371785
赵　县	112	66124096	65681884	16488375	2941559
晋州市	269	65952976	64574870	36184645	8398481
新乐市	173	50168440	49896224	16932488	4903462
辛集市	305	92367331	92433244	41575428	10876697

10—6 续表 1　　（2016 年）　　计量单位：千元

行政单位	固定资产小计	固定资产原价	累计折旧
石家庄市	**270204782**	**397947569**	**141726461**
市　区	138486226	202408919	72448528
长安区	6221735	8225514	3721172
桥西区	1125631	2471028	1517749
新华区	200325	532998	359171
裕华区	1712242	3611729	1901228
矿　区	3596577	5628461	2535669
藁城区	36707241	45758610	9608323
鹿泉区	20442987	27103955	8448797
栾城区	8922059	12217173	4375935
高新区	19579727	27267878	9482338
循环化工园区	12149971	19765185	7633901
井陉县	6888796	14132904	7524408
正定县	11779024	22130867	10909837
行唐县	8976575	11306620	2588682
灵寿县	4313919	6588719	2277971
高邑县	3833837	4947765	1117537
深泽县	2508124	2720469	371423
赞皇县	4423852	5695031	1588108
无极县	3879288	5415845	1626795
平山县	22764836	40347128	18374876
元氏县	4741581	6474262	1575443
赵　县	7774656	8493588	3214958
晋州市	26460004	31859954	5416247
新乐市	11010872	17550103	6851472
辛集市	12363192	17875395	5840176

10—6 续表 2　　　　　　　　　　　　（2016 年）　　　　　　　　　　　　计量单位：千元

行政单位	负债合计	#流动负债	所有者权益合计	#实收资本
石家庄市	**261392638**	**208481763**	**356786028**	**126768993**
市　区	166144566	129196688	206201282	81177475
长安区	16347858	12005654	27939345	5224935
桥西区	2998333	2541064	1447548	1092404
新华区	670764	625385	581083	605825
裕华区	1408058	906719	2801937	1641859
矿　区	12731027	10895842	4704758	1395533
藁城区	18444634	11932034	46972518	16358469
鹿泉区	21822961	16674985	24123051	6942058
栾城区	10699303	8199009	16877900	3716739
高新区	34441484	31729953	55472449	31856950
循环化工园区	13189225	9388313	6735855	2190601
井陉县	8179706	6047729	5531492	1597986
正定县	10376797	6807898	13547992	5157565
行唐县	4152037	3345233	11294978	3296992
灵寿县	3405705	2724358	3281570	1806528
高邑县	2339023	1945003	3710747	2080873
深泽县	1916610	1385935	1998081	388247
赞皇县	3841572	2255754	3667410	1644397
无极县	2420958	2290073	4444032	704868
平山县	20250865	19228514	17240287	3181488
元氏县	4311770	3344467	9707941	1484182
赵　县	2758290	1987822	13730082	7234117
晋州市	9380166	8906785	25865007	7818091
新乐市	6597529	6092636	10306776	6413836
辛集市	15317044	12922868	26258351	2782348

10—6 续表 3　　（2016 年）　　计量单位：千元

行政单位	实收资本中：		主营业务收入	主营业务成本	主营业务税金及附　加
	# 国家资本	集体资本			
石家庄市	**16865647**	**1980456**	**968829279**	**814469753**	**14271232**
市　区	14970954	1608842	434651553	349728826	12426809
长安区	2122970		19412761	17425144	79177
桥西区	873889		2080816	1615051	14979
新华区	29940		838784	726241	3661
裕华区	220168	2583	2857797	2297827	19184
矿　区	130089	47447	15322616	13975736	57387
藁城区	1969968	1100	163604377	128501050	3681052
鹿泉区	934539	1495989	73293082	60014732	379487
栾城区	1359848	1500	41087435	35299595	163104
高新区	389348	24250	50346624	35970125	405051
循环化工园区	59251	27255	32246723	22548425	7486759
井陉县	65897	1500	12671896	10375349	60699
正定县	84442	30000	45733266	39955030	159622
行唐县			22388293	18505744	96601
灵寿县	28500	186230	11946849	10591689	48131
高邑县			14828243	13187954	27118
深泽县			21560895	19596237	228243
赞皇县			18142180	14996920	11854
无极县	39810	12300	39993352	35616020	122858
平山县	756800	123200	37970795	34480376	102694
元氏县	200	1000	33428469	27448492	301556
赵　县		580	68257658	62202891	89095
晋州市	120000	5600	64665820	57983705	125565
新乐市	711790	3600	49624373	43274401	194675
辛集市	87254	7604	92965637	76526119	275712

10—6 续表 4　　　　（2016 年）　　　　计量单位：千元

行政单位	管理费用	#税 金	财务费用	#利息支出	营业利润
石家庄市	**25890684**	**1114190**	**6808315**	**6735074**	**81357897**
市 区	15840244	643791	2668436	2814923	36354830
长安区	726053	60540	211036	354053	255972
桥西区	304522	12442	37169	37772	26308
新华区	66985	2986	15376	14590	-6798
裕华区	299214	8827	-14989	574	253668
矿 区	360269	40689	178357	163534	227741
藁城区	5602745	87296	196438	200349	19012613
鹿泉区	2529786	64714	684354	646295	6233601
栾城区	1183672	81949	124908	171005	3793652
高新区	3359807	166992	298577	315858	5935017
循环化工园区	850011	68942	314609	317423	456165
井陉县	266159	38993	185034	182306	1634988
正定县	771433	32132	248306	247707	3592995
行唐县	470591	12978	200234	186803	2481030
灵寿县	189550	10592	69473	47945	949216
高邑县	123090	8006	60221	58629	1374498
深泽县	509441	88775	151812	151384	647106
赞皇县	540962	4677	181159	181262	1953686
无极县	407282	18137	236831	174525	3275953
平山县	843010	78549	642164	620376	2269119
元氏县	845998	18335	253900	193993	3668921
赵 县	597128	25920	190988	186225	4288069
晋州市	188276	8867	108664	76418	6161369
新乐市	840308	28851	223511	230081	4021271
辛集市	3457212	95587	1387582	1382497	8684846

10—6 续表 5　　（2016 年）　　计量单位：千元、人

行政单位	投资收益	利润总额	所得税费用	本年应付职工薪酬	全部从业人员年平均人数
石家庄市	**29722**	**82093112**	**5659546**	**40200478**	**685326**
市　区	–4069	36647139	2621057	19895571	304366
长安区	8223	688366	99659	1252460	12777
桥西区	9029	35312	7882	351361	6244
新华区		–1162	705	54938	1777
裕华区	8630	257019	66241	429874	2973
矿　区	585	217730	11682	434959	10589
藁城区	55081	17986997	431138	6083636	108214
鹿泉区	–380779	6288846	207576	2169831	44189
栾城区	142839	3924317	421834	1802214	33257
高新区	125529	6400733	1039705	3607143	56277
循环化工园区	212	530857	214440	625253	10306
井陉县	4596	1671735	271645	855998	12313
正定县	4426	3600800	500148	1112426	28736
行唐县	330	2529925	315806	454103	12185
灵寿县	–4650	959357	9454	318354	9242
高邑县	624	1378519	12144	668364	20746
深泽县		647106	108053	479208	14657
赞皇县		1969457	2569	231795	11221
无极县		3305172	6924	600081	26187
平山县	28626	2314063	329045	1408078	25046
元氏县	100	3676737	281026	512541	12438
赵　县	–671	4308882	382151	885694	34274
晋州市	186	6202521	2686	2327491	51394
新乐市	–5185	4151961	721975	2570791	43101
辛集市	5409	8729738	94863	7879983	79420

分县（市）区规模以上国有控股工业企业主要经济指标

10—7　　　　（2016 年）　　　　计量单位：个、千元

行政单位	企业单位数	工业总产值	工业销售产值	资产合计	# 流动资产小计
石家庄市	**103**	**116725458**	**114767431**	**191958824**	**70023142**
市　区	79	101236061	99334376	166713514	62280180
长安区	8	7267663	7646700	42643184	15678362
桥西区	4	871123	874593	2912596	1179776
新华区	2	141614	137926	502505	351732
裕华区	4	2443690	2497049	3618773	1819423
矿　区	3	6965941	6965028	10861761	4597309
藁城区	6	7699988	7860347	10663844	6811742
鹿泉区	19	9926880	9342893	14713952	6268419
栾城区	11	4457749	4441742	9634842	3573648
高新区	15	4188887	4127802	5561780	3979247
循环化工园区	4	25715830	25397024	13664520	3615082
井陉县	3	5350932	5330191	7667832	1899882
正定县	1	309730	306491	475474	321712
行唐县					
灵寿县	3	814152	805849	1250743	173829
高邑县					
深泽县					
赞皇县	1	557938	546308	1631423	441495
无极县	1	332739	324784	829487	192685
平山县	4	4201057	4198851	6190687	1129188
元氏县					
赵　县					
晋州市	2	161638	157979	259590	88611
新乐市	7	2709788	2707028	5130742	2272299
辛集市	2	1051423	1055574	1809332	1223261

10—7 续表 1　　（2016 年）　　计量单位：千元

行政单位	固定资产小计	固定资产原价	累计折旧
石家庄市	**79915887**	**139633618**	**63957225**
市　区	64830089	107483236	46469472
长安区	5872291	7401623	3223629
桥西区	683537	1893485	1209948
新华区	97535	395839	298304
裕华区	1581699	3283942	1698105
矿　区	1678758	2939885	1537965
藁城区	3318893	5124199	1976726
鹿泉区	7423567	11086277	3999015
栾城区	5377603	6975243	2304009
高新区	1015276	1858340	861781
循环化工园区	9953199	16698015	6495745
井陉县	5172413	11866392	6693979
正定县	133111	306103	177318
行唐县			
灵寿县	932225	1317533	385308
高邑县			
深泽县			
赞皇县	1039463	1495174	455711
无极县	239927	707189	467262
平山县	4678676	12381367	7858065
元氏县			
赵　县			
晋州市	170979	287082	138975
新乐市	2135633	3010299	1011729
辛集市	583371	779243	299406

10—7 续表 2　　　　（2016 年）　　　　计量单位：千元

行政单位	负债合计	#流动负债	所有者权益合计	#实收资本
石家庄市	**103044165**	**78276438**	**88914649**	**32763430**
市　区	89285010	65699133	77428495	25707019
长安区	15678403	11354338	26964780	4692875
桥西区	2182404	1725135	730192	913889
新华区	270425	249805	232079	348304
裕华区	1085928	604970	2532845	1514986
矿　区	7333992	6512086	3527769	354950
藁城区	2838775	2226809	7825069	1953578
鹿泉区	8636774	6682717	6077174	3016160
栾城区	6469582	4178146	3165257	1920658
高新区	2430954	2289078	3130826	736162
循环化工园区	8966854	5578319	4697666	103355
井陉县	4146277	3725654	3521555	214745
正定县	189132	189132	286342	124729
行唐县				
灵寿县	780847	678767	469896	545170
高邑县				
深泽县				
赞皇县	877927	848125	753496	700000
无极县	846848	842671	-17361	77300
平山县	2722977	2362122	3467710	2175477
元氏县				
赵　县				
晋州市	330572	328998	-70983	120000
新乐市	2629760	2367021	2500982	2957768
辛集市	1234815	1234815	574517	141222

10—7 续表 3　　　　（2016 年）　　　　计量单位：千元

行政单位	实收资本中： 国家资本	主营业务收入	主营业务成本	主营业务税金及附　加
石家庄市	**16697615**	**127641280**	**102998662**	**10570967**
市　区	14819364	111797235	90717470	10469046
长安区	2122970	17822322	16207480	34381
桥西区	873889	820228	559303	7484
新华区	29940	142863	107190	1445
裕华区	220168	2388315	1917380	16594
矿　区	130000	5803482	5418349	22092
藁城区	1928468	7962329	3992299	2701184
鹿泉区	934539	9732493	8220710	43935
栾城区	1359848	4346951	3702983	37613
高新区	264948	3638669	2567583	26278
循环化工园区	73650	25579045	16669293	7441072
井陉县	64745	5356946	3974629	34405
正定县	82582	435595	402302	3309
行唐县				
灵寿县	15270	797566	669709	3046
高邑县				
深泽县				
赞皇县		546308	427812	2713
无极县	39810	392628	427370	542
平山县	756800	4247943	2985121	24031
元氏县				
赵　县				
晋州市	120000	157124	139089	926
新乐市	711790	2363161	1968057	24425
辛集市	87254	1546774	1287103	8524

10—7 续表 4　　　　（2016 年）　　　　计量单位：千元

行政单位	管理费用	#税 金	财务费用	#利息支出	营业利润
石家庄市	**4909561**	**314904**	**1721519**	**1933356**	**5027953**
市　区	4069349	251246	1368299	1556194	3192082
长安区	603063	55834	210003	348854	172128
桥西区	146876	8900	14790	17026	20737
新华区	27850	1981	12608	11952	-9334
裕华区	245707	172	-14329	12	235892
矿　区	179044	14865	34603	71098	3434
藁城区	487658	20136	41457	42462	700090
鹿泉区	569093	21973	109363	113098	689400
栾城区	367112	29581	98197	113221	215587
高新区	328564	8623	9950	8221	606226
循环化工园区	557202	40767	229056	236780	391031
井陉县	154701	28622	146053	150940	1013431
正定县	27468		-3542	99	10249
行唐县					
灵寿县	67496	2156	24614	24720	32358
高邑县					
深泽县					
赞皇县	83289	3479	26033	26246	-4693
无极县	24106		13519	14867	-82264
平山县	166356	13678	52377	55255	1015540
元氏县					
赵　县					
晋州市	8956	1045	9799	9804	-2719
新乐市	227545	11906	24035	34754	-229086
辛集市	80295	2772	60332	60477	83055

10—7 续表 5 （2016 年） 计量单位：千元、人

行政单位	投资收益	利润总额	所得税费用	本年应付职工薪酬	全部从业人员年平均人数
石家庄市	**173582**	**6002755**	**1381461**	**9589970**	**92495**
市　区	169747	3993579	824039	8060365	71629
长安区	8223	603130	85215	1070186	9857
桥西区	8929	29198	6961	287467	4665
新华区		-9028		14300	568
裕华区	8442	237856	62062	359712	1905
矿　区		28164	1432	312457	5490
藁城区		728136	175085	580157	4216
鹿泉区		729429	75600	805639	10596
栾城区	104318	306680	7807	681205	7589
高新区	13119	595763	81902	487046	5437
循环化工园区	134	426127	207780	378294	3543
井陉县	225	1049512	259152	662442	6177
正定县		1089	1637	13440	999
行唐县					
灵寿县		31757	6718	56196	1017
高邑县					
深泽县					
赞皇县		10713		5540	647
无极县		-80335	79	40219	855
平山县		1036407	285219	289068	2628
元氏县					
赵　县					
晋州市		879		10292	582
新乐市	3557	-121957	4612	358905	5882
辛集市	53	81111	5	93503	2079

分县（市）区规模以上集体工业企业主要经济指标

10—8　　　　（2016 年）　　　　计量单位：个、千元

行政单位	企业单位数	工业总产值	工业销售产值	资产合计	# 流动资产小计
石家庄市	**12**	**2987281**	**2704348**	**924783**	**240606**
市　区	6	2224397	2201627	722483	192382
长安区					
桥西区					
新华区					
裕华区					
矿　区	1	15608	15903	58867	52669
藁城区	2	834866	817633	454134	107124
鹿泉区	1	672710	652117	92564	6436
栾城区	2	701213	715974	116918	26153
高新区					
循环化工园区					
井陉县					
正定县					
行唐县	2	514354	254191	92458	9488
灵寿县					
高邑县					
深泽县					
赞皇县					
无极县					
平山县					
元氏县					
赵　县					
晋州市	1	99438	99438	40429	21984
新乐市					
辛集市	3	149092	149092	69413	16752

10—8 续表 1　　（2016 年）　　计量单位：千元

行政单位	固定资产小计	固定资产原价	累计折旧
石家庄市	**512863**	**608861**	**121684**
市　区	388330	500575	112691
长安区			
桥西区			
新华区			
裕华区			
矿　区	6142	11837	6141
藁城区	347010	410809	63799
鹿泉区	24960	64839	39879
栾城区	10218	13090	2872
高新区			
循环化工园区			
井陉县			
正定县			
行唐县	82970	57730	
灵寿县			
高邑县			
深泽县			
赞皇县			
无极县			
平山县			
元氏县			
赵　县			
晋州市	18445	21156	2711
新乐市			
辛集市	23118	29400	6282

10—8 续表 2　　（2016 年）　　计量单位：千元

行政单位	负债合计	#流动负债	所有者权益合计	#实收资本
石家庄市	**278008**	**168832**	**646776**	**173097**
市　区	240364	131979	482120	147480
长安区				
桥西区				
新华区				
裕华区				
矿　区	63812	58332	–4944	3536
藁城区	119221	21460	334913	134444
鹿泉区	37433	32289	55131	3000
栾城区	19898	19898	97020	6500
高新区				
循环化工园区				
井陉县				
正定县				
行唐县	791		91667	15813
灵寿县				
高邑县				
深泽县				
赞皇县				
无极县				
平山县				
元氏县				
赵　县				
晋州市	28516	28516	11913	600
新乐市				
辛集市	8337	8337	61076	9204

10—8 续表 3　　（2016 年）　　计量单位：千元

行政单位	实收资本中：集体资本	主营业务收入	主营业务成本	主营业务税金及附　加
石家庄市	**16151**	**2855113**	**2448470**	**13856**
市　区	7947	2092229	1758385	12942
长安区				
桥西区				
新华区				
裕华区				
矿　区	3447	20773	16412	260
藁城区		772009	612758	7684
鹿泉区	3000	583473	460595	3432
栾城区	1500	715974	668620	1566
高新区				
循环化工园区				
井陉县				
正定县				
行唐县		514354	465916	232
灵寿县				
高邑县				
深泽县				
赞皇县				
无极县				
平山县				
元氏县				
赵　县				
晋州市	600	99438	94797	137
新乐市				
辛集市	7604	149092	129372	545

10—8 续表 4 （2016 年） 计量单位：千元

行政单位	管理费用	#税 金	财务费用	#利息支出	营业利润
石家庄市	**104801**	**1209**	**2556**	**1451**	**243152**
市 区	101197	1127	1300	1135	183879
长安区					
桥西区					
新华区					
裕华区					
矿 区	2764	481	165		989
藁城区	55724	466	593	593	81493
鹿泉区	41186	8	23	23	58330
栾城区	1523	172	519	519	43067
高新区					
循环化工园区					
井陉县					
正定县					
行唐县	1715	11	959	19	43672
灵寿县					
高邑县					
深泽县					
赞皇县					
无极县					
平山县					
元氏县					
赵 县					
晋州市	139	1	154	154	4076
新乐市					
辛集市	1750	70	143	143	11525

10—8 续表 5　　（2016 年）　　计量单位：千元、人

行政单位	投资收益	利润总额	所得税费用	本年应付职工薪酬	全部从业人员年平均人数
石家庄市		**234828**	**4915**	**69399**	**1692**
市　区		175555	4757	51910	1140
长安区					
桥西区					
新华区					
裕华区					
矿　区		-1		8162	152
藁城区		74159		29781	586
鹿泉区		58330		4587	215
栾城区		43067	4757	9380	187
高新区					
循环化工园区					
井陉县					
正定县					
行唐县		43672		8856	236
灵寿县					
高邑县					
深泽县					
赞皇县					
无极县					
平山县					
元氏县					
赵　县					
晋州市		4076		5701	170
新乐市					
辛集市		11525	158	2932	146

历年规模以上工业总产值、工业增加值指数

10—9　　（上年＝100）　　计量单位:%

年份	工业总产值	年份	工业总产值	工业增加值
1953	131.85	1985	113.55	
1954	132.48	1986	108.66	
1955	119.29	1987	117.69	
1956	119.97	1988	117.15	
1957	109.47	1989	106.14	
1958	157.78	1990	103.07	
1959	167.58	1991	115.30	
1960	110.79	1992	115.41	
1961	59.75	1993	119.56	117.11
1962	68.62	1994	112.20	110.67
1963	100.13	1995	117.01	114.89
1964	121.64	1996	123.51	120.57
1965	134.86	1997	119.10	116.71
1966	113.18	1998	102.73	102.39
1967	104.34	1999	117.40	115.23
1968	131.46	2000	112.82	111.22
1969	118.92	2001	114.79	112.94
1970	115.84	2002	116.91	114.80
1971	96.74	2003	124.23	121.20
1972	97.12	2004	128.62	125.04
1973	111.47	2005	127.94	122.85
1974	108.05	2006	126.60	119.80
1975	118.80	2007	128.63	120.40
1976	111.41	2008	127.07	113.20
1977	114.86	2009	107.99	113.00
1978	98.54	2010	132.9	116.5
1979	103.44	2011	130.4	116.2
1980	105.44	2012	111.1	113.5
1981	103.20	2013	109.4	110.8
1982	104.17	2014	105.7	108.0
1983	109.92	2015	103.8	106.0
1984	116.80	2016	105.4	104.6

营运车辆拥有量

10—10 （2016 年） 计量单位：辆

指标名称	2016 年	2015 年	2014 年
客运车辆总计	3133	3018	3116
载客汽车	3133	3018	3116
# 大型	1707	1550	1527
# 班车客运客车	2416	2417	2511
包车客车	674	601	605
货运车辆总计	253564	266842	261876
载货汽车	246201	259509	254358
# 大型	90468	89344	87510
# 栏板货车	112897	131238	132192
厢式车	10640	10312	10494
集装箱车	20	20	20
罐车	1684	1636	1534
# 普通载货汽车	123972	142054	143229
专用载货汽车	1249	1132	991
其它载货机动车	7363	7333	7518

线路长度及运输量

10—11

（2016 年）

指标名称	单位	2016 年	2015 年	2014 年
境内公路里程	公里	19178.4	18862.4	17974.3
#境内等级公路里程	公里	18251.0	17301.1	16969.6
#境内高速公路里程	公里	610.8	611.1	559.7
公路客运量	万人	4582.3	5811.5	6179.2
民航客运量	万人			560.1
公路货运量	万吨	40639.4	27980.7	24141.6
民航货运量	万吨			4.6
公路客运周转量	万人公里	320918.1	307039.1	375277.9
公路货运周转量	万吨公里	19452991.2	1148067.9	10247049.6

注：公路客运量、民航客运量、公路货运量、民航货运量、公路客运周转量、公路货运周转量为不含辛集市数据

邮政业务量

10—12

（2016 年）

指标名称	单位	2016 年	2015 年	2014 年
邮政业务总量合计	**亿元**	**58.53**	**36.15**	**24.84**
函件	万件	2391.54	2777.97	7264.36
包裹	万件	40.55	47.73	54.69
快递	万件	27642.95	16373.39	9989.13
报纸	万份	12978.35	13566.3	13692.92
杂志	万份	566.23	755.19	892.05
汇兑	万笔	14.14	24.66	48.48

十一、贸易　外经　旅游

全市限额以上住宿和餐饮业企业经营状况

11—1　　（2016 年）　　计量单位：个、人、万元

指标名称	法人企业	从业人员期末人数	营业额	#客房收入	餐费收入	商品销售收入	其他收入
总　计	**101**	**13991**	**213452**	**69382**	**122473**	**3383**	**18213**
一、住宿业	66	10489	161246	63618	78383	2336	16910
旅游饭店	48	8169	132914	53383	63733	1504	14295
一般旅馆	15	2032	23811	8308	12814	828	1860
其他住宿业	3	288	4521	1927	1836	4	755
内资企业	64	10307	159184	62421	77812	2329	16622
国有企业	23	3532	48946	20546	22185	1158	5057
集体企业	2	123	1050	944			106
有限责任公司	24	4350	74478	28550	35732	913	9283
国有独资公司	2	802	14699	5709	6707		2283
其他有限责任公司	22	3548	59779	22841	29024	913	7000
股份有限公司	1	18	90	29	58	1	3
私营企业	13	2199	33930	12123	19378	257	2173
私营有限责任公司	12	2041	32537	11549	18652	185	2151
私营股份有限公司	1	158	1393	574	726	71	22
其他企业	1	85	690	231	460		
港、澳、台商投资企业	2	182	2062	1196	571	7	288
与港澳台商合资经营企业	1	74	1011	723			288
与港澳台商合作经营企业	1	108	1051	474	571	7	
国有控股	31	5488	88829	34028	39059	2061	13681
集体控股	2	123	1050	944			106
私人控股	27	3905	57249	22971	31073	268	2938
港澳台商控股	1	108	1051	474	571	7	
其他	5	865	13067	5202	7680		184
独立门店	62	10115	153984	59917	75034	2336	16698
其他	4	374	7262	3701	3349		212
大型	1	455	14701	5183	8984	121	414
中型	22	6173	102354	38461	49067	1250	13577
小型	41	3625	44101	19946	20274	964	2917
微型	2	236	90	29	58	1	3
五星	4	1517	34235	11794	17739	921	3781

11—1 续表　　　　（2016 年）　　　　计量单位：个、人、万元

指标名称	法人企业	从业人员期末人数	营业额				
				# 客房收入	餐费收入	商品销售收入	其他收入
四星	19	3907	52510	20426	22822	263	8999
三星	16	2185	24322	8052	14330	71	1869
二星	3	160	1248	523	721		3
其他	24	2720	48931	22822	22770	1080	2258
二、餐饮业	35	3502	52206	5764	44091	1048	1303
正餐服务	34	3480	52206	5764	44091	1048	1303
快餐服务	1	22					
内资企业	35	3502	52206	5764	44091	1048	1303
国有企业	2	103	1147	377	671	100	
有限责任公司	12	1053	17716	3009	14609	66	31
其他有限责任公司	12	1053	17716	3009	14609	66	31
股份有限公司	2	521	7625		7625		
私营企业	19	1825	25718	2379	21187	881	1272
私营独资企业	2	202	2129	276	1834	17	2
私营合伙企业	1	12	1194		1194		
私营有限责任公司	16	1611	22395	2102	18159	864	1270
国有控股	3	381	6668	2849	3719	100	
私人控股	30	2935	41557	2915	36391	948	1303
其他	2	186	3981		3981		
独立门店	31	2537	36538	5764	28432	1048	1294
连锁总店	2	781	12017		12017		
连锁门店	2	184	3651		3642		9
中型	7	1759	29756	3371	25121		1265
小型	27	1721	22450	2394	18970	1048	38
微型	1	22					

市区限额以上住宿和餐饮业企业经营状况

11—2　（2016 年）　计量单位：个、人、万元

指标名称	法人企业	从业人员期末人数	营业额	# 客房收入	餐费收入	商品销售收入	其他收入
总　计	**70**	**11306**	**189309**	**60567**	**108821**	**2135**	**17786**
一、住宿业	43	8281	141012	55546	67597	1356	16512
旅游饭店	32	6589	118262	47086	55927	1352	13897
一般旅馆	9	1484	19316	6879	10577		1860
其他住宿业	2	208	3433	1581	1094	4	755
内资企业	42	8207	140001	54824	67597	1356	16224
国有企业	15	2974	42349	18560	18519	330	4940
集体企业	2	123	1050	944			106
有限责任公司	19	3738	70183	26730	33334	905	9215
国有独资公司	2	802	14699	5709	6707		2283
其他有限责任公司	17	2936	55484	21021	26627	905	6932
私营企业	6	1372	26418	8590	15745	121	1963
私营有限责任公司	6	1372	26418	8590	15745	121	1963
港、澳、台商投资企业	1	74	1011	723			288
与港澳台商合资经营企业	1	74	1011	723			288
国有控股	23	4930	82232	32043	35393	1233	13564
集体控股	2	123	1050	944			106
私人控股	15	2678	46209	17899	25529	123	2658
其他	3	550	11521	4661	6676		184
独立门店	41	8035	135698	52812	65114	1356	16417
其他	2	246	5313	2734	2484		95
大型	1	455	14701	5183	8984	121	414
中型	21	5983	99647	37239	47834	1186	13389
小型	20	1625	26663	13124	10780	49	2710
微型	1	218					
五星	3	1317	32873	10944	17228	921	3781
四星	13	3087	45759	17580	19256	183	8740
三星	10	1647	20464	6836	11782		1847

11—2 续表　　（2016 年）　　计量单位：个、人、万元

指标名称	法人企业	从业人员期末人数	营业额				
				# 客房收入	餐费收入	商品销售收入	其他收入
二星	2	104	757	350	404		3
其他	15	2126	41158	19837	18928	252	2141
二、餐饮业	27	3025	48297	5021	41223	780	1273
正餐服务	27	3025	48297	5021	41223	780	1273
内资企业	27	3025	48297	5021	41223	780	1273
国有企业	1	49	967	348	519	100	
有限责任公司	11	968	16960	2704	14181	66	9
其他有限责任公司	11	968	16960	2704	14181	66	9
股份有限公司	2	521	7625		7625		
私营企业	13	1487	22745	1969	18899	613	1265
私营独资企业	1	82	1285		1285		
私营合伙企业	1	12	1194		1194		
私营有限责任公司	11	1393	20266	1969	16420	613	1265
国有控股	2	327	6488	2821	3567	100	
私人控股	23	2512	37828	2200	33675	680	1273
其他	2	186	3981		3981		
独立门店	23	2060	32629	5021	25564	780	1265
连锁总店	2	781	12017		12017		
连锁门店	2	184	3651		3642		9
中型	7	1759	29756	3371	25121		1265
小型	20	1266	18541	1650	16103	780	9

全市亿元以上商品交易市场基本情况

11—3　　　　（2016 年）　　　　计量单位：个、万元

指标名称	期末市场个数	成交额
总　计	**50**	**13327906**
一、按市场类别分组		
1. 综合市场	13	6076951
2. 专业市场	37	7250955
生产资料市场	3	143522
农产品市场	9	212693
纺织、服装、鞋帽市场	5	5394269
电器、通讯器材、电子设备市场	2	54312
家具、五金及装饰材料市场	15	857490
汽车、摩托车及零配件市场	3	588669
二、按营业状态分组		
1. 常年营业	50	13327906
三、按经营方式分组		
1. 以批发为主	32	12220806
2. 以零售为主	18	1107100
四、按经营环境分组		
1. 露天式	8	211565
2. 封闭式	31	11763458
3. 其他	11	1352883

全市限额以上批发贸易业商品购销存总额

11—4　　　　（2016 年）　　　　计量单位：个、万元

项　　目	法人企业	商品购进额	商品销售额			年末库存总额
				#批发	零售	
总　　计	**207**	**9833055**	**10314151**	**9965852**	**348298**	**68603**
农、林、牧产品批发	7	198382	204782	204386	396	956
谷物、豆及薯类批发	3	6011	6226	5921	305	128
饲料批发	1	243	277	277		128
棉、麻批发	2	190789	195643	195643		
林业产品批发	1	1339	2636	2546	91	700
食品、饮料及烟草制品批发	19	861794	1142476	1140186	2290	14171
米、面制品及食用油批发	6	98121	103779	103779		1050
果品、蔬菜批发	1	2125	2114	2114		
肉、禽、蛋、奶及水产品批发	2	7965	9383	7831	1552	12000
盐及调味品批发	3	108454	140065	139923	142	
酒、饮料及茶叶批发	4	51145	52301	51705	596	970
烟草制品批发	1	577623	818469	818469		
其他食品批发	2	16363	16365	16365		151
纺织、服装及家庭用品批发	19	810689	880054	866938	13116	3997
纺织品、针织品及原料批发	6	151545	154367	154367		360
服装批发	4	18433	22506	19639	2867	1365
鞋帽批发	1	8485	8244	8244		
化妆品及卫生用品批发	2	50484	54175	52932	1242	700
家用电器批发	6	581743	640763	631756	9007	1572
文化、体育用品及器材批发	6	553037	688124	680077	8048	1485
文具用品批发	1	269207	269441	269441		
体育用品及器材批发	1	45769	56795	49567	7228	425
图书批发	1	223589	347169	346992	177	500
首饰、工艺品及收藏品批发	3	14472	14719	14076	643	560
医药及医疗器材批发	41	1833215	1465353	1435734	29619	17961
西药批发	32	1108676	1204431	1174812	29619	11646
中药批发	7	719341	251914	251914		6150
医疗用品及器材批发	2	5199	9009	9009		165
矿产品、建材及化工产品批发	80	5081859	5349469	5075042	274427	21227
煤炭及制品批发	26	164581	169481	142401	27080	10115
石油及制品批发	10	670241	687608	482266	205342	7889
金属及金属矿批发	13	3312819	3469040	3468123	918	290
建材批发	8	131403	133346	92937	40409	590

11—4 续表　　　　（2016 年）　　　　计量单位：个、万元

项　　目	法人企业	商品购进额	商品销售额	#批发	零售	年末库存总额
化肥批发	5	548607	635271	635195	76	870
其他化工产品批发	18	254208	254723	254120	603	1473
机械设备、五金产品及电子产品批发	34	470828	557973	537571	20402	8806
农业机械批发	4	8416	13740	10675	3065	800
汽车批发	4	147777	175280	174980	300	450
汽车零配件批发	2	35245	42241	42241		1046
五金产品批发	3	104721	118914	118914		800
电气设备批发	2	7549	22389	22389		
计算机、软件及辅助设备批发	2	21518	22591	22591		1132
通讯及广播电视设备批发	2	20585	20687	15994	4693	154
其他机械设备及电子产品批发	15	125018	142131	129788	12344	4424
其他批发业	1	23251	25919	25919		
再生物资回收与批发	1	23251	25919	25919		
内资企业	206	9826904	10306362	9960931	345432	67238
国有企业	6	676954	932671	927822	4849	650
集体企业	5	103960	125624	125406	218	800
有限责任公司	79	6741322	6788861	6715594	73267	31969
国有独资公司	7	2976445	3262739	3261843	897	850
其他有限责任公司	72	3764877	3526121	3453751	72370	31119
股份有限公司	7	107286	114440	112565	1876	2150
私营企业	109	2197382	2344766	2079544	265222	31669
私营有限责任公司	106	2069982	2200920	1935697	265222	31369
私营股份有限公司	3	127400	143847	143847		300
港、澳、台商投资企业	1	6151	7789	4922	2867	1365
与港澳台商合资经营企业	1	6151	7789	4922	2867	1365
国有控股	27	4804068	5471468	5432381	39087	8799
集体控股	13	337561	378744	378526	218	1950
私人控股	153	3863368	3601513	3293279	308235	52869
其他	14	828059	862426	861668	758	4985
独立门店	191	9582738	10035693	9709052	326642	54152
连锁总店	3	68670	72907	71602	1305	1200
其他	13	181647	205551	185199	20352	13251
大型	8	2070213	2604944	2604762	183	500
中型	105	6939398	6881205	6591204	290001	36628
小型	78	705191	710869	654528	56341	27442
微型	16	118254	117132	115359	1773	4033

全市限额以上零售贸易业商品购销存总额

11—5　　　　（2016 年）　　　　计量单位：个、万元

项　目	法人企业	购进总额	销售总额	#批发	零售	年末库存总额
总　计	**271**	**8911542**	**9582036**	**1416291**	**8165745**	**2186117**
综合零售	62	3392254	3736071	503383	3232688	1426766
百货零售	36	3168287	3286373	501820	2784553	1166878
超级市场零售	20	164354	387364	1200	386164	238359
其他综合零售	6	59613	62335	363	61972	21529
食品、饮料及烟草制品专门零售	7	22666	23846	14066	9781	20912
粮油零售	2	3991	3193		3193	310
糕点、面包零售	1	2812	3218		3218	2600
果品、蔬菜零售	2	14814	16363	13937	2426	17500
肉、禽、蛋、奶及水产品零售	1	418	492		492	82
酒、饮料及茶叶零售	1	631	580	128	452	420
纺织、服装及日用品专门零售	10	36305	68585	18462	50122	36983
服装零售	6	19827	20748	937	19811	26240
鞋帽零售	1		24901		24901	6683
化妆品及卫生用品零售	2	8755	13512	9536	3976	3540
自行车零售	1	7723	9424	7990	1434	520
文化、体育用品及器材专门零售	9	70423	66978	2374	64604	18566
图书、报刊零售	2	55909	50265		50265	15885
音像制品及电子出版物零售	1	3222	3232		3232	1390
珠宝首饰零售	2	5470	5755	1841	3915	419
工艺美术品及收藏品零售	1	59	870	159	710	200
乐器零售	2	5186	6200		6200	372
其他文化用品零售	1	578	657	374	283	300
医药及医疗器材专门零售	21	1820872	1963825	522456	1441369	43640
药品零售	18	1812588	1949882	519676	1430206	43158
医疗用品及器材零售	3	8284	13944	2780	11163	482
汽车、摩托车、燃料及零配件专门零售	108	3228932	3305276	309025	2996251	457615
汽车零售	83	2211037	2312181	13534	2298647	165399
汽车零配件零售	2	17188	17224	1016	16208	18120
摩托车及零配件零售	1	1939	1940		1940	180
机动车燃料零售	22	998768	973932	294476	679456	273916

11—5 续表　　（2016 年）　　计量单位：个、万元

项　　目	法人企业	购进总额	销售总额			年末库存总　额
				#批发	零售	
家用电器及电子产品专门零售	37	292309	363322	35003	328319	143492
家用视听设备零售	26	111199	148743	4322	144422	85997
日用家电设备零售	4	108299	114435	119	114316	36453
计算机、软件及辅助设备零售	4	7064	8699	40	8659	782
通信设备零售	3	65748	91445	30522	60923	20260
五金、家具及室内装饰材料专门零售	7	18352	21651	4542	17110	15420
五金零售	1	978	1047	1047		200
家具零售	3	4405	5517	3495	2022	10600
涂料零售	1	250	340		340	20
木质装饰材料零售	2	12720	14748		14748	4600
货摊、无店铺及其他零售业	10	29429	32482	6980	25502	22723
互联网零售	3	1810	1778		1778	418
生活用燃料零售	6	27618	30704	6980	23724	22205
其他未列明零售业	1					100
内资企业	266	7977210	8660006	1158049	7501957	1872403
国有企业	4	18649	22976	6226	16750	9083
集体企业	13	91192	105900	737	105163	104210
股份合作企业	2	2361	3193		3193	7100
有限责任公司	99	3504594	4015588	528502	3487085	597671
国有独资公司	5	141430	134226		134226	17561
其他有限责任公司	94	3363165	3881362	528502	3352859	580110
股份有限公司	19	3205380	3202075	549118	2652958	781343
私营企业	128	1154545	1309763	73086	1236678	372496
私营独资企业	8	15291	15243	944	14300	28646
私营合伙企业	2	1428	1586		1586	2200
私营有限责任公司	110	946637	1076004	72142	1003862	308644
私营股份有限公司	8	191189	216930		216930	33006
其他企业	1	489	511	381	130	500
港、澳、台商投资企业	1	7095	11865	9536	2330	3240
港澳台商独资企业	1	7095	11865	9536	2330	3240
外商投资企业	4	927238	910165	248706	661459	310474

11—5 续表 2　　（2016 年）　　计量单位：个、万元

项　　目	法人企业	购进总额	销售总额	#批发	零售	年末库存总额
中外合资经营企业	2	851324	830511	248706	581804	255924
外资企业	1	54160	55724		55724	45640
外商投资股份有限公司	1	21754	23931		23931	8910
国有控股	33	5723380	5822215	1210554	4611661	1025095
集体控股	22	116356	165362	737	164625	195771
私人控股	190	2631610	3111315	184024	2927291	677828
港澳台商控股	1	7095	11865	9536	2330	3240
外商控股	3	130831	148322		148322	163474
其他	22	302271	322958	11441	311517	120709
独立门店	241	4944817	5352493	613007	4739486	988076
连锁总店	21	3802387	4047756	801380	3246376	1073970
连锁门店	5	141973	155501	119	155382	60353
其他	4	22365	26287	1785	24502	63718
大型	25	6075243	6502127	1199071	5303056	1364425
中型	130	2504421	2717382	166080	2551302	547491
小型	89	285978	314207	46362	267845	218575
微型	27	45901	48321	4779	43543	55626
有店铺零售	268	8909732	9580258	1416291	8163967	2185699
便利店	2	55685	56241		56241	3456
超市	17	24966	27203		27203	41986
大型超市	5	136808	358420		358420	191564
百货店	41	3196241	3316900	503383	2813517	1156460
专业店	112	3392826	3619211	888506	2730705	562152
专卖店	84	2076229	2175538	22629	2152910	152658
家居建材商店	2	4540	4638		4638	12000
购物中心	1	15794	14923		14923	63000
厂家直销中心	4	6643	7184	1773	5411	2423
无店铺零售	3	1810	1778		1778	418
网上商店	3	1810	1778		1778	418

市区限额以上批发贸易业商品购销存总额

11—6 （2016 年） 计量单位：个、万元

项　　目	法人企业	商品购进额	商品销售额	#批发	零售	年末库存总额
总　　计	**163**	**8986490**	**9450017**	**9315370**	**134646**	**36903**
农、林、牧产品批发	4	193900	198788	198788		223
谷物、豆及薯类批发	1	2869	2868	2868		95
饲料批发	1	243	277	277		128
棉、麻批发	2	190789	195643	195643		
食品、饮料及烟草制品批发	15	849028	1131411	1130769	642	2101
米、面制品及食用油批发	5	92852	98785	98785		1050
肉、禽、蛋、奶及水产品批发	1	5095	6524	6401	123	
盐及调味品批发	3	108454	140065	139923	142	
酒、饮料及茶叶批发	3	48641	51203	50826	377	900
烟草制品批发	1	577623	818469	818469		
其他食品批发	2	16363	16365	16365		151
纺织、服装及家庭用品批发	19	810689	880054	866938	13116	3997
纺织品、针织品及原料批发	6	151545	154367	154367		360
服装批发	4	18433	22506	19639	2867	1365
鞋帽批发	1	8485	8244	8244		
化妆品及卫生用品批发	2	50484	54175	52932	1242	700
家用电器批发	6	581743	640763	631756	9007	1572
文化、体育用品及器材批发	6	553037	688124	680077	8048	1485
文具用品批发	1	269207	269441	269441		
体育用品及器材批发	1	45769	56795	49567	7228	425
图书批发	1	223589	347169	346992	177	500
首饰、工艺品及收藏品批发	3	14472	14719	14076	643	560
医药及医疗器材批发	39	1815722	1448883	1425926	22958	16131
西药批发	30	1091183	1187961	1165004	22958	9816
中药批发	7	719341	251914	251914		6150
医疗用品及器材批发	2	5199	9009	9009		165
矿产品、建材及化工产品批发	49	4354959	4619609	4549598	70012	4960
煤炭及制品批发	9	34544	37973	30379	7594	2567
石油及制品批发	7	138687	156690	134240	22450	310
金属及金属矿批发	10	3295894	3450521	3450521		
建材批发	5	116148	117021	77061	39960	540
化肥批发	2	528338	615320	615320		70
其他化工产品批发	16	241348	242085	242078	7	1473

11—6 续表　　（2016 年）　　计量单位：个、万元

项　　目	法人企业	商品购进额	商品销售额	#批发	零售	年末库存总　　额
机械设备、五金产品及电子产品批发	30	385905	457228	437356	19872	8006
农业机械批发	2	2014	4698	2163	2535	300
汽车批发	2	69256	83577	83277	300	150
汽车零配件批发	2	35245	42241	42241		1046
五金产品批发	3	104721	118914	118914		800
电气设备批发	2	7549	22389	22389		
计算机、软件及辅助设备批发	2	21518	22591	22591		1132
通讯及广播电视设备批发	2	20585	20687	15994	4693	154
其他机械设备及电子产品批发	15	125018	142131	129788	12344	4424
其他批发业	1	23251	25919	25919		
再生物资回收与批发	1	23251	25919	25919		
内资企业	162	8980339	9442228	9310449	131780	35538
国有企业	5	668284	924694	924632	63	450
集体企业	2	83691	105672	105530	142	
有限责任公司	72	6707330	6750411	6682467	67944	25690
国有独资公司	6	2974737	3261037	3260140	897	850
其他有限责任公司	66	3732594	3489374	3422327	67047	24840
股份有限公司	6	98462	105947	105947		520
私营企业	77	1422571	1555504	1491873	63631	8878
私营有限责任公司	76	1373692	1503360	1439729	63631	8878
私营股份有限公司	1	48879	52144	52144		
港、澳、台商投资企业	1	6151	7789	4922	2867	1365
与港澳台商合资经营企业	1	6151	7789	4922	2867	1365
国有控股	23	4777425	5445044	5415445	29599	3520
集体控股	10	317292	358792	358650	142	1150
私人控股	118	3070117	2792796	2688119	104677	27748
其他	12	821656	853384	853156	228	4485
独立门店	148	8739042	9174419	9059999	114419	34452
连锁总店	3	68670	72907	71602	1305	1200
其他	12	178778	202691	183769	18922	1251
大型	8	2070213	2604944	2604762	183	500
中型	90	6229563	6157315	6071216	86099	26419
小型	50	569285	571514	524923	46591	6001
微型	15	117430	116243	114470	1773	3983

市区限额以上零售贸易业商品购销存总额

11—7　　　　（2016 年）　　　　计量单位：个、万元

项　目	法人企业	商品购进额	商品销售额	#批发	零售	期末商品库存额
总　计	**179**	**8547734**	**9172678**	**1395900**	**7776778**	**1763774**
综合零售	30	3181411	3490410	501893	2988518	1140084
百货零售	16	2976360	3062216	501530	2560686	933778
超级市场零售	10	146307	368905		368905	200550
其他综合零售	4	58744	59289	363	58926	5756
食品、饮料及烟草制品专门零售	2	3991	3193		3193	310
粮油零售	2	3991	3193		3193	310
纺织、服装及日用品专门零售	5	17732	50045	18462	31583	14783
服装零售	2	2914	3855	937	2918	4340
鞋帽零售	1		24901		24901	6683
化妆品及卫生用品零售	1	7095	11865	9536	2330	3240
自行车零售	1	7723	9424	7990	1434	520
文化、体育用品及器材专门零售	7	66848	62917	2000	60917	17742
图书、报刊零售	1	52911	46861		46861	15361
音像制品及电子出版物零售	1	3222	3232		3232	1390
珠宝首饰零售	2	5470	5755	1841	3915	419
工艺美术品及收藏品零售	1	59	870	159	710	200
乐器零售	2	5186	6200		6200	372
医药及医疗器材专门零售	16	1817300	1959956	521886	1438070	39131
药品零售	13	1809016	1946012	519106	1426907	38649
医疗用品及器材零售	3	8284	13944	2780	11163	482
汽车、摩托车、燃料及零配件专门零售	97	3193108	3266913	308010	2958903	413596
汽车零售	79	2183134	2282709	13534	2269175	157949
汽车零配件零售	1	16190	16208		16208	3120
机动车燃料零售	17	993784	967996	294476	673520	252527
家用电器及电子产品专门零售	13	229318	297457	32128	265328	114235
家用视听设备零售	6	50831	85627	1487	84140	57442
日用家电设备零售	3	107487	113681	119	113562	36253
计算机、软件及辅助设备零售	1	5252	6704		6704	280
通信设备零售	3	65748	91445	30522	60923	20260
五金、家具及室内装饰材料专门零售	5	17592	20691	4542	16150	7900
五金零售	1	978	1047	1047		200
家具零售	2	3895	4897	3495	1402	3100
木质装饰材料零售	2	12720	14748		14748	4600
货摊、无店铺及其他零售业	4	20433	21096	6980	14116	15993
生活用燃料零售	3	20433	21096	6980	14116	15893
其他未列明零售业	1					100
内资企业	174	7613401	8250648	1137659	7112989	1450060
国有企业	2	17524	21857	6036	15821	5983
集体企业	7	19824	23679	363	23316	9550

11—7 续表　　（2016 年）　　计量单位：个、万元

项　目	法人企业	商品购进额	商品销售额	#批发	零售	期末商品库存额
股份合作企业	2	2361	3193		3193	7100
有限责任公司	77	3346412	3834165	516048	3318117	468744
国有独资公司	5	141430	134226		134226	17561
其他有限责任公司	72	3204982	3699939	516048	3183891	451183
股份有限公司	14	3191380	3186580	547918	2638662	765422
私营企业	72	1035900	1181174	67294	1113880	193261
私营独资企业	4	6263	6066	944	5122	16248
私营合伙企业	1	818	827		827	2000
私营有限责任公司	62	842357	962320	66350	895970	155207
私营股份有限公司	5	186462	211962		211962	19806
港、澳、台商投资企业	1	7095	11865	9536	2330	3240
港澳台商独资企业	1	7095	11865	9536	2330	3240
外商投资企业	4	927238	910165	248706	661459	310474
中外合资经营企业	2	851324	830511	248706	581804	255924
外资企业	1	54160	55724		55724	45640
外商投资股份有限公司	1	21754	23931		23931	8910
国有控股	26	5706012	5804424	1209164	4595260	984578
集体控股	12	35937	73278	363	72915	91211
私人控股	120	2400881	2852656	166067	2686588	426862
港澳台商控股	1	7095	11865	9536	2330	3240
外商控股	3	130831	148322		148322	163474
其他	17	266978	282133	10770	271363	94409
独立门店	156	4619786	4990712	594401	4396311	589410
连锁总店	19	3801172	4046429	801380	3245050	1070561
连锁门店	2	105982	112421	119	112302	40603
其他	2	20794	23115		23115	63200
大型	20	5920786	6314673	1198781	5115893	1240925
中型	104	2410451	2617975	162777	2455198	392027
小型	41	206916	229630	30580	199051	112867
微型	14	9580	10400	3763	6636	17955
有店铺零售	179	8547734	9172678	1395900	7776778	1763774
便利店	2	55685	56241		56241	3456
超市	8	13108	14744		14744	20686
大型超市	5	136808	358420		358420	191564
百货店	15	2961012	3047548	501893	2545655	866778
专业店	67	3309555	3527237	869774	2657463	470361
专卖店	77	2047600	2144968	22460	2122508	142006
家居建材商店	1	4030	4018		4018	4500
购物中心	1	15794	14923		14923	63000
厂家直销中心	3	4142	4579	1773	2806	1423

分县（市）区限额以上批发零售贸易业商品购销存总额

11—8 （2016 年） 计量单位：个、万元

行政单位	法人企业	购进总额	销售总额			年末库存总额
				#批发	零售	
石家庄市	**478**	**18744597**	**19896186.6**	**11382143.1**	**8514043.5**	**2254720**
市 区	342	17534223.6	18622694.4	10711270.3	7911424.1	1800677
长安区	74	3541660.2	3857685.1	1700900.9	2156784.2	174401
桥西区	51	4570281	5131501.3	2149992.9	2981508.4	835973
新华区	54	4527567.4	4823577.2	3879882.9	943694.3	168323
矿 区	9	26979.4	28652.4	23111.3	5541.1	8113
裕华区	45	1307624.7	1408900.6	504195.1	904705.5	259544
藁城区	9	114730.9	135567.2	58491.9	77075.3	23720
鹿泉区	24	408656.3	486794.6	330845.8	155948.8	132630
栾城区	13	128922.2	139051.5	74437.5	64614	14031
高新区	58	2874082.4	2576595	1955042.5	621552.5	171274
循环化工园区	5	33719.1	34369.5	34369.5		12668
井陉县	13	544888.7	544298.4	355918.5	188379.9	21419
正定县	18	221024	254956.9	135760.4	119196.5	111183
行唐县	12	40921.5	40621.8	29508.4	11113.4	7395
灵寿县	9	16278.5	19037.4	4711.2	14326.2	16380
高邑县	2	6310.6	6265.2	5511	754.2	400
深泽县	10	18526	18205.2	4132.5	14072.7	32952
赞皇县	11	50343.4	50300.2	26537.6	23762.6	4134
无极县	11	61515.2	63208.5	26213.4	36995.1	37173
平山县	9	43012.3	46053.4	34082	11971.4	50281
元氏县	6	14456.9	13227.7		13227.7	14434
赵 县	3	30166.6	36273.6	2114.3	34159.3	15500
晋州市	6	58969.8	68278.9	13289.1	54989.8	35750
新乐市	13	25527	27001.9	9524.4	17477.5	34372
辛集市	13	78432.9	85763.1	23570.0	62193.1	72670.0

全市限额以上批发贸易企业财务状况

11—9　　（2016 年）　　计量单位：个、万元

指标名称	企业数	流动资产合计	#存货	固定资产原价	累计折旧	#本年折旧
总　计	**207**	**4010581**	**668150**	**289977**	**132111**	**18073**
农、林、牧产品批发	7	85664	22320	7589	2454	178
谷物、豆及薯类批发	3	11122	8035	3514	545	62
饲料批发	1	2867			2	
棉、麻批发	2	67078	14286	4076	1907	117
林业产品批发	1	4598				
食品、饮料及烟草制品批发	19	496822	92633	58468	27896	3546
米、面制品及食用油批发	6	64048	36184	13016	4252	443
果品、蔬菜批发	1	281	11	130	389	34
肉、禽、蛋、奶及水产品批发	2	1334	6	688	119	1
盐及调味品批发	3	137279	12555	19171	5034	337
酒、饮料及茶叶批发	4	47684	2597	2723	2347	128
烟草制品批发	1	237248	39883	21403	15027	2584
其他食品批发	2	8948	1396	1337	728	20
纺织、服装及家庭用品批发	19	668507	139689	7920	5324	831
纺织品、针织品及原料批发	6	41364	8729	2109	1576	493
服装批发	4	9137	711	4285	1797	69
鞋帽批发	1	1553		22	22	12
化妆品及卫生用品批发	2	8173	2988	194	614	72
家用电器批发	6	608280	127262	1309	1316	185
文化、体育用品及器材批发	6	256439	19503	30347	7442	1235
文具用品批发	1	51782	1931	68	124	23
体育用品及器材批发	1	3102	3102	9	101	19
图书批发	1	193308	10260	30136	6547	1129
首饰、工艺品及收藏品批发	3	8247	4210	133	670	65
医药及医疗器材批发	41	675118	135801	13976	9595	1331
西药批发	32	592719	108311	8746	8404	1182
中药批发	7	78764	25448	5095	1033	117
医疗用品及器材批发	2	3635	2042	135	158	32
矿产品、建材及化工产品批发	80	1567139	179679	154666	62691	8622
煤炭及制品批发	26	101439	12392	10497	14437	1946
石油及制品批发	10	122058	19300	89617	24643	4065
金属及金属矿批发	13	1130019	77853	22245	12751	1449
建材批发	8	17337	3850	1196	1981	91
化肥批发	5	128332	39050	25654	4265	745

11—9 续表 1　　　　（2016 年）　　　　计量单位：个、万元

指标名称	企业数	流动资产合计	# 存货	固定资产原价	累计折旧	# 本年折旧
其他化工产品批发	18	67954	27234	5457	4615	327
机械设备、五金产品及电子产品批发	34	251647	77842	14158	16399	2329
农业机械批发	4	6079	1239	379	236	52
汽车批发	4	56464	16215	1804	1586	123
汽车零配件批发	2	12898	5805	1112	1181	125
五金产品批发	3	25929	644	2306	3020	292
电气设备批发	2	7154	851	474	1585	155
计算机、软件及辅助设备批发	2	8028	838	566	301	53
通讯及广播电视设备批发	2	7056	4399	61	74	22
其他机械设备及电子产品批发	15	128038	47851	7457	8417	1507
其他批发业	1	9246	683	2853	311	
再生物资回收与批发	1	9246	683	2853	311	
内资企业	206	4009874	668135	286105	131452	18073
国有企业	6	263112	46262	26249	18251	2818
集体企业	5	118850	11692	19522	4608	303
有限责任公司	79	2675126	383541	166496	66439	10577
国有独资公司	7	1061877	109994	50481	11233	1922
其他有限责任公司	72	1613249	273548	116015	55207	8655
股份有限公司	7	75236	–1705	6944	7065	432
私营企业	109	877551	228345	66894	35089	3944
私营有限责任公司	106	817111	208324	65223	33786	3760
私营股份有限公司	3	60439	20020	1672	1302	183
港、澳、台商投资企业	1	707	15	3872	660	
合资经营企业（港或澳、台资）	1	707	15	3872	660	
国有控股	27	1748378	212959	168951	68844	10970
集体控股	13	246298	20644	30887	9856	425
私人控股	153	1746380	398949	84887	50144	5891
其他	14	269525	35599	5253	3267	787
独立门店	191	3877166	662321	278958	120411	16907
连锁总店	3	25782	–9274	2631	2539	62
其他	13	107633	15103	8387	9162	1104
大型	8	1279198	217448	103161	35226	5471
中型	105	2178332	343853	161785	78161	9990
小型	78	470334	85746	18838	13434	2080
微型	16	82717	21102	6193	5290	532

11—9 续表 2　　（2016 年）　　计量单位：万元

指标名称	资产总计	负债合计	所有者权益合计	
				# 实收资本
总　　计	**4980864**	**3792938**	**1187926**	**483559**
农、林、牧产品批发	95712	79848	15864	7495
谷物、豆及薯类批发	14941	10203	4739	1730
饲料批发	2867	24	2843	1500
棉、麻批发	72154	64881	7273	3845
林业产品批发	5750	4740	1010	420
食品、饮料及烟草制品批发	652501	344941	307560	22950
米、面制品及食用油批发	93419	79227	14192	10929
果品、蔬菜批发	411	225	187	500
肉、禽、蛋、奶及水产品批发	2318	1545	773	404
盐及调味品批发	213274	155820	57454	7317
酒、饮料及茶叶批发	63109	47883	15225	1828
烟草制品批发	269686	45371	224315	231
其他食品批发	10284	14870	–4586	1741
纺织、服装及家庭用品批发	687293	587595	99698	24789
纺织品、针织品及原料批发	43826	36076	7750	6779
服装批发	16464	5215	11250	5310
鞋帽批发	1576	1201	374	200
化妆品及卫生用品批发	11596	6680	4916	1000
家用电器批发	613831	538423	75409	11500
文化、体育用品及器材批发	435419	247011	188408	13291
文具用品批发	52130	44696	7434	4219
体育用品及器材批发	3111	2011	1100	1100
图书批发	371201	193392	177809	6742
首饰、工艺品及收藏品批发	8978	6913	2065	1230
医药及医疗器材批发	755469	653991	101478	69603
西药批发	663683	577534	86149	55353
中药批发	88016	73414	14602	13550
医疗用品及器材批发	3771	3044	727	700
矿产品、建材及化工产品批发	2013001	1638333	374668	297748
煤炭及制品批发	122236	85484	36752	31425
石油及制品批发	233697	110026	123671	90084
金属及金属矿批发	1357970	1236929	121040	104200
建材批发	22938	19347	3591	5805
化肥批发	171499	130309	41189	10572

11—9 续表 3　　　　（2016 年）　　　　计量单位：万元

指标名称	资产总计	负债合计	所有者权益合计	
				# 实收资本
其他化工产品批发	104662	56238	48424	55663
机械设备、五金产品及电子产品批发	325967	227271	98695	45338
农业机械批发	6558	5305	1253	810
汽车批发	63533	59530	4003	4000
汽车零配件批发	14297	10035	4262	3500
五金产品批发	62116	35652	26464	5000
电气设备批发	8140	3682	4458	1823
计算机、软件及辅助设备批发	11689	9894	1795	1500
通讯及广播电视设备批发	8537	2762	5775	5350
其他机械设备及电子产品批发	151096	100411	50685	23355
其他批发业	15504	13948	1556	2345
再生物资回收与批发	15504	13948	1556	2345
内资企业	4975991	3791722	1184269	483459
国有企业	301013	72484	228529	5433
集体企业	189158	140426	48732	5971
有限责任公司	3328849	2644090	684759	284753
国有独资公司	1436532	1075882	360650	77146
其他有限责任公司	1892317	1568208	324109	207607
股份有限公司	100011	73668	26343	12378
私营企业	1056959	861053	195906	174924
私营有限责任公司	989842	797204	192637	172024
私营股份有限公司	67118	63849	3269	2900
港、澳、台商投资企业	4874	1217	3657	100
合资经营企业（港或澳、台资）	4874	1217	3657	100
国有控股	2351819	1638947	712872	211466
集体控股	349086	265223	83863	24094
私人控股	1997090	1631508	365581	229329
其他	282870	257260	25610	18671
独立门店	4767815	3679198	1088617	409001
连锁总店	41653	23544	18110	1786
其他	171396	90196	81200	72771
大型	1629809	1075680	554129	43409
中型	2734989	2187845	547145	371528
小型	516797	460049	56748	59831
微型	99269	69365	29904	8791

11—9 续表 4　　（2016 年）　　计量单位：万元

指标名称	主营业务收入	主营业务税金及附加	其他业务利润
总　　计	**9085567**	**107186**	**27761**
农、林、牧产品批发	193258	34	19
谷物、豆及薯类批发	6300		
饲料批发	277		
棉、麻批发	184428	19	19
林业产品批发	2253	15	
食品、饮料及烟草制品批发	999505	102400	5994
米、面制品及食用油批发	96166	17	1245
果品、蔬菜批发	2114	1	
肉、禽、蛋、奶及水产品批发	8243	108	64
盐及调味品批发	122892	1775	3201
酒、饮料及茶叶批发	51825	111	1460
烟草制品批发	703732	100379	24
其他食品批发	14533	8	
纺织、服装及家庭用品批发	765425	518	1924
纺织品、针织品及原料批发	147088	36	48
服装批发	21316	33	15
鞋帽批发	8244		
化妆品及卫生用品批发	46303	67	1364
家用电器批发	542473	382	497
文化、体育用品及器材批发	463687	314	121
文具用品批发	80034	159	121
体育用品及器材批发	21838	27	
图书批发	347169	121	
首饰、工艺品及收藏品批发	14646	7	
医药及医疗器材批发	1336937	1802	7652
西药批发	1097094	1635	7568
中药批发	230835	144	80
医疗用品及器材批发	9009	23	4
矿产品、建材及化工产品批发	4801518	1652	11116
煤炭及制品批发	158293	216	17
石油及制品批发	678816	613	2454
金属及金属矿批发	3018952	605	8442
建材批发	131021	95	183
化肥批发	571031	18	

11—9 续表 5　　（2016 年）　　计量单位：万元

指标名称	主营业务收入	主营业务税金及附加	其他业务利润
其他化工产品批发	243406	104	20
机械设备、五金产品及电子产品批发	520133	465	596
农业机械批发	14268		
汽车批发	154619	11	221
汽车零配件批发	36103	53	22
五金产品批发	118687	52	1
电气设备批发	25478	42	48
计算机、软件及辅助设备批发	21464	79	
通讯及广播电视设备批发	17681	2	
其他机械设备及电子产品批发	131833	224	304
其他批发业	5105	1	340
再生物资回收与批发	5105	1	340
内资企业	9078052	107161	27761
国有企业	820186	100436	54
集体企业	111999	1675	3193
有限责任公司	5878435	2903	8619
国有独资公司	2843017	609	
其他有限责任公司	3035418	2294	8619
股份有限公司	113545	133	7728
私营企业	2153886	2015	8168
私营有限责任公司	2018756	1937	7947
私营股份有限公司	135130	78	221
港、澳、台商投资企业	7516	25	
合资经营企业（港或澳、台资）	7516	25	
国有控股	4847146	101699	2582
集体控股	337579	1821	4505
私人控股	3295733	2971	18832
其他	605109	695	1842
独立门店	8824628	106758	27088
连锁总店	66841	131	
其他	194099	297	673
大型	2304901	102883	5764
中型	6010473	3713	20229
小型	653362	475	1768
微型	116831	114	1

11—9 续表 6　　（2016 年）　　计量单位：万元

指标名称	销售费用	管理费用	#税金	财务费用	#利息支出
总　计	**185132**	**128629**	**3531**	**39100**	**36841**
农、林、牧产品批发	1425	1258	331	1111	1012
谷物、豆及薯类批发	341	197		309	309
饲料批发	11	16		-11	
棉、麻批发	982	844	182	652	703
林业产品批发	92	201	148	162	
食品、饮料及烟草制品批发	26582	34364	1335	1663	6969
米、面制品及食用油批发	3199	2408	22	2022	1682
果品、蔬菜批发	105	64	1		
肉、禽、蛋、奶及水产品批发	823	118	2		1
盐及调味品批发	7859	7330		5233	5275
酒、饮料及茶叶批发	1166	1151	605	-168	14
烟草制品批发	12666	22932	707	-5426	
其他食品批发	764	362		2	-2
纺织、服装及家庭用品批发	23088	12241	134	5585	5238
纺织品、针织品及原料批发	4728	3775	79	367	226
服装批发	2201	1290	23	-143	
鞋帽批发	471	425	3	-14	
化妆品及卫生用品批发	1050	1908	12	136	135
家用电器批发	14638	4845	16	5239	4877
文化、体育用品及器材批发	4183	16436	100	471	624
文具用品批发	422	886	81	188	188
体育用品及器材批发	803	704	17	-13	11
图书批发	2517	13934		147	410
首饰、工艺品及收藏品批发	441	913	2	149	14
医药及医疗器材批发	48270	25407	532	5184	5454
西药批发	43113	22545	380	4815	5115
中药批发	4019	2270	141	304	273
医疗用品及器材批发	1138	592	10	65	66
矿产品、建材及化工产品批发	62521	23713	866	24925	17200
煤炭及制品批发	9074	2923	93	1062	776
石油及制品批发	25653	2460	159	2877	1040
金属及金属矿批发	18411	10005	465	17370	10628
建材批发	642	792	13	490	63
化肥批发	1757	2485	64	2803	4540

11—9 续表 7　　　　（2016 年）　　　　计量单位：万元

指标名称	销售费用	管理费用	# 税金	财务费用	# 利息支出
其他化工产品批发	6984	5048	73	323	153
机械设备、五金产品及电子产品批发	18907	14780	234	102	346
农业机械批发	337	241	4	159	
汽车批发	455	1033	84	344	113
汽车零配件批发	1645	1503	14	86	96
五金产品批发	6443	4308	68	–251	
电气设备批发	2044	808	10	–7	10
计算机、软件及辅助设备批发	296	825	9	1	
通讯及广播电视设备批发	685	413		84	62
其他机械设备及电子产品批发	7002	5649	44	–314	64
其他批发业	157	430		59	
再生物资回收与批发	157	430		59	
内资企业	184118	127823	3531	39098	36841
国有企业	15721	24648	854	–5291	141
集体企业	4487	4597		5038	5038
有限责任公司	80041	59262	1515	30200	26008
国有独资公司	22671	20921	37	7438	1777
其他有限责任公司	57370	38341	1478	22762	24232
股份有限公司	4904	4702	704	164	500
私营企业	78965	34613	457	8987	5153
私营有限责任公司	73633	33253	409	8511	5046
私营股份有限公司	5332	1360	48	476	107
港、澳、台商投资企业	1014	806		2	
合资经营企业（港或澳、台资）	1014	806		2	
国有控股	56007	60239	1503	14005	15496
集体控股	8477	7659	759	5138	5678
私人控股	108279	54296	923	15463	10989
其他	12370	6434	345	4495	4678
独立门店	168423	121516	2759	38654	36248
连锁总店	1871	1644	580	61	138
其他	14838	5469	192	385	456
大型	37737	50922	1122	11729	19762
中型	132577	67136	2053	22839	14236
小型	11535	8999	353	4315	2588
微型	3283	1573	2	217	255

11—9 续表 8　　（2016 年）　　计量单位：万元

指标名称	营业利润	利润总额	应交所得税	应付职工薪酬（本年贷方累计发生额）	应交增值税
总　　计	**105378**	**114216**	**15745**	**95059**	**160019**
农、林、牧产品批发	–455	595	38	798	250
谷物、豆及薯类批发	–546	162		226	6
饲料批发	18	18	10	20	
棉、麻批发	44	415	28	540	96
林业产品批发	29			12	148
食品、饮料及烟草制品批发	71483	77531	4387	29958	41249
米、面制品及食用油批发	–4537	352	33	2781	77
果品、蔬菜批发	17	17		21	
肉、禽、蛋、奶及水产品批发	252	264	87	319	245
盐及调味品批发	4158	5025	2262	1557	2175
酒、饮料及茶叶批发	1399	1786	248	578	584
烟草制品批发	70426	70349	1756	24443	38107
其他食品批发	–232	–261	1	258	63
纺织、服装及家庭用品批发	9801	20512	3908	8875	2864
纺织品、针织品及原料批发	463	742	107	2957	79
服装批发	–200	–241	9	835	193
鞋帽批发	–19	13	5	251	
化妆品及卫生用品批发	201	201	50	1556	557
家用电器批发	9355	19796	3737	3276	2036
文化、体育用品及器材批发	9105	9379	75	9189	61965
文具用品批发	1705	1699		627	45237
体育用品及器材批发	209	210	37	537	235
图书批发	7044	7318		7639	16469
首饰、工艺品及收藏品批发	147	152	38	386	24
医药及医疗器材批发	15960	6805	2001	15390	40603
西药批发	14736	5970	1668	13971	39406
中药批发	1084	775	234	1177	1016
医疗用品及器材批发	139	61	99	241	181
矿产品、建材及化工产品批发	–7748	–4145	3568	18048	10382
煤炭及制品批发	–474	–1133	218	2821	1693
石油及制品批发	10962	11058	3191	4425	6346
金属及金属矿批发	–16046	–13490	50	5150	1294
建材批发	–357	–1003	4	375	165
化肥批发	–2507	–146	79	1936	–190

11—9 续表 9　　　　（2016 年）　　　　计量单位：万元

指标名称	营业利润	利润总额	应交所得税	应付职工薪酬（本年贷方累计发生额）	应交增值税
其他化工产品批发	673	569	26	3341	1076
机械设备、五金产品及电子产品批发	7280	3457	1765	12442	2706
农业机械批发	213	213	5	195	1
汽车批发	-44	-32	64	490	114
汽车零配件批发	191	200	44	726	439
五金产品批发	4168	65	1018	1411	84
电气设备批发	327	336	92	450	19
计算机、软件及辅助设备批发	216	249	77	504	172
通讯及广播电视设备批发	80	80	43	345	10
其他机械设备及电子产品批发	2129	2345	423	8321	1868
其他批发业	-49	83	2	360	
再生物资回收与批发	-49	83	2	360	
内资企业	105600	114472	15745	94545	159841
国有企业	70525	70449	1891	25495	38195
集体企业	2181	3041	1162	773	1403
有限责任公司	31076	41494	9087	44870	104414
国有独资公司	6287	11002	54	11207	18138
其他有限责任公司	24789	30492	9033	33663	86276
股份有限公司	-1304	394	329	3517	785
私营企业	3123	-907	3276	19890	15045
私营有限责任公司	3134	-911	3203	19276	14487
私营股份有限公司	-11	4	73	615	559
港、澳、台商投资企业	-223	-255		514	178
合资经营企业（港或澳、台资）	-223	-255		514	178
国有控股	71426	79944	5834	50728	61138
集体控股	3068	4496	1570	2808	2418
私人控股	20463	19310	7495	35128	20330
其他	10421	10466	847	6395	76133
独立门店	101282	118699	14815	87667	156737
连锁总店	333	670	264	1009	1006
其他	3763	-5152	666	6383	2276
大型	95525	109848	7211	40066	87155
中型	8151	2597	7866	45853	69757
小型	1769	984	635	8532	2602
微型	-67	788	33	608	505

全市限额以上零售贸易企业财务状况

11—10　　（2016 年）　　计量单位：个、万元

指标名称	企业数	流动资产合计	#存货	固定资产原价	累计折旧	#本年折旧
总　计	**271**	**2869279**	**666288**	**537287**	**320102**	**52181**
综合零售	62	810798	167402	330818	158795	35313
百货零售	36	689416	122107	299089	117573	14102
超级市场零售	20	67073	38410	23732	35402	20534
其他综合零售	6	54309	6885	7998	5820	677
食品、饮料及烟草制品专门零售	7	18173	6667	7659	2162	710
粮油零售	2	4111	2870	225	256	256
糕点、面包零售	1	8748	3174	288	284	
果品、蔬菜零售	2	3927	518	6372	1608	454
肉、禽、蛋、奶及水产品零售	1	114	15	748	9	
酒、饮料及茶叶零售	1	1274	90	26	5	
纺织、服装及日用品专门零售	10	38874	11205	1860	1056	123
服装零售	6	15442	4252	1752	246	33
鞋帽零售	1	13554		37	257	28
化妆品及卫生用品零售	2	83	36	16		
自行车零售	1	9796	6917	55	553	62
文化、体育用品及器材专门零售	9	60556	20040	7565	5698	619
图书、报刊零售	2	32107	5316	6671	4216	444
音像制品及电子出版物零售	1	9081	2248	384	889	33
珠宝首饰零售	2	12642	7225	34	219	96
工艺美术品及收藏品零售	1	938	731	146	51	6
乐器零售	2	5441	4228	59	295	38
其他文化用品零售	1	346	293	272	28	3
医药及医疗器材专门零售	21	956472	175083	27469	16561	3146
药品零售	18	938158	172798	27093	15719	3087
医疗用品及器材零售	3	18313	2285	376	842	59
汽车、摩托车、燃料及零配件专门零售	108	807316	264113	143219	121257	10921
汽车零售	83	694054	217228	70819	41318	4773
汽车零配件零售	2	3601	653	133	463	18
摩托车及零配件零售	1	178	173	198	27	3

11—10 续表 1　　　　（2016 年）　　　　计量单位：个、万元

指标名称	企业数	流动资产合　计	#存货	固定资产原　价	累计折旧	#本年折旧
机动车燃料零售	22	109483	46060	72070	79450	6127
家用电器及电子产品专门零售	37	145348	16726	3358	3239	546
家用视听设备零售	26	119250	10621	1053	1432	82
日用家电设备零售	4	5915	225	280	537	78
计算机、软件及辅助设备零售	4	7281	3762	501	297	296
通信设备零售	3	12902	2117	1523	974	91
五金、家具及室内装饰材料专门零售	7	11387	3127	257	645	18
五金零售	1	2958	32	1		
家具零售	3	4495	1180	202	251	2
涂料零售	1	330				
木质装饰材料零售	2	3603	1915	53	394	16
货摊、无店铺及其他零售业	10	20355	1924	15081	10688	784
互联网零售	3	773	118	2107	39	11
生活用燃料零售	6	19582	1806	12974	10649	773
其他未列明零售业	1					
内资企业	266	2762043	611562	467462	245506	34009
国有企业	4	7102	691	4960	7604	223
集体企业	13	25047	5742	5739	9150	1054
股份合作企业	2	1482	36	167	232	16
有限责任公司	99	1536666	382749	217587	117208	19114
国有独资公司	5	67396	21469	8467	6311	884
其他有限责任公司	94	1469269	361279	209121	110897	18230
股份有限公司	19	678670	103655	198012	85005	9560
私营企业	128	512851	118676	40691	26242	4007
私营独资企业	8	2089	890	398	575	99
私营合伙企业	2	419	166	52	30	
私营有限责任公司	110	483351	108408	35078	23839	3741
私营股份有限公司	8	26992	9213	5164	1799	168
其他企业	1	225	14	306	65	36
港、澳、台商投资企业	1					

11—10 续表 2　　（2016 年）　　计量单位：个、万元

指标名称	企业数	流动资产合计	#存货	固定资产原价	累计折旧	#本年折旧
港、澳、台商独资经营企业	1					
外商投资企业	4	107236	54725	69826	74596	18172
中外合资经营企业	2	91837	47653	63219	65669	16710
外资企业	1	9418	6980	1839	6825	1193
外商投资股份有限公司	1	5981	92	4768	2102	269
国有控股	33	1635382	325150	320143	203182	20501
集体控股	22	67965	6779	19081	19899	1984
私人控股	190	1017787	288570	121002	68564	14700
港澳台商控股	1					
外商控股	3	27566	15435	15902	21363	13898
其他	22	120579	30355	61160	7094	1098
独立门店	241	1939913	472957	228064	166567	18986
连锁总店	21	890842	181651	246632	149254	32605
连锁门店	5	23693	9762	5669	2490	78
其他	4	14832	1918	56923	1791	513
大型	25	1790721	354282	348431	229949	41790
中型	130	918025	276671	120178	83042	8815
小型	89	149308	33515	67767	6684	1493
微型	27	11226	1820	911	427	83
有店铺零售	268	2868506	666169	535181	320063	52169
便利店	2	52484	5842	7381	5514	677
超市	17	8734	3183	1450	1048	147
大型超市	5	59401	36342	22889	34239	20346
百货店	41	688273	122465	248238	118070	14144
专业店	112	1401428	278644	132118	119597	12247
专卖店	84	648414	217620	71653	41174	4595
家居建材商店	2	333	195	86	305	
购物中心	1	6643	744	51231	38	
厂家直销中心	4	2798	1136	136	79	13
无店铺零售	3	773	118	2107	39	11
网上商店	3	773	118	2107	39	11

11—10 续表 3　　（2016 年）　　计量单位：万元

指标名称	资产总计	负债合计	所有者权益合计	#实收资本
总　计	**3810827**	**3021169**	**789658**	**709248**
综合零售	1299060	1086387	212674	168002
百货零售	1116417	837868	278548	135101
超级市场零售	105291	186215	-80925	25433
其他综合零售	77353	62303	15050	7469
食品、饮料及烟草制品专门零售	35752	21542	14209	10412
粮油零售	7032	5394	1637	400
糕点、面包零售	12210	12919	-709	1000
果品、蔬菜零售	14014	2371	11643	7512
肉、禽、蛋、奶及水产品零售	1196	600	596	500
酒、饮料及茶叶零售	1301	258	1042	1000
纺织、服装及日用品专门零售	49151	22948	26202	9684
服装零售	17845	10243	7603	7007
鞋帽零售	13901	3134	10767	200
化妆品及卫生用品零售	7554	2	7552	2177
自行车零售	9851	9570	281	300
文化、体育用品及器材专门零售	82259	48351	33909	12668
图书、报刊零售	47321	23281	24040	3000
音像制品及电子出版物零售	14340	9919	4421	4568
珠宝首饰零售	12677	9099	3578	3400
工艺美术品及收藏品零售	1791	1491	300	300
乐器零售	5514	4294	1219	1100
其他文化用品零售	618	267	351	300
医药及医疗器材专门零售	1054939	899447	155492	45231
药品零售	1036042	883913	152129	43031
医疗用品及器材零售	18897	15534	3363	2200
汽车、摩托车、燃料及零配件专门零售	1076596	773944	302651	417165
汽车零售	832320	687241	145078	266104
汽车零配件零售	4246	4754	-509	1301
摩托车及零配件零售	376	135	241	160

11—10 续表 4　　（2016 年）　　计量单位：万元

指标名称	资产总计	负债合计	所有者权益合计	#实收资本
机动车燃料零售	239654	81814	157840	149600
家用电器及电子产品专门零售	160822	137853	22969	19946
家用视听设备零售	123820	113296	10524	6476
日用家电设备零售	11570	9094	2475	3715
计算机、软件及辅助设备零售	7784	5333	2451	316
通信设备零售	17649	10130	7520	9439
五金、家具及室内装饰材料专门零售	11684	8810	2874	2875
五金零售	2959	2398	561	1000
家具零售	4733	3590	1143	900
涂料零售	335	115	220	215
木质装饰材料零售	3657	2707	950	760
货摊、无店铺及其他零售业	40565	21887	18678	23266
互联网零售	4671	575	4096	4000
生活用燃料零售	35894	21312	14582	19266
其他未列明零售业	0	0	0	0
内资企业	3595035	2873502	721533	542603
国有企业	12378	17117	-4739	7824
集体企业	31325	15065	16260	12660
股份合作企业	1650	966	684	111
有限责任公司	1927418	1588974	338444	161137
国有独资公司	86587	61753	24834	5100
其他有限责任公司	1840831	1527221	313610	156037
股份有限公司	1009991	771790	238202	248000
私营企业	610974	479474	131500	112752
私营独资企业	2977	1581	1396	443
私营合伙企业	471	203	268	130
私营有限责任公司	563188	451897	111291	102944
私营股份有限公司	44338	25792	18546	9235
其他企业	1300	117	1183	120
港、澳、台商投资企业	7455	0	7455	2127

11—10 续表 5 （2016 年） 计量单位：万元

指标名称	资产总计	负债合计	所有者权益合计	# 实收资本
港、澳、台商独资经营企业	7455	0	7455	2127
外商投资企业	208337	147667	60670	164519
中外合资经营企业	184298	107507	76792	156131
外资企业	11816	34676	–22860	8288
外商投资股份有限公司	12222	5484	6738	100
国有控股	2138968	1642232	496737	410392
集体控股	96104	60885	35219	14934
私人控股	1299335	1005395	293940	240711
港澳台商控股	7455	0	7455	2127
外商控股	45501	132961	–87461	16388
其他	223465	179697	43768	24696
独立门店	2343360	1825340	518020	438821
连锁总店	1338738	1089295	249442	254533
连锁门店	39008	33464	5545	6582
其他	89722	73070	16652	9312
大型	2380324	1901402	478922	313287
中型	1144419	902926	241494	197465
小型	273625	209893	63731	192558
微型	12460	6949	5511	5939
有店铺零售	3806157	3020595	785562	705248
便利店	74851	60702	14149	6600
超市	12209	13815	–1606	2044
大型超市	94755	176252	–81497	23152
百货店	1047613	770183	277430	133269
专业店	1707177	1286471	420706	273633
专卖店	790867	642988	147879	260702
家居建材商店	418	58	360	360
购物中心	75312	67983	7329	5000
厂家直销中心	2956	2143	813	489
无店铺零售	4671	575	4096	4000
网上商店	4671	575	4096	4000

11—10　续表 6　　　　（2016 年）　　　　计量单位：万元

指标名称	主营业务收入	主营业务税金及附加	其他业务利润
总　　计	**7772801**	**22653**	**133177**
综合零售	2585936	14661	114573
百货零售	2029621	12893	87130
超级市场零售	500872	1649	25357
其他综合零售	55444	119	2086
食品、饮料及烟草制品专门零售	26789	22	2
粮油零售	3193	4	
糕点、面包零售	3218	6	
果品、蔬菜零售	19110		
肉、禽、蛋、奶及水产品零售	492	3	
酒、饮料及茶叶零售	775	9	2
纺织、服装及日用品专门零售	57760	145	1163
服装零售	7650	33	
鞋帽零售	21283	71	1163
化妆品及卫生用品零售	20772	31	
自行车零售	8055	9	
文化、体育用品及器材专门零售	56118	101	1247
图书、报刊零售	41385	67	927
音像制品及电子出版物零售	2789	2	316
珠宝首饰零售	4915	12	4
工艺美术品及收藏品零售	870	9	
乐器零售	5514	9	
其他文化用品零售	645	4	
医药及医疗器材专门零售	1699072	2670	858
药品零售	1687125	2620	851
医疗用品及器材零售	11947	51	6
汽车、摩托车、燃料及零配件专门零售	2960664	4043	12404
汽车零售	2084094	2648	10888
汽车零配件零售	17397	17	377
摩托车及零配件零售	1543	1	

11—10 续表 7　　　　（2016 年）　　　　计量单位：万元

指标名称	主营业务收入	主营业务税金及附加	其他业务利润
机动车燃料零售	857629	1377	1139
家用电器及电子产品专门零售	332403	752	1331
家用视听设备零售	141549	339	836
日用家电设备零售	98325	331	495
计算机、软件及辅助设备零售	8646	28	
通信设备零售	83884	54	
五金、家具及室内装饰材料专门零售	21534	88	
五金零售	1047	2	
家具零售	5407	24	
涂料零售	450	5	
木质装饰材料零售	14631	57	
货摊、无店铺及其他零售业	32525	171	1600
互联网零售	1736	1	
生活用燃料零售	30789	170	1600
其他未列明零售业			
内资企业	6987977	21445	130041
国有企业	15746	49	1601
集体企业	93163	220	1138
股份合作企业	2914	29	
有限责任公司	3452439	7455	31453
国有独资公司	84580	118	924
其他有限责任公司	3367860	7338	30529
股份有限公司	2212487	11561	86957
私营企业	1210717	2132	8893
私营独资企业	14735	123	
私营合伙企业	1851	7	
私营有限责任公司	1009073	1678	8593
私营股份有限公司	185058	324	300
其他企业	511		
港、澳、台商投资企业	19125	30	

11—10 续表 8　　（2016 年）　　计量单位：万元

指标名称	主营业务收入	主营业务税金及附加	其他业务利润
港、澳、台商独资经营企业	19125	30	
外商投资企业	765698	1178	3136
中外合资经营企业	696031	974	3136
外资企业	48490	131	
外商投资股份有限公司	21177	73	
国有控股	4365215	14318	94807
集体控股	136878	483	2661
私人控股	2846080	6344	30602
港澳台商控股	19125	30	
外商控股	130162	474	3136
其他	275341	1003	1971
独立门店	4806729	10548	45318
连锁总店	2801586	11392	86599
连锁门店	141578	434	1255
其他	22908	279	6
大型	4815708	16634	100859
中型	2622221	5114	31269
小型	291464	824	733
微型	43408	82	317
有店铺零售	7771064	22652	133177
便利店	49622	97	1910
超市	32531	108	1055
大型超市	300858	935	14534
百货店	2222186	13288	97075
专业店	3187969	5320	8152
专卖店	1954134	2640	10452
家居建材商店	4411	19	
购物中心	12755	239	
厂家直销中心	6600	6	
无店铺零售	1736	1	
网上商店	1736	1	

11—10 续表 9　　（2016 年）　　计量单位：万元

指标名称	销售费用	管理费用	#税金	财务费用	#利息支出
总　　计	**379937**	**188309**	**5755**	**49394**	**32892**
综合零售	185869	99830	2497	14107	8611
百货零售	126110	83220	1709	11328	6706
超级市场零售	56693	12654	752	1670	949
其他综合零售	3066	3956	37	1108	956
食品、饮料及烟草制品专门零售	2938	1278	7	519	515
粮油零售	101	327		−2	−2
糕点、面包零售	509	466		422	421
果品、蔬菜零售	2259	470		96	96
肉、禽、蛋、奶及水产品零售	10	4			
酒、饮料及茶叶零售	60	10	7	2	
纺织、服装及日用品专门零售	3947	1226	4	331	210
服装零售	126	576	1	366	174
鞋帽零售	2705	397		−37	37
化妆品及卫生用品零售	12	167	1		
自行车零售	1103	86	2	2	
文化、体育用品及器材专门零售	5331	6130	209	−144	50
图书、报刊零售	3717	5411	203	−218	
音像制品及电子出版物零售	135	204		20	
珠宝首饰零售	317	334	3	35	36
工艺美术品及收藏品零售	58	54	3	1	1
乐器零售	1086	108		19	13
其他文化用品零售	17	19		−1	
医药及医疗器材专门零售	47101	27804	1777	16198	16294
药品零售	46012	27108	1775	16201	16294
医疗用品及器材零售	1089	696	2	−3	
汽车、摩托车、燃料及零配件专门零售	106322	41194	1117	16686	7195
汽车零售	58426	35039	947	15478	6981
汽车零配件零售	581	25	5	63	
摩托车及零配件零售	91	34		49	

11—10 续表 10　　（2016 年）　　计量单位：万元

指标名称	销售费用	管理费用	#税金	财务费用	#利息支出
机动车燃料零售	47224	6096	165	1096	214
家用电器及电子产品专门零售	24511	8423	62	1481	14
家用视听设备零售	11006	4487	24	907	14
日用家电设备零售	9533	2122	38	269	
计算机、软件及辅助设备零售	957	97	1	2	
通信设备零售	3016	1717		303	
五金、家具及室内装饰材料专门零售	2393	424	10	329	
五金零售		71		148	
家具零售	978	127		181	
涂料零售	11	14	5	1	
木质装饰材料零售	1404	211	4	–1	
货摊、无店铺及其他零售业	1525	2001	72	–111	3
互联网零售	75	52	1	1	1
生活用燃料零售	1450	1949	71	–112	2
其他未列明零售业					
内资企业	325077	178528	5717	47950	32435
国有企业	1225	1330	57	–23	
集体企业	6672	4274	132	145	282
股份合作企业	536	112		7	
有限责任公司	158123	76558	4086	28760	21932
国有独资公司	4598	6544	234	169	234
其他有限责任公司	153525	70015	3852	28591	21698
股份有限公司	104276	72210	865	.10693	7085
私营企业	54245	24034	578	8367	3135
私营独资企业	647	400	2	100	
私营合伙企业	292	49		10	
私营有限责任公司	48602	21511	516	7296	2763
私营股份有限公司	4705	2074	60	961	372
其他企业		10		1	1
港、澳、台商投资企业		156			

11—10 续表 11　　（2016 年）　　计量单位：万元

指标名称	销售费用	管理费用	# 税金	财务费用	# 利息支出
港、澳、台商独资经营企业		156			
外商投资企业	54859	9626	37	1445	458
中外合资经营企业	43443	8049		910	
外资企业	11115	1234	1	573	458
外商投资股份有限公司	302	343	36	−38	
国有控股	149518	104532	2327	26422	22988
集体控股	8511	11522	414	1065	919
私人控股	180181	60279	2850	20358	7922
港澳台商控股		156			
外商控股	26588	3568	37	752	458
其他	15139	8252	126	798	607
独立门店	172469	100237	4331	35180	24402
连锁总店	190243	83703	1393	13017	7972
连锁门店	16013	2883	29	1099	426
其他	1212	1486	3	99	92
大型	272597	118292	3127	28659	22751
中型	95736	58402	2430	19826	9577
小型	10734	10684	180	736	565
微型	870	932	18	174	
有店铺零售	379862	188257	5754	49393	32891
便利店	2369	3454	31	1106	956
超市	2043	2703	13	98	5
大型超市	54593	9454	740	1063	458
百货店	127295	83565	1715	11861	7201
专业店	136327	55467	2313	20855	17140
专卖店	56581	32421	942	14403	7135
家居建材商店	12	17	1	3	
购物中心	642	973		3	−3
厂家直销中心		204		3	
无店铺零售	75	52	1	1	1
网上商店	75	52	1	1	1

11—10 续表 12 （2016 年） 计量单位：万元

指标名称	营业利润	利润总额	应交所得税	应付职工薪酬（本年贷方累计发生额）	应交增值税
总　计	**234156**	**232233**	**37684**	**206031**	**93785**
综合零售	102046	106626	7701	74503	36392
百货零售	106520	108260	3801	58597	32957
超级市场零售	–3085	–1976	3681	11357	2885
其他综合零售	–1389	341	219	4550	551
食品、饮料及烟草制品专门零售	–754	–580	3	1213	84
粮油零售	–40	1		100	
糕点、面包零售	–997	–864		797	66
果品、蔬菜零售	264	264		141	
肉、禽、蛋、奶及水产品零售	10	10	1	30	4
酒、饮料及茶叶零售	8	8	2	145	14
纺织、服装及日用品专门零售	9558	298	132	6137	493
服装零售	–81	–82	19	895	36
鞋帽零售	274	298	106	4420	401
化妆品及卫生用品零售	9340	58		525	
自行车零售	25	24	7	297	55
文化、体育用品及器材专门零售	3557	4018	15	8866	416
图书、报刊零售	3386	3852		5364	238
音像制品及电子出版物零售	16	11	3	151	13
珠宝首饰零售	15	15	5	2634	67
工艺美术品及收藏品零售	85	85	3	274	26
乐器零售	28	28	5	417	71
其他文化用品零售	27	27		28	
医药及医疗器材专门零售	49770	50498	12865	34077	19375
药品零售	48890	49428	12645	33582	18965
医疗用品及器材零售	880	1069	219	494	410
汽车、摩托车、燃料及零配件专门零售	63494	64422	15608	64148	33415
汽车零售	74960	76566	15228	40369	29828
汽车零配件零售	–2	15	4	357	80
摩托车及零配件零售	32	32		28	

11—10 续表 13　　　　（2016 年）　　　　计量单位：万元

指标名称	营业利润	利润总额	应交所得税	应付职工薪酬（本年贷方累计发生额）	应交增值税
机动车燃料零售	-11496	-12190	377	23394	3507
家用电器及电子产品专门零售	3759	2964	226	9365	3207
家用视听设备零售	3250	3224	210	3467	565
日用家电设备零售	399	195		3501	1719
计算机、软件及辅助设备零售	89	86	14	548	72
通信设备零售	21	-540	2	1849	852
五金、家具及室内装饰材料专门零售	700	700	17	756	131
五金零售	-153	-153		17	2
家具零售	126	126	6	325	117
涂料零售	109	109	2	14	
木质装饰材料零售	618	618	8	400	12
货摊、无店铺及其他零售业	2027	3288	1118	6968	273
互联网零售	86	86	4	89	3
生活用燃料零售	1941	3202	1114	6879	270
其他未列明零售业					
内资企业	253612	260958	37334	184417	90910
国有企业	-2479	-1451		5984	26
集体企业	2778	2415	20	4012	1664
股份合作企业	-25	23	6	326	111
有限责任公司	68524	71891	17160	94230	52721
国有独资公司	2721	3227	29	6699	714
其他有限责任公司	65803	68664	17131	87531	52007
股份有限公司	117150	120903	7946	26772	27310
私营企业	67654	67166	12203	53055	9076
私营独资企业	477	345		631	46
私营合伙企业	58	58	10	226	
私营有限责任公司	782	466	1003	48504	7859
私营股份有限公司	66337	66297	11189	3695	1171
其他企业	11	11		38	
港、澳、台商投资企业	9282			500	

11—10　续表 14　　（2016 年）　　计量单位：万元

指标名称	营业利润	利润总额	应交所得税	应付职工薪酬（本年贷方累计发生额）	应交增值税
港、澳、台商独资经营企业	9282			500	
外商投资企业	−28738	−28725	351	21114	2875
中外合资经营企业	−22523.3	−22671.4		13930.3	1234.9
外资企业	−7461.5	−7263.9	12.6	4914.5	1026.9
外商投资股份有限公司	1246.8	1210.8	337.9	2269.1	613.4
国有控股	134557.8	139764.3	16099.7	67626.3	45086.4
集体控股	1903.5	2707.4	205	7369.9	2183.4
私人控股	98024.1	98125.4	19087.6	114433.2	39457.7
港澳台商控股	9281.7			500	
外商控股	−16946.8	−16726.3	350.5	8058.3	2515
其他	7335.5	8362.6	1941.5	8043.5	4542.3
独立门店	158404.9	162679.2	35281	149457.3	62266
连锁总店	73542.4	67347.6	1801.9	48372.2	28456.9
连锁门店	879.8	906.1	27.6	7856.6	2730.3
其他	1328.7	1300.5	573.8	345.1	331.6
大型	126013.7	128322.4	15295.7	106341.1	54878
中型	102771.2	98849.9	21011.8	91990.8	37462.3
小型	5118.6	4817.7	1370.9	7289	1342.7
微型	252.3	243.4	5.9	410.3	101.8
有店铺零售	234069.9	232147.5	37680.4	205942.6	93781.6
便利店	−1371.9	355.4	218.9	3414.2	525.6
超市	446.6	467.2	4.5	2084.6	316.8
大型超市	−15743.2	−16232.4	12.6	9459	1988.5
百货店	119260.2	122611.9	7108.9	59785.4	33620
专业店	51270.7	43895.5	14377.6	89483.5	27327.2
专卖店	79718.4	80579.9	15598.2	41528.8	29961.1
家居建材商店	282.7	282.7	1.8	52	19.2
购物中心	178.3	150.1	355.7	16.9	
厂家直销中心	28.1	37.2	2.2	118.2	23.2
无店铺零售	85.9	85.9	3.9	88.6	3.2
网上商店	85.9	85.9	3.9	88.6	3.2

市区限额以上批发贸易企业财务状况

11—11　　（2016 年）　　计量单位：个、万元

指标名称	企业数	流动资产合计	#存货	固定资产原价	累计折旧	#本年折旧
总　计	**162**	**3688431**	**600120**	**339166**	**112789**	**16197**
农、林、牧产品批发	4	70650	14308	5985	1909	117
谷物、豆及薯类批发	1	706	22			
饲料批发	1	2867		2	2	
棉、麻批发	2	67078	14286	5983	1907	117
食品、饮料及烟草制品批发	15	484055	85122	84337	27160	3497
米、面制品及食用油批发	5	54623	28974	16716	4029	428
肉、禽、蛋、奶及水产品批发	1	1144	6	5	3	1
盐及调味品批发	3	137279	12555	24205	5034	337
酒、饮料及茶叶批发	3	44813	2308	4917	2340	128
烟草制品批发	1	237248	39883	36430	15027	2584
其他食品批发	2	8948	1396	2064	728	20
纺织、服装及家庭用品批发	19	668507	139689	13244	5324	831
纺织品、针织品及原料批发	6	41364	8729	3685	1576	493
服装批发	4	9137	711	6082	1797	69
鞋帽批发	1	1553		44	22	12
化妆品及卫生用品批发	2	8173	2988	808	614	72
家用电器批发	6	608280	127262	2625	1316	185
文化、体育用品及器材批发	6	256439	19503	31242	7442	1235
文具用品批发	1	51782	1931	192	124	23
体育用品及器材批发	1	3102	3102	110	101	19
图书批发	1	193308	10260	30136	6547	1129
首饰、工艺品及收藏品批发	3	8247	4210	804	670	65
医药及医疗器材批发	39	666006	132005	22686	9401	1303
西药批发	30	583607	104515	16289	8211	1154
中药批发	7	78764	25448	6104	1033	117
医疗用品及器材批发	2	3635	2042	293	158	32
矿产品、建材及化工产品批发	48	1317769	145834	150867	45992	6920
煤炭及制品批发	9	41414	2343	13334	8559	1094
石油及制品批发	6	33285	842	73216	18028	3583
金属及金属矿批发	10	1043324	75641	24879	10579	1160
建材批发	5	10892	1558	116	76	13
化肥批发	2	125740	38571	29374	4160	743
其他化工产品批发	16	63115	26878	9947	4589	327

11—11 续表 1　　　　（2016 年）　　　　计量单位：个、万元

指标名称	企业数	流动资产合计	# 存货	固定资产原价	累计折旧	# 本年折旧
机械设备、五金产品及电子产品批发	30	215759	62977	28057	15251	2293
农业机械批发	2	2124	18	110	52	52
汽车批发	2	24532	2571	1395	621	88
汽车零配件批发	2	12898	5805	2293	1181	125
五金产品批发	3	25929	644	5326	3020	292
电气设备批发	2	7154	851	2058	1585	155
计算机、软件及辅助设备批发	2	8028	838	867	301	53
通讯及广播电视设备批发	2	7056	4399	135	74	22
其他机械设备及电子产品批发	15	128038	47851	15874	8417	1507
其他批发业	1	9246	683	2750	311	
再生物资回收与批发	1	9246	683	2750	311	
内资企业	161	3687724	600106	334635	112129	16197
国有企业	5	257110	44052	44157	18177	2817
集体企业	2	116258	11213	23585	4503	301
有限责任公司	72	2643163	367069	217781	63617	10367
国有独资公司	6	1052328	102033	51219	10764	1878
其他有限责任公司	66	1590835	265036	166562	52853	8489
股份有限公司	5	72127	-3290	13490	6946	405
私营企业	77	599067	181062	35621	18887	2308
私营有限责任公司	76	570560	174686	34642	18549	2159
私营股份有限公司	1	28507	6376	979	337	148
港、澳、台商投资企业	1	707	15	4531	660	
合资经营企业（港或澳、台资）	1	707	15	4531	660	
国有控股	22	1721700	195498	223371	66131	10758
集体控股	10	243706	20165	39783	9752	424
私人控股	118	1457455	350080	67923	33823	4228
其他	12	265570	34378	8089	3084	787
独立门店	147	3555205	594291	317250	101206	15031
连锁总店	3	25782	-9274	5170	2539	62
其他	12	107444	15103	16746	9045	1104
大型	8	1279198	217448	131839	35226	5471
中型	90	1941415	296251	178695	64281	8885
小型	50	385413	65594	17222	8062	1309
微型	14	82405	20827	11410	5220	532

11—11 续表 2　　（2016 年）　　计量单位：万元

指标名称	资产总计	负债合计	所有者权益合计	#实收资本
总　计	**4561508**	**3462603**	**1098905**	**382918**
农、林、牧产品批发	75727	65569	10158	5375
谷物、豆及薯类批发	706	663	43	30
饲料批发	2867	24	2843	1500
棉、麻批发	72154	64881	7273	3845
食品、饮料及烟草制品批发	636226	329610	306616	21250
米、面制品及食用油批发	83653	69882	13771	9883
肉、禽、蛋、奶及水产品批发	1147	647	500	300
盐及调味品批发	213274	155820	57454	7317
酒、饮料及茶叶批发	58182	43020	15162	1778
烟草制品批发	269686	45371	224315	231
其他食品批发	10284	14870	–4586	1741
纺织、服装及家庭用品批发	687293	587595	99698	24789
纺织品、针织品及原料批发	43826	36076	7750	6779
服装批发	16464	5215	11250	5310
鞋帽批发	1576	1201	374	200
化妆品及卫生用品批发	11596	6680	4916	1000
家用电器批发	613831	538423	75409	11500
文化、体育用品及器材批发	435419	247011	188408	13291
文具用品批发	52130	44696	7434	4219
体育用品及器材批发	3111	2011	1100	1100
图书批发	371201	193392	177809	6742
首饰、工艺品及收藏品批发	8978	6913	2065	1230
医药及医疗器材批发	744862	644550	100313	68318
西药批发	653075	568092	84984	54068
中药批发	88016	73414	14602	13550
医疗用品及器材批发	3771	3044	727	700
矿产品、建材及化工产品批发	1682636	1386001	296635	204973
煤炭及制品批发	46895	37314	9581	6400
石油及制品批发	104190	33112	71079	45942
金属及金属矿批发	1251654	1126272	125382	84500
建材批发	12896	10991	1904	2600
化肥批发	167277	126737	40540	9968
其他化工产品批发	99725	51576	48148	55563

11—11 续表 3　　（2016 年）　　计量单位：万元

指标名称	资产总计	负债合计	所有者权益合计	#实收资本
机械设备、五金产品及电子产品批发	283841	188319	95522	42578
农业机械批发	2398	1988	410	50
汽车批发	25567	23894	1673	2000
汽车零配件批发	14297	10035	4262	3500
五金产品批发	62116	35652	26464	5000
电气设备批发	8140	3682	4458	1823
计算机、软件及辅助设备批发	11689	9894	1795	1500
通讯及广播电视设备批发	8537	2762	5775	5350
其他机械设备及电子产品批发	151096	100411	50685	23355
其他批发业	15504	13948	1556	2345
再生物资回收与批发	15504	13948	1556	2345
内资企业	4556634	3461386	1095248	382818
国有企业	294741	66542	228199	5248
集体企业	184937	136853	48083	5367
有限责任公司	3289910	2614397	675512	278235
国有独资公司	1423199	1066553	356646	75946
其他有限责任公司	1866711	1547845	318866	202289
股份有限公司	95675	70168	25507	11278
私营企业	691372	573426	117946	82690
私营有限责任公司	662220	545213	117007	81790
私营股份有限公司	29152	28213	939	900
港、澳、台商投资企业	4874	1217	3657	100
合资经营企业（港或澳、台资）	4874	1217	3657	100
国有控股	2319262	1614122	705140	205993
集体控股	344864	261650	83214	23490
私人控股	1618671	1332887	285784	135525
其他	278710	253943	24767	17911
独立门店	4349630	3349761	999869	308465
连锁总店	41653	23544	18110	1786
其他	170225	89299	80926	72667
大型	1629809	1075680	554129	43409
中型	2424558	1938205	486353	296798
小型	408570	379740	28830	34181
微型	98571	68979	29593	8531

11—11 续表 4　　　　（2016 年）　　　　计量单位：万元

指标名称	主营业务收入	主营业务税金及附加	其他业务利润
总　计	**8238429**	**106431**	**26793**
农、林、牧产品批发	187573	19	19
谷物、豆及薯类批发	2868		
饲料批发	277		
棉、麻批发	184428	19	19
食品、饮料及烟草制品批发	988320	102309	5994
米、面制品及食用油批发	90898	17	1245
肉、禽、蛋、奶及水产品批发	5465	20	64
盐及调味品批发	122892	1775	3201
酒、饮料及茶叶批发	50801	110	1460
烟草制品批发	703732	100379	24
其他食品批发	14533	8	
纺织、服装及家庭用品批发	765425	518	1924
纺织品、针织品及原料批发	147088	36	48
服装批发	21316	33	15
鞋帽批发	8244		
化妆品及卫生用品批发	46303	67	1364
家用电器批发	542473	382	497
文化、体育用品及器材批发	463687	314	121
文具用品批发	80034	159	121
体育用品及器材批发	21838	27	
图书批发	347169	121	
首饰、工艺品及收藏品批发	14646	7	
医药及医疗器材批发	1309748	1775	7629
西药批发	1069905	1607	7545
中药批发	230835	144	80
医疗用品及器材批发	9009	23	4
矿产品、建材及化工产品批发	4090996	1038	10391
煤炭及制品批发	36177	75	17
石油及制品批发	151999	249	2454
金属及金属矿批发	3002559	595	7718
建材批发	116173	8	183
化肥批发	551488	18	
其他化工产品批发	232601	93	20

11—11 续表 5　　（2016 年）　　计量单位：万元

指标名称	主营业务收入	主营业务税金及附加	其他业务利润
机械设备、五金产品及电子产品批发	427577	457	376
农业机械批发	4698		
汽车批发	71632	4	
汽车零配件批发	36103	53	22
五金产品批发	118687	52	1
电气设备批发	25478	42	48
计算机、软件及辅助设备批发	21464	79	
通讯及广播电视设备批发	17681	2	
其他机械设备及电子产品批发	131833	224	304
其他批发业	5105	1	340
再生物资回收与批发	5105	1	340
内资企业	8230914	106406	26793
国有企业	801400	100416	42
集体企业	92456	1675	3193
有限责任公司	5841026	2868	8619
国有独资公司	2841238	609	
其他有限责任公司	2999788	2259	8619
股份有限公司	105142	125	7717
私营企业	1390890	1323	7223
私营有限责任公司	1338746	1252	7223
私营股份有限公司	52144	71	
港、澳、台商投资企业	7516	25	
合资经营企业（港或澳、台资）	7516	25	
国有控股	4809889	101664	2571
集体控股	318036	1821	4505
私人控股	2514966	2251	17875
其他	595538.5	694.3	1842.3
独立门店	7980268.2	106091.9	26120.2
连锁总店	66841.1	131.1	
其他	191320	207.7	673.2
大型	2304901.3	102882.7	5763.7
中型	5292411	3188.4	19261.2
小型	525175.2	269.5	1768
微型	115941.8	90.1	0.5

11—11 续表 6　　（2016 年）　　计量单位：万元

指标名称	销售费用	管理费用	#税金	财务费用	#利息支出
总　计	**155058**	**123193**	**3215**	**31911**	**33578**
农、林、牧产品批发	1034	860	183	640	703
谷物、豆及薯类批发	41				
饲料批发	11	16		-11	
棉、麻批发	982	844	182	652	703
食品、饮料及烟草制品批发	25899	33786	1335	1272	6963
米、面制品及食用油批发	2807	1902	22	1638	1682
肉、禽、蛋、奶及水产品批发	702	109	2	-2	1
盐及调味品批发	7859	7330		5233	5275
酒、饮料及茶叶批发	1101	1151	605	-173	8
烟草制品批发	12666	22932	707	-5426	
其他食品批发	764	362		2	-2
纺织、服装及家庭用品批发	23088	12241	134	5585	5238
纺织品、针织品及原料批发	4728	3775	79	367	226
服装批发	2201	1290	23	-143	
鞋帽批发	471	425	3	-14	
化妆品及卫生用品批发	1050	1908	12	136	135
家用电器批发	14638	4845	16	5239	4877
文化、体育用品及器材批发	4183	16436	100	471	624
文具用品批发	422	886	81	188	188
体育用品及器材批发	803	704	17	-13	11
图书批发	2517	13934		147	410
首饰、工艺品及收藏品批发	441	913	2	149	14
医药及医疗器材批发	47705	24930	528	5151	5462
西药批发	42548	22068	376	4782	5123
中药批发	4019	2270	141	304	273
医疗用品及器材批发	1138	592	10	65	66
矿产品、建材及化工产品批发	34397	20309	754	19222	14356
煤炭及制品批发	4184	1233	7	706	686
石油及制品批发	3188	2023	142	173	470
金属及金属矿批发	18140	9463	455	15188	8444
建材批发	295	241	13	88	63
化肥批发	1671	2392	64	2779	4540
其他化工产品批发	6919	4957	73	287	153

11—11 续表 7 （2016 年） 计量单位：万元

指标名称	销售费用	管理费用	# 税金	财务费用	# 利息支出
机械设备、五金产品及电子产品批发	18596	14202	182	–489	233
农业机械批发	202	187		46	
汽车批发	279	509	37	–133	
汽车零配件批发	1645	1503	14	86	96
五金产品批发	6443	4308	68	–251	
电气设备批发	2044	808	10	–7	10
计算机、软件及辅助设备批发	296	825	9	1	
通讯及广播电视设备批发	685	413		84	62
其他机械设备及电子产品批发	7002	5649	44	–314	64
其他批发业	157	430		59	
再生物资回收与批发	157	430		59	
内资企业	154044	122387	3215	31909	33578
国有企业	15260	24360	850	–5284	149
集体企业	4400	4504		5015	5038
有限责任公司	78371	58301	1364	29261	25696
国有独资公司	22441	20767	37	7129	1468
其他有限责任公司	55930	37534	1327	22131	24228
股份有限公司	4800	4514	704	123	500
私营企业	51213	30709	297	2794	2194
私营有限责任公司	46057	29872	297	2795	2200
私营股份有限公司	5156	836		–1	–6
港、澳、台商投资企业	1014	806		2	
合资经营企业(港或澳、台资)	1014	806		2	
国有控股	54102	59318	1500	13347	15192
集体控股	8390	7566	759	5115	5678
私人控股	80331	49929	615	9067	8030
其他	12235.1	6380.2	341.3	4381.3	4678.4
独立门店	138469.9	116088.7	2443.3	31466.3	32985.2
连锁总店	1871.3	1644.3	579.5	61	137.5
其他	14716.8	5460.2	192	383.4	455.6
大型	37736.8	50921.5	1121.8	11728.6	19761.8
中型	107638.4	63653.8	1972.5	16752.5	11481.3
小型	6463.7	7045.5	118.5	3212.9	2080.4
微型	3219.1	1572.4	2	216.7	254.8

11—11 续表 8　　（2016 年）　　计量单位：万元

指标名称	营业利润	利润总额	应交所得税	应付职工薪酬（本年贷方累计发生额）	应交增值税
总　计	**106371**	**113907**	**14965**	**90707**	**154356**
农、林、牧产品批发	68	439	38	592	100
谷物、豆及薯类批发	6	6		32	4
饲料批发	18	18	10	20	
棉、麻批发	44	415	28	540	96
食品、饮料及烟草制品批发	72454	77570	4387	29455	41167
米、面制品及食用油批发	-3645	319	33	2390	77
肉、禽、蛋、奶及水产品批发	341	347	87	275	163
盐及调味品批发	4158	5025	2262	1557	2175
酒、饮料及茶叶批发	1405	1792	248	531	584
烟草制品批发	70426	70349	1756	24443	38107
其他食品批发	-232	-261	1	258	63
纺织、服装及家庭用品批发	9801	20512	3908	8875	2864
纺织品、针织品及原料批发	463	742	107	2957	79
服装批发	-200	-241	9	835	193
鞋帽批发	-19	13	5	251	
化妆品及卫生用品批发	201	201	50	1556	557
家用电器批发	9355	19796	3737	3276	2036
文化、体育用品及器材批发	9105	9379	75	9189	61965
文具用品批发	1705	1699		627	45237
体育用品及器材批发	209	210	37	537	235
图书批发	7044	7318		7639	16469
首饰、工艺品及收藏品批发	147	152	38	386	24
医药及医疗器材批发	15931	6759	1986	14839	40573
西药批发	14707	5923	1653	13420	39376
中药批发	1084	775	234	1177	1016
医疗用品及器材批发	139	61	99	241	181
矿产品、建材及化工产品批发	-8062	-4119	2870	15355	5054
煤炭及制品批发	-459	-485	152	1581	591
石油及制品批发	8686	8491	2589	3741	2326
金属及金属矿批发	-14762	-12172	41	4941	1292
建材批发	440	-246	1	118	22
化肥批发	-2574	-212	79	1766	-190
其他化工产品批发	608	505	8	3209	1013

11—11 续表 9　　（2016 年）　　计量单位：万元

指标名称	营业利润	利润总额	应交所得税	应付职工薪酬（本年贷方累计发生额）	应交增值税
机械设备、五金产品及电子产品批发	7122	3284	1699	12043	2633
农业机械批发				79	
汽车批发	11	9	2	206	42
汽车零配件批发	191	200	44	726	439
五金产品批发	4168	65	1018	1411	84
电气设备批发	327	336	92	450	19
计算机、软件及辅助设备批发	216	249	77	504	172
通讯及广播电视设备批发	80	80	43	345	10
其他机械设备及电子产品批发	2129	2345	423	8321	1868
其他批发业	–49	83	2	360	
再生物资回收与批发	–49	83	2	360	
内资企业	106593	114162	14965	90193	154177
国有企业	70485	70398	1876	25301	38164
集体企业	2113	2975	1162	603	1403
有限责任公司	32511	41320	9081	43783	104116
国有独资公司	6905	10911	54	11045	18138
其他有限责任公司	25606	30409	9027	32738	85978
股份有限公司	–1293	399	329	3159	785
私营企业	2778	–930	2517	17346	9710
私营有限责任公司	2734	–974	2506	17015	9224
私营股份有限公司	44	44	11	331	486
港、澳、台商投资企业	–223	–255		514	178
合资经营企业（港或澳、台资）	–223	–255		514	178
国有控股	73025	79894	5818	49617	60981
集体控股	3000	4430	1570	2638	2418
私人控股	20137	19330	6735	32173	14825
其他	10208.3	10253.1	841.9	6279	76132.1
独立门店	102186.2	118306.1	14035.5	83358.8	151156.2
连锁总店	332.6	670.1	263.7	1009	1005.7
其他	3852	–5069.5	665.9	6338.9	2193.9
大型	95525.4	109848.2	7211.4	40065.7	87155.1
中型	8906.2	2100.9	7161.1	43133.2	65368.3
小型	2015.4	1178.6	563.5	6955.3	1338.3
微型	–76.2	779	29.1	552.5	494.1

市区限额以上零售贸易企业财务状况

11—12 （2016 年） 计量单位：个、万元

指标名称	法人企业数	流动资产合计	#存货	固定资产原价	累计折旧	#本年折旧
总计	**179**	**2754622**	**624656**	**787744**	**299087**	**48441**
综合零售	30	752557	140021	449118	144299	32733
百货零售	16	636036	96902	377738	103936	11627
超级市场零售	10	63203	36972	57596	34563	20429
其他综合零售	4	53318	6146	13784	5801	677
食品、饮料及烟草制品专门零售	2	4111	2870	481	256	256
粮油零售	2	4111	2870	481	256	256
纺织、服装及日用品专门零售	5	32634	10387	1045	903	101
服装零售	2	9285	3470	143	93	10
鞋帽零售	1	13554		294	257	28
化妆品及卫生用品零售	1					
自行车零售	1	9796	6917	608	553	62
文化、体育用品及器材专门零售	7	58038	19518	12594	5565	585
图书、报刊零售	1	29935	5087	10517	4111	413
音像制品及电子出版物零售	1	9081	2248	1273	889	33
珠宝首饰零售	2	12642	7225	253	219	96
工艺美术品及收藏品零售	1	938	731	197	51	6
乐器零售	2	5441	4228	354	295	38
医药及医疗器材专门零售	16	954242	174540	43446	16454	3109
药品零售	13	935928	172255	42228	15612	3050
医疗用品及器材零售	3	18313	2285	1218	842	59
汽车、摩托车、燃料及零配件专门零售	97	793495	259686	259634	119991	10782
汽车零售	79	683147	213914	109378	41029	4685
汽车零配件零售	1	2643	643	595	463	18
机动车燃料零售	17	107706	45129	149661	78499	6080
家用电器及电子产品专门零售	13	136144	12976	6241	3158	539
家用视听设备零售	6	110781	7269	2159	1351	75
日用家电设备零售	3	5832	147	817	537	78
计算机、软件及辅助设备零售	1	6629	3443	767	296	296
通信设备零售	3	12902	2117	2498	974	91
五金、家具及室内装饰材料专门零售	5	10957	3127	851	644	18
五金零售	1	2958	32	1		
家具零售	2	4395	1180	403	250	2
木质装饰材料零售	2	3603	1915	447	394	16
货摊、无店铺及其他零售业	4	12447	1531	14335	7817	319
生活用燃料零售	3	12447	1531	14335	7817	319
其他未列明零售业	1					
内资企业	174	2647386	569930	643323	224491	30269
国有企业	2	6900	566	11977	7414	222
集体企业	7	6731	1320	2137	1215	48

11—12　续表 1　　　　（2016 年）　　　　计量单位：个、万元

指标名称	法人企业数	流动资产合计	#存货	固定资产原价	累计折旧	#本年折旧
股份合作企业	2	1482	36	399	232	16
有限责任公司	77	1489026	357781	310580	112247	17714
国有独资公司	5	67396	21469	14777	6311	884
其他有限责任公司	72	1421630	336312	295802	105936	16830
股份有限公司	14	668917	101973	271299	81945	9089
私营企业	72	474331	108255	46931	21439	3181
私营独资企业	4	932	142	509	289	66
私营合伙企业	1	122	71			
私营有限责任公司	62	447313	99091	39994	19605	2983
私营股份有限公司	5	25963	8952	6429	1544	132
港、澳、台商投资企业	1					
港、澳、台商独资经营企业	1					
外商投资企业	4	107236	54725	144422	74596	18172
中外合资经营企业	2	91837	47653	128888	65669	16710
外资企业	1	9418	6980	8664	6825	1193
外商投资股份有限公司	1	5981	92	6870	2102	269
国有控股	26	1629171	323226	520833	202443	20378
集体控股	12	48354	2049	26191	11945	976
私人控股	120	934244	255202	136869	56737	12198
港澳台商控股	1					
外商控股	3	27566	15435	37265	21363	13898
其他	17	115288	28744	66586	6600	992
独立门店	156	1845984	440690	339063	148994	15700
连锁总店	19	890151	181363	395886	149254	32605
连锁门店	2	7187	837	1065	638	78
其他	2	11301	1765	51731	201	59
大型	20	1750548	333428	550736	218520	39608
中型	104	873098	263664	170988	75283	7469
小型	41	124270	26209	65411	4966	1324
微型	14	6706	1356	610	318	40
有店铺零售	179	2754622	624656	787744	299087	48441
便利店	2	52484	5842	12895	5514	677
超市	8	6685	2300	1511	652	84
大型超市	5	59401	36342	57127	34239	20346
百货店	15	629081	95552	326610	103970	11627
专业店	67	1370166	271949	229102	113721	11191
专卖店	77	627889	210865	108703	40588	4507
家居建材商店	1	233	195	339	304	
购物中心	1	6643	744	51269	38	
厂家直销中心	3	2041	867	189	62	10

11—12　续表 2　　（2016 年）　　计量单位：万元

指标名称	资产总计	负债合计	所有者权益合计	
				# 实收资本
总　计	**3626303**	**2915364**	**710939**	**648578**
综合零售	1206652	1027492	179160	143066
百货零售	1030029	780289	249739	111721
超级市场零售	100275	185294	-85020	24511
其他综合零售	76348	61908	14440	6834
食品、饮料及烟草制品专门零售	7032	5394	1637	400
粮油零售	7032	5394	1637	400
纺织、服装及日用品专门零售	40552	20383	20169	4327
服装零售	9345	7679	1666	1700
鞋帽零售	13901	3134	10767	200
化妆品及卫生用品零售	7455	0	7455	2127
自行车零售	9851	9570	281	300
文化、体育用品及器材专门零售	78657	47421	31236	11368
图书、报刊零售	44337	22618	21719	2000
音像制品及电子出版物零售	14340	9919	4421	4568
珠宝首饰零售	12677	9099	3578	3400
工艺美术品及收藏品零售	1791	1491	300	300
乐器零售	5514	4294	1219	1100
医药及医疗器材专门零售	1051194	897024	154171	44976
药品零售	1032298	881490	150808	42776
医疗用品及器材零售	18897	15534	3363	2200
汽车、摩托车、燃料及零配件专门零售	1060065	757868	302197	413326
汽车零售	820284	675060	145224	263033
汽车零配件零售	3288	3898	-611	1201
机动车燃料零售	236494	78910	157584	149092
家用电器及电子产品专门零售	148870	131292	17579	15748
家用视听设备零售	112633	107071	5562	2400
日用家电设备零售	11487	9090	2396	3709
计算机、软件及辅助设备零售	7102	5001	2101	200
通信设备零售	17649	10130	7520	9439
五金、家具及室内装饰材料专门零售	11199	8645	2554	2560
五金零售	2959	2398	561	1000
家具零售	4583	3540	1043	800
木质装饰材料零售	3657	2707	950	760
货摊、无店铺及其他零售业	22082	19846	2236	12808
生活用燃料零售	22082	19846	2236	12808
其他未列明零售业				
内资企业	3410511	2767697	642814	481933
国有企业	11520	15967	-4447	7702
集体企业	7743	5965	1779	763

11—12　续表 3　　（2016 年）　　计量单位：万元

指标名称	资产总计	负债合计	所有者权益合计	
				#实收资本
股份合作企业	1650	966	684	111
有限责任公司	1846351	1529349	317002	142750
国有独资公司	86587	61753	24834	5100
其他有限责任公司	1759764	1467595	292168	137650
股份有限公司	993529	769793	223736	241085
私营企业	549719	445658	104061	89523
私营独资企业	1435	530	905	335
私营合伙企业	122	15	107	52
私营有限责任公司	505505	420142	85363	80197
私营股份有限公司	42657	24971	17686	8939
港、澳、台商投资企业	7455	0	7455	2127
港、澳、台商独资经营企业	7455	0	7455	2127
外商投资企业	208337	147667	60670	164519
中外合资经营企业	184298	107507	76792	156131
外资企业	11816	34676	–22860	8288
外商投资股份有限公司	12222	5484	6738	100
国有控股	2130653	1639136	491518	408080
集体控股	71061	51252	19809	2254
私人控股	1155824	917276	238547	195768
港澳台商控股	7455	0	7455	2127
外商控股	45501	132961	–87461	16388
其他	215810	174739	41071	23961
独立门店	2194991	1745384	449608	384161
连锁总店	1338044	1088656	249389	254523
连锁门店	12992	10476	2516	3594
其他	80276	70849	9427	6300
大型	2321576	1865159	456417	296846
中型	1066252	851868	214385	178149
小型	231450	193545	37905	170695
微型	7025	4792	2233	2888
有店铺零售	3626303	2915364	710939	648578
便利店	74851	60702	14149	6600
超市	9123	12066	–2943	1572
大型超市	94755	176252	–81497	23152
百货店	954531	712014	242516	106743
专业店	1650637	1267925	382711	248762
专卖店	764638	617020	147618	256031
家居建材商店	268	8	260	260
购物中心	75312	67983	7329	5000
厂家直销中心	2189	1393	796	459

11—12　续表 4　　　　（2016 年）　　　　计量单位：万元

指标名称	主营业务收入	主营业务税金及附加	其他业务利润
总　　计	**7243167**	**20705**	**120860**
综合零售	2206327	13008	102468
百货零售	1843267	11915	84795
超级市场零售	310523	977	15587
其他综合零售	52537	117	2086
食品、饮料及烟草制品专门零售	3193	4	
粮油零售	3193	4	
纺织、服装及日用品专门零售	51651	114	1163
服装零售	3188	3	
鞋帽零售	21283	71	1163
化妆品及卫生用品零售	19125	30	
自行车零售	8055	9	
文化、体育用品及器材专门零售	52208	92	1237
图书、报刊零售	38120	61	917
音像制品及电子出版物零售	2789	2	316
珠宝首饰零售	4915	12	4
工艺美术品及收藏品零售	870	9	
乐器零售	5514	9	
医药及医疗器材专门零售	1695468	2667	858
药品零售	1683520	2616	851
医疗用品及器材零售	11947	51	6
汽车、摩托车、燃料及零配件专门零售	2924370	4023	12422
汽车零售	2056369	2642	10907
汽车零配件零售	16412	17	377
机动车燃料零售	851589	1364	1139
家用电器及电子产品专门零售	269858	639	1113
家用视听设备零售	81599	255	617
日用家电设备零售	97671	323	495
计算机、软件及辅助设备零售	6704	6	
通信设备零售	83884	54	
五金、家具及室内装饰材料专门零售	20574	76	
五金零售	1047	2	
家具零售	4897	17	
木质装饰材料零售	14631	57	
货摊、无店铺及其他零售业	19518	83	1600
生活用燃料零售	19518	83	1600
其他未列明零售业			
内资企业	6458343	19497	117723
国有企业	14766	44	1601
集体企业	20151	106	419

11—12　续表 5　　　　（2016 年）　　　　计量单位：万元

指标名称	主营业务收入	主营业务税金及附加	其他业务利润
股份合作企业	2914	29	
有限责任公司	3294774	6643	29988
国有独资公司	84580	118	924
其他有限责任公司	3210195	6526	29064
股份有限公司	2021292	10855	77189
私营企业	1104447	1820	8527
私营独资企业	5882	98	
私营合伙企业	1092	5	
私营有限责任公司	916613	1470	8290
私营股份有限公司	180861	248	237
港、澳、台商投资企业	19125	30	
港、澳、台商独资经营企业	19125	30	
外商投资企业	765698	1178	3136
中外合资经营企业	696031	974	3136
外资企业	48490	131	
外商投资股份有限公司	21177	73	
国有控股	4173649	13621	84922
集体控股	54496	357	1879
私人控股	2616135	5377	28952
港澳台商控股	19125	30	
外商控股	130162	474	3136
其他	249601	846	1971
独立门店	4319218	8803	33760
连锁总店	2800274	11392	86599
连锁门店	103918	232	495
其他	19757	279	6
大型	4661140	15832	98904
中型	2363074	4181	21455
小型	209233	682	501
微型	9720	10	
有店铺零售	7243167	20705	120860
便利店	49622	97	1910
超市	21029	66	1053
大型超市	300858	935	14534
百货店	1830767	11671	84972
专业店	3095425	5063	7924
专卖店	1924437	2617	10468
家居建材商店	3901	12	
购物中心	12755	239	
厂家直销中心	4373	5	

11—12　续表 6　　　　（2016 年）　　　　计量单位：万元

指标名称	销售费用	管理费用	# 税金	财务费用	# 利息支出
总　计	**348369**	**176858**	**5419**	**46356**	**31378**
综合零售	160376	92311	2246	12042	7633
百货零售	102674	77307	1473	9795	6220
超级市场零售	55290	11192	741	1139	458
其他综合零售	2413	3812	31	1108	956
食品、饮料及烟草制品专门零售	101	327		-2	-2
粮油零售	101	327		-2	-2
纺织、服装及日用品专门零售	3908	1062	4	305	199
服装零售	99	423	1	340	162
鞋帽零售	2705	397		-37	37
化妆品及卫生用品零售		156			
自行车零售	1103	86	2	2	
文化、体育用品及器材专门零售	5067	5861	203	-133	50
图书、报刊零售	3470	5161	197	-208	
音像制品及电子出版物零售	135	204	0	20	
珠宝首饰零售	317	334	3	35	36
工艺美术品及收藏品零售	58	54	3	1	1
乐器零售	1086	108		19	13
医药及医疗器材专门零售	47010	27709	1777	16196	16293
药品零售	45921	27013	1775	16199	16293
医疗用品及器材零售	1089	696	2	-3	
汽车、摩托车、燃料及零配件专门零售	105361	40248	1092	16344	7195
汽车零售	57829	34691	935	15331	6981
汽车零配件零售	581	5	5	63	
机动车燃料零售	46951	5551	152	950	214
家用电器及电子产品专门零售	22849	7507	35	1420	9
家用视听设备零售	9512	3619	5	855	9
日用家电设备零售	9483	2100	30	261	
计算机、软件及辅助设备零售	839	72		1	
通信设备零售	3016	1717		303	
五金、家具及室内装饰材料专门零售	2370	408	4	327	
五金零售		71		148	
家具零售	966	126		180	
木质装饰材料零售	1404	211	4	-1	
货摊、无店铺及其他零售业	1326	1425	59	-143	1
生活用燃料零售	1326	1425	59	-143	1
其他未列明零售业					
内资企业	293510	167077	5382	44911	30920
国有企业	1213	1249	57	-23	
集体企业	1910	1135	25	73	

11—12　续表 7　　（2016 年）　　计量单位：万元

指标名称	销售费用	管理费用	# 税金	财务费用	# 利息支出
股份合作企业	536	112		7	
有限责任公司	135766	72912	3994	26959	21306
国有独资公司	4598	6544	234	169	234
其他有限责任公司	131168	66369	3761	26791	21072
股份有限公司	103471	70732	857	10195	6593
私营企业	50614	20937	448	7700	3021
私营独资企业	311	160		52	
私营合伙企业	214	15			
私营有限责任公司	45651	18717	391	6736	2649
私营股份有限公司	4437	2045	57	912	372
港、澳、台商投资企业		156			
港、澳、台商独资经营企业		156			
外商投资企业	54859	9626	37	1445	458
中外合资经营企业	43443	8049		910	
外资企业	11115	1234	1	573	458
外商投资股份有限公司	302	343	36	–38	
国有控股	148066	103008	2321	25892	22497
集体控股	3581	7957	308	986	637
私人控股	156936.8	55510.3	2626.5	18001.6	7181.4
港澳台商控股		155.6			
外商控股	26587.7	3568.4	37.4	752.1	457.5
其他	13197.6	6659.4	126.4	724.1	605.5
独立门店	147290.6	89482.6	3995.4	33095.4	23404.5
连锁总店	190195.5	83630.2	1392.9	13016.2	7971.7
连锁门店	9704	2328.7	28.5	241.1	4.9
其他	1178.8	1416.6	2.1	2.8	–3.4
大型	250378.9	114349.5	2965.5	27524	22467.6
中型	91364.2	54471.8	2320.6	18237.4	8361.5
小型	6558.7	7656.2	131.2	440.7	548.6
微型	67.1	380.6	1.6	153.4	
有店铺零售	348368.9	176858.1	5418.9	46355.5	31377.7
便利店	2368.7	3454.1	31.2	1105.8	956.2
超市	1330.6	2258.7	1.6	88.6	4.9
大型超市	54592.5	9454	739.5	1063.1	457.5
百货店	101894.1	76453.4	1473.4	9792.4	6223
专业店	132210.9	52474.7	2249.3	20467.7	17025.4
专卖店	55329.6	31628.4	922.8	13830.4	6714.1
家居建材商店		15.3	1.1	2.1	
购物中心	642.2	973.4		2.7	–3.4
厂家直销中心	0.3	146.1		2.7	

11—12　续表 8　　（2016 年）　　计量单位：万元

指标名称	营业利润	利润总额	应交所得税	应付职工薪酬（本年贷方累计发生额）	应交增值税
总　　计	**213352**	**209243**	**33052**	**181846**	**88372**
综合零售	84625	87591	3797	55384	31487
百货零售	102001	103636	3566	41351	28816
超级市场零售	-16005	-16402	13	10350	2145
其他综合零售	-1371	357	219	3684	526
食品、饮料及烟草制品专门零售	-40	1		100	
粮油零售	-40	1		100	
纺织、服装及日用品专门零售	9337	78	113	5401	474
服装零售	-244	-244		184	18
鞋帽零售	274	298	106	4420	401
化妆品及卫生用品零售	9282			500	
自行车零售	25	24	7	297	55
文化、体育用品及器材专门零售	2768	3229	15	8382	407
图书、报刊零售	2624	3089		4907	229
音像制品及电子出版物零售	16	11	3	151	13
珠宝首饰零售	15	15	5	2634	67
工艺美术品及收藏品零售	85	85	3	274	26
乐器零售	28	28	5	417	71
医药及医疗器材专门零售	49744	50472	12862	33805	19367
药品零售	48864	49402	12643	33311	18957
医疗用品及器材零售	880	1069	219	494	410
汽车、摩托车、燃料及零配件专门零售	64505	65104	15606	63415	33354
汽车零售	75889	77165	15228	39903	29865
汽车零配件零售	-3	14	3	351	80
机动车燃料零售	-11381	-12075	375	23161	3409
家用电器及电子产品专门零售	2523	1895	149	8319	3055
家用视听设备零售	2111	2232	145	2544	439
日用家电设备零售	381	195		3477	1715
计算机、软件及辅助设备零售	10	8	2	449	49
通信设备零售	21	-540	2	1849	852
五金、家具及室内装饰材料专门零售	491	491	15	711	124
五金零售	-153	-153		17	2
家具零售	26	26	6	295	110
木质装饰材料零售	618	618	8	400	12
货摊、无店铺及其他零售业	-601	382	494	6329	105
生活用燃料零售	-601	382	494	6329	105
其他未列明零售业					
内资企业	232808	237968	32702	160232	85496
国有企业	-2423	-1447		5830	26
集体企业	1489	1011	19	1661	689

11—12　续表 9　（2016 年）　计量单位：万元

指标名称	营业利润	利润总额	应交所得税	应付职工薪酬（本年贷方累计发生额）	应交增值税
股份合作企业	-25	23	6	326	111
有限责任公司	65280	68614	16866	79574	49407
国有独资公司	2721	3227	29	6699	714
其他有限责任公司	62559	65387	16837	72875	48693
股份有限公司	102099	103969	3683	26018	26617
私营企业	66388	65798	12128	46823	8646
私营独资企业	147	15		242	8
私营合伙企业	32	32	10	148	
私营有限责任公司	65	-353	929	43231	7534
私营股份有限公司	66144	66104	11189	3201	1103
港、澳、台商投资企业	9282			500	
港、澳、台商独资经营企业	9282			500	
外商投资企业	-28738	-28725	351	21114	2875
中外合资经营企业	-22523	-22671		13930	1235
外资企业	-7462	-7264	13	4915	1027
外商投资股份有限公司	1247	1211	338	2269	613
国有控股	121059	124607	12422	66120	44370
集体控股	542	1230	197	4826	1179
私人控股	92844.8	92569	18140.6	95047.3	36069.2
港澳台商控股	9281.7			500	
外商控股	-16946.8	-16726.3	350.5	8058.3	2515
其他	6570.6	7562.9	1941.5	7294.5	4237.8
独立门店	138075.2	140241.2	30680.5	129872	57817.8
连锁总店	73524.4	67329.1	1799.3	48298.8	28453.6
连锁门店	706.7	655.5		3413.3	1769.1
其他	1045.4	1017.2	572.5	261.8	331
大型	121550.2	123879.2	15060.7	92881.4	50858
中型	88856.7	82524.1	16732.1	84138.1	36522.7
小型	3122.1	3008.4	1257.3	4670.9	964.2
微型	-177.3	-168.7	2.2	155.5	26.6
有店铺零售	213351.7	209243	33052.3	181845.9	88371.5
便利店	-1371.9	355.4	218.9	3414.2	525.6
超市	186	305.2	1.2	1247	215.7
大型超市	-15743.2	-16232.4	12.6	9459	1988.5
百货店	101833.2	103473.5	3209	41257.9	28815.6
专业店	46477.8	38991.1	13667.6	86324	26897.8
专卖店	81576.9	81976.7	15583.3	40039.5	29902.1
家居建材商店	182.7	182.7	1.8	22	12
购物中心	178.3	150.1	355.7	16.9	
厂家直销中心	31.9	40.7	2.2	65.4	14.2

分县（市）区限额以上批发零售贸易企业财务状况

11—13 （2016 年） 计量单位：万元

行政单位	资产总计	负债合计	主营业务收入	主营业务成本	其他业务利润
石家庄市	**8791692**	**6814107**	**16858368**	**15593702**	**160939**
市　　区	8187811	6377967	15481596	14309537	147653
长 安 区	1860171	1599604	3314376	3121922	11040
桥 西 区	2102688	1624663	3679957	3213660	93839
新 华 区	1829360	1520500	4099751	3967964	17060
矿　　区	12188	9271	25092	22069	
裕 华 区	592242	483329	1338224	1235801	13805
藁 城 区	83206	64020	125825	112421	1283
鹿 泉 区	496330	382464	419245	369917	4613
栾 城 区	48919	37530	143150	137760	526
高 新 区	1156973	652653	2306340	2098681	5488
循环化工园区	5735	3934	29637	29342	
井 陉 县	149791	95922	536671	507669	
正 定 县	226868	194486	222079	206686	1671
行 唐 县	18644	6790	39116	36228	
灵 寿 县	20231	8166	16054	13835	
高 邑 县	553	234	6165	5968	
深 泽 县	8897	7838	28716	26793	74
赞 皇 县	28109	10999	48537	47069	
无 极 县	14419	7294	63765	58883	62
平 山 县	18421	15202	38669	35943	319
元 氏 县	27912	24860	11441	10192	107
赵　　县	12025	7440	35996	28574	
晋 州 市	24113	16345	50357	42735	760
新 乐 市	9121	6129	25477	23531	-12
辛 集 市	44779	34436	253730	240060	10304

11—13 续表 1　　（2016 年）　　计量单位：万元

行政单位	销售费用	管理费用	财务费用	利润总额	应付职工薪酬（本年贷方累计发生额）	应交增值税
石家庄市	**565069**	**316938**	**88494**	**346450**	**301090**	**253804**
市　区	503427	300051	78266	323150	272553	242727
长安区	77527	58551	27742	48484	68657	25886
桥西区	164283	114737	11678	182589	54213	73250
新华区	92097	40921	16931	51521	51136	68455
矿　区	2022	768	196	11	487	174
裕华区	63999	25519	5778	5980	34163	14247
藁城区	8912	2179	1934	4157	7128	1934
鹿泉区	24427	14284	5854	11541	11916	2387
栾城区	1319	1761	102	2061	1460	202
高新区	68772	41127	8038	16805	43210	56178
循环化工园区	69	205	11		182	13
井陉县	23978	1038	2165	1357	603	4431
正定县	7399	6101	3620	2515	4233	1544
行唐县	1240	812	92	668	964	230
灵寿县	598	498	349	647	1517	277
高邑县	118	22	10		84	4
深泽县	840	504	42	486	1153	66
赞皇县	741	519	81	73	993	29
无极县	3535	1030	59	287	1181	76
平山县	1922	855	245	22	1129	309
元氏县	904	688	484	-600	1545	113
赵　县	6272	220	338	957	4615	1109
晋州市	5896	179	558	1485	4008	896
新乐市	492	837	150	558	1085	5
辛集市	7707	3584	2034	14843	5430	1990

社会消费品零售总额

11—14　　　　（2016 年）　　　　计量单位：万元

行政单位	社会消费品零售总额	其中：限额以上批发和零售业零售额
石家庄市	**29752321**	**8827806**
市　区	16740689	8112891
长安区	3049787	2237379
桥西区	4695323	2986452
新华区	2206927	1022926
裕华区	1719940	952951
矿　区	146045	6720
藁城区	1738640	64493
鹿泉区	1339267	150479
栾城区	846615	39007
高新区	846349	652485
循环化工园区	151796	
井陉县	494031	181613
正定县	1293539	126547
行唐县	647536	16003
灵寿县	448717	29433
高邑县	359222	9213
深泽县	454773	17647
赞皇县	458125	28607
无极县	1260040	52587
平山县	602188	27920
元氏县	566986	19273
赵　县	1219984	48099
晋州市	1245644	54560
新乐市	1138324	29570
辛集市	2822523	73842

分县（市）区实际利用外资情况

11—15　　　　（2016 年）　　　　计量单位：万美元

行政单位	实际利用外资	比上年增长（%）	实际利用外资中：	
			直接利用外资	比上年增长（%）
石家庄市	**122102**	**7.1**	**117643**	**31.2**
市　区	102549	-0.2	98090	20.0
长安区	15543	-51.2	15543	33.8
桥西区	9019	-66.1	9019	-66.1
新华区	1538	905.2	1538	905.2
裕华区	6087	54.0	6087	91.8
矿　区	146		146	
藁城区	13236	4.4	13236	4.4
鹿泉区	403	-93.6	403	-93.6
栾城区	19601	180.0	19601	180.0
高新区	32517	128.5	32517	128.5
循环化工园区				
井陉县	3141	6.8	3141	22335.7
正定县	6156		6156	
行唐县	3062	2.1	3062	2.1
灵寿县	847		847	
高邑县	998		998	
深泽县	2	100.0	2	100.0
赞皇县	533	166.5	533	166.5
无极县	405	15.7	405	15.7
平山县	431	39.5	431	39.5
元氏县	37		37	
赵　县	502	-8.7	502	-8.7
晋州市	3200	-2.4	3200	-2.4
新乐市	7	-96.7	7	-96.7
辛集市	232	700.0	232	700.0

外国和港澳台地区在石投资情况

11—16 （2016 年） 计量单位：万美元

指标名称	新批合同			新注册三资企业	
	项目个数（个）	项目投资总额	合同外资额	注册户数（户）	项目投资总额
合　　计	**22**	**60590**	**36451**	**18**	**29105**
# 国有企业与客商兴办合资合作企业					
# 投资总额 500 万美元以上项目	10	58914	35414	5	27401
# 世界 500 强					
# 开发区合计	3	-12610	798	2	374
1. 国家级开发区	2	-15504	695	1	155
2. 省级开发区	1	2894	103	1	219
一、按投资方式分组					
（一）港、澳、台投资经济	8	22996	18389	6	17114
1. 与港澳台合资经营企业	4	29539	14400	2	16620
2. 与港澳台合作经营企业					
3. 港澳台商独资经营企业	4	-6543	3989	4	494
（二）外商投资经济	14	37594	18062	12	11991
1. 中外合资经营企业	10	13608	8913	8	2061
2. 中外合作经营企业					
3. 外资企业	4	23986	9149	4	9930
二、按产业分组					
第一产业					
第二产业	7	6090	4646	5	10786
工业	7	6090	4646	5	10786
第三产业	15	54500	31805	13	18319
房地产业		5804	4875		
三、按国民经济行业分组					
农、林、牧、渔业（A）	2	16620	12696	3	16714
农业					
林业					
渔业					
农、林、牧、渔服务业	2	16620	12696	3	16714
采矿业（B）					
制造业（C）	6	-2988	1620	4	1708
农副食品加工业					
食品制造业					
酒、饮料和精制茶制造业					
纺织业					
纺织服装、服饰业				1	498

11—16　续表 1　　　　（2016 年）　　　　计量单位：万美元

指标名称	新批合同			新注册三资企业	
	项目个数（个）	项目投资总　额	合　同外资额	注册户数（户）	项　目投资总额
化学原料和化学制品制造业	2	1369	425	2	1148
医药制造业		-15859	525		
化学纤维制造业					
橡胶和塑料制品业	1	2839	103		
专用设备制造业	1	62	19	1	62
汽车制造业		8252	396		
铁路、船舶、航空航天和其他运输设备制造业					
电气机械和器材制造业	1	195	90		
计算机、通信和其他电子设备制造业	1	154	62		
电力、热力、燃气及水生产和供应业 (D)	1	9078	3026	1	9078
电力、热力生产和供应业	1	9078	3026	1	9078
批发和零售业 (F)	8	16873	8791	6	399
批发业	7	16827	8745	5	353
零售业	1	46	46	1	46
交通运输、仓储和邮政业 (G)					
住宿和餐饮业 (H)					
信息传输、软件和信息技术服务业 (I)	1	584	146		
金融业 (J)		4560	1140		
房地产业 (K)		5804	4875		
租赁和商务服务业 (L)				1	15
科学研究和技术服务业 (M)	1	8868	2993		
科技推广和应用服务业	1	8868	2993		
水利、环境和公共设施管理业 (N)	1	358	358	1	358
公共设施管理业	1	358	358	1	358
居民服务、修理和其他服务业 (O)					
教育 (P)					
卫生和社会工作 (Q)					
卫生					
社会工作					
文化、体育和娱乐业 (R)	2	833	806	2	833
文化艺术业	1	774	774	1	774
体育	1	59	32	1	59
四、按投资国别、地区分组					
1. 亚洲	13	42050	22345	10	27402

11—16　续表 2　　　　（2016 年）　　　　计量单位：万美元

指标名称	新批合同			新注册三资企业	
	项目个数（个）	项目投资总　额	合　同外资额	注册户数（户）	项　目投资总额
其中：香港	7	17522	17928	6	17114
澳门					
台湾	1	5474	461		
印度尼西亚					
日本		8252	396		
马来西亚					
菲律宾					
新加坡	1	149	90		
韩国	2	991	298	3	1210
泰国					
东南亚联盟	1	149	90		
2.非洲	2	62	35	2	62
3.欧洲	2	229	137	1	75
其中：比利时					
丹麦	1	75	75	1	75
意大利	1	154	62		
欧盟	2	229	137	1	75
4.拉丁美洲		5804	4875		
开曼群岛					
英属维尔京群岛		5804	4875		
5.北美洲	3	11231	8139	4	792
其中：加拿大	2	11155	8108	2	653
美国	1	76	31	2	139
6.大洋洲	2	1214	920	1	774
其中：澳大利亚					
新西兰					
7.其他					
五、高新技术产业	3	-7196	1092	1	62
六:并购		5804	4875		
战略投资		5804	4875		
返程并购					
其他	1	358	358	1	358
合同外资 1000 万美元以上项目	5	40040	33247	3	25698
省级工业聚集区					

11—16　续表 3　　（2016 年）　　计量单位：万美元

指标名称	新注册三资企业（续）		期末实有三资企业（个）		
	注册资本	外方注册资本		#开工在建	投产企业
合　计	**35542**	**24645**	**393**	**11**	**293**
#国有企业与客商兴办合资合作企业			37		32
#投资总额 500 万美元以上项目	34012	23711	155	6	116
#世界 500 强			11		10
#开发区合计	944	696	134	8	104
1. 国家级开发区	749	633	75	5	57
2. 省级开发区	195	63	59	3	47
一、按投资方式分组					
（一）港、澳、台投资经济	22148	14719	185	4	131
1. 与港澳台合资经营企业	21265	13836	102	2	73
2. 与港澳台合作经营企业			8		7
3. 港澳台商独资经营企业	883	883	75	2	51
（二）外商投资经济	13394	9926	208	7	162
1. 中外合资经营企业	2007	777	113	6	89
2. 中外合作经营企业			14		11
3. 外资企业	11387	9149	80	1	61
二、按产业分组					
第一产业			2		2
第二产业	7883	4507	230	9	183
工业	7883	4507	224	9	178
第三产业	27659	20138	161	2	108
房地产业	4875	4875	28		25
三、按国民经济行业分组					
农、林、牧、渔业（A）	16714	12742	5		2
农业			1		1
林业					
渔业			1		1
农、林、牧、渔服务业	16714	12742	3		
采矿业（B）			1	1	
制造业（C）	4857	1481	219	7	177
农副食品加工业			3		3
食品制造业			14	2	11
酒、饮料和精制茶制造业			3		3
纺织业			14		13

11—16　续表 4　（2016 年）　计量单位：万美元

指标名称	新注册三资企业（续）		期末实有三资企业（个）		
	注册资本	外方注册资本		# 开工在建	投产企业
纺织服装、服饰业	498	199	17		13
化学原料和化学制品制造业	1085	342	35	2	22
医药制造业	548	525	25	1	21
化学纤维制造业					
橡胶和塑料制品业			18	1	15
专用设备制造业	46	19	6		3
汽车制造业	2634	396	7		7
铁路、船舶、航空航天和其他运输设备制造业			4		4
电气机械和器材制造业	46		4		5
计算机、通信和其他电子设备制造业			7		5
电力、热力、燃气及水生产和供应业 (D)	3026	3026	6	1	3
电力、热力生产和供应业	3026	3026	3		2
批发和零售业 (F)	438	330	56		39
批发业	392	284	46		31
零售业	46	46	10		8
交通运输、仓储和邮政业 (G)			11		9
住宿和餐饮业 (H)			8		4
信息传输、软件和信息技术服务业 (I)	7		4		3
金融业 (J)	4560	1140	11		4
房地产业 (K)	4875	4875	28		25
租赁和商务服务业 (L)	13	13	21		14
科学研究和技术服务业 (M)			11	2	5
科技推广和应用服务业			5		2
水利、环境和公共设施管理业 (N)	232	232	2		2
公共设施管理业	232	232	1		1
居民服务、修理和其他服务业 (O)			2		1
教育 (P)					
卫生和社会工作 (Q)					
卫生					
社会工作					
文化、体育和娱乐业 (R)	820	806	2		
文化艺术业	774	774	1		
体育	46	32	1		
四、按投资国别、地区分组					
1. 亚洲	28939	18502	244	5	173

11—16　续表 5　　（2016 年）　　计量单位：万美元

指标名称	新注册三资企业（续）		期末实有三资企业（个）		
	注册资本	外方注册资本		# 开工在建	投产企业
其中：香港	22109	14719	159	4	113
澳门					
台湾	39		28		19
印度尼西亚					
日本	2634	396	12		10
马来西亚			7		5
菲律宾					
新加坡			14	1	13
韩国	1131	361	15		8
泰国			2		
东南亚联盟			23	1	18
2.非洲	49	35	3	1	
3.欧洲	75	75	39	1	34
其中：比利时			1		1
丹麦	75	75	1		
意大利			1		1
欧盟	75	75	30	1	25
4.拉丁美洲	4882	4875	34		30
开曼群岛			2		2
英属维尔京群岛	4882	4875	30		27
5.北美洲	823	384	58	4	44
其中：加拿大	653	307	11	1	6
美国	170	77	47	3	38
6.大洋洲	774	774	15		12
其中：澳大利亚			6		6
新西兰			3		1
7.其他					
五、高新技术产业	3274	940	64	3	50
六:并购	4875	4875	33	1	29
战略投资	4875	4875	11		11
返程并购					
其他	232	232	20		19
合同外资 1000 万美元以上项目	29605	22254	73	3	48
省级工业聚集区					

11—16　续表 6　　　　　　　　　　（2016 年）　　　　　　　　　　计量单位：万美元

指标名称	客商直接投资	# 现 金	利　润 再投资	中方投资
合　　计	**117643**	**1136**		
# 国有企业与客商兴办合资合作企业	14316			
# 投资总额 500 万美元以上项目	113396	476		
# 世界 500 强	3121			
# 开发区合计	78230	30		
1. 国家级开发区	55397	3		
2. 省级开发区	22833	27		
一、按投资方式分组				
（一）港、澳、台投资经济	28685	965		
1. 与港澳台合资经营企业	19416	487		
2. 与港澳台合作经营企业				
3. 港澳台商独资经营企业	9269	478		
（二）外商投资经济	88958	171		
1. 中外合资经营企业	14928	171		
2. 中外合作经营企业	1551			
3. 外资企业	72479			
二、按产业分组				
第一产业	403			
第二产业	76846	171		
工业	76539	171		
第三产业	40394	965		
房地产业	25770			
三、按国民经济行业分组				
农、林、牧、渔业（A）	403			
农业	403			
林业				
渔业				
农、林、牧、渔服务业				
采矿业（B）				
制造业（C）	66941	171		
农副食品加工业	3141			
食品制造业	3062			
酒、饮料和精制茶制造业	2006			
纺织业				

11—16　续表 7　（2016 年）　计量单位：万美元

指标名称	客商直接投资	# 现 金	利　润 再投资	中方投资
纺织服装、服饰业	539			
化学原料和化学制品制造业	1426	148		
医药制造业	30502			
化学纤维制造业				
橡胶和塑料制品业	3733			
专用设备制造业				
汽车制造业	405			
铁路、船舶、航空航天和其他运输设备制造业	645			
电气机械和器材制造业				
计算机、通信和其他电子设备制造业	5622	3		
电力、热力、燃气及水生产和供应业 (D)	9598			
电力、热力生产和供应业	9277			
批发和零售业 (F)	978	253		
批发业	978	253		
零售业				
交通运输、仓储和邮政业 (G)	8543			
住宿和餐饮业 (H)				
信息传输、软件和信息技术服务业 (I)	4249			
金融业 (J)	476	476		
房地产业 (K)	25770			
租赁和商务服务业 (L)	4	4		
科学研究和技术服务业 (M)	142			
科技推广和应用服务业				
水利、环境和公共设施管理业 (N)	232	232		
公共设施管理业	232	232		
居民服务、修理和其他服务业 (O)				
教育 (P)				
卫生和社会工作 (Q)				
卫生				
社会工作				
文化、体育和娱乐业 (R)				
文化艺术业				
体育				
四、按投资国别、地区分组				

11—16　续表 8　　　　（2016 年）　　　　计量单位：万美元

指标名称	客商直接投资	# 现 金	利 润 再投资	中方投资
1.亚洲	41749	985		
其中：香港	27951	958		
澳门				
台湾	734	7		
印度尼西亚				
日本	405			
马来西亚				
菲律宾				
新加坡	12639			
韩国				
泰国				
东南亚联盟	12639			
2.非洲				
3.欧洲	505	3		
其中：比利时				
丹麦				
意大利	3	3		
欧盟	505	3		
4.拉丁美洲	58012			
开曼群岛	5454			
英属维尔京群岛	52558			
5.北美洲	5057	2		
其中：加拿大				
美国	5057	2		
6.大洋洲	12320	146		
其中：澳大利亚	37			
新西兰				
7.其他				
五、高新技术产业	36531	5		
六：并购	14035	20		
战略投资	482	20		
返程并购				
其他	232	232		
合同外资 1000 万美元以上项目	102523	476		
省级工业聚集区				

11—16　续表 9　　　　（2016 年）　　　　计量单位：万美元

指标名称	中方投资（续）		企业境外借款		外商其它投资
	# 现 金	实 物		# 外方股东借款	
合　　计	**1136**			**12356**	
# 国有企业与客商兴办合资合作企业					
# 投资总额 500 万美元以上项目	476			12114	
# 世界 500 强					
# 开发区合计	30			6846	
1. 国家级开发区	3			3646	
2. 省级开发区	27			3200	
一、按投资方式分组					
（一）港、澳、台投资经济	965			3342	
1. 与港澳台合资经营企业	487			3200	
2. 与港澳台合作经营企业					
3. 港澳台商独资经营企业	478			142	
（二）外商投资经济	171			9014	
1. 中外合资经营企业	171			5525	
2. 中外合作经营企业					
3. 外资企业				3489	
二、按产业分组					
第一产业					
第二产业	171			6869	
工业	171			6869	
第三产业	965			5487	
房地产业					
三、按国民经济行业分组					
农、林、牧、渔业（A）					
农业					
林业					
渔业					
农、林、牧、渔服务业					
采矿业（B）					
制造业（C）	171			6869	
农副食品加工业					
食品制造业					
酒、饮料和精制茶制造业					
纺织业					
纺织服装、服饰业					

11—16 续表 10　　（2016 年）　　计量单位：万美元

指标名称	中方投资（续）		企业境外借款		外商其它投资
	# 现金	实 物		# 外方股东借款	
化学原料和化学制品制造业	148				
医药制造业				3504	
化学纤维制造业					
橡胶和塑料制品业				3200	
专用设备制造业					
汽车制造业					
铁路、船舶、航空航天和其他运输设备制造业					
电气机械和器材制造业					
计算机、通信和其他电子设备制造业	3			165	
电力、热力、燃气及水生产和供应业 (D)					
电力、热力生产和供应业					
批发和零售业 (F)	253				
批发业	253				
零售业					
交通运输、仓储和邮政业 (G)				5345	
住宿和餐饮业 (H)					
信息传输、软件和信息技术服务业 (I)					
金融业 (J)	476				
房地产业 (K)					
租赁和商务服务业 (L)	4				
科学研究和技术服务业 (M)				142	
科技推广和应用服务业					
水利、环境和公共设施管理业 (N)	232				
公共设施管理业	232				
居民服务、修理和其他服务业 (O)					
教育 (P)					
卫生和社会工作 (Q)					
卫生					
社会工作					
文化、体育和娱乐业 (R)					
文化艺术业					
体育					
四、按投资国别、地区分组					
1. 亚洲	985			3622	
其中：香港	958			3342	

11—16　续表 11　　　　（2016 年）　　　　计量单位：万美元

指标名称	中方投资（续）		企业境外借款		外商其它投资
	# 现金	实物		# 外方股东借款	
澳门					
台湾	7				
印度尼西亚					
日本					
马来西亚					
菲律宾					
新加坡				280	
韩国					
泰国					
东南亚联盟				280	
2.非洲					
3.欧洲	3				
其中：比利时					
丹麦					
意大利	3				
欧盟	3				
4.拉丁美洲				5510	
开曼群岛					
英属维尔京群岛				5510	
5.北美洲	2				
其中：加拿大					
美国	2				
6.大洋洲	146			3224	
其中：澳大利亚					
新西兰					
7.其他					
五、高新技术产业	5			3669	
六：并购	20			5510	
战略投资	20			165	
返程并购					
其他	232				
合同外资 1000 万美元以上项目	476			11769	
省级工业聚集区					

外国和港澳台地区在石投资企业主要经济指标

11—17　　（2016 年）　　计量单位：个、千元、人

指标名称	期末投产企业个数	#亏损企业	总产值（当年价格）	全部从业人员平均人数
合　计	**223**	**102**	**34906726**	**49851**
#国有企业与客商兴办合资合作企业	25	9	7286913	8738
#以原有企业为依托的合资合作企业	74	34	13630471	19777
一、按投资方式分组				
（一）港、澳、台投资经济	101	50	17458927	27351
1. 与港澳台合资经营企业	53	27	12482849	20910
2. 与港澳台合作经营企业	4	2	251399	332
3. 港澳台商独资经营企业	44	21	4724679	6109
（二）外商投资经济	122	52	17447799	22500
1. 中外合资经营企业	69	31	7598553	8017
2. 中外合作经营企业	7	2	976235	2037
3. 外资企业	45	18	8194487	11350
4. 外商投资股份公司	1	1	678524	1096
二、按产业分组				
第一产业	1	1		7
第二产业	140	61	34697385	42233
工业	135	59	34697385	41768
第三产业	82	40	209341	7611
房地产业	21	9		1141
三、按国民经济行业分组				
农、林、牧、渔业 (A)	1	1		7
农业	1	1		7
蔬菜、食用菌及园艺作物种植	1	1		7
采矿业 (B)				
制造业 (C)	134	61	29167950	41042
农副食品加工业	3	1	548339	886
食品制造业	10	4	544843	812
酒、饮料和精制茶制造业	3		830451	1032
精制茶加工	3		830451	1032
纺织业	10	5	348128	1370
棉纺织及印染精加工	6	3	296495	1021

11—17 续表 1　　（2016 年）　　计量单位：个、千元、人

指标名称	期末投产企业个数	#亏损企业	总产值（当年价格）	全部从业人员平均人数
家用纺织制成品制造	3	1	51633	349
非家用纺织制成品制造	1	1		
纺织服装、服饰业	10	3	191080	1297
皮革、毛皮、羽毛及其制品和制鞋业	4	3	97507	102
印刷和记录媒介复制业	2		17677	76
文教、工美、体育和娱乐用品制造业	2		13179	89
化学原料和化学制品制造业	14	8	3093915	4672
医药制造业	18	7	12141017	15337
橡胶和塑料制品业	9	5	221452	2377
非金属矿物制品业	8	6	82921	456
黑色金属冶炼和压延加工业	3	1	4419357	3650
有色金属冶炼和压延加工业	1	1	678524	1096
金属制品业	9	3	1305173	1804
通用设备制造业	5	3	127242	663
专用设备制造业	2	2	11527	124
汽车制造业	5	2	577899	1776
铁路、船舶、航空航天和其他运输设备制造业	3		1953855	1069
电气机械和器材制造业	5	2	1818425	1535
计算机、通信和其他电子设备制造业	6	3	117298	442
金属制品、机械和设备修理业	2	2	28141	377
电力、热力、燃气及水生产和供应业 (D)	3		5557576	1103
电力、热力生产和供应业	2		5505856	1047
燃气生产和供应业	1		51720	56
水的生产和供应业				
建筑业 (E)	5	2		465
房屋建筑业	2	1		4
土木工程建筑业	1			90
建筑安装业	1	1		2
建筑装饰和其他建筑业	1			369
批发和零售业 (F)	29	15		3149
批发业	24	12		1321

11—17 续表 2　　　　（2016 年）　　　　计量单位：个、千元、人

指标名称	期末投产企业个数	# 亏损企业	总产值（当年价格）	全部从业人员平均人数
零售业	5	3		1828
综合零售	3	2		1763
百货零售	1			577
超级市场零售	2	2		1186
交通运输、仓储和邮政业 (G)	6	3		1415
道路运输业	5	3		873
管道运输业	1			542
住宿和餐饮业 (H)	3	1		579
餐饮业	3	1		579
信息传输、软件和信息技术服务业 (I)	2			210
软件和信息技术服务业	2			210
金融业 (J)	3	1	24679	16
货币金融服务	2	1	24679	15
其他金融业	1			1
房地产业 (K)	21	9		1141
物业管理	3			166
自有房地产经营活动	18	9		975
租赁和商务服务业 (L)	9	5	2031	118
商务服务业	9	5	2031	118
科学研究和技术服务业 (M)	5	3	141201	574
研究和试验发展	1	1		3
专业技术服务业	2	1		440
科技推广和应用服务业	2	1	141201	131
水利、环境和公共设施管理业 (N)	1	1	13289	30
生态保护和环境治理业	1	1	13289	30
公共设施管理业				
居民服务、修理和其他服务业 (O)	1			2
居民服务业	1			2
五、高新技术产业	38	15	14205961	19264

11—17 续表 3　　（2016 年）　　计量单位：个、千元、人

指标名称	期末从业人员 # 外方及港澳台人员	期末从业人员劳动报酬	# 外方及港澳台人员	所有者权益	# 实收资本（千美元）
合　计	**2764**	**2679881**	**19837**	**56768922**	**3574798**
# 国有企业与客商兴办合资合作企业	3	430141	68	7374184	613279
# 以原有企业为依托的合资合作企业	2736	1080580	18779	26254420	1170106
一、按投资方式分组					
（一）港、澳、台投资经济	1865	1347418	319	31502629	2009426
1. 与港澳台合资经营企业	1860	1033283	175	25894072	1067004
2. 与港澳台合作经营企业	2	14122		-41376	13295
3. 港澳台商独资经营企业	3	300013	144	5649933	929127
（二）外商投资经济	899	1332463	19518	25266293	1565372
1. 中外合资经营企业	885	594365	18901	8807206	849050
2. 中外合作经营企业		134493		2415262	127714
3. 外资企业	14	521000	617	13047412	542538
4. 外商投资股份公司		82605		996413	46070
二、按产业分组					
第一产业		385		31185	2313
第二产业	2736	2117695	3617	47211691	2035981
工业	2736	2092686	3617	47044558	1996898
第三产业	28	561801	16220	9526046	1536504
房地产业	8	83226	66	3191869	233325
三、按国民经济行业分组					
农、林、牧、渔业 (A)		385		31185	2313
农业		385		31185	2313
蔬菜、食用菌及园艺作物种植		385		31185	2313
采矿业 (B)					
制造业 (C)	2736	1996993	3617	43718636	1669448
农副食品加工业		35269		727453	62417
食品制造业	1	20249	20	579903	39053
酒、饮料和精制茶制造业		66893		336805	35445
精制茶加工		66893		336805	35445
纺织业		31323	97	321677	48235

11—17 续表 4　　（2016 年　　计量单位：个、千元、人

指标名称	期末从业人员	期末从业人员劳动报酬		所有者权益	
	# 外方及港澳台人员		# 外方及港澳台人员		#实收资本（千美元）
棉纺织及印染精加工		30134		296751	41824
家用纺织制成品制造		1189	97	23194	5676
非家用纺织制成品制造				1732	735
纺织服装、服饰业	1	28259	57	71237	3300
皮革、毛皮、羽毛及其制品和制鞋业		2740		17314	1895
印刷和记录媒介复制业		2395		42177	578
文教、工美、体育和娱乐用品制造业		3000		4714	692
化学原料和化学制品制造业	864	161276	2299	2638137	139505
医药制造业	3	663091	222	12517955	555640
橡胶和塑料制品业	3	51405	46	898364	64938
非金属矿物制品业	2	5606	54	113699	16538
黑色金属冶炼和压延加工业		374617		19203766	324367
有色金属冶炼和压延加工业		82605		996413	46070
金属制品业	4	73467	163	1444232	53507
通用设备制造业	1	25590	659	133795	20366
专用设备制造业		4697		49537	9329
汽车制造业	1856	90843		397841	15480
铁路、船舶、航空航天和其他运输设备制造业		117194		1392373	81238
电气机械和器材制造业		120987		762384	56667
计算机、通信和其他电子设备制造业	1	19558		1053547	93948
金属制品、机械和设备修理业		15929		15313	240
电力、热力、燃气及水生产和供应业 (D)		111622		3341235	327690
电力、热力生产和供应业		108139		3313167	326080
燃气生产和供应业		3483		28068	1610
水的生产和供应业					
建筑业 (E)		25009		167133	39083
房屋建筑业				14250	23083
土木工程建筑业		5204		72041	9557
建筑安装业		7		13392	623
建筑装饰和其他建筑业		19798		67450	5820

11—17 续表 5　　　　（2016 年）　　　　计量单位：个、千元、人

指标名称	期末从业人员	期末从业人员劳动报酬		所有者权益	
	# 外方及港澳台人员		# 外方及港澳台人员		# 实收资本（千美元）
批发和零售业 (F)	4	137817	88	624605	665674
批发业	4	41830	88	480545	559610
零售业		95987		144060	106064
综合零售		92968		138527	104214
百货零售		40614		445435	7322
超级市场零售		52354		–306908	96892
交通运输、仓储和邮政业 (G)		143870		3462380	254426
道路运输业		55344		2002786	117057
管道运输业		88526		1459594	137369
住宿和餐饮业 (H)	1	22445	60	–102460	9470
餐饮业	1	22445	60	–102460	9470
信息传输、软件和信息技术服务业 (I)	1	14956	310	1235631	22514
软件和信息技术服务业	1	14956	310	1235631	22514
金融业 (J)		2039		760572	268864
货币金融服务		2031		760015	268776
其他金融业		8		557	88
房地产业 (K)	8	83226	66	3191869	233325
物业管理		7918		55087	9110
自有房地产经营活动	8	75308	66	3136782	224215
租赁和商务服务业 (L)	5	9240	1	140836	36647
商务服务业	5	9240	1	140836	36647
科学研究和技术服务业 (M)	8	128228	15678	182775	39485
研究和试验发展	2	43	36	30714	4063
专业技术服务业	5	120683	15642	–18245	361
科技推广和应用服务业	1	7502		170306	35061
水利、环境和公共设施管理业 (N)		4029		14509	5844
生态保护和环境治理业		4029		14509	5844
公共设施管理业					
居民服务、修理和其他服务业 (O)	1	22	17	16	15
居民服务业	1	22	17	16	15
五、高新技术产业	1867	868148	2831	16737142	773690

11—17 续表 6　　　　（2016 年）　　　　计量单位：千元

指标名称	所有者权益（续）实收资本（续）中方	所有者权益（续）实收资本（续）外方	资产总额	# 流动资产	# 固定资产原　值
合　计	**1755637**	**1813340**	**106563405**	**49725499**	**43607782**
# 国有企业与客商兴办合资合作企业	370181	243098	14810407	6680328	19597771
# 以原有企业为依托的合资合作企业	597437	566928	44383772	17673408	10214213
一、按投资方式分组					
（一）港、澳、台投资经济	1121581	887835	60762842	26117736	15028367
1. 与港澳台合资经营企业	596233	470761	43691624	17368445	11164121
2. 与港澳台合作经营企业	4958	8337	213358	56980	84858
3. 港澳台商独资经营企业	520390	408737	16857860	8692311	3779388
（二）外商投资经济	634056	925505	45800563	23607763	28579415
1. 中外合资经营企业	550240	293069	19893264	8274183	15394966
2. 中外合作经营企业	53805	73909	3554921	2310308	5238907
3. 外资企业	36	542432	20880738	12327767	6909067
4. 外商投资股份公司	29975	16095	1471640	695505	1036475
二、按产业分组					
第一产业		2313	37352	35046	4074
第二产业	896772	1133458	82944645	34893494	34741367
工业	870838	1120309	82347726	34401329	34565299
第三产业	858865	677569	23581408	14796959	8862341
房地产业	42660	190665	8799039	5852124	722953
三、按国民经济行业分组					
农、林、牧、渔业 (A)		2313	37352	35046	4074
农业		2313	37352	35046	4074
蔬菜、食用菌及园艺作物种植		2313	37352	35046	4074
采矿业 (B)					
制造业 (C)	574195	1089502	75836874	33601615	22909180
农副食品加工业		62417	1584437	1055949	489966
食品制造业	10017	29036	723487	546923	280005
酒、饮料和精制茶制造业	9888	25557	1004243	215370	886495
精制茶加工	9888	25557	1004243	215370	886495
纺织业	26838	21397	643558	178681	256742

11—17 续表 7 （2016 年） 计量单位：千元

指标名称	所有者权益（续） 实收资本（续） 中方	外方	资产总额	# 流动资产	# 固定资产原值
棉纺织及印染精加工	22927	18897	588460	141400	226190
家用纺织制成品制造	3617	2059	52379	35256	25534
非家用纺织制成品制造	294	441	2719	2025	5018
纺织服装、服饰业	287	3013	155910	96839	68840
皮革、毛皮、羽毛及其制品和制鞋业	593	1302	69391	62254	18429
印刷和记录媒介复制业	5	573	77502	33897	38963
文教、工美、体育和娱乐用品制造业	370	322	15794	14908	2325
化学原料和化学制品制造业	80224	59281	6841744	2623369	4474397
医药制造业	21395	534245	24983822	12303133	9965877
橡胶和塑料制品业	42153	22775	1778278	892928	512930
非金属矿物制品业	12258	4280	921203	835827	285705
黑色金属冶炼和压延加工业	243231	81136	25216529	6849257	1227601
有色金属冶炼和压延加工业	29975	16095	1471640	695505	1036475
金属制品业	6341	47166	2567827	1789630	992357
通用设备制造业	9552	10814	232427	141725	116406
专用设备制造业		9329	88807	65546	30625
汽车制造业	4710	10770	833884	586442	418555
铁路、船舶、航空航天和其他运输设备制造业	46806	34432	2320814	2146197	215517
电气机械和器材制造业	26884	29783	2098594	797889	935077
计算机、通信和其他电子设备制造业	2503	85704	2003385	1533947	564345
金属制品、机械和设备修理业	165	75	203598	135399	91548
电力、热力、燃气及水生产和供应业 (D)	296808	30882	6714450	935113	11747667
电力、热力生产和供应业	296808	29272	6600576	881126	11710402
燃气生产和供应业		1610	113874	53987	37265
水的生产和供应业					
建筑业 (E)	25934	13149	596919	492165	176068
房屋建筑业	20063	3020	243151	239331	14828
土木工程建筑业	4683	4874	98607	20809	124869
建筑安装业	373	250	16215	15261	3240
建筑装饰和其他建筑业	815	5005	238946	216764	33131

11—17 续表 8　　（2016 年）　　计量单位：千元

指标名称	所有者权益（续）实收资本（续）		资产总额	# 流动资产	# 固定资产原　值
	中方	外方			
批发和零售业 (F)	505916	159688	3197328	2467367	803199
批发业	501930	57610	2337608	2109199	54272
零售业	3986	102078	859720	358168	748927
综合零售	3808	100406	846741	347713	747967
百货零售	3808	3514	724235	249212	660076
超级市场零售		96892	122506	98501	87891
交通运输、仓储和邮政业 (G)	129022	125404	6614992	3026743	6127101
道路运输业	50722	66335	2781387	1829882	4960376
管道运输业	78300	59069	3833605	1196861	1166725
住宿和餐饮业 (H)	6305	3165	450727	183095	365741
餐饮业	6305	3165	450727	183095	365741
信息传输、软件和信息技术服务业 (I)		22514	1937324	1608589	228926
软件和信息技术服务业		22514	1937324	1608589	228926
金融业 (J)	150035	118829	772927	583054	4098
货币金融服务	150000	118776	772361	582521	3712
其他金融业	35	53	566	533	386
房地产业 (K)	42660	190665	8799039	5852124	722953
物业管理		9110	67184	16539	68295
自有房地产经营活动	42660	181555	8731855	5835585	654658
租赁和商务服务业 (L)	673	35974	891325	687078	6064
商务服务业	673	35974	891325	687078	6064
科学研究和技术服务业 (M)	21167	18318	694266	233787	512511
研究和试验发展	2188	1875	61051	61049	2753
专业技术服务业	183	178	157192	133674	7096
科技推广和应用服务业	18796	16265	476023	39064	502662
水利、环境和公共设施管理业 (N)	2922	2922	19746	19588	192
生态保护和环境治理业	2922	2922	19746	19588	192
公共设施管理业					
居民服务、修理和其他服务业 (O)		15	136	135	8
居民服务业		15	136	135	8
五、高新技术产业	80571	687378	32055114	17418225	12280678

11—17 续表 9　　　　（2016 年）　　　　计量单位：千元

指标名称	资产总额（续）	负债总额			主营业务收入
	无形资产		# 流动负债	# 长期负债	
合　计	**2210417**	**49886564**	**41876548**	**7796663**	**42728120**
# 国有企业与客商兴办合资合作企业	379980	7436222	6049403	1176514	7784619
# 以原有企业为依托的合资合作企业	858224	18129351	15391363	2631453	14919286
一、按投资方式分组					
（一）港、澳、台投资经济	1053277	29260212	25700548	3449714	18549419
1. 与港澳台合资经营企业	823031	17797551	14858267	2831615	15356863
2. 与港澳台合作经营企业	65045	254734	252455		254155
3. 港澳台商独资经营企业	165201	11207927	10589826	618099	2938401
（二）外商投资经济	1157140	20626352	16176000	4346949	24178701
1. 中外合资经营企业	547898	11178141	9040366	1903717	13268853
2. 中外合作经营企业	85133	1139658	437159	702500	1472514
3. 外资企业	458338	7833326	6226198	1737782	8786912
4. 外商投资股份公司	65771	475227	472277	2950	650422
二、按产业分组					
第一产业		6167	6167		1940
第二产业	1852554	35825037	31284717	4327053	35574596
工业	1825139	35395250	30892880	4289103	35206369
第三产业	357863	14055360	10585664	3469610	7151584
房地产业	68901	5607170	4780451	826717	1087557
三、按国民经济行业分组					
农、林、牧、渔业 (A)		6167	6167		1940
农业		6167	6167		1940
蔬菜、食用菌及园艺作物种植		6167	6167		1940
采矿业 (B)					
制造业 (C)	1616379	32210320	28070211	4137148	31304864
农副食品加工业	48987	856984	837566	10000	2944877
食品制造业	11945	143584	141484	2100	533489
酒、饮料和精制茶制造业	61932	667438	622023	45415	1727828
精制茶加工	61932	667438	622023	45415	1727828
纺织业	61054	321881	315299	6582	365927
棉纺织及印染精加工	57225	291709	285127	6582	306740

11—17 续表 10　　　　（2016 年）　　　　计量单位：千元

指标名称	资产总额（续）	负债总额			主营业务收入
	无形资产		# 流动负债	# 长期负债	
家用纺织制成品制造	3829	29185	29185		59187
非家用纺织制成品制造		987	987		
纺织服装、服饰业	4453	84673	83053	1620	415631
皮革、毛皮、羽毛及其制品和制鞋业		52077	52077		98734
印刷和记录媒介复制业	12339	35325	35325		4478
文教、工美、体育和娱乐用品制造业		11080	11080		19378
化学原料和化学制品制造业	184275	4295690	4189443		2965574
医药制造业	553116	12465867	11280939	1312201	9369469
橡胶和塑料制品业	76568	879914	879914		961734
非金属矿物制品业		807504	767099	40405	124443
黑色金属冶炼和压延加工业	365508	6012763	3966692	2046071	4649562
有色金属冶炼和压延加工业	65771	475227	472277	2950	650422
金属制品业	5696	1123595	1041207	82387	1246290
通用设备制造业	13477	98632	98557	75	148763
专用设备制造业	404	39270	39270		15651
汽车制造业	18221	436042	376042	60000	535758
铁路、船舶、航空航天和其他运输设备制造业	25486	928441	917236		1967262
电气机械和器材制造业	41993	1336210	1335975		1813701
计算机、通信和其他电子设备制造业	54276	949838	419368	527342	714037
金属制品、机械和设备修理业	10878	188285	188285		31856
电力、热力、燃气及水生产和供应业 (D)	219638	3373215	3010954	151955	3933361
电力、热力生产和供应业	219638	3287409	2925148	151955	3881641
燃气生产和供应业		85806	85806		51720
水的生产和供应业					
建筑业 (E)	27415	429787	391837	37950	368227
房屋建筑业		228902	190952	37950	
土木工程建筑业	26973	26566	26566		46295
建筑安装业		2823	2823		1710
建筑装饰和其他建筑业	442	171496	171496		320222
批发和零售业 (F)	1494	2572722	2538451	34271	2456824

11—17 续表 11　　（2016 年）　　计量单位：千元

指标名称	资产总额（续）	负债总额			主营业务收入
	无形资产		# 流动负债	# 长期负债	
批发业	1098	1857062	1847062	10000	678209
零售业	396	715660	691389	24271	1778615
综合零售	280	708214	683943	24271	1761002
百货零售	280	278800	278800		1241673
超级市场零售		429414	405143	24271	519329
交通运输、仓储和邮政业 (G)	127792	3152611	838199	2314413	2811241
道路运输业	58160	778600	76101	702500	640066
管道运输业	69632	2374011	762098	1611913	2171175
住宿和餐饮业 (H)	25291	553187	316185	237002	56597
餐饮业	25291	553187	316185	237002	56597
信息传输、软件和信息技术服务业 (I)	82191	701693	644486	57207	316941
软件和信息技术服务业	82191	701693	644486	57207	316941
金融业 (J)	88	12355	12355		25776
货币金融服务	88	12346	12346		25504
其他金融业		9	9		272
房地产业 (K)	68901	5607170	4780451	826717	1087557
物业管理	3856	12097	12097		19152
自有房地产经营活动	65045	5595073	4768354	826717	1068405
租赁和商务服务业 (L)		750489	750489		16756
商务服务业		750489	750489		16756
科学研究和技术服务业 (M)	41228	511491	511406		334692
研究和试验发展		30337	30337		
专业技术服务业	3179	175437	175437		240358
科技推广和应用服务业	38049	305717	305632		94334
水利、环境和公共设施管理业 (N)		5237	5237		13289
生态保护和环境治理业		5237	5237		13289
公共设施管理业					
居民服务、修理和其他服务业 (O)		120	120		55
居民服务业		120	120		55
五、高新技术产业	817391	15317971	13482181	1959700	12273542

11—17 续表 12 （2016 年） 计量单位：千元

指标名称	主营业务收入（续） #出口销售收入（千美元）	主营业务成本	主营业务税金	三项费用
合 计	**848443**	**32820946**	**395915**	**5757623**
#国有企业与客商兴办合资合作企业	125689	5423352	73857	795706
#以原有企业为依托的合资合作企业	351594	11779427	98159	1751378
一、按投资方式分组				
（一）港、澳、台投资经济	449528	15800396	199317	3252471
1. 与港澳台合资经营企业	318442	12902735	122183	1952263
2. 与港澳台合作经营企业		204102	1	41861
3. 港澳台商独资经营企业	131086	2693559	77133	1258347
（二）外商投资经济	398915	17020550	196598	2505152
1. 中外合资经营企业	142701	9696732	91494	1004434
2. 中外合作经营企业	46448	951842	14228	49863
3. 外资企业	186496	5801394	83330	1381016
4. 外商投资股份公司	23270	570582	7546	69839
二、按产业分组				
第一产业		1458		742
第二产业	822458	27189659	305031	4821237
工业	822458	26860277	298608	4800128
第三产业	25985	5629829	90884	935644
房地产业		767740	42072	304972
三、按国民经济行业分组				
农、林、牧、渔业 (A)		1458		742
农业		1458		742
蔬菜、食用菌及园艺作物种植		1458		742
采矿业 (B)				
制造业 (C)	822458	24242159	264730	4581726
农副食品加工业		2634482	350	78298
食品制造业	7473	363563	1747	54188
酒、饮料和精制茶制造业		1382019	6175	316972
精制茶加工		1382019	6175	316972
纺织业	8229	355426	1135	29106

11—17 续表 13　　（2016 年）　　计量单位：千元

指标名称	主营业务收入（续）# 出口销售收入（千美元）	主营业务成本	主营业务税金	三项费用
棉纺织及印染精加工	6890	299365	1075	26083
家用纺织制成品制造	1339	56061	60	2942
非家用纺织制成品制造				81
纺织服装、服饰业	24984	273175	1291	32974
皮革、毛皮、羽毛及其制品和制鞋业	10422	97662	176	2396
印刷和记录媒介复制业	507	1316	15939	13564
文教、工美、体育和娱乐用品制造业		18487	70	1389
化学原料和化学制品制造业	45433	2711310	32903	343979
医药制造业	279008	6514049	128493	2494103
橡胶和塑料制品业	141427	860341	3542	64088
非金属矿物制品业	7927	81203	592	14011
黑色金属冶炼和压延加工业	103057	4161019	17040	342076
有色金属冶炼和压延加工业	23270	570582	7546	69839
金属制品业	83315	1036378	8664	139111
通用设备制造业	9902	114698	913	39878
专用设备制造业	651	14563		3683
汽车制造业	25237	450717	3941	73483
铁路、船舶、航空航天和其他运输设备制造业		1369401	13192	208321
电气机械和器材制造业	3753	583208	19390	174168
计算机、通信和其他电子设备制造业	47863	621054	1469	74444
金属制品、机械和设备修理业		27506	162	11655
电力、热力、燃气及水生产和供应业 (D)		2645624	34040	230057
电力、热力生产和供应业		2611086	33322	224785
燃气生产和供应业		34538	718	5272
水的生产和供应业				
建筑业 (E)		329382	6423	21109
房屋建筑业				1394
土木工程建筑业		39705	2623	3180
建筑安装业		1668	39	103
建筑装饰和其他建筑业		288009	3761	16432

11—17 续表 14 （2016 年） 计量单位：千元

指标名称	主营业务收入（续）	主营业务成本	主营业务税金	三项费用
	# 出口销售收入（千美元）			
批发和零售业 (F)	25655	2089362	34202	346712
批发业	23029	573814	16966	97857
零售业	2626	1515548	17236	248855
综合零售		1500110	17236	247487
百货零售		1085256	15871	109939
超级市场零售		414854	1365	137548
交通运输、仓储和邮政业 (G)		2209096	10028	121468
道路运输业		239215	7726	2718
管道运输业		1969881	2302	118750
住宿和餐饮业 (H)		9497	1286	77903
餐饮业		9497	1286	77903
信息传输、软件和信息技术服务业 (I)		183661	1378	-20485
软件和信息技术服务业		183661	1378	-20485
金融业 (J)			276	5744
货币金融服务			275	5491
其他金融业			1	253
房地产业 (K)		767740	42072	304972
物业管理		14913	373	3157
自有房地产经营活动		752827	41699	301815
租赁和商务服务业 (L)	330	9689	176	17046
商务服务业	330	9689	176	17046
科学研究和技术服务业 (M)		325041	1232	63091
研究和试验发展				-46
专业技术服务业		218941	1232	35807
科技推广和应用服务业		106100		27330
水利、环境和公共设施管理业 (N)		8215	72	7509
生态保护和环境治理业		8215	72	7509
公共设施管理业				
居民服务、修理和其他服务业 (O)		22		29
居民服务业		22		29
五、高新技术产业	377838	8896085	143087	2782941

11—17 续表 15　　（2016 年）　　计量单位：千元

指标名称	三项费用（续）			利润总额
	#管理费用	#财务费用	#利息支出	
合　计	**2678229**	**402650**	**180206**	**5363100**
#国有企业与客商兴办合资合作企业	372542	122242	-7236	1607000
#以原有企业为依托的合资合作企业	866287	42914	57834	773674
一、按投资方式分组				
（一）港、澳、台投资经济	1331109	130254	91357	1723252
1. 与港澳台合资经营企业	924436	84417	66420	656235
2. 与港澳台合作经营企业	16419	1124		3014
3. 港澳台商独资经营企业	390254	44713	24937	1064003
（二）外商投资经济	1347120	272396	88849	3639848
1. 中外合资经营企业	511681	276397	112195	1683169
2. 中外合作经营企业	56605	-16785	-13197	475945
3. 外资企业	735591	3268	-22055	1489363
4. 外商投资股份公司	43243	9516	11906	-8629
二、按产业分组				
第一产业	636	1		-260
第二产业	2216703	287146	163757	4629193
工业	2197341	286570	163181	4616456
第三产业	460890	115503	16449	734167
房地产业	153946	64278	-332	56019
三、按国民经济行业分组				
农、林、牧、渔业(A)	636	1		-260
农业	636	1		-260
蔬菜、食用菌及园艺作物种植	636	1		-260
采矿业(B)				
制造业(C)	2107532	156788	168373	3539315
农副食品加工业	24297	6934	9423	30038
食品制造业	38072	-3087	577	126997
酒、饮料和精制茶制造业	14704	12181	7968	72630
精制茶加工	14704	12181	7968	72630
纺织业	11600	11749	6649	-17012

11—17 续表 16　　（2016 年）　　计量单位：千元

指标名称	三项费用（续）			利润总额
	# 管理费用	# 财务费用	# 利息支出	
棉纺织及印染精加工	10191	11026	6606	-17620
家用纺织制成品制造	1330	721	43	690
非家用纺织制成品制造	79	2		-82
纺织服装、服饰业	18975	-483		-645
皮革、毛皮、羽毛及其制品和制鞋业	2059	-218	103	-1436
印刷和记录媒介复制业	13532	32	26	816
文教、工美、体育和娱乐用品制造业	962	-2		279
化学原料和化学制品制造业	227270	44961	41986	-75794
医药制造业	966413	62241	66120	2452033
橡胶和塑料制品业	23650	2481	95	35035
非金属矿物制品业	7465	4187	1246	722
黑色金属冶炼和压延加工业	231682	-3783		128609
有色金属冶炼和压延加工业	43243	9516	11906	-8629
金属制品业	106755	-19232	-624	27995
通用设备制造业	34917	-461		-7083
专用设备制造业	3543	-100		-1872
汽车制造业	43010	7435	8044	10263
铁路、船舶、航空航天和其他运输设备制造业	122925	8914	1744	387734
电气机械和器材制造业	106112	4503	4222	362971
计算机、通信和其他电子设备制造业	61158	4011	3886	22527
金属制品、机械和设备修理业	5188	5009	5002	-6863
电力、热力、燃气及水生产和供应业 (D)	94997	134791	-190	1070278
电力、热力生产和供应业	89804	134981		1058201
燃气生产和供应业	5193	-190	-190	12077
水的生产和供应业				
建筑业 (E)	19362	576	576	12737
房屋建筑业	229	-6	-6	-3
土木工程建筑业	3184	-4	-4	792
建筑安装业	103			-324
建筑装饰和其他建筑业	15846	586	586	12272

11—17 续表 17　　（2016 年）　　计量单位：千元

指标名称	三项费用（续）			利润总额
	# 管理费用	# 财务费用	# 利息支出	
批发和零售业 (F)	114915	17354	–1137	47503
批发业	34324	4535	1556	11363
零售业	80591	12819	–2693	36140
综合零售	79175	12867	–2693	35540
百货零售	66374	5228	3747	119746
超级市场零售	12801	7639	–6440	–84206
交通运输、仓储和邮政业 (G)	72610	48607	48567	560426
道路运输业	18908	–16190	–16027	407298
管道运输业	53702	64797	64594	153128
住宿和餐饮业 (H)	38712	16292		–27935
餐饮业	38712	16292		–27935
信息传输、软件和信息技术服务业 (I)	21762	–46859	–46859	152388
软件和信息技术服务业	21762	–46859	–46859	152388
金融业 (J)	5890	–146		17762
货币金融服务	5637	–146		17744
其他金融业	253			18
房地产业 (K)	153946	64278	–332	56019
物业管理	3155	2	–1	711
自有房地产经营活动	150791	64276	–331	55308
租赁和商务服务业 (L)	15858	–278	–134	–9966
商务服务业	15858	–278	–134	–9966
科学研究和技术服务业 (M)	27175	11008	11069	–53091
研究和试验发展	–46			–46
专业技术服务业	20065	2060	2109	–14287
科技推广和应用服务业	7156	8948	8960	–38758
水利、环境和公共设施管理业 (N)	4805	238	273	–2082
生态保护和环境治理业	4805	238	273	–2082
公共设施管理业				
居民服务、修理和其他服务业 (O)	29			6
居民服务业	29			6
五、高新技术产业	1185476	32794	40648	2685761

11—17 续表 18　　（2016 年）　　计量单位：千元

指标名称	应交税金	净利润
合　计	**2601900**	**4217734**
# 国有企业与客商兴办合资合作企业	887778	1209511
# 以原有企业为依托的合资合作企业	436860	618510
一、按投资方式分组		
（一）港、澳、台投资经济	806333	1417922
1. 与港澳台合资经营企业	324277	520460
2. 与港澳台合作经营企业	3609	-579
3. 港澳台商独资经营企业	478447	898041
（二）外商投资经济	1795567	2799812
1. 中外合资经营企业	1006487	1273014
2. 中外合作经营企业	125778	360593
3. 外资企业	664388	1177356
4. 外商投资股份公司	-1086	-11151
二、按产业分组		
第一产业	1	-260
第二产业	2217776	3682433
工业	2215330	3673533
第三产业	384123	535561
房地产业	121822	43202
三、按国民经济行业分组		
农、林、牧、渔业 (A)	1	-260
农业	1	-260
蔬菜、食用菌及园艺作物种植	1	-260
采矿业 (B)		
制造业 (C)	1509631	2923239
农副食品加工业	5411	23357
食品制造业	82332	93879
酒、饮料和精制茶制造业	-1160	60668
精制茶加工	-1160	60668
纺织业	827	-17880

11—17 续表 19　　（2016 年）　　计量单位：千元

指标名称	应交税金	净利润
棉纺织及印染精加工	791	–17922
家用纺织制成品制造	36	124
非家用纺织制成品制造		–82
纺织服装、服饰业	5683	–1786
皮革、毛皮、羽毛及其制品和制鞋业	772	–1543
印刷和记录媒介复制业	1083	664
文教、工美、体育和娱乐用品制造业	33	192
化学原料和化学制品制造业	125952	–105966
医药制造业	921862	2091406
橡胶和塑料制品业	7834	26898
非金属矿物制品业	1799	–561
黑色金属冶炼和压延加工业	109117	128605
有色金属冶炼和压延加工业	–1086	–11151
金属制品业	73948	20617
通用设备制造业	84	–7634
专用设备制造业	–1955	–1874
汽车制造业	2218	7632
铁路、船舶、航空航天和其他运输设备制造业	15947	336770
电气机械和器材制造业	145039	269817
计算机、通信和其他电子设备制造业	10245	17828
金属制品、机械和设备修理业	3646	–6699
电力、热力、燃气及水生产和供应业 (D)	709345	743595
电力、热力生产和供应业	707519	734519
燃气生产和供应业	1826	9076
水的生产和供应业		
建筑业 (E)	2446	8900
房屋建筑业	1	–1394
土木工程建筑业	604	187
建筑安装业		–324
建筑装饰和其他建筑业	1841	10431
批发和零售业 (F)	90333	14888

11—17 续表 20　　　　　　　　　（2016 年）　　　　　　　　　计量单位：千元

指标名称	应交税金	净利润
批发业	1024	8932
零售业	89309	5956
综合零售	89187	5478
百货零售	76621	89809
超级市场零售	12566	–84331
交通运输、仓储和邮政业 (G)	99447	433268
道路运输业	104163	304320
管道运输业	–4716	128948
住宿和餐饮业 (H)	1210	–29931
餐饮业	1210	–29931
信息传输、软件和信息技术服务业 (I)	22857	129530
软件和信息技术服务业	22857	129530
金融业 (J)	5206	12637
货币金融服务	5206	12629
其他金融业		8
房地产业 (K)	121822	43202
物业管理	1448	412
自有房地产经营活动	120374	42790
租赁和商务服务业 (L)	1769	–9988
商务服务业	1769	–9988
科学研究和技术服务业 (M)	30186	–49270
研究和试验发展		–46
专业技术服务业	26727	–12655
科技推广和应用服务业	3459	–36569
水利、环境和公共设施管理业 (N)	7647	–2082
生态保护和环境治理业	7647	–2082
公共设施管理业		
居民服务、修理和其他服务业 (O)		6
居民服务业		6
五、高新技术产业	969151	2288249

按贸易方式及企业性质分进出口总值

11—18　　（2016 年）　　计量单位：千美元、%

贸易方式	进出口	比上年增长	其中：出口	比上年增长	进口	比上年增长
一、按进出口贸易方式分组						
# 合计	11605632	-4.6	7021137	-4.1	4584495	-5.3
一般贸易	11046244	-3.4	6557301	-2.3	4488944	-5.0
国家间、国际组织无偿援助和赠送的物资	5991	-38.2	5991	-38.2		
来料加工装配贸易	26387	-32.0	17431	-25.1	8956	-42.2
进料加工贸易	491281	-22.6	420794	-22.5	70487	-22.9
加工贸易进口设备						
对外承包工程出口货物	19108	-46.1	19108	-46.1		
保税监管场所进出境货物	3939	-42.6			3939	-41.7
海关特殊监管区域进口设备	8014				8014	
其他贸易	4667	-5.3	512	-73.0	4155	37.2
保税监管场所进出境货物						
其他贸易						
二、按进出口企业性质分组						
# 合计	11605632	-4.6	7021137	-4.1	4584495	-5.3
国有企业	3871684	-2.0	804193	-8.4	3067491	-0.2
中外合作企业	98068	-30.5	75375	-28.9	22693	-35.3
中外合资企业	836817	-12.8	677969	-14.1	158848	-6.7
外商独资企业	309431	-2.6	279887	-3.6	29544	8.4
集体企业	709551	1.2	430300	59.8	279252	-35.3
私营企业	5653661	-3.6	4627657	-2.8	1026004	-6.8
个体工商户	126176	-44.5	125756	-44.6	420	38.8
其他企业	244	42.9			244	55.8

按国别（地区）分进出口总值

11—19　　　　（2016 年）　　　　计量单位：千美元、%

国别（地区）	进出口	比上年增长	其中：			
			出口	比上年增长	进口	比上年增长
合　　计	**11605632.0**	**-4.6**	**7021136.6**	**-4.1**	**4584495.4**	**-5.3**
阿富汗	1102.9	34.1	1102.9	34.1		
巴林	2196.5	-29.0	2196.5	-29.0		
孟加拉国	97234.5	26.8	96106.6	28.5	1127.9	-40.4
不丹	10.4		10.4			
文莱	4290.1	144.3	4290.1	144.3		
缅甸	43272.1	-32.2	42394.3	-33.2	877.8	152.9
柬埔寨	13970.1	11.8	13935.6	15.0	34.5	-91.0
塞浦路斯	2883.6	1.1	2883.6	1.1		
朝鲜	648.9	-28.0	648.9	-28.0		
香港	77577.3	-24.5	70472.8	-30.7	7104.6	615.3
印度	410621.3	10.9	366149.7	5.0	44471.6	105.6
印度尼西亚	229082.6	28.9	220926.9	32.6	8155.7	-27.2
伊朗	94444.7	3.9	59160.2	-22.2	35284.6	137.2
伊拉克	22442.1	10.7	22226.6	9.6	215.5	
以色列	43904.8	-16.5	41183.0	-14.1	2721.8	-41.7
日本	323431.0	4.9	253425.3	2.2	70005.6	16.3
约旦	17267.9	-2.1	17267.8	-2.1	0.1	
科威特	8291.8	27.3	8291.8	27.3		
老挝	2070.8	302.4	2070.8	302.4		
黎巴嫩	6970.0	-22.7	6970.0	-22.7		
澳门	2084.6	-54.4	2084.6	-54.4		
马来西亚	130709.2	13.9	94224.4	7.2	36484.8	36.0
马尔代夫	858.6	21.9	857.8	21.8	0.8	
蒙古	11066.3	-55.7	5200.2	-39.4	5866.0	-64.3
尼泊尔联邦民主共和国	1786.8	40.7	1472.6	20.7	314.2	520.3
阿曼	8893.2	-48.1	8230.5	-28.2	662.7	-88.3

11—19 续表 1　　（2016 年）　　计量单位：千美元、%

国别（地区）	进出口	比上年增长	其中：			
			出口	比上年增长	进口	比上年增长
巴基斯坦	92483.8	–1.4	85591.1	–2.6	6892.6	16.2
巴勒斯坦	266.5	–13.8	266.5	–13.8		
菲律宾	121175.0	16.8	119160.2	15.4	2014.9	378.9
卡塔尔	7549.4	50.0	6235.6	67.6	1313.9	0.3
沙特阿拉伯	55692.2	–37.6	54959.8	–38.0	732.4	23.9
新加坡	60740.7	4.2	41366.2	4.9	19374.6	2.6
韩国	308088.1	–19.4	262267.6	–14.1	45820.5	–40.4
斯里兰卡	30960.4	92.6	30924.4	100.1	36.0	–94.2
叙利亚	3775.2	–14.7	3775.2	–14.7		
泰国	181318.0	2.2	140323.4	32.9	40994.6	–42.9
土耳其	110420.7	–11.7	101820.3	–12.3	8600.3	–2.8
阿联酋	80795.5	–7.1	80143.2	–6.8	652.3	–38.3
也门	20377.7	81.9	20377.7	81.9		
越南	140268.2	7.8	117685.3	–4.6	22582.9	235.2
中华人民共和国	4183.7	15.8	55.6		4128.2	14.3
台湾省	149510.6	14.5	107447.2	30.3	42063.4	–12.6
东帝汶	2674.2	180.0	2674.2	180.0		
哈萨克斯坦	22970.0	101.6	22968.7	101.6	1.3	
吉尔吉斯斯坦	25284.1	–60.9	24461.2	–61.9	823.0	94.9
塔吉克斯坦	6945.0	–28.7	5516.1	–43.3	1428.9	
土库曼斯坦	2521.1	119.5	2521.1	119.5		
乌兹别克斯坦	8902.5	–23.0	6190.3	–30.5	2712.2	2.0
亚洲其他国家（地区）	15.5		15.5			
阿尔及利亚	15070.2	20.2	15070.2	23.3		
安哥拉	12446.0	–34.1	12446.0	–34.1		
贝宁	13328.2	53.9	13328.2	53.9		
博茨瓦纳	449.7	71.4	449.7	71.4		
布隆迪	1926.6	11.5	1926.6	11.5		

11—19 续表2 （2016年） 计量单位：千美元、%

国别（地区）	进出口	比上年增长	其中：			
			出口	比上年增长	进口	比上年增长
喀麦隆	13972.8	-9.9	13972.8	-9.9		
加那利群岛	0.2		0.2			
佛得角	640.7	294.3	640.7	294.3		
中非	37.4	-92.8	37.4	-92.8		
乍得	2881.9	-54.7	2881.9	-54.7		
科摩罗	356.9	-64.3	356.9	-64.3		
刚果（布）	5193.0	21.2	5193.0	21.2		
吉布提	8635.8	48.1	8635.8	49.4		
埃及	51495.8	30.8	51495.8	30.8		
赤道几内亚	1180.2	-23.9	1180.2	-23.9		
埃塞俄比亚	28892.5	24.9	28557.0	27.3	335.5	-52.0
加蓬	2253.3	46.3	2253.3	46.3		
冈比亚	3960.9	-2.0	3949.4	-1.8	11.5	-47.9
加纳	31566.8	-3.4	31566.8	-3.4		
几内亚	6236.4	57.8	6236.4	57.8		
几内亚比绍	478.7	477.2	478.7	477.2		
科特迪瓦	14109.8	-31.8	14109.8	-31.8		
肯尼亚	37909.3	9.5	37347.0	8.1	562.2	684.3
利比里亚	5779.1	25.0	5712.5	24.7	66.5	63.0
利比亚	3141.5	-7.7	3141.5	-7.7		
马达加斯加	24604.9	16.5	23412.0	10.8	1192.8	
马拉维	2241.0	14.2	2241.0	14.2		
马里	3487.4	41.6	3336.7	41.8	150.8	36.9
毛里塔尼亚	11131.4	-73.0	6216.7	-28.9	4914.6	-84.9
毛里求斯	6267.8	-14.9	6267.8	-14.3		
摩洛哥	18845.0	36.8	18796.4	36.5	48.7	12007.2
莫桑比克	9156.1	18.5	9156.1	18.5		
纳米比亚	550.6	-51.0	550.6	-51.0		

11—19 续表3　　（2016年）　　计量单位：千美元、%

国别（地区）	进出口	比上年增长	其中：			
			出口	比上年增长	进口	比上年增长
尼日尔	1390.9	15.4	1390.9	15.4		
尼日利亚	61475.9	17.1	61475.7	17.2	0.2	–99.5
留尼汪	756.7	42.3	756.7	42.3		
卢旺达	2153.8	359.2	1026.0	187.4	1127.8	906.8
圣多美和普林西比	62.0	–31.6	62.0	–31.6		
塞内加尔	13413.3	88.3	13413.3	88.3		
塞舌尔	127.2	9.7	127.2	9.7		
塞拉利昂	3433.0	–74.7	3433.0	–14.6		–100.0
索马里	2718.6	–1.8	2641.4	–4.6	77.2	
南非	423907.0	9.2	113503.0	–6.9	310404.0	16.6
苏丹	13372.1	21.3	12465.4	30.4	906.7	–37.9
坦桑尼亚	24978.1	–17.7	24715.6	–18.0	262.6	27.3
多哥	6589.8	3.8	6589.8	4.2		
突尼斯	5821.1	49.4	5763.8	53.3	57.4	–58.6
乌干达	7430.7	11.7	7051.2	13.5	379.5	–13.5
布基纳法索	2117.8	–44.8	2117.8	–44.8		
刚果（金）	14302.0	–0.7	14265.2	–1.0	36.7	
赞比亚	6725.2	47.3	5450.0	28.3	1275.1	303.3
津巴布韦	5621.6	7.2	5621.6	7.2		
莱索托	2737.9	–4.8	2737.9	–4.8		
斯威士兰	968.7	–4.1	968.7	–4.1		
厄立特里亚	470.1	–35.4	470.1	–35.4		
马约特	430.9	151.6	430.9	151.6		
南苏丹共和国	33.3	–89.9	33.3	–89.9		
比利时	106497.8	20.2	56111.4	–11.6	50386.4	100.9
丹麦	37476.3	22.3	31428.3	17.4	6048.0	56.6
英国	243449.8	0.1	216217.3	2.8	27232.5	–17.2
德国	311545.4	–1.4	251269.9	–5.9	60275.6	22.9

11—19 续表 4　　　　（2016 年）　　　　计量单位：千美元、%

国别（地区）	进出口	比上年增长	其中：			
			出口	比上年增长	进口	比上年增长
法国	115151.2	−6.4	99544.3	−0.3	15606.9	−32.6
爱尔兰	27870.7	10.7	18915.3	8.2	8955.5	16.6
意大利	202520.2	−1.8	176669.2	4.3	25851.0	−29.9
卢森堡	191.7	−75.4	142.8	583.5	48.9	−93.6
荷兰	244256.9	22.1	177232.7	10.9	67024.2	67.0
希腊	10750.2	22.7	9730.2	20.5	1020.0	49.4
葡萄牙	10436.5	33.7	9311.3	30.2	1125.2	73.2
西班牙	114063.7	−6.1	103830.8	−8.8	10232.9	34.0
阿尔巴尼亚	2987.8	−1.3	1625.1	165.2	1362.7	−43.5
安道尔						
奥地利	21329.7	29.1	9809.0	16.7	11520.7	41.9
保加利亚	4235.4	7.9	4178.0	7.1	57.4	141.7
芬兰	26070.2	−19.3	15596.9	−10.2	10473.3	−29.8
匈牙利	5199.3	−10.4	5199.2	−9.6	0.1	−99.8
冰岛	494.2	−41.8	494.2	−41.8		
列支敦士登	178.3	68.9	178.3	68.9		
马耳他	274.3	−67.2	271.4	−67.5	2.9	164.5
摩纳哥	102.4		102.4			
挪威	14114.6	0.6	13855.3	2.4	259.2	−48.4
波兰	54165.9	19.2	52940.3	18.3	1225.6	75.6
罗马尼亚	8274.1	1.8	8244.5	2.1	29.6	−48.9
圣马力诺	40.6	2516.0	40.6	2516.0		
瑞典	51062.9	19.8	43910.7	10.3	7152.2	153.3
瑞士	21954.1	107.6	9544.1	48.2	12409.9	200.3
爱沙尼亚	2768.9	−2.7	2768.9	−2.0		
拉脱维亚	7002.8	−5.8	7002.8	−5.8		
立陶宛	11211.5	−1.3	11210.9	−1.3	0.5	
格鲁吉亚	5585.3	3.1	5570.4	2.8	14.9	

11—19 续表 5 （2016 年） 计量单位：千美元、%

国别（地区）	进出口	比上年增长	其中：			
			出口	比上年增长	进口	比上年增长
亚美尼亚	2473.7	211.8	2473.7	211.8		
阿塞拜疆	2775.9	-1.5	2770.7	-1.7	5.2	
白俄罗斯	5719.7	51.3	5719.7	52.2		
摩尔多瓦	740.9	45.7	740.9	45.7		
俄罗斯联邦	538463.2	-38.5	514814.4	-40.7	23648.8	192.1
乌克兰	165228.6	52.2	39161.6	24.7	126067.0	63.4
斯洛文尼亚	10326.7	22.0	10243.8	22.8	83.0	-33.3
克罗地亚	4423.6	-5.5	4181.8	-9.8	241.8	419.0
捷克	14850.0	-32.3	10629.5	-18.4	4220.5	-52.7
斯洛伐克	4869.9	107.9	2315.5	-1.2	2554.5	
前南马其顿	452.5	105.8	443.1	119.0	9.5	-46.4
波黑	125.0	52.1	125.0	69.6		
塞尔维亚	1819.4	112.4	1818.1	112.3	1.2	
黑山	271.5	-50.4	271.5	-50.4		
安提瓜和巴布达	22.9	31.4	22.9	31.4		
阿根廷	34492.4	-0.5	32749.9	-0.4	1742.5	-2.6
阿鲁巴	18.6		18.6			
巴哈马	218.8	26.4	218.8	26.4		
巴巴多斯	577.5	11.7	577.5	11.7		
伯利兹	417.6	97.9	417.6	97.9		
多民族玻利维亚国	1386.7	-23.6	1386.7	8.3		
巴西	733283.5	-19.0	142459.6	-5.0	590824.0	-21.8
开曼群岛	13.8	204.8	13.8	204.8		
智利	93302.1	-9.1	63480.3	-3.8	29821.8	-18.6
哥伦比亚	33704.3	31.8	33682.1	32.1	22.3	-65.5
多米尼克	17.6	-96.3	17.6	-96.3		
哥斯达黎加	15989.6	102.6	15432.3	107.6	557.3	21.6
古巴	3217.3	23.7	3217.3	23.7		

11—19 续表 6　　　　（2016 年）　　　　计量单位：千美元、%

国别（地区）	进出口	比上年增长	其中：			
			出口	比上年增长	进口	比上年增长
库腊索岛	25.6		25.6			
多米尼加共和国	9015.6	-2.5	9015.6	-2.5		
厄瓜多尔	10068.6	-3.1	10066.8	-1.6	1.8	-98.9
法属圭亚那						
格林纳达	64.8	226.0	64.8	226.0		
瓜德罗普	289.3	23.6	289.3	23.6		
危地马拉	22372.8	80.2	22372.8	80.2		
圭亚那	2987.2	7.8	2987.2	7.8		
海地	5828.3	-0.5	5800.3	-0.9	28.0	
洪都拉斯	2760.0	-2.0	2758.0	-2.1	1.9	39.4
牙买加	1700.1	-3.0	1700.1	-3.0		
马提尼克	60.9	255.2	60.9	255.2		
墨西哥	101437.8	28.3	99690.1	28.1	1747.8	44.5
尼加拉瓜	6833.1	-26.6	6833.1	-26.6		
巴拿马	7223.5	-5.1	7223.5	-5.1		
巴拉圭	8784.4	18.8	8784.4	18.8		
秘鲁	39177.5	19.1	38659.9	18.5	517.7	90.1
波多黎各	6368.5	-6.6	6368.5	-6.6		
圣卢西亚	31.3	260.3	31.3	260.3		
圣马丁岛	8.2	-37.0	8.2	-37.0		
圣文森特和格林纳丁斯						
萨尔瓦多	2368.2	-6.5	2368.1	-6.5	0.1	-73.0
苏里南	1707.6	134.2	1707.6	134.2		
特立尼达和多巴哥	4012.4	-3.5	4012.4	-3.5	0.0	
乌拉圭	14738.9	-4.6	14316.4	-2.7	422.5	-43.1
委内瑞拉	8953.5	-8.1	8953.5	71.0		
荷属安的列斯群岛	30.1	-23.4	30.1	-23.4		
拉丁美洲其他国家（地区）						

11—19 续表 7　　（2016 年）　　计量单位：千美元、%

国别（地区）	进出口	比上年增长	其中：			
			出口	比上年增长	进口	比上年增长
加拿大	142132.9	−16.7	115404.9	−11.1	26728.1	−34.4
美国	1277295.4	−5.2	1041158.8	−5.3	236136.6	−4.7
格陵兰	1.3		1.3			
百慕大						
澳大利亚	2593944.0	−6.4	148852.0	15.4	2445092.0	−7.5
库克群岛	1.4	−99.7	1.4	−99.7		
斐济	3817.2	16.2	3811.4	16.1	5.8	640.7
新喀里多尼亚	281.9	−14.7	281.9	−14.7		
瓦努阿图	255.0	−36.0	255.0	−36.0		
新西兰	60404.4	40.7	20016.6	12.3	40387.8	60.8
巴布亚新几内亚	5664.9	−9.4	5664.9	−9.4		
社会群岛	133.3	−52.6	133.3	−52.6		
所罗门群岛	255.9	28.6	255.9	28.6		
汤加	210.9	−4.8	210.9	−4.8		
萨摩亚	175.4	194.6	175.4	194.6		
基里巴斯	79.4	251.8	79.4	251.8		
密克罗尼西亚联邦						
马绍尔群岛	12.1		12.1			
帕劳	2.9		2.9			
法属波利尼西亚	214.6	43.1	214.6	43.1		
瓦利斯和浮图纳	4.4		4.4			
大洋洲其他国家（地区）	134.5	37.4	134.5	37.4		

按商品构成分出口总值

11—20　　（2016 年）　　计量单位：千美元、%

商品构成	出口	比上年增长
合　　计	**6241066.9**	**-4.9**
机电产品（包括本目录已具体列名的机电产品）	1348242.5	-4.2
金属制品	685076.0	-3.2
机械设备	366075.6	-8.4
电器及电子产品	120357.9	-20.0
运输工具	93967.2	17.4
仪器仪表	42434.8	-5.7
其他机电产品	40331.1	64.4
高新技术产品	475014.5	-5.9
生物技术	502.9	54.4
生命科学技术	395954.8	-2.9
光电技术	11567.4	-1.9
计算机与通信技术	10183.0	109.8
电子技术	24123.4	6.4
计算机集成制造技术	18066.6	-11.7
材料技术	13908.6	-60.6
航空航天技术	707.2	-58.2
其他高新技术产品	0.4	
* 农产品	341203.0	2.4
肉及杂碎	2146.1	-49.6
牛肉 #		
羊肉	2031.1	147.1
冻鸡	115.0	
水海产品	992.8	12.2
冻鱼、冻鱼片	435.1	-8.3
粮食	68993.8	-5.9
谷物及谷物粉	875.1	-45.7
玉米 ##	47.4	177.1
高粱	20.1	11.8
薯类及含有淀粉的块茎	4.6	
豆类	68114.1	-5.0
蔬菜	37520.1	21.4

11—20 续表 1　　（2016 年）　　计量单位：千美元、%

商品构成	出口	比上年增长
鲜或冷藏蔬菜	1808.1	63.9
干的食用菌类	1074.4	50.3
鲜、干水果及坚果	64138.8	13.5
苹果	187.0	21.5
梨	62742.3	13.3
乳品	156.2	
果蔬汁	6473.5	-41.1
苹果汁 ##	1108.1	
食用油籽	3223.7	-23.4
大豆	2931.6	-20.6
花生、花生仁		
食用植物油（包括棕榈油）	795.9	-34.2
烘焙花生	1874.6	36.8
天然蜂蜜	337.6	81.0
辣椒干	2392.8	-7.1
猪肉罐头	14.1	-20.8
番茄酱	3237.9	-45.8
蘑菇罐头	33.8	6.3
啤酒	14.7	-2.0
肠衣		
填充用羽毛；羽绒		
中药材及中式成药	10174.2	5.0
动物性药材	5.7	
植物性药材	8277.1	-0.7
矿物性药材		
肥料	77750.0	38.3
矿物肥料及化肥	77750.0	38.4
尿素	5061.7	517.9
氮、磷、钾复合肥	12.2	-89.2
磷酸氢二铵	185.5	837.0
氯化钾	14.2	
硫酸钾	7079.2	93.3

11—20 续表 2　　　　（2016 年）　　　　计量单位：千美元、%

商品构成	出口	比上年增长
锯材	62.4	
胶合板及类似多层板	5657.1	−41.9
印刷品	4752.0	−32.0
山羊绒	21354.4	10.1
硫磺		
黏土及其他耐火矿物	2878.4	2.6
天然石墨 #	151.5	4.0
天然碳酸镁；氧化镁 #	51.0	−8.5
萤石（氟石）	10.1	−75.7
天然硫酸钡（重晶石）	0.0	−99.7
焦炭及半焦炭	42293.6	837562.3
成品油 ##	42.3	4725.8
石蜡 #	38.7	
稀土及其制品	1761.9	212.3
稀土	1718.8	204.7
氧化铝	485.6	57.6
钨品	296.3	−56.0
仲钨酸铵		
钨及其制品	2.6	
氧化锌及过氧化锌	2185.7	143.2
碳酸钠（纯碱）	44.9	80.7
柠檬酸		
合成有机染料	9855.3	−37.6
锌钡白（立德粉）	390.3	44.3
医药品	729283.2	2.6
维生素 C	132751.8	1.5
抗菌素（制剂除外）	228505.5	−9.8
中式成药	1891.4	39.2
医用敷料	1682.7	6.9
洗衣粉	1652.3	136.7
烟花、爆竹	182.1	−80.3
松香及树脂酸		

11—20　续表 3　　（2016 年）　　计量单位：千美元、%

商品构成	出口	比上年增长
杀虫剂、除草剂及类似品	66725.5	-18.5
初级形状的聚氯乙烯	1202.5	12.5
新的充气橡胶轮胎	694.7	495.6
家用或装饰用木制品	398.2	-2.6
纸及纸板（未切成形的）	4255.6	-34.1
牛皮纸	9.4	-46.2
纺织纱线、织物及制品	709547.2	2.8
棉纱线	3786.0	-28.8
丝织物	441.0	16.9
毛纺机织物	2409.1	-54.4
棉机织物	141323.9	-14.7
亚麻及苎麻机织物	848.7	4.7
合成短纤与棉混纺机织物	84995.4	-18.6
地毯	46599.5	15.3
塑料编织袋（周转袋除外）	18337.8	-6.0
水泥及水泥熟料	775.5	-8.4
花岗岩石材及制品	7403.4	0.4
平板玻璃	46.7	-59.0
玻璃制品	38255.8	19.7
玻璃器皿	24397.5	27.7
陶瓷产品	35078.8	-22.8
家用陶瓷	27742.4	-2.2
建筑用陶瓷	3081.2	-59.6
装饰用陶瓷	72.6	-51.1
珍珠、钻石、宝石及半宝石	246.8	
铁合金	1974.3	-52.9
钢坯及粗锻件	35.4	236.6
钢材	887049.9	6.4
钢铁棒材	544085.5	23.1
角钢及型钢	5535.6	-34.7
钢铁板材	114114.5	-4.2
钢铁线材	73995.7	-27.9

11—20 续表 4　　　　（2016 年）　　　　计量单位：千美元、%

商品构成	出口	比上年增长
钢铁管配件	87111.2	-11.0
未锻轧铜及铜材	784.8	17.2
未锻轧铜（包括铜合金）	15.4	
铜材	769.4	14.9
未锻轧铝及铝材	14953.0	-5.7
铝材	14953.0	-5.7
未锻轧锌及锌合金		
未锻轧锡及锡合金		
镁及其制品（包括废碎料）	127.9	-6.4
未锻轧锰	15.8	
钢铁或铜制标准紧固件	10721.4	-4.8
不锈钢厨具、餐具等家用器具	406.4	171.0
餐桌、厨房及其他家用搪瓷器	14162.2	37.2
手用或机用工具	74450.4	1.6
电扇	709.2	161.4
空气调节器（车用除外）	68.0	-91.9
冰箱	32.9	-71.8
洗衣机	4.4	379.1
微波炉	1.3	-0.8
纺织机械及零件	6094.9	-12.7
工业用缝纫机	495.3	336.3
金属加工机床	12471.6	16.6
车床	562.5	896.9
铣床	126.7	637.9
自动数据处理设备及其部件	3466.2	142.9
自动数据处理设备	2007.7	890.5
便携式电脑（平板电脑除外）	604.3	448.4
微型电脑	949.2	1289.7
中央处理部件		
存储部件	2.3	333.7
键盘、鼠标器		

11—20 续表 5　　（2016 年）　　计量单位：千美元、%

商品构成	出口	比上年增长
自动数据处理设备的零件	11.0	–51.8
打印机（包括多功能一体机）	1398.5	19.2
液晶显示板	9792.9	–4.4
轴承	2793.2	9.6
电动机及发电机	24161.0	–18.1
变压器	973.5	99.2
静止式变流器	3955.2	6.2
原电池		
蓄电池	98.5	332.8
铅酸蓄电池	74.2	315.3
太阳能电池	4041.6	124.2
电话机	2.5	995.1
扬声器	39.3	–87.2
录、放像机	1.8	–99.6
DVD 播放机	0.5	
声音录制或重放设备		
收音设备（包括收录音组合机及整套散件）		
彩色电视机	218.5	8214.5
液晶电视机	218.0	55654.7
电视、收音机及无线电讯设备的零附件	4974.4	149.1
电容器	3.9	–95.6
印刷电路	460.7	–39.3
通断保护电路装置及零件	9354.6	–29.4
二极管及类似半导体器件	4473.9	88.4
集成电路	1023.7	44.5
处理器及控制器	285.8	27.2
存储器		
放大器	36.5	1770.1
电线和电缆	2260.0	–53.5
汽车	425.3	–79.6
小轿车		
货车	9.9	–23.1

11—20 续表 6　　（2016 年）　　计量单位：千美元、%

商品构成	出口	比上年增长
汽车零配件	78951.1	-1.0
摩托车	6183.2	1043.2
自行车 ##	7682.4	465.3
摩托车及自行车的零配件	4894.1	259.3
船舶		
眼镜及其零件	5286.7	-16.8
眼镜片	4699.5	-20.7
眼镜架及其零件	122.9	27.8
眼镜成品	464.3	39.2
医疗仪器及器械	14216.4	-4.8
手表	0.5	-33.7
电动手表	0.5	-33.7
日用钟	8.5	-62.7
家具及其零件	68224.8	190.4
床垫、寝具及类似品	11731.0	31.9
灯具、照明装置及零件	8779.4	-17.3
箱包及类似容器	40443.8	12.3
体育用品及设备	3865.0	7.6
服装及衣着附件	1350193.8	-24.1
织物制服装	895567.5	-27.0
非针织钩编织物服装	812062.9	-28.6
针织或钩编的服装	83504.6	-8.0
皮革服装	4447.1	-76.2
裘皮服装	20632.9	-11.5
皮革手套	9461.4	-10.1
织物制手套	12527.3	13.3
织物制袜子	1834.8	-22.4
帽类	53472.2	5.3
鞋类	97646.4	-17.6
鞋	94677.3	-19.6
外底及鞋面均以橡胶或塑料制的鞋	1491.7	-72.2

11—20 续表 7　　（2016 年）　　计量单位：千美元、%

商品构成	出口	比上年增长
皮面鞋	45003.1	−23.1
橡胶或塑料底纺织材料为面的鞋	9943.0	266.9
鞋靴零件；护腿及类似品	2969.1	292.6
塑料制品	98634.3	8.4
玩具	2401.2	8240.4
圣诞用品	1147.6	−16.9
足球、篮球、排球	2.0	−86.1
艺术珍藏品及古董	0.1	−98.5
伞	357.2	−4.4
竹编结品	10.2	64.6
藤编结品	57.2	107.9
草编结品	227.1	14.8
柳编结品	206.0	−19.8
文化产品	37863.3	−6.2
图书	8.8	−29.9
其他出版物	4726.2	−32.0
雕塑工艺品	2950.4	−11.9
金属工艺品	20180.0	−5.3
花画工艺品	1525.4	−3.9
天然植物纤维编织工艺品	598.0	−0.5
抽纱刺绣工艺品	790.5	−8.7
地毯、挂毯		
珠宝首饰及有关物品	1334.5	99.9
园林、陈设艺术陶瓷制品	72.6	−51.1
蚕丝及机织物	933.7	28.9
文具	47.7	29.5
乐器	254.6	83.5
玩具 ##	2401.2	8240.4
其他娱乐用品	1353.8	−42.7
胶印机	5.5	
印刷机	226.6	−66.1
广播电视接收及发射设备	112.6	
广播电视节目制作设备	341.1	−48.1
电影制作及放映设备	0.2	−99.9

按商品构成分进口总值

11—21　　　　（2016 年）　　　　计量单位：千美元、%

商品构成	进口	比上年增长
合　　计	**4364633.3**	**-5.0**
机电产品（包括本目录已具体列名的机电产品）	354188.0	7.1
金属制品	3676.0	-13.8
机械设备	97652.7	2.2
电器及电子产品	54728.6	87.7
运输工具	74587.1	-35.6
仪器仪表	122126.9	44.2
其他机电产品	1416.8	9.8
高新技术产品	191031.4	-4.5
生命科学技术	54690.1	6.5
光电技术	13790.7	-5.6
计算机与通信技术	4110.2	25.7
电子技术	25696.4	742.5
计算机集成制造技术	17731.0	5.1
材料技术	5371.1	-7.1
航空航天技术	69463.8	-34.0
其他高新技术产品	178.1	
农产品	275785.8	-13.6
水海产品	19.3	-91.1
肉及杂碎	11967.4	15.9
牛肉	927.2	-11.9
猪肉	3759.5	-20.4
羊肉	71.7	-64.2
鲜、干水果及坚果	379.8	41.6
乳品	18536.4	42.0
奶粉 #	17861.7	38.9
粮食	8759.6	-44.1

11—21 续表 1　　（2016 年）　　计量单位：千美元、%

商品构成	进口	比上年增长
木薯		
谷物及谷物粉	3387.1	−15.6
小麦 #	2746.1	−25.3
稻谷和大米 #	641.0	87.6
食用植物油	1042.1	264.5
橄榄油	157.6	−6.5
菜子油和芥子油 #	576.8	
食糖 #	864.9	129.1
酒类	1434.3	28.5
啤酒	66.6	−21.6
葡萄酒	1367.7	32.6
饲料用鱼粉		
天然橡胶（包括胶乳）		
合成橡胶（包括胶乳）	4093.4	−51.0
原木	2972.2	203.4
锯材	14.1	−94.0
纸浆	2001.1	1019.8
羊毛 #	212.0	101.8
棉花 #	7787.3	−13.2
纺织用合成纤维	61.3	−95.9
聚酯纤维	1.0	−99.9
人造纤维短纤	146.5	4256.4
铁矿砂及其精矿	3375602.5	−7.1
锰矿砂及其精矿		
铜矿砂及其精矿	25.6	−33.0
铬矿砂及其精矿	138170.1	70.0
氧化铝 #	7.5	

11—21　续表 2　　　　（2016 年）　　　　计量单位：千美元、%

商品构成	进口	比上年增长
煤及褐煤	6396.3	
炼焦煤	6316.5	
成品油 #	332.1	–77.0
甲苯	2093.4	
乙二醇	0.1	
异氰酸酯 #		
医药品	34850.5	4.5
抗菌素（制剂除外）#		
抗菌素制剂 #	11547.2	31.9
美容化妆品及护肤品		
合成有机染料	1089.3	69.8
钛白粉	79.2	1112.9
聚合物油漆及清漆	41.8	–16.4
初级形状的塑料	43461.6	–29.3
初级形状的聚乙烯	2373.9	–64.5
初级形状的线型低密度聚乙烯	412.5	–44.9
初级形状的聚丙烯	7804.7	–12.5
初级形状的苯乙烯聚合物	6779.8	4344.3
初级形状的聚氯乙烯	19099.4	–14.1
初级形状的聚酯	1401.2	2786.1
非泡沫塑料的板、片、膜、箔	3178.3	42.1
废塑料	20743.8	213.1
杀虫剂、除草剂及类似品	489.3	33.5
牛皮革及马皮革	9780.7	24.9
废纸 #	31199.9	–20.3
纸及纸板（未切成形的）	1467.2	18.7
牛皮纸	16.7	–89.5

11—21　续表 3　（2016 年）　计量单位：千美元、%

商品构成	进口	比上年增长
涂布纸	719.0	0.8
纺织纱线、织物及制品	35469.8	46.8
毛纱线	502.6	–83.6
棉纱线	23885.9	133.4
合成纤维纱线	7.3	
丝织物	0.5	
棉机织物	5050.4	2.3
合成纤维长丝机织物	1321.6	145.7
合成短纤与棉混纺机织物	21.5	3082.2
化纤起绒、绳绒及毛圈机织物	12.5	
涂覆浸渍塑料的织物	726.1	110.9
针织或钩编织物	290.0	–69.7
服装及衣着附件	2824.6	–21.7
玻璃纤维及其制品	395.7	–40.9
废金属	6306.3	–31.9
废钢 #	6306.3	–31.9
钢坯及粗锻件	60.3	224.1
钢材 #	915.1	–57.0
钢铁棒材	94.1	–64.5
角钢及型钢	5.0	
钢铁板材	135.9	9.5
钢铁管材及空心异形材	573.6	–65.3
钢铁制标准紧固件	179.3	15.4
未锻轧铜及铜材	541.4	48.5
铜材	541.4	48.5
未锻轧铝及铝材	489.2	4.8
铝材	489.2	4.8

11—21　续表 4　　（2016 年）　　计量单位：千美元、%

商品构成	进口	比上年增长
钢铁或铝制结构体及其部件	76.2	58.9
活塞式内燃机的零件	363.3	43.5
液泵及液体提升机	1404.6	16.8
制冷设备用压缩机	15529.2	-27.2
冷冻机和制冷设备及零件	101.2	783.2
家用空气净化器	0.9	-98.8
非家用型水的过滤、净化机器	1513.9	1528.4
饮料及液体食品灌装设备	13565.4	1477.4
机械提升搬运装卸设备及零件	299.9	-84.6
建筑及采矿用机械及零件	65.9	-87.2
食品、饮料工业用加工机械及零件	160.6	87.2
制造纸及纸制品用机械及零件	11.3	
印刷、装订机械及零件	88.8	6824.2
纺织机械及零件	10002.6	-24.5
纺织纱线生产及预处理机	7793.6	184.4
织机		
针织机及缝编机		
纱线织物等后整理机器	659.5	-78.9
工业用缝纫机	172.8	-19.5
金属加工机床	5768.0	364.6
加工中心	764.4	92.8
数控机床	343.9	3.0
金属轧机及零件	16.8	-23.6
橡胶或塑料加工机械及零件	6560.6	420.7
型模及金属铸造用型箱	402.3	-68.6
阀门	4223.6	-11.6
自动数据处理设备及其部件	850.4	95.4

11—21 续表 5　　（2016 年）　　计量单位：千美元、%

商品构成	进口	比上年增长
数字式自动数据处理设备	45.7	3010.1
数字式中央处理部件	380.7	–8.2
存储部件	110.8	
自动数据处理设备的零件	0.1	–58.7
制造单晶柱或晶圆用的机器及装置	1300.4	19.8
制造半导体器件或集成电路用的机器及装置	340.1	–90.7
电动机及发电机	314.6	31.6
变压、整流、电感器及零件	17673.9	42.9
蓄电池	178.7	3426.6
铅酸蓄电池		
无线电导航雷达及遥控设备	279.0	680.2
电视摄像机、数字照相机及视频摄录一体机	406.4	8.5
声音录制或重放设备	13.8	
电视、收音机及无线电讯设备的零附件	1285.7	252.3
电容器	2176.5	27.1
电阻器	193.1	–0.3
印刷电路	6.0	–72.8
通断保护电路装置及零件	1590.9	3.9
二极管及类似半导体器件	368.0	102.4
集成电路	1004.5	0.5
电线和电缆	105.0	–67.8
汽车	12722.6	–6.1
小轿车	735.8	295.9
四轮驱动轻型越野车	10947.8	10.6
小客车（九座及以下的）	729.4	1119.1
10 座至 29 座的客车	115.1	170.6
专用汽车		
汽车零配件	677.1	559.1
飞机及其他航空器	56695.6	–36.5

11—21 续表 6　　（2016 年）　　计量单位：千美元、%

商品构成	进口	比上年增长
空载重量超过 2 吨的飞机	56695.6	-36.4
航空器零件	1711.0	-82.0
液晶显示板	1.6	-44.1
医疗仪器及器械	42348.0	130.3
计量检测分析自控仪器及器具	67244.6	20.5
手表	0.2	
电动手表	0.2	
印刷品	53.0	100.6
塑料制品	845.5	-21.7
文化产品	208.7	-37.7
图书	1.7	-70.6
新型存储媒介	21.3	-69.1
其他出版物	2.5	265.4
雕塑工艺品	9.4	-71.0
金属工艺品	5.0	-42.7
花画工艺品	0.0	-99.0
天然植物纤维编织工艺品	0.9	
抽纱刺绣工艺品	2.2	
珠宝首饰及有关物品	1.8	
园林、陈设艺术陶瓷制品	0.3	
蚕丝及机织物	2.0	
乐器	10.8	214.4
胶印机	23.3	
印刷机	11.3	
广播电视节目制作设备	116.2	-45.4

旅游业发展情况

11—22

指标名称	2016 年	2015 年	2014 年
国内游客（万人次）	7628.4	6763.4	5778.6
旅游业总收入（亿元）	750.3	590.5	436.4
国内旅游收入（亿元）	745.8	584.7	432.2
创汇收入（万美元）	6778.2	9362.9	6911.0
A 景区数量（家）	36	34	33
5A	1	1	1
4A	25	27	26
3A	7	4	4
2A	3	2	2
旅游星级饭店（家）	67	63	67
5 星级	5	4	4
4 星级	27	27	27
3 星级	28	25	29
2 星级	7	7	7
旅行社（家）	264	259	248
出境组团社	36	30	26
一般组团社	228	229	222

涉外旅游情况

11—23

指标名称	2016 年	2015 年	2014 年
一、入境游客人数合计（人次）	192553	185855	174682
1、外国人	165599	156624	159558
2、香港同胞	13423	13537	8871
3、澳门同胞	2680	792	905
4、台湾同胞	10851	14902	5348
二、入境游客人天数合计（人天）	278387	321231	363880
1、外国人	242018	263275	327828
2、香港同胞	17659	31885	21188
3、澳门同胞	3428	1563	2110
4、台湾同胞	15282	24508	12754
三、创汇收入（万美元）	6778.2	9362.9	6911

十二、教育　科技　文化

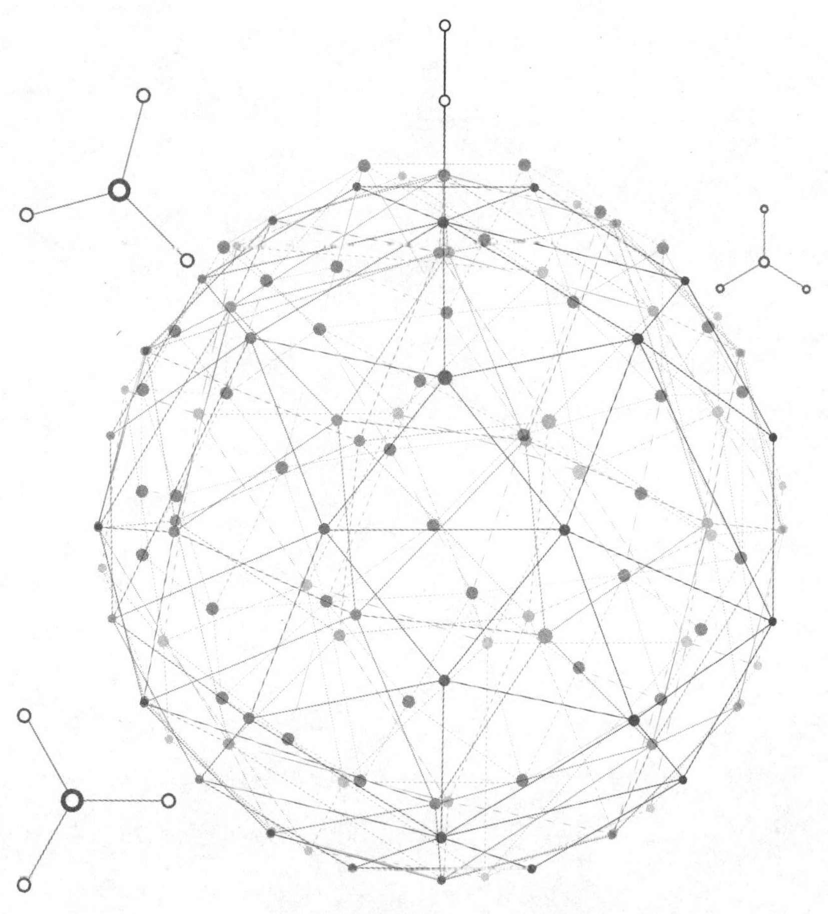

普通中学基本情况

12—1 （2016 年） 计量单位：人

行政单位	学校数（所）	毕业生数	普通初中	普通高中	招生人数	普通初中	普通高中
全 市	**379**	**148187**	**95998**	**52189**	**165560**	**107843**	**57717**
市 区	158	72032	42522	29510	77316	44777	32539
长安区	23	8298	5908	2390	8658	5657	3001
桥西区	20	9153	6464	2689	10235	6713	3522
新华区	20	8350	6410	1940	8485	5928	2557
矿 区	3	961	587	374	880	530	350
裕华区	10	7617	6470	1147	7252	5934	1318
藁城区	28	10028	6620	3408	11118	7355	3763
鹿泉区	18	5966	4127	1839	6123	4269	1854
栾城区	12	4041	2342	1699	4481	3143	1338
高新区	8	4715	1832	2883	6741	3328	3413
循环化工园区	2	327	327		326	326	
井陉县	10	4852	3357	1495	4625	2984	1641
正定县	21	7774	5675	2099	8908	6567	2341
行唐县	17	7394	4903	2491	9990	7028	2962
灵寿县	15	4753	3439	1314	6405	4650	1755
高邑县	10	2610	1591	1019	3244	2273	971
深泽县	8	2411	1887	524	3127	2337	790
赞皇县	9	3257	2688	569	4205	3488	717
无极县	16	5644	3944	1700	7130	5266	1864
平山县	27	7450	5104	2346	8217	5583	2634
元氏县	15	6994	5115	1879	7427	5522	1905
赵 县	24	8459	5863	2596	8256	5694	2562
晋州市	20	6638	4559	2079	6788	4788	2000
新乐市	27	7592	5024	2568	9596	6560	3036

注：1、12–1、12–2、12–3 表中藁城区包括循环化工园区。
2、不含辛集市数据

12—1 续表　　　　（2016 年）　　　　计量单位：人

行政单位	在校学生数			教职工数	
		普通初中	普通高中		# 专任教师
全　市	**462711**	**300385**	**162326**	**43146**	**34853**
市　区	242634	127999	92445	21413	17641
长安区	24609	16731	7878	2860	2234
桥西区	28747	19504	9243	2959	2479
新华区	24307	17281	7026	2223	1877
矿　区	2725	1733	992	293	255
裕华区	20916	17330	3586	1784	1594
藁城区	30812	20505	10307	2844	2293
鹿泉区	18265	12627	5638	1878	1622
栾城区	13017	8603	4414	1528	1348
高新区	39618	7589	9839	1822	1316
循环化工园区	17428	1070		116	104
井陉县	13780	9277	4503	1163	960
正定县	24962	18250	6712	2315	1841
行唐县	26307	17977	8330	1870	1602
灵寿县	17214	12709	4505	1369	1042
高邑县	8739	6168	2571	768	657
深泽县	7965	6021	1944	626	561
赞皇县	11491	9477	2014	927	791
无极县	18465	13492	4973	1669	1305
平山县	22882	15700	7182	2287	1694
元氏县	21280	15283	5997	2063	1576
赵　县	23630	16592	7038	2741	1948
晋州市	19202	13372	5830	1657	1486
新乐市	25280	16998	8282	2162	1645

职业中学基本情况

12—2　　（2016 年）　　计量单位：人

行政单位	学校数（所）	毕业生数	招生人数	在校学生数	教职工数	# 专任教师
全　市	**137**	**42275**	**60029**	**155807**	**11255**	**8055**
市　区	92	33881	50968	130889	7673	5161
长安区	10	1564	2907	7897	507	397
桥西区	14	2918	4217	12302	718	451
新华区	12	6808	8746	21802	1286	868
矿　区	2	414	201	658	79	62
裕华区	9	6249	6586	17098	894	431
藁城区	5	1290	1643	4747	520	424
鹿泉区	9	1592	3462	6828	485	392
栾城区	4	1072	1351	3759	476	399
高新区	4	1385	204	2891	233	102
循环化工园区	1			38	31	16
井陉县	2	442	313	1111	197	173
正定县	8	1798	974	4160	479	377
行唐县	2	26	172	416	156	108
灵寿县	4	172	503	1122	339	275
高邑县	2	266	139	425	123	105
深泽县	2	148	173	391	96	75
赞皇县	2	295	206	864	132	113
无极县	3	402	737	1814	272	237
平山县	4	898	1120	2839	499	314
元氏县	6	544	1199	2654	289	255
赵　县	3	1959	1483	4199	380	361
晋州市	4	834	1230	3072	386	300
新乐市	2	610	812	1813	203	185

小学基本情况

12—3　　（2016 年）　　计量单位：人

行政单位	学校数（所）	毕业生数	招生人数	在校学生数	教职工数	# 专任教师
全　市	**1329**	**107189**	**144508**	**766248**	**41448**	**42489**
市　区	489	43417	64739	334049	17740	17591
长安区	59	6517	10098	51823	2467	2562
桥西区	52	7692	10411	58001	3247	3112
新华区	48	6323	9108	48799	2024	2005
矿　区	14	648	597	4246	438	389
裕华区	43	5439	8227	41940	2300	2220
藁城区	110	7288	11539	54864	3278	3106
鹿泉区	89	4296	6326	31786	1746	1692
栾城区	52	3189	4863	25881	1675	1641
高新区	22	1908	3335	15511	565	822
循环化工园区	7	404	551	2888	226	203
井陉县	50	3133	2920	19156	1360	1281
正定县	85	5762	7783	39032	2431	2514
行唐县	59	6985	7318	39740	2376	2142
灵寿县	82	4869	4872	26791	1864	1855
高邑县	42	2488	3357	18105	1121	1139
深泽县	32	2514	3157	16151	1037	995
赞皇县	47	3909	5136	28695	1531	1495
无极县	81	5277	6891	39799	1990	2069
平山县	58	5623	6963	37540	2030	2324
元氏县	67	5318	6339	33195	1859	2058
赵　县	56	5708	8134	44462	1589	2239
晋州市	81	5030	7461	39068	2312	2305
新乐市	93	6752	8887	47577	1982	2279

规模以上工业企业 R&D 活动基本情况

12—4　　　　（2016 年）　　　　计量单位：个

指标名称	企业数	# 有 R&D 活动单位数	# 有科技机构单位数
总　　计	**2709**	**435**	**274**
一、按企业规模分组			
大型	63	38	35
中型	446	106	84
小型	2136	290	155
微型	64	1	
二、按登记注册类型分组			
内资企业	2621	406	251
国有企业	15	8	5
集体企业	12		
股份合作企业	1		
联营企业	1		
国有联营企业			
集体联营企业	1		
国有与集体联营企业			
其他联营企业			
有限责任公司	422	127	86
国有独资公司	18	9	9
其他有限责任公司	404	118	77
股份有限公司	96	39	26
私营企业	2073	232	134
私营独资企业	96	4	
私营合伙企业	36		
私营有限责任公司	1814	205	113
私营股份有限公司	127	23	21
其他企业	1		
港、澳、台商投资企业	37	9	6
合资经营企业（港或澳、台资）	27	6	3
合作经营企业（港或澳、台资）			
港、澳、台商独资经营企业	9	2	2
港、澳、台商投资股份有限公司	1	1	1
其他港澳台投资企业			
外商投资企业	51	20	17
中外合资经营企业	33	11	8
中外合作经营企业	3	2	2
外资企业	13	6	6
外商投资股份有限公司	2	1	1
其他外商投资企业			

12—4 续表 1　　（2016 年）　　计量单位：人

指标名称	企业数	# 有 R&D 活动单位数	# 有科技机构单位数
三、按国民经济行业大类分组			
采矿业	59		
煤炭开采和洗选业	40		
石油和天然气开采业			
黑色金属矿采选业	10		
有色金属矿采选业			
非金属矿采选业	9		
开采辅助活动			
其他采矿业			
制造业	2612	431	273
农副食品加工业	175	12	11
食品制造业	65	13	9
酒、饮料和精制茶制造业	33	3	1
烟草制品业	1		
纺织业	266	5	4
纺织服装、服饰业	63	1	1
皮革、毛皮、羽毛及其制品和制鞋业	214	2	2
木材加工和木、竹、藤、棕、草制品业	39		
家具制造业	32		
造纸和纸制品业	45	2	
印刷和记录媒介复制业	50	7	6
文教、工美、体育和娱乐用品制造业	31	1	1
石油加工、炼焦和核燃料加工业	26	5	2
化学原料和化学制品制造业	344	82	51
医药制造业	93	47	33
化学纤维制造业	26	2	1
橡胶和塑料制品业	122	12	9
非金属矿物制品业	231	25	11
黑色金属冶炼和压延加工业	65	9	5
有色金属冶炼和压延加工业	20	1	1
金属制品业	137	20	11
通用设备制造业	145	40	22
专用设备制造业	112	39	30
汽车制造业	45	14	7
铁路、船舶、航空航天和其他运输设备制造业	18	9	6
电气机械和器材制造业	140	33	21
计算机、通信和其他电子设备制造业	47	33	19
仪器仪表制造业	12	7	8
其他制造业	5	2	
废弃资源综合利用业	9	4	
金属制品、机械和设备修理业	1	1	1
电力、热力、燃气及水生产和供应业	38	4	1
电力、热力生产和供应业	30	3	1
燃气生产和供应业	2	1	
水的生产和供应业	6		

规模以上工业企业 R&D 活动人员情况

12—5　　　　（2016 年）　　　　计量单位：人

指标名称	R&D 人员合计	#1. 参加项目人员	2. 管理和服务人员	# 女性	# 研究人员	#1. 全时人员	2. 非全时人员
总　　计	**29036**	**26452**	**2584**	**8550**	**9966**	**19610**	**9426**
一、按企业规模分组							
大型	13226	11737	1489	4753	4946	8844	4382
中型	9274	8629	645	2077	2836	6282	2992
小型	6533	6083	450	1718	2182	4481	2052
微型	3	3		2	2	3	
二、按登记注册类型分组							
内资企业	24333	22149	2184	6837	8113	15929	8404
国有企业	782	694	88	196	328	404	378
集体企业							
股份合作企业							
联营企业							
国有联营企业							
集体联营企业							
国有与集体联营企业							
其他联营企业							
有限责任公司	10836	9696	1140	3753	3660	6774	4062
国有独资公司	2807	2360	447	1065	1262	1760	1047
其他有限责任公司	8029	7336	693	2688	2398	5014	3015
股份有限公司	2616	2433	183	665	808	1844	772
私营企业	10099	9326	773	2223	3317	6907	3192
私营独资企业	41	41		6	8	31	10
私营合伙企业							
私营有限责任公司	7818	7295	523	1685	2437	5301	2517
私营股份有限公司	2240	1990	250	532	872	1575	665
其他企业							
港、澳、台商投资企业	2612	2307	305	825	957	2275	337
合资经营企业（港或澳、台资）	1328	1297	31	236	310	1129	199
合作经营企业（港或澳、台资）							
港、澳、台商独资经营企业	1157	883	274	551	610	1032	125
港、澳、台商投资股份有限公司	127	127		38	37	114	13
其他港澳台投资企业							
外商投资企业	2091	1996	95	888	896	1406	685
中外合资经营企业	483	474	9	141	138	391	92
中外合作经营企业	175	122	53	52	22	55	120
外资企业	1428	1395	33	692	734	955	473
外商投资股份有限公司	5	5		3	2	5	
其他外商投资企业							

12—5 续表　　（2016 年）　　计量单位：人

行业名称	R&D 人员合计						
		#1. 参加项目人员	2. 管理和服务人员	# 女性	# 研究人员	#1. 全时人员	2. 非全时人员
三、按国民经济行业大类分组							
采矿业							
煤炭开采和洗选业							
石油和天然气开采业							
黑色金属矿采选业							
有色金属矿采选业							
非金属矿采选业							
开采辅助活动							
其他采矿业							
制造业	28835	26251	2584	8479	9898	19512	9323
农副食品加工业	287	265	22	123	101	162	125
食品制造业	989	940	49	594	252	599	390
酒、饮料和精制茶制造业	104	101	3	12	9	28	76
烟草制品业							
纺织业	504	487	17	133	78	307	197
纺织服装、服饰业	853	650	203	366	190	513	340
皮革、毛皮、羽毛及其制品和制鞋业	214	190	24	26	22	78	136
木材加工和木、竹、藤、棕、草制品业							
家具制造业							
造纸和纸制品业	15	14	1	6	4	14	1
印刷和记录媒介复制业	462	449	13	149	112	354	108
文教、工美、体育和娱乐用品制造业	10	10		2	1	5	5
石油加工、炼焦和核燃料加工业	211	209	2	25	52	109	102
化学原料和化学制品制造业	3629	3325	304	1089	1079	2186	1443
医药制造业	5969	5332	637	2775	2903	4237	1732
化学纤维制造业	241	241		92	24	97	144
橡胶和塑料制品业	455	376	79	159	131	287	168
非金属矿物制品业	643	613	30	173	153	450	193
黑色金属冶炼和压延加工业	1727	1461	266	236	602	1396	331
有色金属冶炼和压延加工业	60	60		1	13	42	18
金属制品业	1134	1013	121	151	283	581	553
通用设备制造业	1972	1808	164	455	691	1337	635
专用设备制造业	3434	3300	134	543	1061	2145	1289
汽车制造业	905	833	72	171	329	601	304
铁路、船舶、航空航天和其他运输设备制造业	779	616	163	159	309	629	150
电气机械和器材制造业	2037	1952	85	464	663	1733	304
计算机、通信和其他电子设备制造业	1257	1073	184	310	526	982	275
仪器仪表制造业	375	372	3	80	87	271	104
其他制造业	12	12		3	3	11	1
废弃资源综合利用业	40	38	2	24	14	21	19
金属制品、机械和设备修理业	517	511	6	158	206	337	180
电力热力燃气及水生产和供应业	201	201		71	68	98	103
电力、热力生产和供应业	108	108		16	46	14	94
燃气生产和供应业	93	93		55	22	84	9
水的生产和供应业							

规模以上工业企业 R&D 人员折合全时当量

12—6　　（2016 年）　　计量单位：人年

指标名称	R&D 人员折合全时当量合计	按活动类型分			
		# 研究人员	#1. 基础研究人员	2. 应用研究人员	3. 试验发展人员
总　计	**20746**	**7234**	**74**	**393**	**20279**
一、按企业规模分组					
大型	9490	3590	74	286	9130
中型	6881	2150		46	6835
小型	4372	1492		61	4311
微型	3	2			3
二、按登记注册类型分组					
内资企业	17481	5938	14	315	17152
国有企业	623	256			623
集体企业					
股份合作企业					
联营企业					
国有联营企业					
集体联营企业					
国有与集体联营企业					
其他联营企业					
有限责任公司	7613	2683		246	7367
国有独资公司	2303	1062		72	2231
其他有限责任公司	5310	1621		174	5136
股份有限公司	1882	575			1882
私营企业	7362	2425	14	69	7279
私营独资企业	13	2			13
私营合伙企业					
私营有限责任公司	5799	1821		54	5745
私营股份有限公司	1551	601	14	15	1522
其他企业					
港、澳、台商投资企业	1865	674			1865
合资经营企业（港或澳、台资）	975	233			975
合作经营企业（港或澳、台资）					
港、澳、台商独资经营企业	770	405			770
港、澳、台商投资股份有限公司	120	35			120
其他港澳台投资企业					
外商投资企业	1400	622	60	78	1262
中外合资经营企业	309	92		30	279
中外合作经营企业	69	6			69
外资企业	1021	524	60	48	913
外商投资股份有限公司	1				1
其他外商投资企业					

12—6 续表　　　　（2016 年）　　　　计量单位：人年

行业名称	R&D 人员折合全时当量合计	# 研究人员	#1. 基础研究人员	2. 应用研究人员	3. 试验发展人员
三、按国民经济行业大类分组					
采矿业					
煤炭开采和洗选业					
石油和天然气开采业					
黑色金属矿采选业					
有色金属矿采选业					
非金属矿采选业					
开采辅助活动					
其他采矿业					
制造业	20611	7193	74	391	20147
农副食品加工业	200	76			200
食品制造业	551	147		14	537
酒、饮料和精制茶制造业	64	5			64
烟草制品业					
纺织业	323	48		9	314
纺织服装、服饰业	642	143			642
皮革、毛皮、羽毛及其制品和制鞋业	109	17		6	103
木材加工和木、竹、藤、棕、草制品业					
家具制造业					
造纸和纸制品业	6	2			6
印刷和记录媒介复制业	358	84		51	307
文教、工美、体育和娱乐用品制造业	2				2
石油加工、炼焦和核燃料加工业	151	35		24	127
化学原料和化学制品制造业	2251	683		149	2102
医药制造业	4449	2171	74	63	4312
化学纤维制造业	167	17			167
橡胶和塑料制品业	299	81			299
非金属矿物制品业	330	90		3	327
黑色金属冶炼和压延加工业	856	279		30	826
有色金属冶炼和压延加工业	42	9			42
金属制品业	1002	240			1002
通用设备制造业	1225	435			1225
专用设备制造业	2898	894			2898
汽车制造业	543	224		5	538
铁路、船舶、航空航天和其他运输设备制造业	456	192			456
电气机械和器材制造业	1828	605		32	1796
计算机、通信和其他电子设备制造业	1020	433		4	1016
仪器仪表制造业	304	71			304
其他制造业	3	1			3
废弃资源综合利用业	28	10			28
金属制品、机械和设备修理业	504	201			504
电力、热力、燃气及水生产和供应业	135	41		2	132
电力、热力生产和供应业	48	21		2	46
燃气生产和供应业	86	20			86
水的生产和供应业					

规模以上工业企业 R&D 经费内部支出来源情况

12—7　　（2016 年）　　计量单位：万元

指标名称	R&D 经费内部支出合计	#政府资金	#企业资金	#境外资金	#其他资金
总　　计	**715563.3**	**33731.9**	**672294.9**	**265.9**	**9270.6**
一、按企业规模分组					
大型	404744.8	21107.7	381741.1	265.9	1630.1
中型	166981.4	6121.9	158336.2		2523.3
小型	143807.3	6502.3	132187.8		5117.2
微型	29.8		29.8		
二、按登记注册类型分组					
内资企业	575760.9	24603.0	541621.4	265.9	9270.6
国有企业	14631.9	6966.8	7665.1		
集体企业					
股份合作企业					
联营企业					
国有联营企业					
集体联营企业					
国有与集体联营企业					
其他联营企业					
有限责任公司	225281.9	8063.8	214897.6	265.9	2054.6
国有独资公司	65608.0	3899.2	60660.7	265.9	782.2
其他有限责任公司	159673.9	4164.6	154236.9		1272.4
股份有限公司	49795.7	2812.1	46733.9		249.7
私营企业	286051.4	6760.3	272324.8		6966.3
私营独资企业	2827.4	1.1	2826.3		
私营合伙企业					
私营有限责任公司	158845.9	6139.1	148508.4		4198.4
私营股份有限公司	124378.1	620.1	120990.1		2767.9
其他企业					
港、澳、台商投资企业	99156.6	5890.0	93266.6		
合资经营企业（港或澳、台资）	29161.1	77.5	29083.6		
合作经营企业（港或澳、台资）					
港、澳、台商独资经营企业	68895.5	5672.5	63223.0		
港、澳、台商投资股份有限公司	1100.0	140.0	960.0		
其他港澳台投资企业					
外商投资企业	40645.8	3238.9	37406.9		
中外合资经营企业	7814.6	114.7	7699.9		
中外合作经营企业	2977.0		2977.0		
外资企业	29822.9	3124.2	26698.7		
外商投资股份有限公司	31.3		31.3		
其他外商投资企业					

12—7 续表 （2016 年） 计量单位：万元

行业名称	R&D 经费内部支出合计	# 政府资金	# 企业资金	# 境外资金	# 其他资金
三、按国民经济行业大类分组					
采矿业					
煤炭开采和洗选业					
石油和天然气开采业					
黑色金属矿采选业					
有色金属矿采选业					
非金属矿采选业					
开采辅助活动					
其他采矿业					
制造业	714406.6	33731.9	671138.2	265.9	9270.6
农副食品加工业	13171.3	148.0	12398.3		625.0
食品制造业	28495.1	532.7	27890.3		72.1
酒、饮料和精制茶制造业	1377.5		1377.5		
烟草制品业					
纺织业	11168.5	71.7	10957.5		139.3
纺织服装、服饰业	10061.6	20.0	10041.6		
皮革、毛皮、羽毛及其制品和制鞋业	4030.1		4030.1		
木材加工和木、竹、藤、棕、草制品业					
家具制造业					
造纸和纸制品业	125.0		125.0		
印刷和记录媒介复制业	6644.2	100.0	6016.9		527.3
文教、工美、体育和娱乐用品制造业	34.0		34.0		
石油加工、炼焦和核燃料加工业	2841.7		2841.7		
化学原料和化学制品制造业	91889.7	2462.6	87496.7		1930.4
医药制造业	192530.3	13041.6	179045.5	265.9	177.3
化学纤维制造业	2336.8		2336.8		
橡胶和塑料制品业	10466.7	236.2	10049.1		181.4
非金属矿物制品业	9275.4	216.5	8388.6		670.3
黑色金属冶炼和压延加工业	106070.7	258.2	105812.5		
有色金属冶炼和压延加工业	1002.4	147.9	854.5		
金属制品业	14783.9	931.8	13849.3		2.8
通用设备制造业	30608.0	1257.5	29106.3		244.2
专用设备制造业	53477.2	1560.4	48810.6		3106.2
汽车制造业	16240.7	157.6	16083.1		
铁路、船舶、航空航天和其他运输设备制造业	13022.2	752.1	11770.1		500.0
电气机械和器材制造业	38974.5	831.0	37635.5		508.0
计算机、通信和其他电子设备制造业	35915.3	3026.8	32302.2		586.3
仪器仪表制造业	4485.4	910.1	3575.3		
其他制造业	2354.2	8.0	2346.2		
废弃资源综合利用业	570.6	95.0	475.6		
金属制品、机械和设备修理业	12453.6	6966.2	5487.4		
电力、热力、燃气及水生产和供应业	1156.7		1156.7		
电力、热力生产和供应业	821.4		821.4		
燃气生产和供应业	335.3		335.3		
水的生产和供应业					

规模以上工业企业 R&D 经费支出情况

12—8　　　　（2016 年）　　　　计量单位：万元

指标名称	R&D 经费内部支出合计	一、按活动类型分组			二、按支出用途分组		R&D 经费外部支出
		1. 基础研究	2. 应用研究	3. 试验发展	1. 经常费支出	2. 资产性支出	
总　　计	**715563.3**	**1430.0**	**12957.6**	**701175.7**	**620238.8**	**95324.5**	**46216.7**
一、按企业规模分组							
大型	404744.8	1430.0	9508.7	393806.1	363214.5	41530.3	40034.7
中型	166981.4		2115.5	164865.9	143435.1	23546.3	2852.3
小型	143807.3		1333.4	142473.9	113559.4	30247.9	3329.7
微型	29.8			29.8	29.8		
二、按登记注册类型分组							
内资企业	575760.9	58.6	9471.6	566230.7	488350.3	87410.6	14261.8
国有企业	14631.9			14631.9	8246.8	6385.1	466.2
集体企业							
股份合作企业							
联营企业							
国有联营企业							
集体联营企业							
国有与集体联营企业							
其他联营企业							
有限责任公司	225281.9		8156.8	217125.1	189953.7	35328.2	5481.8
国有独资公司	65608.0		2217.7	63390.3	47316.5	18291.5	1751.8
其他有限责任公司	159673.9		5939.1	153734.8	142637.2	17036.7	3730.0
股份有限公司	49795.7			49795.7	44716.9	5078.8	970.9
私营企业	286051.4	58.6	1314.8	284678.0	245432.9	40618.5	7342.9
私营独资企业	2827.4			2827.4	1804.1	1023.3	
私营合伙企业							
私营有限责任公司	158845.9		1082.9	157763.0	126069.1	32776.8	1867.4
私营股份有限公司	124378.1	58.6	231.9	124087.6	117559.7	6818.4	5475.5
其他企业							
港、澳、台商投资企业	99156.6			99156.6	94631.7	4524.9	23017.1
合资经营企业（港或澳、台资）	29161.1			29161.1	29106.5	54.6	80.9
合作经营企业（港或澳、台资）							
港、澳、台商独资经营企业	68895.5			68895.5	64468.3	4427.2	22936.2
港、澳、台商投资股份有限公司	1100.0			1100.0	1056.9	43.1	
其他港澳台投资企业							
外商投资企业	40645.8	1371.4	3486.0	35788.4	37256.8	3389.0	8937.8
中外合资经营企业	7814.6		633.8	7180.8	7612.2	202.4	5.0
中外合作经营企业	2977.0			2977.0	2971.8	5.2	37.0
外资企业	29822.9	1371.4	2852.2	25599.3	26642.7	3180.2	8895.8
外商投资股份有限公司	31.3			31.3	30.1	1.2	
其他外商投资企业							

12—8 续表　　（2016 年）　　计量单位：万元

行业名称	R&D 经费内部支出合计	一、按活动类型分组			二、按支出用途分组		R&D 经费外部支出
		1. 基础研究	2. 应用研究	3. 试验发展	1. 经常费支出	2. 资产性支出	
三、按国民经济行业大类分组							
采矿业							
煤炭开采和洗选业							
石油和天然气开采业							
黑色金属矿采选业							
有色金属矿采选业							
非金属矿采选业							
开采辅助活动							
其他采矿业							
制造业	714406.6	1430.0	12861.2	700115.4	619492.1	94914.5	45777.4
农副食品加工业	13171.3			13171.3	10317.0	2854.3	527.2
食品制造业	28495.1		303.0	28192.1	24637.8	3857.3	295.3
酒、饮料和精制茶制造业	1377.5			1377.5	1084.5	293.0	100.0
烟草制品业							
纺织业	11168.5		371.6	10796.9	11024.2	144.3	15.9
纺织服装、服饰业	10061.6			10061.6	9709.2	352.4	
皮革、毛皮、羽毛及其制品和制鞋业	4030.1		453.1	3577.0	3941.3	88.8	2.7
木材加工和木、竹、藤、棕、草制品业							
家具制造业							
造纸和纸制品业	125.0			125.0	117.0	8.0	
印刷和记录媒介复制业	6644.2		1366.5	5277.7	5823.7	820.5	314.0
文教、工美、体育和娱乐用品制造业	34.0			34.0	14.0	20.0	
石油加工、炼焦和核燃料加工业	2841.7		550.0	2291.7	1634.4	1207.3	297.0
化学原料和化学制品制造业	91889.7		5293.2	86596.5	81246.2	10643.5	1810.7
医药制造业	192530.3	1430.0	3084.1	188016.2	161667.2	30863.1	35866.3
化学纤维制造业	2336.8			2336.8	2170.5	166.3	
橡胶和塑料制品业	10466.7			10466.7	7680.0	2786.7	40.0
非金属矿物制品业	9275.4		42.1	9233.3	7100.6	2174.8	225.8
黑色金属冶炼和压延加工业	106070.7		633.8	105436.9	104547.7	1523.0	3177.1
有色金属冶炼和压延加工业	1002.4			1002.4	1002.4		
金属制品业	14783.9			14783.9	13284.0	1499.9	171.5
通用设备制造业	30608.0			30608.0	26722.0	3886.0	1160.9
专用设备制造业	53477.2			53477.2	41008.2	12469.0	257.2
汽车制造业	16240.7		132.2	16108.5	14431.3	1809.4	321.7
铁路、船舶、航空航天和其他运输设备制造业	13022.2			13022.2	12546.8	475.4	128.6
电气机械和器材制造业	38974.5		423.2	38551.3	35408.5	3566.0	102.3
计算机、通信和其他电子设备制造业	35915.3		208.4	35706.9	30783.1	5132.2	670.9
仪器仪表制造业	4485.4			4485.4	4398.7	86.7	267.3
其他制造业	2354.2			2354.2	583.5	1770.7	
废弃资源综合利用业	570.6			570.6	391.1	179.5	25.0
金属制品、机械和设备修理业	12453.6			12453.6	6217.2	6236.4	
电力、热力、燃气及水生产和供应业	1156.7		96.4	1060.3	746.7	410.0	439.3
电力、热力生产和供应业	821.4		96.4	725.0	411.4	410.0	439.3
燃气生产和供应业	335.3			335.3	335.3		
水的生产和供应业							

规模以上工业企业办科技机构情况

12—9　　（2016 年）　　计量单位：个、人、万元

指标名称	机构数	机构人员合计	机构经费支出	机构内仪器和设备原价
总　计	**329**	**18821**	**402612.6**	**261142.3**
一、按企业规模分组				
大型	44	8279	244472.3	131637.5
中型	108	6839	105658.0	67392.3
小型	177	3703	52482.3	62112.5
微型				
二、按登记注册类型分组				
内资企业	300	15535	309118.4	209779.5
国有企业	5	538	6430.5	6311.9
集体企业				
股份合作企业				
联营企业				
国有联营企业				
集体联营企业				
国有与集体联营企业				
其他联营企业				
有限责任公司	103	6242	123771.0	108321.3
国有独资公司	10	1185	35621.4	24865.8
其他有限责任公司	93	5057	88149.6	83455.5
股份有限公司	33	1711	37965.9	37030.0
私营企业	159	7044	140951.0	58116.3
私营独资企业				
私营合伙企业				
私营有限责任公司	138	4995	66495.1	37915.7
私营股份有限公司	21	2049	74455.9	20200.6
其他企业				
港、澳、台商投资企业	6	2183	57089.7	14314.1
合资经营企业（港或澳、台资）	3	680	10701.6	6105.7
合作经营企业（港或澳、台资）				
港、澳、台商独资经营企业	2	1376	45334.7	8165.3
港、澳、台商投资股份有限公司	1	127	1053.4	43.1
其他港澳台投资企业				
外商投资企业	23	1103	36404.5	37048.7
中外合资经营企业	8	191	4967.7	9692.9
中外合作经营企业	5	77	2691.1	1751.7
外资企业	9	830	28744.6	25582.3
外商投资股份有限公司	1	5	1.1	21.8
其他外商投资企业				

12—9 续表　　　　（2016 年）　　　　计量单位：个、人、万元

指标名称	机构数	机构人员合计	机构经费支出	机构内仪器和设备原价
三、按国民经济行业大类分组				
采矿业				
煤炭开采和洗选业				
石油和天然气开采业				
黑色金属矿采选业				
有色金属矿采选业				
非金属矿采选业				
开采辅助活动				
其他采矿业				
制造业	328	18817	402592.6	261114.3
农副食品加工业	11	193	4048.8	3976.6
食品制造业	10	373	5443.3	9618.2
酒、饮料和精制茶制造业	1	9	260.0	130.0
烟草制品业				
纺织业	4	416	12628.9	13485.8
纺织服装、服饰业	1	332	7476.6	10794.7
皮革、毛皮、羽毛及其制品和制鞋业	2	125	5202.4	469.9
木材加工和木、竹、藤、棕、草制品业				
家具制造业				
造纸和纸制品业				
印刷和记录媒介复制业	11	413	4596.5	2935.7
文教、工美、体育和娱乐用品制造业	1	10	34.0	42.0
石油加工、炼焦和核燃料加工业	2	174	2073.0	1121.0
化学原料和化学制品制造业	64	2703	57958.7	45561.8
医药制造业	42	3664	117023.2	59741.0
化学纤维制造业	1	49	289.2	40.2
橡胶和塑料制品业	9	523	6130.4	3062.7
非金属矿物制品业	12	239	2439.8	4875.8
黑色金属冶炼和压延加工业	5	1276	54539.4	12462.6
有色金属冶炼和压延加工业	1	61	378.2	20.0
金属制品业	17	557	5634.0	10742.2
通用设备制造业	27	1191	18252.1	15436.5
专用设备制造业	36	2055	30448.0	15723.3
汽车制造业	9	417	5419.6	14092.7
铁路、船舶、航空航天和其他运输设备制造业	9	531	5590.1	4901.8
电气机械和器材制造业	21	1804	31846.6	11718.6
计算机、通信和其他电子设备制造业	23	875	15261.3	11621.2
仪器仪表制造业	8	398	5153.3	3703.1
其他制造业				
废弃资源综合利用业				
金属制品、机械和设备修理业	1	429	4465.2	4836.9
电力、热力、燃气及水生产和供应业	1	4	20.0	28.0
电力、热力生产和供应业	1	4	20.0	28.0
燃气生产和供应业				
水的生产和供应业				

规模以上工业企业 R&D 项目和新产品项目情况

12—10　　　　（2016 年）　　　　计量单位：万元、项

指标名称	全部 R&D 项目经费内部支出	新产品开发项目数	新产品开发经费支出
总　计	**634442.3**	**2329**	**686060.0**
一、按企业规模分组			
大型	366020.5	867	406555.1
中型	149069.8	578	149015.8
小型	119322.2	881	130141.2
微型	29.8	3	347.9
二、按登记注册类型分组			
内资企业	513304.1	1958	553205.9
国有企业	13952.5	31	13775.2
集体企业			
股份合作企业			
联营企业			
国有联营企业			
集体联营企业			
国有与集体联营企业			
其他联营企业			
有限责任公司	197849.9	854	207342.3
国有独资公司	60000.4	179	65317.0
其他有限责任公司	137849.5	675	142025.3
股份有限公司	44220.7	268	47856.9
私营企业	257281.0	805	284231.5
私营独资企业	2418.7	8	2894.5
私营合伙企业			
私营有限责任公司	137079.3	626	138958.9
私营股份有限公司	117783.0	171	142378.1
其他企业			
港、澳、台商投资企业	84025.6	203	98972.1
合资经营企业（港或澳、台资）	27781.1	45	28870.0
合作经营企业（港或澳、台资）	55203.5	148	69052.4
港、澳、台商独资经营企业	1041.0	10	1049.7
港、澳、台商投资股份有限公司			
其他港澳台投资企业			
外商投资企业	37112.6	168	33882.0
中外合资经营企业	7645.3	37	6698.7
中外合作经营企业	2926.1	15	3210.0
外资企业	26538.6	115	23942.0
外商投资股份有限公司	2.6	1	31.3
其他外商投资企业			

12—10 续表　　（2016 年）　　计量单位：万元、项

行业名称	全部 R&D 经费项目内部支出	新产品开发项目数	新产品开发经费支出
三、按国民经济行业大类分组			
采矿业			
煤炭开采和洗选业			
石油和天然气开采业			
黑色金属矿采选业			
有色金属矿采选业			
非金属矿采选业			
开采辅助活动			
其他采矿业			
制造业	633371.6	2327	685876.0
农副食品加工业	11726.9	25	13638.6
食品制造业	25677.8	106	28039.5
酒、饮料和精制茶制造业	1286.5	15	1377.5
烟草制品业			
纺织业	11037.2	60	9615.0
纺织服装、服饰业	10043.8	80	9590.8
皮革、毛皮、羽毛及其制品和制鞋业	4030.1	11	4340.7
木材加工和木、竹、藤、棕、草制品业			
家具制造业			
造纸和纸制品业	124.3	9	125.0
印刷和记录媒介复制业	5228.5	47	4381.7
文教、工美、体育和娱乐用品制造业	29	2	31.8
石油加工、炼焦和核燃料加工业	2658.6	7	436.6
化学原料和化学制品制造业	77739.2	279	79248.7
医药制造业	163261.9	556	181674.1
化学纤维制造业	2170.8	6	2076.4
橡胶和塑料制品业	8923.8	40	9812.6
非金属矿物制品业	7926.5	45	6131.0
黑色金属冶炼和压延加工业	105692.9	98	124095.5
有色金属冶炼和压延加工业	1002.4	11	1002.4
金属制品业	14016.5	74	14075.6
通用设备制造业	26844.4	141	31080.2
专用设备制造业	46217	208	49061.7
汽车制造业	13427.4	70	16049.0
铁路、船舶、航空航天和其他运输设备制造业	11903.5	62	9923.7
电气机械和器材制造业	36510	155	37863.3
计算机、通信和其他电子设备制造业	26816.2	131	32774.5
仪器仪表制造业	4050.3	72	5082.8
其他制造业	2278.5	2	2354.2
废弃资源综合利用业	397.1	2	337.6
金属制品、机械和设备修理业	12350.5	13	11655.5
电力、热力、燃气及水生产和供应业	1070.7	2	184.0
电力、热力生产和供应业	735.4	2	184.0
燃气生产和供应业	335.3		
水的生产和供应业			

规模以上工业企业科技活动产出情况

12—11 （2016 年） 计量单位：项、件、万元

行业名称	自主知识产权情况			新产品生产和销售情况	
	专利申请数	发明专利申请数	有效发明专利数	新产品产值	新产品销售收入
总　　计	**2360**	**976**	**3433**	**7149315.8**	**7125957.9**
一、按企业规模分组					
大型	568	282	1340	4789851.9	4812857.9
中型	884	343	1076	1367927.5	1365873.7
小型	905	348	1017	991336.4	947026.3
微型	3	3		200.0	200.0
二、按登记注册类型分组					
内资企业	2143	869	2935	5473972.6	5436201.4
国有企业	44	17	23	55947.3	60076.9
集体企业					
股份合作企业					
联营企业					
国有联营企业					
集体联营企业					
国有与集体联营企业					
其他联营企业					
有限责任公司	716	299	1183	1953633.0	1926321.5
国有独资公司	140	65	322	442341.7	444869.6
其他有限责任公司	576	234	861	1511291.3	1481451.9
股份有限公司	349	117	385	487657.0	515503.6
私营企业	1034	436	1344	2976735.3	2934299.4
私营独资企业	1	1	2	4155.3	3721.7
私营合伙企业					
私营有限责任公司	900	370	949	941967.2	863363.3
私营股份有限公司	133	65	393	2030612.8	2067214.4
其他企业					
港、澳、台商投资企业	85	41	338	1014844.9	1014887.9
合资经营企业（港或澳、台资）	44	4	28	293078.9	293088.6
合作经营企业（港或澳、台资）					
港、澳、台商独资经营企业	35	35	308	711582.7	712833.9
港、澳、台商投资股份有限公司	6	2	2	10183.3	8965.4
其他港澳台投资企业					
外商投资企业	132	66	160	660498.3	674868.6
中外合资经营企业	34	9	56	84009.0	84533.7
中外合作经营企业	21	3	3	77689.4	69915.1
外资企业	77	54	83	498770.4	520418.2
外商投资股份有限公司			18	29.5	1.6
其他外商投资企业					

12—11 续表　　（2016 年）　　计量单位：项、件、万元

行业名称	自主知识产权情况			新产品生产和销售情况	
	专利申请数	发明专利申请数	有效发明专利数	新产品产值	新产品销售收入
三、按国民经济行业大类分组					
采矿业					720.0
煤炭开采和洗选业					
石油和天然气开采业					
黑色金属矿采选业					
有色金属矿采选业					
非金属矿采选业					720.0
开采辅助活动					
其他采矿业					
制造业	2333	970	3427	7149315.8	7125237.9
农副食品加工业	17	9	9	55805.6	52059.6
食品制造业	48	28	106	181655.9	172271.3
酒、饮料和精制茶制造业	9	9	9	6594.5	8001.6
烟草制品业					
纺织业	27	12	17	130287.3	138524.7
纺织服装、服饰业	57	15	53	104049.1	104024.6
皮革、毛皮、羽毛及其制品和制鞋业	37	6	23	6827.8	6857.8
木材加工和木、竹、藤、棕、草制品业					
家具制造业				256.0	248.3
造纸和纸制品业	18	1	1	40.0	30.0
印刷和记录媒介复制业	7	7	55	22826.8	22468.3
文教、工美、体育和娱乐用品制造业	5	5	5	23.0	31.0
石油加工、炼焦和核燃料加工业	8	5	57	27852.8	29238.7
化学原料和化学制品制造业	231	144	535	1012707.1	982754.5
医药制造业	238	173	1037	1668156.7	1791512.4
化学纤维制造业	2	2	9	11745.9	11799.0
橡胶和塑料制品业	25	12	52	41203.1	40476.5
非金属矿物制品业	46	8	38	44391.2	47493.6
黑色金属冶炼和压延加工业	76	23	55	1802585.6	1757901.7
有色金属冶炼和压延加工业	2	1	10	17322.3	17656.3
金属制品业	100	39	178	70453.6	69297.6
通用设备制造业	220	97	289	224769.9	229129.1
专用设备制造业	643	202	407	455897.4	442064.6
汽车制造业	85	15	100	143374.8	161013.2
铁路、船舶、航空航天和其他运输设备制造业	60	28	57	118849.9	119195.7
电气机械和器材制造业	147	64	180	628327.3	544659.5
计算机、通信和其他电子设备制造业	135	39	100	287918.9	283870.6
仪器仪表制造业	52	13	28	41983.1	44547.5
其他制造业					
废弃资源综合利用业					
金属制品、机械和设备修理业	38	13	17	43410.2	48110.2
电力、热力、燃气及水生产和供应业	27	6	6		
电力、热力生产和供应业	15	6	5		
燃气生产和供应业	12		1		
水的生产和供应业					

规模以上工业企业技术改造和技术获取情况

12—12　　　　（2016 年）　　　　计量单位：万元

指标名称	技术改造经费支出	技术引进经费支出	消化吸收经费支出	购买国内技术经费支出
总　　计	**176906.1**	**5280.3**	**7326.4**	**8459.1**
一、按企业规模分组				
大型	117455.8	4317.2	6847.7	6395.2
中型	49270.4	420.1	297.7	1957.9
小型	10179.9	543.0	181.0	106.0
微型				
二、按登记注册类型分组				
内资企业	168428.8	2738.5	4461.7	4888.2
国有企业	776.0			
集体企业				
股份合作企业				
联营企业				
国有联营企业				
集体联营企业				
国有与集体联营企业				
其他联营企业				
有限责任公司	66541.9	2387.5	4260.0	2635.9
国有独资公司	23552.0	695.4	1080.0	2236.0
其他有限责任公司	42989.9	1692.1	3180.0	399.9
股份有限公司	57543.9			48.0
私营企业	43567.0	351.0	201.7	2204.3
私营独资企业				
私营合伙企业				
私营有限责任公司	35504.0	350.0	201.7	2116.0
私营股份有限公司	8063.0	1.0		88.3
其他企业				
港、澳、台商投资企业	5487.7	2541.8	2864.7	3258.3
合资经营企业（港或澳、台资）	2950.6			
合作经营企业（港或澳、台资）				
港、澳、台商独资经营企业	2537.1	2541.8	2864.7	3258.3
港、澳、台商投资股份有限公司				
其他港澳台投资企业				
外商投资企业	2989.6			312.6
中外合资经营企业				
中外合作经营企业	77.8			
外资企业	2911.8			312.6
外商投资股份有限公司				
其他外商投资企业				

12—12 续表　　　　（2016 年）　　　　计量单位：万元

行业名称	技术改造经费支出	技术引进经费支出	消化吸收经费支出	购买国内技术经费支出
三、按国民经济行业大类分组				
采矿业				
煤炭开采和洗选业				
石油和天然气开采业				
黑色金属矿采选业				
有色金属矿采选业				
非金属矿采选业				
开采辅助活动				
其他采矿业				
制造业	146405.1	5280.3	7326.4	8459.1
农副食品加工业	9059.6			1500.0
食品制造业	2631.0	1080.0		
酒、饮料和精制茶制造业				
烟草制品业				
纺织业	20154.3			
纺织服装、服饰业			2903.0	
皮革、毛皮、羽毛及其制品和制鞋业				
木材加工和木、竹、藤、棕、草制品业				
家具制造业				
造纸和纸制品业	10.0			
印刷和记录媒介复制业				
文教、工美、体育和娱乐用品制造业				
石油加工、炼焦和核燃料加工业	38906.0			
化学原料和化学制品制造业	11598.7	1.0		98.0
医药制造业	16275.5	3237.2	4141.4	5004.2
化学纤维制造业	40.0	5.0	30.0	
橡胶和塑料制品业	593.0			
非金属矿物制品业	4486.1			
黑色金属冶炼和压延加工业	10687.3			
有色金属冶炼和压延加工业	1172.8			
金属制品业	3747.0		5.0	405.9
通用设备制造业	1965.8	585.2	247.0	50.0
专用设备制造业	23583.9	21.9		
汽车制造业				
铁路、船舶、航空航天和其他运输设备制造业	20.0			901.0
电气机械和器材制造业	510.7	350.0		500.0
计算机、通信和其他电子设备制造业	437.4			
仪器仪表制造业	150.0			
其他制造业				
废弃资源综合利用业				
金属制品、机械和设备修理业	376.0			
电力、热力、燃气及水生产和供应业	30501.0			
电力、热力生产和供应业	30501.0			
燃气生产和供应业				
水的生产和供应业				

分县（市）区规模以上工业企业 R&D 活动基本情况

12—13　　（2016 年）　　计量单位：个

行政单位	企业数	# 有 R&D 活动单位数	# 有科技机构单位数
石家庄市	**2709**	**435**	**274**
市　区	1027	247	156
长安区	20	8	6
桥西区	10	5	5
新华区	14	7	4
裕华区	12	8	7
矿　区	45	7	5
藁城区	420	50	21
鹿泉区	199	52	30
栾城区	165	28	22
高新区	110	69	49
循环化工园区	29	11	6
井陉县	68	15	7
正定县	148	41	24
行唐县	87	5	7
灵寿县	69	9	6
高邑县	75	16	4
深泽县	92	7	5
赞皇县	67	10	6
无极县	115	6	5
平山县	24	4	2
元氏县	78	13	9
赵　县	112	16	15
晋州市	269	13	8
新乐市	173	23	10
辛集市	305	10	10

分县（市）区规模以上工业企业 R&D 活动人员情况

12—14　　　　（2016 年）　　　　计量单位：人

行政单位	R&D 人员合计	#1. 参加项目人员	2. 管理和服务人员	# 女性	# 研究人员	#1. 全时人员	2. 非全时人员
石家庄市	**29036**	**26452**	**2584**	**8550**	**9966**	**19610**	**9426**
市　区	21127	19557	1570	6445	7552	14774	6353
长安区	1262	1204	58	261	285	1062	200
桥西区	299	252	47	33	144	224	75
新华区	197	166	31	67	74	130	67
裕华区	417	384	33	113	146	294	123
矿　区	461	416	45	69	86	196	265
藁城区	1909	1789	120	442	456	1169	740
鹿泉区	3389	3177	212	1026	1100	2424	965
栾城区	2054	1877	177	643	824	1522	532
高新区	8448	7890	558	2482	3209	6221	2227
循环化工园区	929	893	36	500	302	518	411
井陉县	1112	823	289	399	270	585	527
正定县	1345	1246	99	352	494	944	401
行唐县	100	77	23	30	28	74	26
灵寿县	338	317	21	88	98	196	142
高邑县	248	239	9	102	104	187	61
深泽县	182	158	24	33	49	148	34
赞皇县	339	299	40	74	112	228	111
无极县	72	69	3	17	26	53	19
平山县	620	388	232	39	325	398	222
元氏县	1184	1068	116	180	344	649	535
赵　县	748	686	62	142	135	338	410
晋州市	346	326	20	124	133	297	49
新乐市	900	857	43	433	221	503	397
辛集市	375	342	33	92	75	236	139

分县（市）区规模以上工业企业 R&D 人员折合全时当量

12—15 （2016 年） 计量单位：人年

行政单位	R&D 人员折合全时当量合计	按活动类型分			
		# 研究人员	#1. 基础研究人员	2. 应用研究人员	3. 试验发展人员
石家庄市	**20746**	**7234**	**74**	**393**	**20279**
市 区	16108	5862	74	211	15821
长安区	785	180			785
桥西区	176	81			176
新华区	163	65			163
裕华区	309	103		50	259
矿 区	339	65		24	315
藁城区	1021	245		33	988
鹿泉区	2525	892		10	2516
栾城区	1654	674	60	48	1546
高新区	7121	2613	14	47	7060
循环化工园区	519	157			519
井陉县	745	166			745
正定县	1055	389		14	1041
行唐县	66	20			66
灵寿县	153	43			153
高邑县	130	53			130
深泽县	126	31			126
赞皇县	234	80			234
无极县	54	21			54
平山县	259	135		5	255
元氏县	563	147		132	432
赵 县	527	100		3	524
晋州市	148	50		9	138
新乐市	316	87		3	313
辛集市	262	50		16	247

分县（市）区规模以上工业企业 R&D 经费内部支出来源情况

12—16　　　　（2016 年）　　　　计量单位：万元

行政单位	R&D 经费内部支出合计	# 政府资金	# 企业资金	# 境外资金	# 其他资金
石家庄市	**715563.3**	**33731.9**	**672294.9**	**265.9**	**9270.6**
市　区	487272.9	29557.9	454205.5	265.9	3243.6
长安区	30821.6	304.1	30482.3		35.2
桥西区	5061.9	57.1	5004.8		
新华区	2029.8	38.3	1960.1		31.4
裕华区	7013.4	334.9	6226.2		452.3
矿　区	7211.3	427.0	6296.2		488.1
藁城区	44584.9	1341.3	42782.8		460.8
鹿泉区	94006.5	10503.5	82408.7		1094.3
栾城区	47772.8	3384.3	44058.6		329.9
高新区	187223.1	9836.6	177034.9		351.6
循环化工园区	13463.1	243.6	13219.5		
井陉县	13159.7	308.7	12636.5		214.5
正定县	41071.1	1235.8	39607.9		227.4
行唐县	1565.0	405.0	1160.0		
灵寿县	2708.1	20.0	2688.1		
高邑县	3113.4	170.9	2753.7		188.8
深泽县	3935.0	313.0	3622.0		
赞皇县	8003.0	75.0	6869.3		1058.7
无极县	5866.1	85.0	5781.1		
平山县	82439.1	45.0	82394.1		
元氏县	28435.6	339.5	28096.1		
赵　县	17992.4	885.0	13167.3		3940.1
晋州市	5019.5	230.0	4789.5		
新乐市	10545.3	61.1	10406.8		77.4
辛集市	4437.1		4117.0		320.1

分县（市）区规模以上工业企业 R&D 经费支出情况

12—17　　（2016 年）　　计量单位：万元

行政单位	R&D 经费内部支出合计	一、按活动类型分组			二、按支出用途分组		R&D 经费外部支出
		1. 基础研究	2. 应用研究	3. 试验发展	1. 经常费支出	2. 资产性支出	
石家庄市	**715563.3**	**1430.0**	**12957.6**	**701175.7**	**620238.8**	**95324.5**	**46216.7**
市　区	487272.9	1430.0	6716.0	479126.9	416620.3	70652.6	40470.6
长安区	30821.6			30821.6	30447.5	374.1	253.5
桥西区	5061.9			5061.9	4552.9	509.0	
新华区	2029.8			2029.8	1869.4	160.4	50.0
裕华区	7013.4		1267.0	5746.4	6745.2	268.2	294.0
矿　区	7211.3		550.0	6661.3	5466.8	1744.5	7.0
藁城区	44584.9		730.2	43854.7	42342.9	2242.0	337.0
鹿泉区	94006.5		661.5	93345.0	71975.2	22031.3	998.2
栾城区	47772.8	1371.4	2852.2	43549.2	43369.3	4403.5	6569.9
高新区	187223.1	58.6	655.1	186509.4	168186.1	19037.0	29263.9
循环化工园区	13463.1			13463.1	11162.2	2300.9	988.9
井陉县	13159.7			13159.7	12342.7	817.0	111.0
正定县	41071.1		303.0	40768.1	32665.3	8405.8	409.1
行唐县	1565.0			1565.0	1273.2	291.8	57.4
灵寿县	2708.1			2708.1	2526.8	181.3	31.9
高邑县	3113.4			3113.4	2393.1	720.3	56.0
深泽县	3935.0			3935.0	3105.5	829.5	43.0
赞皇县	8003.0			8003.0	4682.5	3320.5	614.7
无极县	5866.1			5866.1	5598.1	268.0	0.5
平山县	82439.1		132.2	82306.9	81050.9	1388.2	3116.2
元氏县	28435.6		4670.6	23765.0	27115.8	1319.8	683.7
赵　县	17992.4		224.5	17767.9	15337.8	2654.6	290.8
晋州市	5019.5		371.6	4647.9	3672.5	1347.0	135.0
新乐市	10545.3		42.1	10503.2	7815.8	2729.5	160.2
辛集市	4437.1		497.6	3939.5	4038.5	398.6	36.6

分县（市）区规模以上工业企业办科技机构情况

12—18　　（2016年）　　计量单位：个、人、万元

行政单位	机构数	机构人员合计	机构经费支出	机构内仪器和设备原价
石家庄市	**329**	**18821**	**402612.6**	**261142.3**
市　区	185	13600	274257.3	183813.5
长安区	7	763	17496.0	21004.8
桥西区	5	284	5629.5	7130.5
新华区	4	98	368.6	3708.5
裕华区	7	269	4723.0	7711.1
矿　区	7	365	4294.5	3414.0
藁城区	23	553	14994.4	7542.5
鹿泉区	41	2250	33270.7	25287.1
栾城区	23	1734	41709.7	33826.1
高新区	56	6448	127769.5	48188.3
循环化工园区	11	530	5351.4	11460.6
井陉县	7	405	8763.3	11072.7
正定县	28	939	23553.5	19137.6
行唐县	7	126	1073.3	928.8
灵寿县	7	192	1213.8	1180.7
高邑县	6	92	938.2	2312.0
深泽县	6	107	1165.0	5000.1
赞皇县	6	162	2444.2	3074.6
无极县	5	35	864.0	670.0
平山县	2	787	48743.0	4495.0
元氏县	17	1053	21295.7	9583.5
赵　县	21	360	8403.8	6043.3
晋州市	9	216	2688.0	1453.8
新乐市	12	305	3141.9	9072.4
辛集市	11	442	4067.6	3304.3

分县（市）区规模以上工业企业新产品项目情况

12—19 （2016 年） 计量单位：项、万元

行政单位	新产品开发项目数	新产品开发经费支出
石家庄市	**2329**	**686060.0**
市　区	1670	454153.7
长安区	113	32617.9
桥西区	42	5547.4
新华区	15	2218.4
裕华区	49	4906.4
矿　区	19	3899.4
藁城区	137	31261.2
鹿泉区	272	88565.2
栾城区	174	36379.6
高新区	649	185026.6
循环化工园区	100	13375.6
井陉县	97	12405.4
正定县	125	37665.0
行唐县	8	1917.9
灵寿县	45	2475.7
高邑县	10	1036.8
深泽县	8	2509.2
赞皇县	16	7652.6
无极县	11	5863.9
平山县	28	100708.1
元氏县	55	25069.6
赵　县	93	17313.4
晋州市	28	3889.0
新乐市	88	9219.2
辛集市	47	4180.5

分县（市）区规模以上工业企业科技活动产出情况

12—20 （2016 年） 计量单位：项、件、万元

行政单位	自主知识产权情况			新产品生产和销售情况	
	专利申请数	发明专利申请数	有效发明专利数	新产品产值	新产品销售收入
石家庄市	**2360**	**976**	**3433**	**7149315.8**	**7125957.9**
市　区	1753	738	2715	4119964.3	4168989.9
长安区	75	19	55	286617.7	289574.0
桥西区	16	7	41	33512.8	29512.8
新华区	11	0	2	10299.0	10169.0
裕华区	22	15	57	40174.1	40599.6
矿　区	14	9	22	64697.4	72072.4
藁城区	169	49	283	198955.4	206337.6
鹿泉区	333	108	458	581446.3	561371.5
栾城区	199	135	201	528206.1	525717.9
高新区	837	342	1228	1918526.4	1972082.5
循环化工园区	33	20	134	142529.1	144252.6
井陉县	61	15	62	117884.0	117534.6
正定县	151	56	130	309669.0	296663.1
行唐县	16	12	53	24270.5	24254.5
灵寿县	17	17	30	3785.2	13305.9
高邑县	25	1	59	14117.9	19171.3
深泽县	13	7	10	27433.6	29030.4
赞皇县	17	8	22	61344.4	43213.6
无极县	25	6	15	16294.7	16089.9
平山县	27	8	14	1604405.6	1564829.2
元氏县	73	34	114	415433.3	402186.0
赵　县	43	27	68	245866.5	248481.2
晋州市	41	22	50	55442.6	54945.0
新乐市	71	17	32	80020.9	73381.4
辛集市	27	8	59	53383.3	53881.9

分县（市）区规模以上工业企业技术改造和技术获取情况

12—21 （2016 年） 计量单位：万元

行政单位	技术改造经费支出	技术引进经费支出	消化吸收经费支出	购买国内技术经费支出
石家庄市	**176906.1**	**5280.3**	**7326.4**	**8459.1**
市 区	116241.0	5279.3	4418.4	6853.1
长安区	35170.2	21.9		
桥西区	523.0			
新华区	377.5			50.0
裕华区	1172.8			
矿 区	2588.0			
藁城区	3253.0			359.9
鹿泉区	7264.7	1430.0	196.7	
栾城区	2367.5			1203.6
高新区	9382.4	2795.0	2864.7	3846.6
循环化工园区	43214.9	337.0	277.0	48.0
井陉县	404.0	1.0	2903.0	
正定县	27513.4		5.0	56.0
行唐县	3031.7			
灵寿县	154.3			
高邑县	58.4			
深泽县	982.8			
赞皇县	80.0			1500.0
无极县				
平山县	25764.0			
元氏县	918.0			50.0
赵 县	1232.5			
晋州市				
新乐市	376.0			
辛集市	150.0			

分县（市）区财政科技经费支出情况

12—22　　（2016 年）　　计量单位：万元、%

行政单位	科学技术支出	科学技术支出占财政支出比重
石家庄市	**122300**	**1.64**
市　区	96324	2.17
长安区	1580	0.60
桥西区	1331	0.41
新华区	1602	0.80
裕华区	2735	1.49
矿　区	818	0.91
藁城区	3310	0.93
鹿泉区	4670	1.38
栾城区	2960	1.43
高新区	16108	7.20
循环化工园区	713	0.69
井陉县	1705	0.88
正定县	2286	0.66
行唐县	4629	2.07
灵寿县	380	0.20
高邑县	337	0.28
深泽县	1304	1.07
赞皇县	686	0.45
无极县	793	0.42
平山县	2416	0.75
元氏县	1232	0.65
赵　县	1073	0.49
晋州市	3158	1.39
新乐市	4870	2.25
辛集市	1107	0.35

文化、广播、电视事业基本情况

12—23 （2016年）

指标名称	计量单位	全市	指 标 名 称	计量单位	全市
一、艺术表演团体	个	20	总流通人次	人次	2409909
艺术表演团体人数	人	753	#书刊文献外借人次	人次	721654
本团原创首演剧目	台	4	书刊文献外借册次	册	1371841
演出场次	场	4422	为读者举办各种活动	次	731
#农村演出场次	场	3878	参加人数	人次	683700
演出观众人次	千人次	5339.2	本年新购藏量	册、件、套	158210
#农村观众人次	千人次	4357.5	公用房屋建筑面积	平方米	52897
二、艺术表演场馆	个	13	#书库	平方米	12117
艺术表演场馆人数	人	131	阅览室	平方米	15228
座席数	个	8603	#书刊阅览室	平方米	10448
演（映）出场次合计	场	6835	电子阅览室	平方米	3145
#艺术演出场次	场	55	阅览室座席数	个	4717
观众人次合计	千人次	144.68	#少儿阅览室座席数	个	1340
#艺术演出观众人次	千人次	29	四、群众艺术馆、文化馆	个	23
三、公共图书馆	个	24	群众艺术馆、文化馆人数	人	283
公共图书馆人数	人	210	举办展览个数	个	183
#高级职称	人	29	组织文艺活动次数	次	1373
中级职称	人	60	藏书	册	34600
藏书量	册、件、套	3507106	举办训练班班次	次	1112
#图书	册、件、套	2850882	组织各类理论研讨活动次数	次	1373
#古籍	册、件、套	164362	五、文化站	个	264
善本	册、件、套	1688	从业人员	人	503
报刊	册、件、套	336520	举办展览个数	个	538
视听文献、缩微制品	册、件、套	19920	组织文艺活动次数	次	4093
当年购买的报刊种类	种	3757	藏书量	册	838960
书架单层总长度	米	48473	计算机	台	883
累计发放有效借书证数	个	116652	举办训练班班次	次	1201

12—23 续表

（2016 年）

指标名称	计量单位	全　市	指 标 名 称	计量单位	全　市
六、广播节目套数	套	18	（二）按节目来源分		
全年公共广播节目播出时间	小时	118699.42	1. 转中央台	小时	5379.66
（一）按节目类型分			2. 转省级台	小时	3308.67
1. 新闻咨询	小时	10490.22	3. 自制作	小时	26699.2
2. 专题服务	小时	16726.03	# 首播	小时	10057.85
3. 综艺益智	小时	17181.8	4. 购买交换	小时	61088.87
4. 广播剧	小时	15963	八、广播综合覆盖率	%	99.4
5. 广告	小时	6935.37	# 中央广播节目覆盖率	%	99.01
6. 其他	小时	39325	省级广播节目覆盖率	%	99.17
（二）按节目来源分			地市级台覆盖率	%	96.41
1. 转中央台	小时	7758.5	县级台覆盖率	%	22.97
2. 转省级台	小时	11487.17	无线广播综合覆盖率	%	99.21
3. 转市级	小时	3427	# 中央广播覆盖率	%	98.82
4. 自制节目	小时	38886.25	电视综合覆盖率	%	99.38
5. 购买交换节目	小时	54803.5	# 中央台电视节目覆盖率	%	99.37
七、电视播出节目套数	套	27	省级电视节目覆盖率	%	97.87
全年公共电视节目播出时间	小时	138258.9	地市级台覆盖率	%	93.17
（一）按节目类型分			县级台覆盖率	%	63.8
1. 新闻资讯	小时	16309.84	无线电视综合覆盖率	%	97.72
2. 专题服务	小时	12489	# 中央电视覆盖率	%	97.20
3. 综艺益智	小时	10137.5	省级电视覆盖率	%	97.36
4. 影视剧	小时	83217.75	地市级台覆盖率	%	92.09
5. 广告	小时	6658.03	县级台覆盖率	%	61.21
6. 其他	小时	8529.78			

十三、体育　卫生　民政

全市体育事业基本情况

13—1

指标名称	计量单位	2016 年	指标名称	计量单位	2016 年
等级裁判员	人	105			
#男	人	79	健美操	人	
女	人	26	武术	人	4
等级运动员	人	391	国际象棋	人	
#男	人	257	中国象棋	人	
女	人	134	社会指导员	人	2000
#田径	人	163	#二级	人	2000
游泳	人	25	地市级群众现代体育项目活动		
举重	人	17	活动次数	次	24
拳击	人	9	活动人数	万人	80
柔道	人	4	#现代体育项目活动		
跆拳道	人	5	活动次数	次	16
射击	人	3	活动人数	万人	60
足球	人	47	民间传统体育活动		
篮球	人	30	活动次数	次	8
排球	人	3	活动人数	万人	20
乒乓球	人	21	本年度体质受监测人数	人	497
羽毛球	人	42	#体质监测达标人数	人	475

全市卫生机构、床位和人员情况

13—2　　（2016 年）　　计量单位：个、张、人

行业名称	机构个数	床位数	在岗职工	# 卫生技术人员	卫生技术人员中：			
					执业（助理）医师	注册护士	药师（士）	技师（士）
总　计	**6892**	**53357**	**92879**	**70593**	**31781**	**27749**	**3027**	**3464**
一、医院	205	41972	55694	46342	17978	21707	2045	2389
综合医院	123	29004	38539	32453	12405	15547	1320	1655
中医医院	32	5927	6628	5515	2481	2161	387	259
中西医结合医院	8	1735	2239	1884	800	793	84	117
民族医院								
专科医院	42	5306	8288	6490	2292	3206	254	358
口腔医院	3	89	341	282	138	104	5	8
眼科医院	5	240	467	324	158	109	23	12
耳鼻喉科医院								
肿瘤医院	2	100	62	48	19	14	8	5
心血管病医院								
胸科医院								
血液病医院								
妇产（科）医院	4	1017	2351	1741	553	889	44	141
儿童医院	1	928	1697	1485	487	864	42	43
精神病医院	8	880	742	595	195	286	26	29
传染病医院	1	757	747	614	193	325	31	36
皮肤病医院	2	50	79	53	17	25	5	4
结核病医院								
麻风病医院								
职业病医院	1	20	127	92	51	15	2	17
骨科医院	1	25	19	15	6	5	2	
康复医院	1	100	65	40	14	21	4	1
整形外科医院	1	20	55	48	21	24	1	2

13—2 续表 1　　（2016 年）　　计量单位：个、张、人

行业名称	机构个数	床位数	在岗职工	# 卫生技术人员	卫生技术人员中：执业（助理）医师	注册护士	药师（士）	技师（士）
美容医院	5	100	252	179	68	97	8	4
其他专科医院	7	980	1284	974	372	428	53	56
护理院								
二 . 基层医疗卫生机构	6554	9334	30410	19441	11937	4684	869	639
社区卫生服务中心 (站)	193	1613	3954	3529	1748	1269	208	160
社区卫生服务中心	48	1146	2118	1876	893	649	139	119
社区卫生服务站	145	467	1836	1653	855	620	69	41
卫生院	220	7601	6704	5782	3109	1052	273	364
街道卫生院								
乡镇卫生院	220	7601	6704	5782	3109	1052	273	364
中心卫生院	67	3250	2550	2124	1127	387	106	149
乡卫生院	153	4351	4154	3658	1982	665	167	215
村卫生室	3973		12302	2935	2748	187		
门诊部	61	120	1331	1119	543	375	66	73
综合门诊部	28	20	902	782	376	271	46	58
中医门诊部	16	60	204	161	85	35	11	6
中西医结合门诊部	2	6	35	27	12	9	3	3
民族医门诊部	1	3	13	9	5	2	1	1
专科门诊部	14	31	177	140	65	58	5	5
诊所 . 卫生所 . 医务室	2107		6119	6076	3789	1801	322	42
诊所	1869		5414	5380	3367	1626	269	31
卫生所、医务室	238		705	696	422	175	53	11
护理站								
三 . 专业公共卫生机构	118	2021	6308	4691	1828	1342	112	404
疾病预防控制中心	24		1405	929	463	23	13	133

13—2 续表 2　　（2016 年）　　计量单位：个、张、人

行业名称	机构个数	床位数	在岗职工	# 卫生技术人员	卫生技术人员中：			
					执业（助理）医师	注册护士	药师（士）	技师（士）
省属	1		496	284	156			
省辖市（地区）属	1		204	136	56	5	2	51
地辖市属	10		288	217	114	8	10	35
县属	12		417	292	137	10	1	47
其他								
专科疾病防治院（所、站）	3	660	1087	883	318	472	20	54
专科疾病防治院	2	620	1081	878	313	472	20	54
传染病防治院								
结核病防治院	1	600	1065	870	310	468	20	53
职业病防治院								
其他	1	20	16	8	3	4		1
专科疾病防治所（站、中心）	1	40	6	5	5			
口腔病防治所（站、中心）								
精神病防治所（站、中心）	1	40	6	5	5			
皮肤病与性病防治所(中心)								
结核病防治所（站、中心）								
职业病防治所（站、中心）								
地方病防治所（站、中心）								
血吸虫病防治所（站、中心）								
药物戒毒所（中心）								
其他								
健康教育所（站、中心）								
妇幼保健院（所、站）	25	1361	2553	2036	921	755	72	153
省属	1		64	34	20	7	3	4
省辖市（地区）属	1	450	1068	884	357	451	20	26

13—2 续表 3　　　　（2016 年）　　　　计量单位：个、张、人

行业名称	机构个数	床位数	在岗职工	# 卫生技术人员	卫生技术人员中：			
					执业（助理）医师	注册护士	药师（士）	技师（士）
地辖市属	12	372	553	434	232	92	14	60
县属	11	539	868	684	312	205	35	63
其他								
妇幼保健院	13	1302	2115	1716	752	678	57	121
妇幼保健所	3	30	181	118	58	38	5	9
妇幼保健站	9	29	257	202	111	39	10	23
生殖保健中心								
急救中心(站)	2		118	81	32	48		
采供血机构	1		171	103	20	30	4	45
卫生监督所(中心)	25		661	522				
省属	1		117	89				
省辖市(地区)属	1		102	82				
地辖市属	11		196	146				
县属	12		246	205				
其他								
计划生育技术服务机构	38		313	137	74	14	3	19
四.其他卫生机构	15	30	467	119	38	16	1	32
疗养院	1	30	40	22	10	10	1	1
卫生监督检验(监测、检测)所(站)	1		172	44	5			15
医学科学研究机构	1		48					0
医学在职培训机构								
临床检验中心（所、站）	1		25	12	1			11
统计信息中心								
其他	11		182	41	22	6		5

分县（市）区卫生机构、床位和人员情况

13—3　　　　（2016 年）　　　　计量单位：个、张、人

行政单位	机构个数	床位数	在岗职工				
			合计	卫生技术人员中			
				执业（助理）医师	注册护士	药师（士）	技师（士）
总　计	**6892**	**53357**	**92879**	**31781**	**27749**	**3027**	**3464**
长安区	392	9373	16540	5645	6195	575	747
桥西区	423	5752	10140	3642	3743	349	288
新华区	420	7170	13186	4504	5135	454	519
矿　区	62	703	764	284	250	37	38
裕华区	379	5453	10695	3790	3861	361	403
藁城区	260	1909	3572	1084	831	69	144
鹿泉区	326	1481	2849	1158	566	94	102
栾城区	278	1486	1784	730	394	32	49
井陉县	419	1037	2474	717	524	213	59
正定县	435	1944	2993	1468	477	87	106
行唐县	322	1426	2437	722	563	91	65
灵寿县	276	1239	1971	627	458	64	83
高邑县	143	615	704	251	126	18	39
深泽县	151	750	1370	441	267	50	60
赞皇县	223	1031	1113	359	234	33	47
无极县	244	1489	1916	571	342	42	67
平山县	545	1582	2897	868	702	61	127
元氏县	348	1620	3104	894	643	57	88
赵　县	294	2170	2951	918	496	69	98
辛集市	271	1275	2430	773	382	54	84
晋州市	198	1732	2654	825	699	87	117
新乐市	483	2120	4335	1510	861	130	134

优抚对象情况

13—4　　　　（2016 年）　　　　计量单位：人

行政单位	抚恤、补助优抚对象总人数	# 在院集中供养人数	定期抚恤人数	# 烈属	定期补助人数	伤残人员
石家庄市	**82244**	**43**	**1931**	**982**	**73797**	**6516**
市　区	21599	19	499	186	17911	3189
长安区	1737		61	19	1042	634
桥西区	1574		80	29	555	939
新华区	1377		46	13	731	600
裕华区	714		28	2	456	230
矿　区	183		8	4	149	26
藁城区	8001		127	46	7480	394
鹿泉区	3546		79	47	3302	165
栾城区	3087	19	46	17	2913	128
高新区	931		15	7	864	52
循环化工园区	449		9	2	419	21
井陉县	3492	17	114	82	3173	205
正定县	4286	7	58	24	4017	211
行唐县	5004		170	114	4515	319
灵寿县	3423		102	45	3072	249
高邑县	2287		283	199	1888	116
深泽县	2951		66	30	2733	152
赞皇县	2192		67	54	1993	132
无极县	5200		85	40	4804	311
平山县	4886		98	57	4549	239
元氏县	4095		66	30	3850	179
赵　县	5154		64	31	4838	252
晋州市	5719		60	14	5377	282
新乐市	4836		97	37	4431	308
辛集市	7120		102	39	6646	372

婚姻登记情况

13—5　　（2016 年）　　计量单位：对、人

行政单位	登记结婚件　　数	登记结婚人　　数				离婚登记
			初婚人数	再婚人数	#女性	
石家庄市	**84470**	**168940**	**138510**	**30430**	**16141**	**24233**
市　　区	36474	72948	56060	16888	8429	12367
长安区	5629	11258	8286	2972	1423	2298
桥西区	6755	13510	10421	3089	1466	2397
新华区	4399	8798	6363	2435	1156	1828
裕华区	3677	7354	5364	1990	898	1570
矿　　区	634	1268	1010	258	140	156
藁城区	7105	14210	11116	3094	1715	2006
鹿泉区	3509	7018	5544	1474	793	946
栾城区	3426	6852	5840	1012	560	747
高新区	1340	2680	2116	564	278	419
循环化工园区						
井陉县	2400	4800	3942	858	485	709
正定县	4057	8114	6311	1803	971	1040
行唐县	3015	6030	5131	899	588	853
灵寿县	2422	4844	4844			606
高邑县	1278	2556	2204	352	203	251
深泽县	2106	4212	3378	834	491	617
赞皇县	2098	4196	3926	270	114	467
无极县	4401	8802	7329	1473	848	1052
平山县	3370	6740	5322	1418	801	1149
元氏县	4055	8110	7770	340	170	719
赵　　县	5504	11008	9345	1663	970	986
晋州市	4446	8892	7050	1842	1080	1241
新乐市	4735	9470	9470			1028
辛集市	4109	8218	6428	1790	991	1148

城镇低保情况

13—6　　　　（2016 年）　　　　计量单位：人、户

行政单位	城市居民最低生活保障人数	城市居民最低生活保障人中:					城市居民最低生活保障家庭数
		女性	残疾人	成年人	老年人	登记失业人员	
石家庄市	**27500**	**10663**	**6577**	**18236**	**3502**	**3081**	**17094**
#市　区	13205	5377	5302	8497	2204	626	9287
长安区	3729	1645	2225	2438	858	90	2984
桥西区	3051	1297	1249	2257	292	163	2177
新华区	2271	580	667	1348	301	164	1662
裕华区	1116	491	532	755	155	77	822
矿　区	1271	576	273	669	296	46	670
藁城区	837	412	119	486	82	16	384
鹿泉区	206	89	45	96	71	17	129
栾城区	335	163	57	231	37	52	183
高新区	387	124	135	216	112		274
循环化工园区	2			1		1	2
井陉县	312	102	50	204	12	6	187
正定县	387	126	70	266	33	45	236
行唐县	1443	543	25	903	119	94	648
灵寿县	693	134	53	560	34	91	314
高邑县	1591	677	71	1150	44	435	1006
深泽县	380	148	47	250	42	8	267
赞皇县	534	184	42	314	19	45	277
无极县	1624	605	123	1016	116	55	919
平山县	1203	288	42	973	35	874	629
元氏县	540	211	40	230	106	27	331
赵　县	3778	1825	449	2723	153	429	1770
晋州市	240	72	78	187	30		177
新乐市	341	57	47	243	52	69	179
辛集市	1229	314	138	720	503	277	867

农村低保、救济情况

13—7　　　　（2016 年）　　　　计量单位：人、户

行政单位	农村居民最低生活保障人数	# 女性	老年人	未成年人	残疾人	农村居民最低生活保障家庭数
石家庄市	**152439**	**45381**	**56400**	**14393**	**30507**	**102168**
市　区	21839	8795	6195	3600	5476	11073
长安区						
桥西区						
新华区						
裕华区						
矿　区						
藁城区	12224	5738	2789	2260	3335	5449
鹿泉区	3225	388	1257	292	300	1921
栾城区	5612	2306	1946	936	1552	3300
高新区						
循环化工园区	778	363	203	112	289	403
井陉县	6899	2341	2198	687	2551	4628
正定县	8070	3576	2423	1228	3194	4780
行唐县	11228	3930	3772	1961	1515	6290
灵寿县	7656	1606	1049	659	2981	5128
高邑县	6327	1001	5753	224	176	4394
深泽县	3795	1763	1930	205	920	3062
赞皇县	9160	3229	4529	790	882	6888
无极县	11461	1598	4172	1136	799	8305
平山县	15704	4511	1141	1924	1418	7633
元氏县	7793	852	159	21	402	6320
赵　县	15511	6331	7971	715	3153	13483
晋州市	11106	2916	6530	385	3779	8331
新乐市	6151	909	2728	591	1234	3086
辛集市	9739	2023	5850	267	2027	8767

农村五保、医疗救助情况

13—8　　（2016 年）　　计量单位：人

行政单位	农村分散五保供养人数	#女性	老年人	未成年人	残疾人	城乡民政部门医疗救助人数
石家庄市	**14767**	**1770**	**16923**	**448**	**3246**	**38207**
市　区	1975	218	2302	44	692	9895
长安区						595
桥西区						3364
新华区						304
裕华区						371
矿　区						188
藁城区	1064	116	1150	29	312	875
鹿泉区	510	39	602	12	282	211
栾城区	378	63	524	3	95	3535
高新区						270
循环化工园区	23		26		3	182
井陉县	632	31	834	1	100	2319
正定县	805	69	776	8	195	6423
行唐县	747	69	1009	31	386	619
灵寿县	1834	119	2019	1	104	629
高邑县	551	76	547	27	124	267
深泽县	606	44	652	1	10	111
赞皇县	752	53	1031	10	50	1152
无极县	1121	90	1014	20	408	3708
平山县	1018	72	2250	2	114	1353
元氏县	654	314	537	254	303	2592
赵　县	1091	91	970	15	283	2338
晋州市	926	166	999	4	88	658
新乐市	657	108	729	2	37	3989
辛集市	1398	250	1254	28	352	2154

附录　1996-2016 年 分县（市）区主要经济指标

1996—2016 年分县（市）区生产总值（一）

14—1　　计量单位：万元、%

行政单位	1996 年	增长速度	1997 年	增长速度	1998 年	增长速度
全　市	**6429851**	**14.8**	**7600562**	**14.9**	**8174848**	**12.8**
市　区	2521454	12.8	2997157	13.9	3275923	13.1
# 长安区	44408		53988		60038	
桥东区	50940		59731		51329	
桥西区	44033		52451		59673	
新华区	68273		78289		85956	
裕华区	589138		727786		807986	
矿　区	35302		42615		47282	
井陉县	144462	17.8	201451	23.8	227504	16.4
正定县	437989	24.9	557005	19.6	612692	14.5
栾城县	265496	29.7	338556	20.9	378361	15.2
行唐县	138384	28.4	168599	21.5	183101	15.2
灵寿县	106942	27.8	142761	19.6	159174	16.4
高邑县	95770	22.0	119380	17.4	133212	16.4
深泽县	87023	18.1	105199	15.1	117933	15.5
赞皇县	79647	10.9	88140	3.5	100071	12.6
无极县	243655	15.9	282096	13.1	309906	14.1
平山县	164802	5.0	228560	34.7	259975	15.9
元氏县	201086	19.5	228753	12.8	254499	17.5
赵　县	281773	23.8	331254	15.1	366343	14.5
藁城市	583911	23.5	716142	17.2	785520	14.5
晋州市	369743	19.9	426993	17.1	465353	14.1
新乐市	354891	14.9	415478	16.7	454835	14.4
鹿泉市	391089	16.6	474686	16.0	517619	12.6
辛集市	551901	15.0	578233	12.3	614570	12.4
17 县（市）合计	4498564		5403286		5940668	
23 县（市）区合计	5340819		6418146		7052932	

注：1. 根据 2006 年第二次全国农业普查数据和 2008 年第二次全国经济普查数据，各县（市）对 1996-2007 年数据进行了修订，市内 5 区对 2001-2007 年数据进行了修订。2.2001 年市内 5 区及正定、栾城区划变动，撤销郊区，成立裕华区。2000 年及以前年度裕华区、正定、栾城为原区划数据。3.1996-2004 年市内各区地区生产总值核算范围为区属及以下单位。

1996—2016 年分县（市）区生产总值（二）

14—1 续 1　　计量单位：万元、%

行政单位	1999 年	增长速度	2000 年	增长速度	2001 年	增长速度
全　市	**8720547**	**9.8**	**9625186**	**9.8**	**10555803**	**8.5**
市　区	3600017	11.5	4177309	11.2	4628203	11.1
# 长安区	66666		75288		202601	8.9
桥东区	56728		61582		144551	8.1
桥西区	63914		69968		138756	8.1
新华区	94743		105603		235597	9.0
裕华区	872857		1000268		267596	8.8
矿　区	51669		56949		61334	8.3
井陉县	244042	10.5	270086	10.6	281278	5.2
正定县	654957	10.6	705866	6.9	485191	1.8
栾城县	417762	13.2	469331	12.3	384892	9.4
行唐县	199672	11.8	228367	12.6	239334	9.3
灵寿县	168444	7.0	179403	7.5	187687	5.7
高邑县	145694	12.4	159668	12.9	165086	5.5
深泽县	129073	12.8	142214	10.2	154854	8.4
赞皇县	105056	7.3	116432	7.9	125753	8.9
无极县	325730	7.9	320512	2.8	343973	9.1
平山县	285302	11.1	299063	5.1	324227	7.9
元氏县	279439	14.2	303214	10.0	324941	7.7
赵　县	377243	5.1	375514	5.7	374750	0.5
藁城市	851286	10.8	803411	–8.1	853030	7.9
晋州市	501191	10.5	518297	4.5	529080	2.7
新乐市	489673	10.8	506341	1.7	461039	–8.5
鹿泉市	547002	9.6	602377	7.5	639883	7.0
辛集市	645090	9.8	671180	–6.8	713038	6.6
17 县（市）合计	6366656		6671276		6588036	
23 县（市）区合计	7573233		8040934		7638471	

1996—2016 年分县（市）区生产总值（三）

14—1 续 2　　计量单位：万元、%

行政单位	2002 年	增长速度	2003 年	增长速度	2004 年	增长速度
全　市	**11646487**	**9.2**	**13245121**	**11.1**	**15111521**	**13.3**
市　区	5101126	11.6	5917839	14.3	6920174	16.2
#长安区	223879	10.8	268048	15.6	333431	16.4
桥东区	159799	10.8	178134	8.8	219691	16.2
桥西区	152926	10.5	178476	13.8	218356	16.1
新华区	256906	9.2	301402	14.8	373722	16.1
裕华区	295780	11.0	351974	15.3	434444	14.0
矿　区	69709	10.8	83612	16.1	102317	19.1
井陉县	299026	6.6	338246	11.2	410286	14.1
正定县	524301	8.5	582029	10.1	685094	13.7
栾城县	420007	9.1	494660	13.3	586254	13.1
行唐县	256612	8.7	302924	9.3	350751	9.9
灵寿县	196369	6.0	221014	9.3	261846	10.5
高邑县	176377	6.2	189325	9.1	217629	1.2
深泽县	169244	9.2	185923	11.7	223408	11.7
赞皇县	130838	8.4	156024	13.7	196231	15.2
无极县	372618	8.4	429484	11.1	527100	14.8
平山县	353048	8.4	406292	12.3	485335	14.5
元氏县	354808	9.1	408336	11.4	494458	11.1
赵　县	390697	4.6	430271	6.3	507045	7.9
藁城市	909407	6.9	1044840	9.5	1211513	15.8
晋州市	549387	4.3	561690	4.4	637937	9.4
新乐市	485539	5.3	528631	10.2	606477	9.8
鹿泉市	684868	7.2	771802	10.1	917697	11.2
辛集市	767745	8.0	832771	11.8	997346	14.5
17 县（市）合计	7040891		7884262		9316417	
23 县（市）区合计	8199890		9245908		11172733	

1996—2016 年分县（市）区生产总值（四）

14—1 续 3　　　　计量单位：万元、%

行政单位	2005 年	增长速度	2006 年	增长速度	2007 年	增长速度
全　　市	**16715015**	**13.8**	**19025186**	**13.4**	**22688440**	**13.2**
市　　区	7282180	15.5	8046943	10.1	9473325	12.8
#长安区	918930	8.3	1192640	7.9	1422595	10.1
桥东区	524238	16.6	653268	12.5	738846	13.1
桥西区	1074581	16.6	1223966	12.7	1394466	12.3
新华区	713854	16.3	758529	11.6	894220	12.1
裕华区	666033	16.9	754310	12.4	830007	7.8
矿　区	140798	17.6	163757	14.6	200595	16.0
井陉县	431546	16.4	528062	16.2	641417	16.3
正定县	776787	13.8	883830	14.5	1070209	12.0
栾城县	660918	13.1	757107	14.1	912290	12.3
行唐县	397789	12.0	463370	13.4	577646	14.9
灵寿县	294631	14.0	345372	14.3	430363	13.6
高邑县	220077	11.3	264897	11.6	297856	5.7
深泽县	250704	12.1	287636	15.0	352666	14.0
赞皇县	231485	15.5	266869	15.2	332250	13.0
无极县	558893	13.0	645031	14.3	798095	14.3
平山县	720519	16.3	804544	13.2	1067155	18.2
元氏县	485720	13.4	615420	13.3	741386	12.4
赵　县	564118	13.5	662771	15.6	820509	14.7
藁城市	1335889	13.6	1615344	14.2	2011255	15.0
晋州市	683154	12.5	803486	14.8	993360	14.9
新乐市	688462	14.0	773552	10.4	915728	12.5
鹿泉市	1018116	14.1	1223898	14.2	1479374	14.7
辛集市	1151241	12.1	1365551	14.3	1663591	13.4
17 县（市）合计	10470049		12306740		15105150	
23 县（市）区合计	14508483		17053210		20585879	

1996—2016 年分县（市）区生产总值（五）

14—1 续 4　　　　计量单位：万元、%

行政单位	2008 年	增长速度	2009 年	增长速度	2010 年	增长速度
全　市	**27235531**	**11.0**	**30012797**	**11.1**	**34010186**	**12.2**
市　区	10022951	8.7	10821265	8.1	12397815	12.9
# 长安区	1468445	3.5	1500089	8.1	1741372	11.9
桥东区	821597	11.2	903681	11.2	1040954	13.6
桥西区	1664362	11.6	1799882	12.2	2115286	15.0
新华区	975993	-2.0	1066907	10.2	1231631	12.0
裕华区	1017755	11.2	1085661	11.0	1141929	12.1
矿　区	240146	12.5	273288	11.3	357661	14.9
井陉县	806323	11.4	1001942	12.7	1050009	11.8
正定县	1264670	13.2	1405160	12.9	1696041	12.0
栾城县	1020385	11.5	1150322	11.5	1194625	12.5
行唐县	736713	13.5	850273	12.1	879739	13.6
灵寿县	529796	14.5	593343	11.3	664665	14.0
高邑县	332031	8.3	364445	11.8	408798	14.4
深泽县	444365	13.5	477173	11.3	542272	11.7
赞皇县	412012	12.4	448948	12.5	547670	13.8
无极县	914041	6.9	1005152	9.7	1147490	11.6
平山县	1350971	9.3	1410593	12.6	1560146	13.0
元氏县	811388	10.3	883002	11.4	1021089	13.4
赵　县	1000231	13.0	1114420	11.0	1360688	12.3
藁城市	2256309	12.0	2614310	10.3	3140236	12.0
晋州市	1196769	10.8	1290925	11.2	1421442	13.0
新乐市	1056039	10.7	1117822	11.1	1242114	11.7
鹿泉市	1759162	12.4	1908215	11.8	2085460	12.4
辛集市	1840135	11.2	2067005	11.0	2541378	13.2
17 县（市）合计	17731340		19703050		22503862	
23 县（市）区合计	23919638		26332558		30132695	

1996—2016 年分县（市）区生产总值（六）

14—1 续 5 计量单位：万元、%

行政单位	2011 年	增长速度	2012 年	增长速度	2013 年	增长速度
全　市	**40826833**	**12.0**	**45002098**	**10.4**	**49136576**	**9.4**
市　区	14699610	12.5	15735386	10.6	17044127	9.8
# 长安区	1943439	11.0	2114912	8.4	2359864	9.0
桥东区	1241067	13.8	1408792	10.6	1583538	10.0
桥西区	2494148	14.0	2436226	10.5	2743921	10.1
新华区	1468232	13.9	1643986	10.4	1929610	10.3
裕华区	1341768	13.7	1468770	10.5	1720015	9.3
矿　区	509164	12.4	712579	8.5	723103	4.3
高新区			1292270	14.6	1579158	12.2
循环化工园区					428476	
井陉县	1201654	12.7	1300798	9.1	1361673	8.1
正定县	1980979	8.7	2194772	9.1	2326020	8.1
栾城县	1446088	12.3	1553495	9.6	1773819	9.1
行唐县	921466	12.6	1050820	10.3	1122732	10.4
灵寿县	727978	11.5	787652	9.0	867700	10.1
高邑县	545686	12.7	630161	12.0	721630	9.7
深泽县	677857	12.6	760826	11.6	869737	10.5
赞皇县	701028	12.8	773585	11.8	916437	10.3
无极县	1321149	11.8	1400964	12.2	1526788	9.3
平山县	1927428	10.6	2052263	4.1	2070216	10.1
元氏县	1278985	12.2	1483105	10.5	1619742	10.0
赵　县	1627153	11.6	1756820	10.2	1892062	8.1
藁城市	3905029	11.9	4753244	11.0	4788239	10.0
晋州市	1779161	12.6	2009307	12.0	2291967	10.3
新乐市	1431748	11.5	1560814	10.4	1722538	8.6
鹿泉市	2614124	12.4	2900051	5.8	3200581	9.3
辛集市	3181873	11.9	3415778	8.9	3635419	8.5
17 县（市）合计	27269386		30384455		33135776	
23 县（市）区合计	36267204		41461990		45774985	

注：2013 年为三经普修订后数据，其中，长安区、桥东区和桥西区为原区划年报数据，市区为原市区口径。

1996—2016 年分县（市）区生产总值（七）

14—1 续 6 计量单位：万元、%

行政单位	2014 年	增长速度	2015 年	增长速度	2016 年	增长速度
全　　市	**51702653**	**7.9**	**54405988**	**7.5**	**59277293**	**6.8**
市　　区	27347365	8.2	29098110	8.2	32148250	7.3
# 长安区	3610583	7.0	3908594	8.1	4319495	8.0
桥西区	4004116	7.4	4330840	8.0	4744595	8.2
新华区	2088439	7.1	2235778	8.2	2470193	8.4
裕华区	1794213	7.5	1950189	8.2	2182276	8.0
矿　区	638187	-9.5	604926	7.1	554048	3.4
藁城区	5304001	9.1	5778086	7.1	6096636	6.0
鹿泉区	3414431	8.6	3559996	7.1	3679455	6.4
栾城区	1939363	9.0	2078493	7.6	2177970	7.0
高新区	1810327	12.0	1964053	7.5	2193517	7.6
循环化工园区	394483	-7.0	511864	52.2	1360780	4.4
井陉县	1436280	4.8	1445280	6.1	1506926	3.2
正定县	2526705	8.9	2763915	7.6	2927014	7.0
行唐县	1219104	9.5	1300805	7.2	1336533	3.2
灵寿县	884699	4.5	932429	6.7	899756	3.2
高邑县	773031	9.1	830105	7.2	881952	6.5
深泽县	944413	9.5	1015715	7.4	1079534	6.6
赞皇县	962588	5.1	955885	5.3	977766	6.1
无极县	1684163	9.7	1823977	7.5	1965162	6.7
平山县	2122834	4.9	1877815	6.0	2085091	6.8
元氏县	1711000	7.4	1801611	7.4	2001614	6.9
赵　县	1963067	7.3	2029402	7.3	2127267	6.0
晋州市	2546152	9.6	2767978	7.7	3004688	6.7
新乐市	1821923	7.9	1901622	7.6	2079912	6.6
辛集市	3759329	6.6	3861339	6.2	4255828	7.0
14 县（市）合计	24355288		25307878		27129043	
24 县（市）区合计	49353431		52230697		56908008	

注：2014 年为三经普修订后数据，其中年长安区、桥西区为新区划口径，市区为新口径，藁城区、栾城区和鹿泉区并入市区。

1995—2016 年分县（市）区全社会固定资产投资（一）

14—2　　计量单位：万元、%

行政单位	1995 年	1996 年	增长速度	1997 年	增长速度	1998 年	增长速度
全　市	**1951005**	**2404345**	**23.24**	**2981487**	**24.00**	**3388169**	**13.64**
市　区	1032539	1196987	15.93	1496487	25.02	1685405	12.62
#长安区	20223	25200	24.61	33569	33.21	32706	-2.57
桥东区	6689	17968	168.62	23161	28.90	19085	-17.60
桥西区	4343	5333	22.80	8726	63.62	16010	83.47
新华区	39430	32529	-17.50	29309	-9.90	34529	17.81
裕华区	24958	131512	426.93	183720	39.70	201246	9.54
矿　区	10754	10768	0.13	13091	21.57	13132	0.31
高新区						151535	
井陉县	28456	48551	70.62	62196	28.10	64139	3.12
正定县	117448	136197	15.96	157076	15.33	163363	4.00
栾城县	41310	57566	39.35	75491	31.14	92172	22.10
行唐县	27989	33648	20.22	50342	49.61	60301	19.78
灵寿县	23857	31386	31.56	46096	46.87	53195	15.40
高邑县	30924	37977	22.81	44708	17.72	47911	7.16
深泽县	19005	20627	8.53	27396	32.82	41290	50.72
赞皇县	17831	24398	36.83	44855	83.85	51013	13.73
无极县	28645	34954	22.02	48697	39.32	50118	2.92
平山县	45025	51959	15.40	69583	33.92	80296	15.40
元氏县	35986	48771	35.53	64216	31.67	70585	9.92
赵　县	37759	53613	41.99	55142	2.85	71501	29.67
藁城市	106922	173559	62.32	200919	15.76	243720	21.30
晋州市	63817	91103	42.76	111021	21.86	123412	11.16
新乐市	75614	88100	16.51	107030	21.49	125006	16.80
鹿泉市	97441	130472	33.90	160038	22.66	191920	19.92
辛集市	120437	144477	19.96	160194	10.88	172822	7.88

注：2000 年以前年度市内各区全社会固定资产投资统计范围为区属及以下单位，2000 年及以后年度为各区行政区划内所有单位。自 2011 年起投资统计起点由 50 万元提高到 500 万元。

1995—2016 年分县（市）区全社会固定资产投资（二）

14—2 续 1 计量单位：万元、%

行政单位	1999 年	增长速度	2000 年	增长速度	2001 年	增长速度
全　市	**3654000**	**7.85**	**3619406**	**-0.95**	**3808763**	**5.23**
市　区	1693000	0.45	1617379	-4.47	1709161	5.67
# 长安区	36280	10.93	436525	1103.2	483590	10.78
桥东区	24548	28.62	341679	1291.9	339622	-0.60
桥西区	21099	31.79	191453	807.40	241500	26.14
新华区	32668	-5.39	178725	447.10	243422	36.20
裕华区	220871	9.75	279839	26.70	221038	-21.01
矿　区	14594	11.13	15698	7.56	20623	31.37
高新区			98757		128005	29.62
井陉县	70000	9.14	81064	15.81	75037	-7.43
正定县	214000	31.00	15994	-92.53	153648	860.66
栾城县	116000	25.85	142712	23.03	133376	-6.54
行唐县	67000	11.11	74149	10.67	76246	2.83
灵寿县	65000	22.19	64461	-0.83	64515	0.08
高邑县	56000	16.88	60477	7.99	64482	6.62
深泽县	49000	18.67	44771	-8.63	46381	3.60
赞皇县	49000	-3.95	66195	35.09	65582	-0.93
无极县	57000	13.73	60683	6.46	77306	27.39
平山县	100000	24.54	103192	3.19	119617	15.92
元氏县	81000	14.76	80049	-1.17	95188	18.91
赵　县	83000	16.08	91777	10.57	97459	6.19
藁城市	249000	2.17	255984	2.80	269692	5.36
晋州市	139000	12.63	136663	-1.68	167882	22.84
新乐市	152000	21.59	149835	-1.42	139683	-6.78
鹿泉市	217000	13.07	209158	-3.61	251699	20.34
辛集市	197000	13.99	196000	-0.51	201809	2.96

1995—2016 年分县（市）区全社会固定资产投资（三）

14—2 续 2　　计量单位：万元、%

行政单位	2002 年	增长速度	2003 年	增长速度	2004 年	增长速度
全　市	**4093686**	**7.48**	**5349800**	**30.68**	**7058091**	**31.93**
市　区	1849521	8.21	2336448	26.33	3236648	38.53
#长安区	486618	0.63	581495	19.50	735097	26.42
桥东区	361390	6.41	290339	-19.66	461410	58.92
桥西区	255743	5.90	379839	48.52	525002	38.22
新华区	309961	27.33	427800	38.02	553389	29.36
裕华区	266972	20.78	473571	77.39	707898	49.48
矿　区	13938	-32.42	27970	100.67	51624	84.57
高新区	148011	15.63	155434	5.02	202228	30.11
井陉县	84176	12.18	139364	65.56	188475	35.24
正定县	169132	10.08	227051	34.24	312636	37.69
栾城县	144280	8.18	192304	33.29	264912	37.76
行唐县	82198	7.81	122164	48.62	168167	37.66
灵寿县	67699	4.94	104077	53.73	143219	37.61
高邑县	68146	5.68	84006	23.27	117333	39.67
深泽县	47571	2.57	76529	60.87	79140	3.41
赞皇县	55544	-15.31	84064	51.35	115653	37.58
无极县	81773	5.78	114778	40.36	139862	21.85
平山县	144180	20.53	206524	43.24	249174	20.65
元氏县	107795	13.24	149703	38.88	226839	51.53
赵　县	106011	8.77	182796	72.43	216376	18.37
藁城市	286414	6.20	316842	10.62	382984	20.88
晋州市	175319	4.43	230668	31.57	272680	18.21
新乐市	160033	14.57	233495	45.90	309874	32.71
鹿泉市	272620	8.31	308151	13.03	332957	8.05
辛集市	191274	-5.22	240836	25.91	301162	25.05

1995—2016 年分县（市）区全社会固定资产投资（四）

14—2 续 3 计量单位：万元、%

行政单位	2005 年	增长速度	2006 年	增长速度	2007 年	增长速度
全　市	**9290289**	**31.63**	**10968268**	**18.06**	**13901235**	**26.82**
市　区	4284088	32.36	5026539	17.33	5878796	17.11
#长安区	928269	26.28	769447	-17.11	1035143	34.53
桥东区	675332	46.36	867367	28.44	1077663	24.25
桥西区	696763	32.72	875884	25.71	870603	-0.60
新华区	710154	28.33	922258	29.87	1136336	23.21
裕华区	958989	35.47	1192987	24.40	1231584	4.11
矿　区	72889	41.19	94141	29.16	142937	46.96
高新区	241946	19.64	305212	26.15	384530	25.99
井陉县	303147	60.84	404996	33.60	561582	38.66
正定县	325003	3.96	366086	12.64	510373	39.41
栾城县	357366	34.90	402653	12.67	498822	23.88
行唐县	240548	43.04	285386	18.64	400589	40.37
灵寿县	221988	55.00	303107	36.54	474348	56.50
高邑县	144094	22.81	157326	9.18	178150	13.24
深泽县	96534	21.98	117664	21.89	165369	40.54
赞皇县	165859	43.41	194153	17.06	353080	81.86
无极县	175310	25.34	229676	31.01	338651	47.45
平山县	339890	36.41	394227	15.99	335194	-14.97
元氏县	281452	24.08	325503	15.65	541842	66.46
赵　县	292035	34.97	329417	12.80	416364	26.39
藁城市	497644	29.94	609568	22.49	804138	31.92
晋州市	348829	27.93	407311	16.77	534150	31.14
新乐市	386200	24.63	436727	13.08	536084	22.75
鹿泉市	431322	29.54	525378	21.81	675329	28.54
辛集市	398724	32.40	451794	13.31	698374	54.58

1995—2016 年分县（市）区全社会固定资产投资（五）

14—2 续 4　　计量单位：万元、%

行政单位	2008 年	增长速度	2009 年	增长速度	2010 年	增长速度
全　市	**17242334**	**24.03**	**24363602**	**41.30**	**29579966**	**21.40**
市　区	6893777	17.27	9642048	39.87	11926594	23.69
#长安区	1269342	22.62	1752619	38.07	2141700	22.20
桥东区	1192978	10.70	1688780	41.56	2077199	23.00
桥西区	1047342	20.30	1596309	52.42	1965056	23.10
新华区	1299784	14.38	1714311	31.89	2094888	22.20
裕华区	1435136	16.53	1966002	36.99	2215612	21.50
矿　区	186578	30.53	265681	42.40	334188	25.79
高新区	462617	20.31	658346	42.31	1097951	26.15
井陉县	820668	46.14	1203437	46.64	1478696	22.87
正定县	694877	36.15	975116	40.33	1238041	26.96
栾城县	592204	18.72	854531	44.30	954894	21.65
行唐县	533417	33.16	764998	43.41	950213	24.21
灵寿县	700542	47.69	985592	40.69	632039	–35.87
高邑县	202538	13.69	282454	39.46	351994	24.62
深泽县	215427	30.27	294716	36.81	365150	23.90
赞皇县	449608	27.34	643462	43.12	815226	26.69
无极县	421306	24.41	616967	46.44	773069	25.30
平山县	585943	74.81	768064	31.08	977739	27.30
元氏县	669532	23.57	890503	33.00	1020913	14.64
赵　县	475415	14.18	701713	47.60	872221	24.30
藁城市	938381	16.69	1351537	44.03	1727410	27.81
晋州市	682029	27.68	994825	45.86	1243694	25.02
新乐市	735714	37.24	1028408	39.78	1254122	21.95
鹿泉市	826589	22.40	1229101	48.70	1566241	27.43
辛集市	804367	15.18	1136130	41.25	1431710	26.02

1995—2016 年分县（市）区全社会固定资产投资（六）

14—2 续 5　　计量单位：万元、%

行政单位	2011 年	增长速度	2012 年	增长速度	2013 年	增长速度
全　市	**31011626**	**26.5**	**37286458**	**20.0**	**44002079**	**18.0**
市　区	13472206	29.9	16155584	20.1	19648835	21.6
# 长安区	2345558	26.4	2756678	19.6	3297429	20.0
桥东区	2386581	31.6	2863006	19.0	3287946	20.0
桥西区	2401015	38.9	2909056	21.2	3472343	20.1
新华区	2202962	19.5	2630745	19.4	3166029	20.3
裕华区	2617635	34.3	3121798	19.3	3475663	11.3
矿　区	343203	27.3	426655	24.3	520500	22.0
高新区	1175252	29.0	1447646	23.2	1779927	23.0
循环化工园区					648998	7.4
井陉县	1368000	26.5	1616739	18.2	1958055	21.1
正定县	1294000	25.7	1565662	21.0	1857856	18.7
栾城县	1034420	28.9	1242447	20.2	1481874	19.3
行唐县	852000	29.5	1001322	17.5	1190838	18.9
灵寿县	564000	28.2	680579	20.7	820483	20.6
高邑县	352000	34.2	435908	23.8	535255	22.8
深泽县	377000	31.1	461678	22.5	556501	20.5
赞皇县	716000	26.8	863155	20.6	1047879	21.4
无极县	677000	28.9	818212	20.9	966385	18.1
平山县	1076000	36.7	1294993	20.4	1543867	19.2
元氏县	1057000	27.7	1282056	21.3	1467280	14.4
赵　县	792000	25.3	918833	16.0	1109431	20.7
藁城市	1786000	27.8	2232545	19.8	1944977	19.4
晋州市	1279000	33.2	1540043	20.4	1865142	21.1
新乐市	1125000	15.3	1341807	19.3	1627214	21.3
鹿泉市	1727000	26.3	2108060	22.1	2540700	20.5
辛集市	1463000	25.9	1726835	18.0	1839507	6.5

1995—2016 年分县（市）区全社会固定资产投资（七）

14—2 续 6 计量单位：万元、%

行政单位	2014 年	增长速度	2015 年	增长速度	2016 年	增长速度
全　市	**51095232**	**16.1**	**57274936**	**12.1**	**59575769**	**4.0**
市　区	29468312		32754787	11.2	31567371	-3.6
#长安区	5503548	11.0	5835542	6.0	4728729	-19.0
桥西区	5700609	12.0	6082994	6.7	4927007	-19.0
新华区	3698049	16.8	3959663	7.1	3477245	-12.2
裕华区	4013056	15.5	4367252	8.8	4084424	-6.5
矿　区	635178	22.0	783571	23.4	832182	6.2
藁城区	2294375	18.0	2716357	18.4	3058417	12.6
鹿泉区	2987226	17.6	3499805	17.2	3677888	5.1
栾城区	1744077	17.7	2104642	20.7	2461677	17.0
高新区	2123321	19.3	2500806	17.8	2835740	13.4
循环化工园区	768873	18.5	904155	17.6	907407	0.4
井陉县	2319397	18.5	1472179	-36.5	1712455	16.3
正定县	2183105	17.5	2639158	20.9	3074696	16.5
行唐县	1425431	19.7	1688624	18.5	1724784	2.1
灵寿县	973754	18.7	1158277	18.9	1314305	13.5
高邑县	651534	21.7	804247	23.4	940072	16.9
深泽县	675774	21.4	832499	23.2	970591	16.6
赞皇县	1239051	18.2	1456005	17.5	1646564	13.1
无极县	1142749	18.2	1351714	18.3	1568980	16.1
平山县	1827955	18.4	2167735	18.6	2458978	13.4
元氏县	1727209	17.7	2132480	23.5	2450137	14.9
赵　县	1307830	17.9	1591817	21.7	1870080	17.5
晋州市	2262548	21.3	2729388	20.6	3134873	14.9
新乐市	1925789	18.3	2357875	22.4	2756609	16.9
辛集市	1934796	5.2	2129620	10.1	2385274	12.0

1996—2016 年分县（市）区固定资产投资（一）

14—3　　　　计量单位：万元、%

行政单位	1996 年	增长速度	1997 年	增长速度	1998 年	增长速度
全　市	**1561921**	16.5	**1892936**	**21.2**	**2143072**	**13.2**
市　区	1066962	6.8	1306535	22.5	1449117	10.9
# 长安区	25200	53.0	33569	33.2	32706	-2.6
桥东区	17968	416.9	23161	28.9	19085	-17.6
桥西区	5333	22.8	8726	63.6	16010	83.5
新华区	32529	-16.9	29309	-9.9	34529	17.8
裕华区	131512	2183.2	183720	39.7	26625	-85.5
矿　区	10768	239.5	13091	21.6	3608	-72.4
高新区					151535	
井陉县	32213	107.0	26342	-18.2	34905	32.5
正定县	35234	-6.7	43586	23.7	58566	34.4
栾城县	34878	100.8	29868	-14.4	42271	41.5
行唐县	13171	42.7	26562	101.7	27325	2.9
灵寿县	24091	53.9	37441	55.4	44876	19.9
高邑县	7583	-18.7	12572	65.8	14308	13.8
深泽县	5672	-23.9	15604	175.1	16258	4.2
赞皇县	11798	-20.5	19725	67.2	20270	2.8
无极县	17003	4.3	19048	12.0	21394	12.3
平山县	19063	7.0	27583	44.7	29732	7.8
元氏县	23721	37.9	24591	3.7	22730	-7.6
赵　县	18687	4.6	24548	31.4	24501	-0.2
藁城市	123911	184.1	98410	-20.6	99324	0.9
晋州市	19202	5.7	26495	38.0	31100	17.4
新乐市	40161	36.9	37015	-7.8	42705	15.4
鹿泉市	13655	-20.7	52533	284.7	47646	-9.3
辛集市	54916	46.8	64478	17.4	116044	80.0

注：2000 年以前年度市内各区城镇固定资产投资统计范围为区属及以下单位，2000 年及以后年度为各区行政区划内所有单位。自 2011 年起投资统计起点由 50 万元提高到 500 万元，城镇固定资产投资改为固定资产投资。

1996—2016 年分县（市）区固定资产投资（二）

14—3 续 1　　计量单位：万元、%

行政单位	1999 年	增长速度	2000 年	增长速度	2001 年	增长速度
全　市	**2460089**	**14.8**	**2408926**	**–2.1**	**2681187**	**11.3**
市　区	1498045	3.4	1457313	–2.7	1651933	13.4
# 长安区	36280	10.9	436525	1103.2	483590	10.8
桥东区	24548	28.6	341679	1291.9	339622	–0.6
桥西区	21099	31.8	191453	807.4	241500	26.1
新华区	32668	–5.4	178725	447.1	243422	36.2
裕华区	96400	262.1	128204	33.0	192260	50.0
矿　区	5540	53.5	7267	31.2	14534	100.0
高新区			98757		128005	29.6
井陉县	42770	22.5	49814	16.5	49981	0.3
正定县	95016	62.2	72045	–24.2	96457	33.9
栾城县	72583	71.7	92090	26.9	79287	–13.9
行唐县	35601	30.3	36143	1.5	37850	4.7
灵寿县	52743	17.5	54285	2.9	54820	1.0
高邑县	22025	53.9	22883	3.9	25621	12.0
深泽县	18877	16.1	19136	1.4	19435	1.6
赞皇县	20926	3.2	21291	1.7	28898	35.7
无极县	31579	47.6	28346	–10.2	30800	8.7
平山县	46136	55.2	49091	6.4	54300	10.6
元氏县	39667	74.5	33383	–15.8	38595	15.6
赵　县	53245	117.3	40030	–24.8	44623	11.5
藁城市	120461	21.3	104394	–13.3	123769	18.6
晋州市	54008	73.7	53726	–0.5	74579	38.8
新乐市	66199	55.0	54957	–17.0	40921	–25.5
鹿泉市	86837	82.3	89170	2.7	101988	14.4
辛集市	130156	12.2	107343	–17.5	127330	18.6

1996—2016 年分县（市）区固定资产投资（三）

14—3 续 2　　　　计量单位：万元、%

行政单位	2002 年	增长速度	2003 年	增长速度	2004 年	增长速度
全　市	**2952370**	**10.1**	**4155500**	**40.8**	**5771074**	**38.9**
市　区	1820166	10.2	2335548	28.3	3227794	38.2
#长安区	486618	0.6	581495	19.5	735097	26.4
桥东区	361390	6.4	290339	-19.7	461410	58.9
桥西区	255743	5.9	379839	48.5	525002	38.2
新华区	309961	27.3	427800	38.0	553389	29.4
裕华区	266972	38.9	473571	77.4	707898	49.5
矿　区	12786	-12.0	27070	111.7	42770	58.0
高新区	148011	15.6	155434	5.0	202228	30.1
井陉县	53288	6.6	90564	70.0	136390	50.6
正定县	97352	0.9	128751	32.3	181686	41.1
栾城县	79222	-0.1	131504	66.0	178350	35.6
行唐县	40912	8.1	66264	62.0	100890	52.3
灵寿县	57459	4.8	86077	49.8	124741	44.9
高邑县	26958	5.2	41406	53.6	63334	53.0
深泽县	21110	8.6	37429	77.3	47117	25.9
赞皇县	31864	10.3	51364	61.2	72418	41.0
无极县	33076	7.4	46578	40.8	69134	48.4
平山县	73294	35.0	111724	52.4	166075	48.6
元氏县	41375	7.2	66003	59.5	102120	54.7
赵　县	46480	4.2	89100	91.7	133374	49.7
藁城市	128771	4.0	219642	70.6	288596	31.4
晋州市	80164	7.5	125068	56.0	187782	50.1
新乐市	53522	30.8	97195	81.6	156816	61.3
鹿泉市	141746	39.0	249251	75.8	308832	23.9
辛集市	128196	0.7	182236	42.2	225623	23.8

1996—2016 年分县（市）区固定资产投资（四）

14—3 续 3　　计量单位：万元、%

行政单位	2005 年	增长速度	2006 年	增长速度	2007 年	增长速度
全　市	**7947681**	**37.7**	**9981142**	**25.6**	**12641826**	**26.7**
市　区	4282358	32.7	5025104	17.3	5877037	17.0
# 长安区	927469	26.2	769447	-17.0	1035143	34.5
桥东区	675332	46.4	867367	28.4	1077663	24.3
桥西区	696763	32.7	875884	25.7	870603	-0.6
新华区	710154	28.3	922258	29.9	1136336	23.2
裕华区	958989	35.5	1192987	24.4	1231584	3.2
矿　区	71705	67.7	91949	28.2	141178	53.5
高新区	241946	19.6	305212	26.1	384530	26.0
井陉县	241872	77.3	359738	48.7	511177	42.1
正定县	223574	23.1	299703	34.1	465645	55.4
栾城县	262308	47.1	320344	22.1	391578	22.2
行唐县	161505	60.1	231453	43.3	326349	41.0
灵寿县	197768	58.5	283029	43.1	429516	51.8
高邑县	85669	35.3	115400	34.7	134700	16.7
深泽县	68357	45.1	96917	41.8	136014	40.3
赞皇县	102949	42.2	157339	52.8	255390	62.3
无极县	102701	48.6	146074	42.2	239373	63.9
平山县	268501	61.7	342339	27.5	280118	-18.2
元氏县	164340	60.9	236416	43.9	345522	46.2
赵　县	209271	56.9	298478	42.6	401399	34.5
藁城市	407731	41.3	513790	26.0	700458	36.3
晋州市	220049	17.2	321025	45.9	466385	45.3
新乐市	218848	39.6	293722	34.2	421760	43.6
鹿泉市	416437	34.8	519038	24.6	652829	25.8
辛集市	313443	38.9	421233	34.4	606576	44.0

1996—2016 年分县（市）区固定资产投资（五）

14—3 续 4　　计量单位：万元、%

行政单位	2008 年	增长速度	2009 年	增长速度	2010 年	增长速度
全　　市	**15778496**	**24.8**	**22287346**	**41.3**	**26968136**	**21.0**
市　　区	6890730	17.2	9636908	39.9	11919374	23.7
#长安区	1269342	22.6	1752619	38.1	2141700	22.2
桥东区	1192978	10.7	1688780	41.6	2077199	23.0
桥西区	1047342	20.3	1596309	52.4	1965056	23.1
新华区	1299784	14.4	1714311	31.9	2094888	22.2
裕华区	1435136	16.5	1966002	37.0	2215612	21.5
矿　区	183531	30.0	260541	42.0	326968	25.5
高新区	462617	20.3	658346	42.3	1097951	27.9
井陉县	728193	42.5	1054642	44.8	1292980	22.6
正定县	651851	40.0	933450	43.2	1173481	25.7
栾城县	503725	28.6	712872	41.5	809434	23.5
行唐县	446251	36.7	631534	41.5	768576	21.7
灵寿县	615816	43.4	863127	40.2	534790	-38.0
高邑县	159765	18.6	226099	41.5	282172	24.8
深泽县	178997	31.6	251598	40.6	306446	21.8
赞皇县	336242	31.7	432909	28.7	588485	22.9
无极县	290447	21.3	408252	40.6	496387	21.6
平山县	393470	40.5	649804	65.1	715914	26.7
元氏县	494203	43.0	770439	55.9	847834	22.4
赵　县	468564	16.7	656511	40.1	829392	25.1
藁城市	889328	27.0	1224149	37.6	1578653	23.4
晋州市	609243	30.6	855061	40.3	1063859	22.3
新乐市	553034	31.1	774530	40.1	945701	22.1
鹿泉市	813405	24.6	1136070	39.7	1475667	25.4
辛集市	755232	24.5	1069391	41.6	1338991	25.2

1996—2016 年分县（市）区固定资产投资（六）

14—3 续 5　　计量单位：万元、%

行政单位	2011 年	增长速度	2012 年	增长速度	2013 年	增长速度
全　市	**30214978**	**26.0**	**36733348**	**21.4**	**43691969**	**19.4**
市　区	13472206	29.8	16155584	20.1	19646919	21.6
#长安区	2345558	26.4	2756678	19.6	3297429	20.0
桥东区	2386581	31.6	2863006	19.0	3287946	20.0
桥西区	2401015	38.9	2909056	21.2	3472343	20.1
新华区	2202962	19.5	2630745	19.4	3166029	20.3
裕华区	2617635	34.3	3121798	19.3	3475663	11.3
矿　区	343203	24.6	426655	24.3	520500	22.0
高新区	1175252	29.0	1447646	23.2	1779927	23.0
循环化工园区					647082	21.0
井陉县	1338726	24.0	1607518	20.1	1952700	21.5
正定县	1226186	23.5	1504949	22.7	1822597	21.1
栾城县	1000182	26.9	1221569	22.1	1469749	21.0
行唐县	782482	27.2	956414	22.2	1164757	22.4
灵寿县	535437	26.2	661124	23.5	809184	22.4
高邑县	342098	28.0	428990	25.4	531237	23.8
深泽县	361068	27.5	447820	24.0	548453	22.5
赞皇县	693265	25.7	852522	23.0	1041704	22.2
无极县	619890	26.0	758628	22.4	931781	22.8
平山县	1016898	28.3	1253611	23.3	1519834	21.2
元氏县	990515	24.4	1219273	23.1	1430818	21.0
赵　县	733568	23.2	896820	22.3	1096647	22.3
藁城市	1711643	25.5	2182417	22.0	1917781	21.3
晋州市	1218304	27.6	1501439	23.2	1842723	22.7
新乐市	1071887	12.4	1307589	22.0	1607342	22.9
鹿泉市	1697889	23.9	2086598	22.9	2528236	21.2
辛集市	1402734	23.8	1690483	20.5	1829507	8.2

1996—2016年分县（市）区固定资产投资（七）

14—3 续 6

计量单位：万元、%

行政单位	2014年	增长速度	2015年	增长速度	2016年	增长速度
全　市	**50764384**	**16.2**	**56898536**	**12.1**	**59159897**	**4.0**
市　区	29410903		32689206	11.1	31494747	-3.7
#长安区	5503548	11.0	5835542	7.7	4728729	-13.6
桥西区	5700609	12.0	6082994	7.7	4927007	-13.6
新华区	3698049	16.8	3959663	7.8	3477245	-11.1
裕华区	4013056	15.5	4367252	8.8	4084424	-5.8
矿　区	635178	22.0	783571	23.4	832182	6.2
藁城区	2265302	18.1	2683145	18.4	3021638	12.6
鹿泉区	2973901	17.6	3484583	17.2	3661031	5.1
栾城区	1731115	17.8	2089835	22.0	2449780	17.0
高新区	2123321	19.3	2500806	18.5	2835740	13.4
循环化工园区	766824	18.5	901815	17.6	904816	0.3
井陉县	2313672	18.5	1465639	0.1	1705213	16.3
正定县	2145411	17.7	2596099	21.0	3027012	16.6
行唐县	1397550	20.0	1656774	18.5	1689513	2.0
灵寿县	961675	18.8	1144479	19.0	1299025	13.5
高邑县	647239	21.8	799340	23.8	934638	16.9
深泽县	667170	21.6	822671	23.7	959707	16.7
赞皇县	1232450	18.3	1448464	17.5	1638213	13.1
无极县	1105756	18.7	1309455	18.4	1522182	16.2
平山县	1802263	18.6	2138386	18.7	2426477	13.5
元氏县	1688230	18.0	2087952	23.7	2400827	15.0
赵　县	1294163	18.0	1576205	21.8	1852791	17.5
晋州市	2238581	21.5	2702009	23.9	3104553	14.9
新乐市	1904545	18.5	2333607	23.8	2729735	16.9
辛集市	1924776	5.2	2119720	10.1	2375264	12.1

1995—2016 年分县（市）区全部财政收入（一）

14—4　　计量单位：万元、%

行政单位	1995 年	1996 年	增长速度	1997 年	增长速度
全　市	**328113**	**384211**	**17.1**	**454738**	**18.4**
市　区	201323	212181	5.4	259900	22.5
#长安区	10168	12288	20.8	14852	19.1
桥东区	10036	11858	18.2	12583	12.0
桥西区	8668	10043	15.9	11672	14.9
新华区	9613	11413	18.7	14151	19.0
裕华区	12878	18190	41.2	22189	29.6
矿　区	3425	4055	18.4	4840	17.3
高新区	5189	5832	12.4	8015	19.8
井陉县	12388	13188	6.5	16188	22.7
正定县	10089	13399	32.8	17994	34.3
栾城县	5601	7604	35.8	10293	35.4
行唐县	3564	5018	40.8	6226	24.1
灵寿县	3326	4854	45.9	6037	24.4
高邑县	3113	3908	25.5	5019	28.4
深泽县	3017	4009	32.9	5020	25.2
赞皇县	3540	4005	13.1	4352	8.7
无极县	5051	6967	37.9	8175	17.3
平山县	6039	7035	16.5	8569	21.8
元氏县	5269	6011	14.1	7098	18.1
赵　县	6152	8510	38.3	10033	17.9
藁城市	15821	20179	27.5	24000	18.9
晋州市	8305	10622	27.9	12224	15.1
新乐市	7549	10213	35.3	12347	20.9
鹿泉市	13643	16184	18.6	20200	24.8
辛集市	14323	18036	25.9	21063	16.8

1995—2016 年分县（市）区全部财政收入（二）

14—4 续 1　　计量单位：万元、%

行政单位	1998 年	增长速度	1999 年	增长速度	2000 年	增长速度
全　　市	**550236**	**21.0**	**581154**	**5.6**	**617026**	**6.2**
市　　区	323636	24.5	345064	6.6	376882	9.2
# 长安区	17416	17.3	20118	15.5	22328	11.0
桥东区	13307	5.8	14727	10.7	15237	3.5
桥西区	13300	14.0	14702	10.5	14865	1.1
新华区	16888	19.3	19168	13.5	21569	12.5
裕华区	26188	18.0	31025	18.5	36699	18.3
矿　区	5625	16.2	6180	9.9	6467	4.6
高新区	10198	27.2	13050	28.0	16528	26.7
井陉县	15768	-2.6	12725	-19.3	13685	7.5
正定县	20538	14.1	22001	7.1	23667	7.6
栾城县	13005	26.3	15345	18.0	16159	5.3
行唐县	7421	19.2	7689	3.6	8294	7.9
灵寿县	7090	17.4	6707	-5.4	7019	4.7
高邑县	6007	19.7	6558	9.2	6962	6.2
深泽县	6179	23.1	6699	8.4	6916	3.2
赞皇县	4363	0.3	3080	-29.4	3916	27.1
无极县	10017	22.5	10016	0.0	10501	4.8
平山县	10430	21.7	11713	12.3	11315	-3.4
元氏县	8289	16.8	9010	8.7	10011	11.1
赵　县	11352	13.1	10613	-6.5	10786	1.6
藁城市	27937	16.4	30287	8.4	27386	-9.6
晋州市	15187	24.2	16131	6.2	16755	3.9
新乐市	15001	21.5	15287	1.9	15781	3.2
鹿泉市	23750	17.6	25557	7.6	26136	2.3
辛集市	24266	15.2	25944	6.9	24855	-4.2

1995—2016 年分县（市）区全部财政收入（三）

14—4 续 2　　计量单位：万元、%

行政单位	2001 年	增长速度	2002 年	增长速度	2003 年	增长速度
全　市	**718953**	**16.5**	**1105294**	**7.2**	**1249873**	**13.1**
市　区	473752	25.7	783433	5.8	889785	13.6
#长安区	32018	43.4	38515	20.0	47386	23.0
桥东区	18637	22.3	20825	11.4	22583	8.4
桥西区	24738	66.4	28390	14.7	31555	11.1
新华区	32618	51.2	39082	19.6	46274	18.4
裕华区	23812	–35.1	30068	25.9	37197	23.7
矿　区	6555	1.4	7645	11.8	10884	42.4
高新区	35639	115.6	37897	6.2	48359	27.6
井陉县	14901	8.9	18563	8.6	20970	13.0
正定县	17740	–25.0	23859	15.8	25300	6.0
栾城县	10724	–33.6	18875	24.2	22424	18.8
行唐县	8645	4.2	10083	5.1	10773	6.8
灵寿县	7700	9.7	8751	1.3	9674	10.5
高邑县	6491	–6.8	8000	10.9	8603	7.5
深泽县	7421	7.3	8014	–9.0	8628	7.7
赞皇县	4148	5.9	5184	6.1	6181	19.2
无极县	10701	1.9	13703	11.3	15301	11.7
平山县	12367	9.3	15272	8.0	17997	17.8
元氏县	10525	5.1	14502	26.2	16033	10.6
赵　县	10058	–6.7	13011	15.5	15009	15.4
藁城市	30011	9.6	51753	7.4	56314	8.8
晋州市	18021	7.6	21955	7.5	24115	9.8
新乐市	15070	–4.5	18037	10.1	20738	15.0
鹿泉市	31199	19.4	39121	11.0	43866	12.1
辛集市	26479	6.5	33178	11.5	38162	15.0

1995—2016 年分县（市）区全部财政收入（四）

14—4 续 3 计量单位：万元、%

行政单位	2004 年	增长速度	2005 年	增长速度	2006 年	增长速度
全　市	**1452944**	**16.2**	**1656402**	**13.7**	**1900632**	**14.7**
市　区	1026814	15.4	1123086	9.4	1267496	12.9
#长安区	235391	12.5	240038	2.0	226796	-5.5
桥东区	88507	11.5	101338	14.5	120046	18.5
桥西区	207558	17.3	256119	23.4	318071	24.2
新华区	118088	18.5	140018	18.6	151299	8.1
裕华区	120160	8.9	112956	-6.0	130055	15.1
矿　区	16348	48.2	25216	54.0	30287	20.1
高新区	76641	29.1	100128	30.7	115728	15.6
井陉县	26864	28.1	34195	28.5	41766	22.1
正定县	30021	18.7	34914	18.0	40330	15.5
栾城县	25169	12.2	30208	22.4	36010	19.2
行唐县	11542	7.1	13168	19.2	15383	16.8
灵寿县	10973	13.4	13201	22.8	15756	19.4
高邑县	10002	16.3	11500	17.6	11618	1.0
深泽县	9535	10.5	10808	16.9	13494	24.9
赞皇县	8022	29.8	10529	32.7	13036	23.8
无极县	18504	20.9	21306	19.6	24882	16.8
平山县	31348	74.2	65002	12.8	83299	28.1
元氏县	18012	12.3	21033	19.6	24166	14.9
赵　县	16169	7.7	19136	27.7	24025	25.5
藁城市	60894	8.1	70530	18.6	80118	13.6
晋州市	26333	9.2	30248	18.6	37050	22.5
新乐市	23251	12.1	27068	19.7	31031	14.6
鹿泉市	52415	19.5	64469	23.1	75111	16.5
辛集市	47076	23.4	56001	22.4	66061	18.0

1995—2016 年分县（市）区全部财政收入（五）

14—4 续 4　　计量单位：万元、%

行政单位	2007 年	增长速度	2008 年	增长速度	2009 年	增长速度
全　市	**2303474**	**21.2**	**2717217**	**18.0**	**3102454**	**14.2**
市　区	1474413	16.3	1691853	14.7	1815532	7.3
# 长安区	263089	16.0	295125	12.2	318828	8.0
桥东区	147124	22.6	242220	64.6	281984	16.4
桥西区	403271	26.8	475805	18.0	479465	0.8
新华区	164370	8.6	176785	7.6	180104	1.9
裕华区	172426	32.6	198680	15.2	198771	0.0
矿　区	40019	32.1	54294	35.7	55055	1.4
高新区	131645	13.8	152769	16.0	173105	13.3
井陉县	50580	21.1	93838	85.5	100189	6.8
正定县	48893	21.2	59333	21.4	65525	10.4
栾城县	46366	28.8	56239	21.3	66000	17.4
行唐县	18664	21.3	21839	17.0	24025	10.0
灵寿县	20009	27.0	24112	20.5	24127	0.1
高邑县	13148	13.2	15600	18.6	16558	6.1
深泽县	16715	23.9	20406	22.1	21515	5.4
赞皇县	16165	24.0	20225	25.1	23026	13.8
无极县	30800	23.8	34000	10.4	28061	–17.5
平山县	140658	68.9	137803	–2.0	122816	–10.9
元氏县	30209	25.0	43083	42.6	48714	13.1
赵　县	30037	25.0	35174	17.1	33018	–6.1
藁城市	100296	25.2	161764	61.3	410813	154.0
晋州市	50022	35.0	57506	15.0	56055	–2.5
新乐市	36200	16.7	41542	14.8	35371	–14.9
鹿泉市	100239	33.5	110830	10.6	118102	6.6
辛集市	80060	21.2	92070	15.0	93007	1.0

1995—2016 年分县（市）区全部财政收入（六）

14—4 续 5　　计量单位：万元、%

行政单位	2010 年	增长速度	2011 年	增长速度
全　市	**3879254**	**25.0**	**4889697**	**26.1**
市　区	2117388	16.6	2765631	30.6
#长安区	383751	20.4	445185	16.0
桥东区	326630	15.8	416050	27.4
桥西区	464768	29.4	600034	29.1
新华区	226798	25.9	287559	26.8
裕华区	238951	20.2	358649	50.1
矿　区	45387	-17.6	50229	10.7
高新区	204555	18.2	251159	22.8
井陉县	106648	6.4	102298	-4.1
正定县	80656	23.1	101216	25.5
栾城县	73518	16.2	92612	26.0
行唐县	24808	3.3	32087	29.3
灵寿县	25265	4.7	33276	31.7
高邑县	20438	23.4	30600	49.7
深泽县	24309	13.0	30401	25.1
赞皇县	25060	8.8	33202	32.5
无极县	32573	16.1	43030	32.1
平山县	144176	17.4	183092	27.0
元氏县	55871	14.7	70026	25.3
赵　县	38039	15.2	45666	20.1
藁城市	760892	43.3	882959	16.0
晋州市	63819	13.9	80021	25.4
新乐市	40475	14.4	51223	26.6
鹿泉市	135280	14.5	171557	26.8
辛集市	110039	18.3	140800	28.0

1995—2016 年分县（市）区全部财政收入（七）

14—4 续 6　　计量单位：万元、%

行政单位	2012 年	增长速度	2013 年	增长速度
全　市	**5733903**	**17.3**	**6482919**	**13.1**
市　区	3280745	18.6	3977332	21.2
#长安区	467903	5.1	589446	26.0
桥东区	508257	22.2	555395	9.3
桥西区	685345	14.2	777301	13.4
新华区	336521	17.0	375185	11.5
裕华区	428346	19.4	483101	12.8
矿　区	52088	3.7	55005	5.6
高新区	295294	17.6	331105	12.1
井陉县	117798	15.2	132002	12.1
正定县	130936	29.4	163758	25.1
栾城县	112516	21.5	147168	30.8
行唐县	35596	10.9	45608	28.1
灵寿县	35310	6.1	40039	13.4
高邑县	38075	24.4	43802	15.0
深泽县	36611	20.4	42927	17.3
赞皇县	41285	24.3	43329	5.0
无极县	55511	29.0	65701	18.4
平山县	183647	0.3	160263	−12.7
元氏县	86021	22.8	100752	17.1
赵　县	55151	20.8	63425	15.0
藁城市	1004675	13.8	851378	−15.3
晋州市	90958	13.7	104310	14.7
新乐市	59028	15.2	68549	16.1
鹿泉市	208036	21.3	244486	17.5
辛集市	162004	15.1	188090	16.1

1995—2016年分县（市）区全部财政收入（八）

14—4 续7　　计量单位：万元、%

行政单位	2014年	增长速度	2015年	增长速度	2016年	增长速度
全　市	**6808005**	**5.0**	**7764323**	**14.0**	**8473702**	**9.1**
市　区	5473871	37.6	6311203	15.3	6877607	9.0
#长安区	904913	10.2	1000029	10.5	1073727	7.4
桥西区	1202713	9.2	1299352	8.0	1463852	12.7
新华区	428346	14.2	448614	4.7	602847	34.4
裕华区	454699	–5.9	463243	1.9	570370	23.1
矿　区	43056	–21.7	48290	12.2	49522	2.6
藁城区	897071	5.4	1505028	67.8	1543665	2.6
鹿泉区	300099	22.7	321445	7.1	357046	11.1
栾城区	166567	13.2	176577	6.0	188154	6.6
高新区	408098	23.3	465001	13.9	551268	18.6
井陉县	135277	2.5	135821	0.4	129109	–4.9
正定县	190342	16.2	212001	11.4	251090	18.4
行唐县	51720	13.4	53352	3.2	62812	17.7
灵寿县	38758	–3.2	46779	20.7	51715	10.6
高邑县	48691	11.2	46227	–5.1	54572	18.1
深泽县	48046	11.9	51050	6.3	56713	11.1
赞皇县	43393	0.1	41590	–4.2	50331	21.0
无极县	75001	14.2	84287	12.4	87926	4.3
平山县	174764	9.0	200940	15.0	217218	8.1
元氏县	98031	–2.7	109083	11.3	129895	19.1
赵　县	68006	7.2	73682	8.3	81026	10.0
晋州市	88182	–15.5	101624	15.2	115139	13.3
新乐市	73492	7.2	82592	12.4	97473	18.0
辛集市	200431	6.6	214092	6.8	211076	–1.4

2000—2016 年分县（市）区公共财政预算收入（一）

14—5　　计量单位：万元、%

行政单位	2000 年	增长速度	2001 年	增长速度	2002 年	增长速度
全　市	**377137**	**7.0**	**443554**	**17.6**	**444947**	**18.3**
市　区	200653	11.1	267217	33.2	280699	18.0
# 长安区	15155	11.2	19394	28.0	16534	22.4
桥东区	9985	8.0	12316	23.3	10527	24.3
桥西区	10432	3.5	16683	59.9	13135	13.0
新华区	13272	12.8	20302	53.0	14385	14.4
裕华区	21035	8.3	15577	–25.9	15675	31.0
矿　区	3428	6.4	3558	3.8	3031	16.6
高新区	9650	24.2	18490	91.6	13223	21.3
井陉县	9107	6.8	9795	7.6	9740	16.0
正定县	17175	10.2	13090	–23.8	13785	26.6
栾城县	11059	3.8	8264	–25.3	7975	34.3
行唐县	6566	10.3	6782	3.3	6097	10.7
灵寿县	5255	4.3	5768	9.8	4447	2.5
高邑县	5486	9.2	5045	–8.0	4646	17.1
深泽县	5226	2.8	5593	7.0	4406	0.1
赞皇县	2686	2.2	3098	15.3	2932	13.3
无极县	8472	3.4	8463	–0.1	6832	21.5
平山县	8912	–5.8	9667	8.5	9614	13.2
元氏县	7482	11.5	7819	4.5	7606	54.1
赵　县	8531	4.3	7625	–10.6	7795	30.6
藁城市	21456	–3.9	22186	3.4	24656	19.6
晋州市	12596	2.0	13670	8.5	12368	16.8
新乐市	12934	2.7	11753	–9.1	10282	11.8
鹿泉市	16305	3.5	20121	23.4	16035	15.6
辛集市	17236	–2.7	17598	2.1	15032	17.0

2000—2016 年分县（市）区公共财政预算收入（二）

14—5 续 1　　计量单位：万元、%

行政单位	2003 年	增长速度	2004 年	增长速度	2005 年	增长速度
全　市	**493429**	**10.9**	**561644**	**13.8**	**658796**	**17.3**
市　区	316341	12.7	366737	15.9	421211	14.9
# 长安区	21334	29.0	80633	18.1	86493	7.3
桥东区	11203	6.4	36213	15.5	45145	24.7
桥西区	14709	12.0	64216	17.4	78847	22.8
新华区	18337	27.5	42858	29.3	56187	31.1
裕华区	18542	18.3	49075	11.3	51162	4.3
矿　区	4169	37.5	5703	45.4	8738	53.2
高新区	17536	32.6	24115	42.0	36497	51.3
井陉县	10794	10.8	14502	34.4	17493	20.6
正定县	13458	-2.4	14682	9.1	17460	18.9
栾城县	9219	15.6	10128	9.9	12910	27.5
行唐县	6370	4.5	6662	4.6	7746	16.3
灵寿县	4753	6.9	5377	13.1	6439	19.8
高邑县	5152	10.9	6218	20.7	6528	5.0
深泽县	4723	7.2	5606	18.7	6295	12.3
赞皇县	3248	10.8	4111	26.6	4582	11.5
无极县	7430	8.8	9404	26.6	10436	11.0
平山县	9812	2.1	11962	21.9	20693	73.0
元氏县	8016	5.4	9344	16.6	9390	0.5
赵　县	9125	17.1	9634	5.6	10405	8.0
藁城市	26795	8.7	28794	7.5	32295	12.2
晋州市	12537	1.4	11289	-10.0	13977	23.8
新乐市	11628	13.1	12569	8.1	13285	5.7
鹿泉市	17437	8.7	21205	21.6	25269	19.2
辛集市	16591	10.4	13420	-19.1	22382	66.8

2000—2016 年分县（市）区公共财政预算收入（三）

14—5 续 2　　计量单位：万元、%

行政单位	2006 年	增长速度	2007 年	增长速度	2008 年	增长速度
全　市	**773736**	**17.5**	**958720**	**23.9**	**1100366**	**14.8**
市　区	506104	20.2	608045	20.1	670759	10.3
＃长安区	89595	3.6	108884	21.5	118413	8.8
桥东区	56023	24.1	70091	25.1	97169	38.6
桥西区	97876	24.1	123524	26.2	143895	16.5
新华区	61557	9.6	76339	24.0	83766	9.7
裕华区	61812	20.8	83669	35.4	87103	4.1
矿　区	10710	22.6	14467	35.1	18041	24.7
高新区	46483	27.4	56359	21.2	54692	-3.0
井陉县	19853	13.5	24186	21.8	34955	44.5
正定县	20730	18.7	25210	21.6	32165	27.6
栾城县	15188	17.6	17931	18.1	24532	36.8
行唐县	8886	14.7	10039	13.0	12372	23.2
灵寿县	7151	11.1	9133	27.7	10489	14.8
高邑县	5287	-19.0	6061	14.6	6899	13.8
深泽县	7448	18.3	8761	17.6	11420	30.4
赞皇县	5684	24.1	6791	19.5	8884	30.8
无极县	11681	11.9	13914	19.1	14804	6.4
平山县	24297	17.4	44107	81.5	54456	23.5
元氏县	9883	5.3	12522	26.7	15983	27.6
赵　县	10058	-3.3	12504	24.3	15374	23.0
藁城市	35342	9.4	45410	28.5	53821	18.5
晋州市	15681	12.2	21689	38.3	24207	11.6
新乐市	14882	12.0	16853	13.2	21583	28.1
鹿泉市	29151	15.4	42441	45.6	50786	19.7
辛集市	26430	18.1	33123	25.3	36877	11.3

2000—2016 年分县（市）区公共财政预算收入（四）

14—5 续 3　　计量单位：万元、%

行政单位	2009 年	增长速度	2010 年	增长速度
全　市	**1259614**	**14.5**	**1636303**	**29.9**
市　区	772553	15.2	1047751	35.6
# 长安区	135049	14.0	177229	31.2
桥东区	116752	20.2	143757	23.1
桥西区	163919	13.9	196341	33.1
新华区	93861	12.1	125305	33.5
裕华区	103872	19.3	134342	29.3
矿　区	18184	0.8	17614	-3.1
高新区	58847	7.6	71053	20.7
井陉县	35294	1.0	40167	13.8
正定县	38077	18.4	49990	31.3
栾城县	31096	26.8	36684	27.0
行唐县	15961	29.0	13478	-15.6
灵寿县	11231	7.1	12033	7.1
高邑县	9027	30.8	12285	36.1
深泽县	14467	26.7	15365	6.2
赞皇县	9888	11.3	12134	22.7
无极县	14453	-2.4	16938	17.2
平山县	52697	-3.2	59138	12.2
元氏县	18688	16.9	25034	34.0
赵　县	16687	8.5	18780	12.5
藁城市	63598	18.2	96220	33.6
晋州市	28199	16.5	33565	19.0
新乐市	20946	-3.0	23621	12.8
鹿泉市	57270	12.8	70307	22.8
辛集市	49482	34.2	52813	6.7

2000—2016 年分县（市）区公共财政预算收入（五）

14—5 续 4　　计量单位：万元、%

行政单位	2011 年	增长速度	2012 年	增长速度	2013 年	增长速度
全　市	**2212284**	**35.2**	**2722764**	**23.1**	**3151233**	**15.7**
市　区	1449754	38.4	1803141	24.4	2108968	17.0
# 长安区	220384	24.4	251352	14.1	270665	7.7
桥东区	178668	24.3	192762	7.9	238809	23.9
桥西区	260853	32.9	332358	27.4	350023	5.3
新华区	155395	24.0	187462	20.6	215083	14.7
裕华区	225399	67.8	261565	16.0	282658	8.1
矿　区	19782	12.3	21253	7.4	24047	13.1
高新区	89867	26.5	120441	34.0	156288	29.8
井陉县	44620	11.1	48889	9.6	48171	-1.5
正定县	61735	23.5	81036	31.3	104072	28.4
栾城县	50425	37.5	57985	15.0	68217	17.6
行唐县	18367	36.3	19789	7.7	24922	25.9
灵寿县	15805	31.4	20025	26.7	22153	10.6
高邑县	16065	30.8	20456	27.3	30476	49.0
深泽县	19645	27.9	24421	24.3	30325	24.2
赞皇县	15132	24.7	19257	27.3	21998	14.2
无极县	22307	31.7	29429	31.9	35300	19.9
平山县	82985	40.3	95602	15.2	78388	-18.0
元氏县	32759	30.9	37811	15.4	45541	20.4
赵　县	24264	29.2	30009	23.7	36033	20.1
藁城市	120317	25.0	145523	20.9	154700	6.3
晋州市	42933	27.9	55344	28.9	61658	11.4
新乐市	31140	31.8	40088	28.7	48161	20.1
鹿泉市	93480	33.0	109058	16.7	134078	22.9
辛集市	70551	33.6	84901	20.3	98072	15.5

2000—2016 年分县（市）区公共财政预算收入（六）

14—5 续 5　　计量单位：万元、%

行政单位	2014 年	增长速度	2015 年	增长速度	2016 年	增长速度
全　　市	**3434745**	**9.0**	**3750529**	**9.2**	**4107238**	**9.5**
市　　区	2639516	25.2	2862385	8.4	3149665	10.0
# 长安区	434567	16.8	481355	10.8	436797	–9.3
桥西区	567350	16.4	599990	5.8	627615	4.6
新华区	246718	14.7	262846	6.5	252840	–3.8
裕华区	269352	–4.7	251292	–6.7	283417	12.8
矿　区	19036	–20.8	22230	16.8	26519	19.3
藁城区	183353	18.5	249793	36.2	315892	26.5
鹿泉区	171661	28.0	186928	8.9	197339	5.6
栾城区	80097	17.4	90728	13.3	101873	12.3
高新区	205738	31.6	236715	15.1	257633	8.8
井陉县	55045	14.3	60767	10.4	55086	–9.3
正定县	122388	17.6	140839	15.1	160017	13.6
行唐县	32662	31.1	36582	12.0	40406	10.5
灵寿县	25126	13.4	30726	22.3	35343	15.0
高邑县	35312	15.9	38202	8.2	42800	12.0
深泽县	34883	15.0	38937	11.6	43002	10.4
赞皇县	25173	14.4	27525	9.3	31450	14.3
无极县	42921	21.6	47475	10.6	52350	10.3
平山县	85070	8.5	93630	10.1	107802	15.1
元氏县	53226	16.9	65519	23.1	66631	1.7
赵　县	42469	17.9	46779	10.1	51971	11.1
晋州市	70321	14.1	77459	10.2	80099	3.4
新乐市	54975	14.1	61811	12.4	68026	10.1
辛集市	115658	17.9	121893	5.4	122590	0.6

1995—2016 年分县（市）区农林牧渔业总产值（一）

14—6　　计量单位：万元、%

行政单位	1995 年	1996 年	增长速度	1997 年	增长速度	1998 年	增长速度
全　市	**2094240**	**2460775**	**9.4**	**2751988**	**10.6**	**2874039**	**6.8**
市　区				82576			
#长安区							
桥东区							
桥西区							
新华区							
裕华区	51998	63166	20.7		6.9	70153	3.6
矿　区	7586	8016	4.4		4.2	8693	4.3
高新区		5404				5378	
井陉县	41718	53387	12.3	60802	12.8	67721	12.4
正定县	212194	225684	4.7	255122	13.7	263630	4.7
栾城县	131828	138841	13.0	166280	17.7	187079	19.3
行唐县	87430	103204	9.4	112032	8.8	118472	5.0
灵寿县	44836	62344	7.4	74061	11.0	78323	5.9
高邑县	63058	71095	11.3	74640	16.0	77664	7.4
深泽县	58304	62476	7.5	70511	16.3	73929	5.7
赞皇县	53938	55020	0.2	53152	–5.2	54116	20.3
无极县	123478	136868	10.4	151115	8.8	154844	6.3
平山县	101375	81939	–23.3	118712	55.7	128027	7.3
元氏县	74293	91597	8.5	108089	3.6	117005	13.8
赵　县	150068	195627	21.2	198029	10.8	209192	9.3
藁城市	292564	357743	10.7	391248	11.3	412864	7.8
晋州市	169708	184622	4.6	179006	3.8	188590	3.3
新乐市	176189	176770	3.7	184509	7.0	195373	6.8
鹿泉市	133678	128701	–4.3	142142	12.5	146211	4.4
辛集市	306071	331446	7.5	346546	11.6	384913	8.2

1995—2016 年分县（市）区农林牧渔业总产值（二）

14—6 续 1 计量单位：万元、%

行政单位	1999 年	增长速度	2000 年	增长速度	2001 年	增长速度
全 市	**2918680**	**5.5**	**2934472**	**5.0**	**3070012**	**4.2**
市 区						
# 长安区					32494	
桥东区					9210	
桥西区					16565	
新华区					31269	
裕华区	72500	5.8	73926	4.7	34893	-56.5
矿 区	8931	5.8	9000	3.7	9356	4.0
高新区	5177		5311		5752	
井陉县	67868	0.5	70698	8.0	68812	-2.9
正定县	271820	6.0	274880	3.9	244053	-11.1
栾城县	206178	11.0	227496	12.6	229880	-1.6
行唐县	116743	0.9	118200	7.6	122225	4.0
灵寿县	84381	11.7	85361	4.0	88971	2.9
高邑县	81241	10.4	87594	10.8	89177	4.5
深泽县	74695	5.0	76655	9.0	85300	9.5
赞皇县	58108	5.3	62316	5.1	65028	5.3
无极县	158854	5.0	159714	6.6	165798	4.0
平山县	135706	6.2	132100	-3.5	139195	6.9
元氏县	123348	8.2	124245	7.3	132728	6.4
赵 县	215345	8.2	215758	6.0	208906	-4.7
藁城市	423133	4.1	396434	-2.7	416404	5.0
晋州市	192334	3.9	192629	4.5	197083	2.1
新乐市	202124	5.1	212100	5.0	211015	-0.6
鹿泉市	146756	4.9	149594	3.3	153852	6.8
辛集市	387792	5.3	374760	0.3	391303	3.0

1995—2016 年分县（市）区农林牧渔业总产值（三）

14—6 续 2　　计量单位：万元、%

行政单位	2002 年	增长速度	2003 年	增长速度	2004 年	增长速度
全　市	**3119674**	**4.3**	**3529558**	**5.7**	**4260467**	**6.4**
市　区						
#长安区	31657	-1.5	33169	-0.3	37982	-2.4
桥东区	9305	0.8	8276	-4.3	10088	3.4
桥西区	16651	-0.1	15014	0.4	18487	11.8
新华区	31597	3.4	25829	-5.0	31395	0.4
裕华区	35083	0.5	36536	0.6	40222	-4.8
矿　区	9728	4.0	9230	4.0	10171	1.9
高新区	5588		2125			
井陉县	69449	1.6	69984	9.0	86721	9.2
正定县	253376	5.1	258522	2.2	296679	4.6
栾城县	243141	5.7	256011	7.3	293005	4.3
行唐县	126340	4.0	143582	3.7	171943	5.9
灵寿县	88117	-0.8	96565	30.4	119804	15.8
高邑县	93377	4.9	89498	-0.3	110317	3.4
深泽县	90927	6.9	82562	11.0	100366	6.1
赞皇县	65927	-2.5	74492	14.7	95470	10.1
无极县	169611	3.0	215779	3.3	246375	3.4
平山县	142678	2.5	186346	1.5	212069	4.5
元氏县	138860	4.7	150195	3.2	187608	4.2
赵　县	221714	7.4	214916	5.1	264314	5.3
藁城市	431434	4.3	507429	3.6	574451	2.9
晋州市	200456	3.0	196509	4.8	239640	8.1
新乐市	220360	4.9	233952	5.9	289669	6.2
鹿泉市	159194	3.5	160228	5.2	206716	11.9
辛集市	407063	4.0	358971	6.9	435801	6.6

1995—2016 年分县（市）区农林牧渔业总产值（四）

14—6 续 3　　　　计量单位：万元、%

行政单位	2005 年	增长速度	2006 年	增长速度	2007 年	增长速度
全　市	**4569477**	**5.4**	**4731008**	**4.2**	**4931161**	**2.1**
市　区						
#长安区	38467	-0.8	39910	3.4	30522	-3.4
桥东区	10191	-0.3	10593	3.0	7994	-6.3
桥西区	18641	0.3	18542	-3.5	10522	-35.0
新华区	32504	-2.4	31526	-6.4	28021	9.9
裕华区	39484	-2.1	38516	-5.2	21548	-13.5
矿　区	10814	3.3	10828	0.0	8778	-8.5
高新区						
井陉县	95974	6.4	105237	7.2	112528	6.7
正定县	319891	3.4	344635	4.7	410945	2.3
栾城县	320011	5.5	336486	5.0	359137	-1.7
行唐县	186386	5.7	198067	4.7	237181	9.5
灵寿县	129835	6.4	136304	4.3	145305	2.9
高邑县	115473	1.3	118158	2.2	106953	-10.4
深泽县	112814	7.2	118394	5.0	131702	3.2
赞皇县	108186	9.8	111901	6.4	136477	5.3
无极县	253662	2.5	261197	2.3	295862	1.1
平山县	222149	3.7	231570	2.9	215969	4.6
元氏县	204239	3.9	216679	4.0	238669	3.4
赵　县	284806	4.5	302501	4.1	338277	3.9
藁城市	610803	1.3	633505	1.1	668148	1.1
晋州市	255292	4.0	278872	5.8	299852	-0.5
新乐市	322104	7.4	332768	2.1	323832	1.9
鹿泉市	229711	8.2	240714	4.8	234224	1.4
辛集市	482007	5.4	527299	7.0	562856	1.5

1995—2016 年分县（市）区农林牧渔业总产值（五）

14—6 续 4　　计量单位：万元、%

行政单位	2008 年	增长速度	2009 年	增长速度	2010 年	增长速度
全　市	**5429731**	**3.3**	**5477617**	**0.7**	**6515543**	**3.1**
# 长安区	30813	-3.5	34323	3.6	37447	2.6
桥东区	8094	-3.3	8381	0.9	7223	-17.5
桥西区	14725	29.9	15273	6.0	15876	-6.9
新华区	25795	-12.2	24982	-1.7	24372	-11.5
裕华区	22672	-0.3	22942	0.6	10293	0.0
矿　区	10889	-4.2	10970	3.0	11981	2.0
高新区					22093	
井陉县	129881	5.9	123572	4.3	147616	3.0
正定县	459959	2.4	460943	2.5	492033	0.0
栾城县	409025	4.6	428245	0.6	442135	2.5
行唐县	291985	6.5	282354	0.4	343944	3.1
灵寿县	174758	11.7	169852	3.4	205884	7.6
高邑县	118393	3.1	124557	1.3	141130	3.1
深泽县	152377	4.1	153769	4.3	188044	5.4
赞皇县	157171	2.6	162231	3.1	177562	2.7
无极县	332195	1.3	334468	2.7	376988	1.7
平山县	245096	3.1	249745	2.1	296195	4.9
元氏县	270922	1.6	275684	3.0	317249	3.3
赵　县	369953	6.6	387892	2.1	451498	1.6
藁城市	707021	1.0	766857	3.0	896390	1.8
晋州市	324787	-0.7	328272	2.8	390163	3.9
新乐市	343451	0.0	345383	0.9	379573	1.7
鹿泉市	249860	-1.0	260613	2.3	298363	0.6
辛集市	612567	1.6	617385	0.7	719857	3.9

1995—2016 年分县（市）区农林牧渔业总产值（六）

14—6 续 5 计量单位：万元、%

行政单位	2011 年	增长速度	2012 年	增长速度	2013 年	增长速度
全　市	**7272965**	**3.1**	**7874961**	**3.3**	**8519016**	**2.4**
# 长安区	32448	–7.6	34448	–2.5	38120	1.7
桥东区	7188	–5.7	6827	–10.7	7479	0.2
桥西区	15974	1.8	19396	5.8	21741	–3.0
新华区	25790	0.8	25427	–7.6	30089	1.2
裕华区	10303	–0.1	10587	–1.1	11743	–0.2
矿　区	12701	1.0	14921	0.8	16644	2.3
高新区	22805	1.5	28652	15.9	31414	–9.7
井陉县	162262	3.5	191839	3.6	228383	3.1
正定县	564592	1.7	588190	1.8	644078	1.7
栾城县	507418	1.7	536706	0.7	563556	–3.7
行唐县	386495	5.4	404711	3.8	474617	2.2
灵寿县	238326	3.3	259319	4.4	278846	3.4
高邑县	156893	3.0	183881	4.8	215022	6.6
深泽县	225147	4.8	251978	7.6	278330	4.1
赞皇县	209595	8.6	225501	3.8	266305	3.6
无极县	417627	1.2	447749	3.0	485604	0.2
平山县	333215	5.0	295808	3.2	330009	3.6
元氏县	371169	2.9	394633	2.1	433759	1.1
赵　县	502332	2.6	549410	2.6	572208	–5.0
藁城市	1084171	2.5	1130035	2.4	1283004	4.5
晋州市	442060	–0.8	494779	8.2	565966	8.4
新乐市	407850	1.3	467896	2.0	533169	0.7
鹿泉市	339730	1.7	353857	2.2	394166	1.8
辛集市	809687	0.3	835775	0.6	891897	0.5

1995—2016 年分县（市）区农林牧渔业总产值（七）

14—6 续 6　　计量单位：万元、%

行政单位	2014 年	增长速度	2015 年	增长速度	2016 年	增长速度
全　市	**8851619**	**2.7**	**8955030**	**2.1**	**8809674**	**1.2**
# 长安区	40427	–1.0	41963	3.5	38035	–9.2
桥东区	19396	–0.4	24283	1.0	20817	5.8
桥西区	29108	10.2	31183	3.4	27483	–8.5
新华区	10747	0.1	11092	0.3	7065	–39.13
裕华区	16517	–0.1	14915	–4.9	11442	–28.6
矿　区	1256272	4.3	1261099	6.2	1281260	0.6
高新区	393099	3.4	397490	1.6	410998	0.9
井陉县	550579	–3.2	515929	–3.6	496079	–1.9
正定县	29622	–0.4	30788	0.9	28708	–1.4
栾城县			244892	1.0	54596	–10.9
行唐县	244537	4.8	54258	–2.4	215610	–9.0
灵寿县	676134	2.7	666057	0.3	648710	2.5
高邑县	503546	6.2	510607	3.3	530837	5.2
深泽县	314082	8.1	327383	3.3	308209	3.3
赞皇县	210556	7.3	217632	5.4	227538	3.7
无极县	286717	4.9	293597	1.9	296803	2.0
平山县	282493	4.2	288829	5.8	278971	3.3
元氏县	508388	3.7	527947	2.5	523972	1.2
赵　县	350559	4.4	366673	3.4	363993	2.2
藁城市	450765	7.5	445942	1.7	452741	2.2
晋州市	600615	1.5	608905	3.0	597974	0.8
新乐市	603806	4.3	606777	1.3	534511	2.3
鹿泉市	535801	4.8	545141	2.4	554863	1.5
辛集市	906096	0.6	911649	1.6	898459	1.7

1996—2016 年分县（市）区规模以上工业增加值（一）

14—7 计量单位：万元、%

行政单位	1996 年	增长速度	1997 年	增长速度	1998 年	增长速度
全　市	**1667573**	**20.6**	**1978658**	**16.7**	**1995840**	**2.4**
市　区	843632	8.8	940378	11.3	1011855	9.6
#长安区					11947	-9.3
桥东区					5521	-50.5
桥西区					8829	-18.1
新华区					15967	6.4
裕华区					100687	21.6
矿　区					12901	8.6
高新区					29539	
井陉县	17240	8.7	22570	30.9	16044	-37.2
正定县	76097	36.5	104952	37.9	103070	0.3
栾城县	34568	7.8	38532	11.5	31202	-3.7
行唐县	21738	42.3	30590	40.7	28617	-7.2
灵寿县	30311	62.1	40970	35.2	30142	-8.3
高邑县	31164	22.7	27003	-13.4	28041	15.5
深泽县	15564	29.8	22183	42.5	18070	-27.5
赞皇县	12437	2.0	13872	11.5	12029	-23.3
无极县	45985	35.4	62314	35.5	48500	-10.4
平山县	36498	1.7	47543	30.3	46442	-4.0
元氏县	46964	73.0	60091	28.0	27164	-32.9
赵　县	47596	41.4	60738	27.6	72428	11.2
藁城市	122630	28.6	153123	24.9	155317	13.9
晋州市	67585	75.5	83449	23.5	87550	0.4
新乐市	55606	21.7	63973	15.1	59234	-15.8
鹿泉市	48429	13.9	61796	27.6	53687	-17.4
辛集市	112441	39.4	144582	28.6	166449	13.9

注：1997 年及以前年度规模以上工业增加值统计范围为乡及乡以上工业企业；1998—2006 年为全部国有及主营业务收入 500 万元以上非国有工业法人企业；2007—2010 年为年主营业务收入 500 万元及以上工业法人企业；2011 年及以后为年主营业务收入 2000 万元及以上工业法人企业。2008 年及以后规模以上工业增加值为年快报数据。

1996—2016 年分县（市）区规模以上工业增加值（二）

14—7 续 1　　计量单位：万元、%

行政单位	1999 年	增长速度	2000 年	增长速度	2001 年	增长速度
全　市	**2225697**	**15.2**	**2458470**	**11.2**	**2722676**	**12.9**
市　区	1171218	16.6	1393725	15.9	1470475	5.5
# 长安区	13403	14.0	15055	11.2	67347	
桥东区	6350	16.8	7217	11.9	45907	
桥西区	8030	20.3	8142	–0.2	23242	
新华区	20096	21.4	26057	22.7	64913	
裕华区	120691	18.2	130553	15.5	43597	
矿　区	17953	8.7	17175	14.7	19455	
高新区	33142	72.5	39135	41.8	74449	
井陉县	23003	36.5	26676	20.3	30058	12.7
正定县	115939	20.4	128939	19.0	106317	
栾城县	36154	14.2	46392	28.5	42734	
行唐县	33236	20.0	44770	19.3	51956	16.1
灵寿县	29299	–3.7	24228	–4.0	30321	25.2
高邑县	29049	20.0	38544	29.4	44194	14.7
深泽县	19879	27.5	21231	13.1	27733	30.6
赞皇县	14921	23.0	16295	5.8	18338	12.5
无极县	63608	27.8	69125	19.9	96808	40.1
平山县	55219	18.5	63533	12.0	75456	18.8
元氏县	29990	19.5	38452	15.9	44396	15.5
赵　县	65941	10.9	58246	7.5	67799	16.4
藁城市	165298	3.8	99199	–9.1	175123	76.5
晋州市	62427	9.9	70189	–13.0	83474	18.9
新乐市	65213	9.5	78072	17.2	78605	0.7
鹿泉市	74401	45.1	76551	8.0	87092	13.8
辛集市	170904	6.7	162748	–1.1	191589	17.7

1996—2016 年分县（市）区规模以上工业增加值（三）

14—7 续 2　　计量单位：万元、%

行政单位	2002 年	增长速度	2003 年	增长速度	2004 年	增长速度
全　市	**3129643**	**14.8**	**3690543**	**21.2**	**4497107**	**25.0**
市　区	1667623	13.4	1860034		2036054	
# 长安区	80287	19.2	102227	47.7	149859	60.3
桥东区	49327	7.5	42492	13.2	48135	30.0
桥西区	23713	2.0	23416	22.4	22455	43.9
新华区	77686	19.7	111911	47.7	147514	21.4
裕华区	45985	5.5	71457	37.5	167346	48.0
矿　区	24207	24.4	31896	23.2	58237	64.4
高新区	119085	60.0	134152	22.1		
井陉县	38815	29.1	47377	31.9	72804	40.3
正定县	138752	30.5	185661	33.9	229183	37.3
栾城县	49635	16.2	62602	34.0	100399	35.4
行唐县	62366	20.0	90464	35.8	128412	35.0
灵寿县	35501	17.1	46416	25.1	60514	35.2
高邑县	45759	3.5	57265	23.5	64367	27.9
深泽县	36826	32.8	41478	35.0	56134	26.3
赞皇县	20689	12.8	28106	35.2	45013	52.8
无极县	80629		111669	25.4	142366	36.3
平山县	83431	10.6	118511	34.7	222305	32.1
元氏县	53468	20.4	66420	25.6	96772	40.2
赵　县	79847	17.8	91072	18.6	155938	37.6
藁城市	215525	23.1	259141	27.0	277964	27.0
晋州市	90578	8.9	100952	24.6	122311	50.7
新乐市	90004	14.5	123787	42.0	151329	41.9
鹿泉市	109209	25.4	138887	18.2	226499	39.2
辛集市	230988	20.6	228807	16.8	308744	26.1

1996—2016 年分县（市）区规模以上工业增加值（四）

14—7 续 3　　计量单位：万元、%

行政单位	2005 年	增长速度	2006 年	增长速度	2007 年	增长速度
全　市	**5715862**	**22.9**	**6793372**	**19.8**	**9093131**	**20.4**
市　区	2362135		2134535		2619414	
# 长安区	205893	35.8	563108	10.7	662917	6.7
桥东区	50443	15.5	105659	12.3	106795	7.8
桥西区	27904	26.0	325565	7.6	487695	16.0
新华区	178732	16.5	221281	1.7	208474	7.6
裕华区	108061	27.5	242662	10.7	265034	4.1
矿　区	82887	39.1	96568	19.8	137637	20.6
高新区	104225	15.1	138692	17.8	167207	16.6
井陉县	113305	49.7	166036	30.4	249230	26.1
正定县	310336	40.5	436137	29.6	618060	29.5
栾城县	129541	44.9	168720	26.1	246312	29.1
行唐县	165628	38.2	241073	29.6	330805	27.3
灵寿县	81441	45.2	114352	33.2	157806	28.3
高邑县	89910	22.2	109832	18.5	110045	5.1
深泽县	77464	36.7	102891	32.5	143494	26.9
赞皇县	57949	34.7	112666	38.1	154777	28.6
无极县	199330	31.0	297406	37.4	390796	26.3
平山县	280619	50.4	447857	25.7	678107	25.7
元氏县	138781	40.1	197996	29.0	275833	20.2
赵　县	214134	31.2	276549	25.6	378235	22.4
藁城市	381845	37.5	533966	29.4	715901	29.4
晋州市	182542	37.5	234055	28.8	377238	29.2
新乐市	219447	41.1	283385	25.8	413496	28.5
鹿泉市	294043	24.2	430204	28.8	587491	29.6
辛集市	417413	47.5	505713	24.1	646091	27.0

1996—2016 年分县（市）区规模以上工业增加值（五）

14—7 续 4　　　　计量单位：万元、%

行政单位	2008 年	增长速度	2009 年	增长速度	2010 年	增长速度
全　市	**10958092**	**13.2**	**12032000**	**13.0**	**13401037**	**16.5**
市　区	763531					
#长安区	624344	-4.4	385815	-8.9	346360	1.3
桥东区	97371	-4.2	89618	-9.1	59122	1.0
桥西区	568732	9.4	550904	-0.5	355217	24.1
新华区	199813	-17.6	78768	-12.2	79993	3.4
裕华区	260786	0.1	207139	-7.5	75103	1.1
矿　区	191300	11.9	210135	11.0	226375	17.0
高新区	191159	16.1	241746	19.0	289047	17.2
井陉县	319163	18.3	370351	18.2	353035	0.8
正定县	745574	19.8	884236	16.2	677580	16.8
栾城县	341042	26.6	412335	20.9	448563	18.4
行唐县	405371	25.4	484277	16.3	445091	18.0
灵寿县	211070	25.8	254000	19.6	264654	19.2
高邑县	114064	8.0	136102	19.4	139986	19.6
深泽县	171949	20.0	199244	19.4	221541	18.1
赞皇县	203325	26.7	243464	19.5	281219	19.7
无极县	420720	12.6	468826	14.7	535070	15.5
平山县	841816	8.8	861673	19.0	943466	17.1
元氏县	278461	9.0	310358	17.7	309249	19.2
赵　县	511917	22.7	618212	17.7	674939	17.6
藁城市	994130	27.0	1172372	19.3	1491275	18.5
晋州市	481900	26.7	570696	20.0	574209	19.0
新乐市	461809	16.5	565520	19.0	504195	17.1
鹿泉市	760254	24.5	965075	20.0	973494	15.7
辛集市	798490	20.8	941652	19.1	1242138	19.1

1996—2016年分县（市）区规模以上工业增加值（六）

14—7 续5　　计量单位：万元、%

行政单位	2011年	增长速度	2012年	增长速度	2013年	增长速度
全　市	**17462733**	**16.2**	**18001836**	**13.5**	**19553917**	**10.8**
# 长安区	345236	2.2	233901	–6.7	214722	–5.7
桥东区	52056	1.0	57866	0.7	55763	–5.5
桥西区	334512	6.5	24098	12.6	26858	9.6
新华区	96651	18.3	106877	0.8	80718	5.1
裕华区	192989	13.7	160313	15.2	172799	7.8
矿　区	437952	18.7	569430	7.1	542047	5.2
高新区	421619	18.3	723808	17.2	900528	13.6
井陉县	536386	18.6	476659	11.5	477292	7.7
正定县	838009	5.4	886406	7.7	835711	5.1
栾城县	594908	19.6	630240	15.3	765845	12.0
行唐县	625399	20.1	510925	16.8	540883	13.4
灵寿县	414954	18.4	427844	12.1	430370	12.8
高邑县	250765	20.4	260957	17.6	300413	13.6
深泽县	355720	20.1	360550	17.3	421638	13.4
赞皇县	405177	19.8	428882	15.8	496344	13.3
无极县	630671	19.9	648055	17.3	776540	13.8
平山县	1206220	11.5	1286685	2.5	1236685	13.1
元氏县	608278	19.4	618582	17.4	705466	13.2
赵　县	987580	19.0	1010141	15.7	1046974	12.4
藁城市	2012215	18.5	3076228	17.1	3342551	10.8
晋州市	861285	20.3	1018414	17.5	1205102	15.3
新乐市	689922	20.0	697719	17.1	792230	12.5
鹿泉市	1409265	18.2	1402527	0.2	1549669	10.7
辛集市	1713623	19.4	1849461	12.8	2075827	10.2

1996—2016 年分县（市）区规模以上工业增加值（七）

14—7 续 6 计量单位：万元、%

行政单位	2014 年	增长速度	2015 年	增长速度
全 市	**20716674**	**8.0**	**21172567**	**6.0**
长安区	217354	-7.0	197239	-0.7
桥西区	63692	5.5	56780	
新华区	77174	-1.9	46837	5.9
裕华区	123375	-1.3	129847	-5.7
矿 区	453601	-13.8	406773	6.5
藁城区	3484851	11.2	3756352	6.4
鹿泉区	1686971	8.2	1653782	6.2
栾城区	899057	11.5	984074	6.3
高新区	1099343	12.4	1167473	6.1
循环化工区	288171	-11.4	384666	73.2
井陉县	476509	-1.6	341132	3.5
正定县	896797	9.4	997074	6.3
行唐县	580582	12.3	634806	7.4
灵寿县	364158	-9.0	360216	5.6
高邑县	329628	12.5	360770	7.4
深泽县	483964	12.4	525406	7.8
赞皇县	513666	5.3	473640	4.4
无极县	856093	11.2	897463	7.2
平山县	1220466	3.3	926050	4.0
元氏县	820015	8.3	863256	7.7
赵 县	1046993	8.6	1067907	7.6
晋州市	1368353	12.6	1472440	7.9
新乐市	854609	10.0	923936	7.5
辛集市	2204262	7.6	2202197	5.8

1996—2016 年分县（市）区规模以上工业增加值（七）

14—7 续 7　　计量单位：万元、%

行政单位	2016 年	增长速度
全　市	**21902784**	4.6
# 长安区		
桥东区	234121	1.0
桥西区	57900	4.2
新华区	46143	−1.3
裕华区	119881	−25.6
矿　区	338693	1.7
高新区	3879621	4.5
井陉县	1601008	4.8
正定县	1001692	6.4
栾城县	1286379	6.9
行唐县	1221173	4.6
灵寿县	337507	−3.1
高邑县	1003247	6.5
深泽县	587732	−3.0
赞皇县	281573	−3.2
无极县	374966	5.5
平山县	552952	5.7
元氏县	468913	5.0
赵　县	926148	7.0
藁城市	1059697	6.1
晋州市	866941	5.7
新乐市	1115094	5.5
鹿泉市	1546125	5.7
辛集市	1005122	5.9
辛集市	2249627	5.2

1995—2016 年分县（市）区社会消费品零售额（一）

14—8　　　计量单位：万元、%

行政单位	1995 年	1996 年	增长速度	1997 年	增长速度	1998 年	增长速度
全　市	**1652151**	**2011506**	**21.8**	**2380487**	**18.3**	**2680216**	**12.6**
市　区	882872	943119	6.8	1059334	12.3	1109504	4.7
#长安区						14513	
桥东区						8444	
桥西区						9784	
新华区						49338	
裕华区						47443	
矿　区						7818	
井陉县	26329	32266	22.5	33033	2.4	34124	3.3
正定县	80745	98870	22.4	137229	38.8	158230	15.3
栾城县	47502	71665	50.9	84901	18.5	101140	19.1
行唐县	20847	40401	93.8	43724	8.2	52711	20.6
灵寿县	13680	20110	47.0	31113	54.7	36864	18.5
高邑县	13975	17961	28.5	23368	30.1	29258	25.2
深泽县	14363	18963	32.0	31328	65.2	40105	28.0
赞皇县	15382	19921	29.5	26895	35.0	34790	29.4
无极县	45879	63723	38.9	83307	30.7	104090	24.9
平山县	25713	32984	28.3	36160	9.6	42703	18.1
元氏县	24680	34726	40.7	38411	10.6	48404	26.0
赵　县	50627	72499	43.2	90212	24.4	108937	20.8
藁城市	83081	115102	38.5	152009	32.1	180191	18.5
晋州市	62415	72498	16.2	93708	29.3	107458	14.7
新乐市	82238	98425	19.7	110105	11.9	127203	15.5
鹿泉市	60682	69289	14.2	86889	25.4	101076	16.3
辛集市	101141	188984	86.9	218763	15.8	263429	20.4

1995—2016 年分县（市）区社会消费品零售额（二）

14—8 续 1　　计量单位：万元、%

行政单位	1999 年	增长速度	2000 年	增长速度	2001 年	增长速度
全　市	**2967588**	**10.7**	**3308804**	**11.5**	**3690981**	**11.6**
市　区	1171916	5.6	1269933	8.4	1560183	22.9
# 长安区	16955	16.8	19769	16.6	25378	28.4
桥东区	8905	5.5	9800	10.1	16473	68.1
桥西区	10035	2.6	11216	11.8	38132	240.0
新华区	55270	12.0	63180	14.3	85771	35.8
裕华区	55100	16.1	63841	15.9	30192	-52.7
矿　区	7834	0.2	9533	21.7	10479	9.9
井陉县	39113	14.6	46068	17.8	51179	11.1
正定县	179321	13.3	202677	13.0	150638	-25.7
栾城县	120292	18.9	135651	12.8	96173	-29.1
行唐县	60230	14.3	68405	13.6	78553	14.8
灵寿县	42457	15.2	48092	13.3	54298	12.9
高邑县	34721	18.7	40391	16.3	44835	11.0
深泽县	44933	12.0	50800	13.1	56384	11.0
赞皇县	40643	16.8	45928	13.0	51256	11.6
无极县	121821	17.0	138956	14.1	156793	12.8
平山县	49963	17.0	56992	14.1	64400	13.0
元氏县	56177	16.1	63854	13.7	73606	15.3
赵　县	128299	17.8	145226	13.2	161202	11.0
藁城市	195539	8.5	219087	12.0	244117	11.4
晋州市	119726	11.4	134242	12.1	150169	11.9
新乐市	131973	3.7	148011	12.2	144061	-2.7
鹿泉市	120110	18.8	138143	15.0	159366	15.4
辛集市	310354	17.8	352000	13.4	390742	11.0

1995—2016 年分县（市）区社会消费品零售额（三）

14—8 续 2 计量单位：万元、%

行政单位	2002 年	增长速度	2003 年	增长速度	2004 年	增长速度
全 市	**4115390**	**11.5**	**4566056**	**11.0**	**5270997**	**15.4**
市 区	1725318	10.6	1843573	6.9	2225366	20.7
# 长安区	28271	11.4	33783	19.5	312870	826.1
桥东区	18860	14.5	21142	12.1	199902	845.5
桥西区	42311	11.0	32605	–22.9	141704	334.6
新华区	91787	7.0	94586	3.0	459481	385.8
裕华区	33634	11.4	40192	19.5	231620	476.3
矿 区	11689	11.5	13227	13.2	25143	90.1
井陉县	57238	11.8	66058	15.4	83215	26.0
正定县	170222	13.0	196622	15.5	219497	11.6
栾城县	110557	15.0	128248	16.0	146273	14.1
行唐县	88675	12.9	103294	16.5	116515	12.8
灵寿县	60756	11.9	69411	14.2	77012	11.0
高邑县	51443	14.7	59285	15.2	66319	11.9
深泽县	62755	11.3	72482	15.5	82746	14.2
赞皇县	58037	13.2	67099	15.6	77943	16.2
无极县	176392	12.5	201087	14.0	226535	12.7
平山县	73582	14.3	85207	15.8	100317	17.7
元氏县	83379	13.3	96103	15.3	101860	6.0
赵 县	178934	11.0	198324	10.8	219568	10.7
藁城市	271334	11.1	305063	12.4	342946	12.4
晋州市	167911	11.8	191218	13.9	216201	13.1
新乐市	159937	11.0	181075	13.2	200951	11.0
鹿泉市	184025	15.5	214389	16.5	236493	10.3
辛集市	434897	11.3	487519	12.1	531241	9.0

注：2004 年各区增速过高是由于实行在地统计，数据不可比。

1995—2016 年分县（市）区社会消费品零售额（四）

14—8 续 3　　计量单位：万元、%

行政单位	2005 年	增长速度	2006 年	增长速度	2007 年	增长速度
全　市	**6096501**	**15.7**	**7066493**	**15.9**	**8352212**	**18.2**
市　区	2535350	13.9	2969429	17.1	3562081	20.0
#长安区	363471	16.2	423702	16.6	499901	18.0
桥东区	231428	15.8	269600	16.5	322162	19.5
桥西区	164194	15.9	191237	16.5	228713	19.6
新华区	532869	16.0	621678	16.7	716647	15.3
裕华区	269547	16.4	320600	18.9	377910	17.9
矿　区	29108	15.8	33710	15.8	39501	17.2
井陉县	98517	18.4	114147	15.9	134043	17.4
正定县	259858	18.4	300982	15.8	357542	18.8
栾城县	172728	18.1	199777	15.7	234502	17.4
行唐县	136884	17.5	158138	15.5	184883	16.9
灵寿县	90630	17.7	104743	15.6	122272	16.7
高邑县	77846	17.4	89539	15.0	103051	15.1
深泽县	97212	17.5	112260	15.5	130670	16.4
赞皇县	91961	18.0	106399	15.7	124429	16.9
无极县	266594	17.7	307648	15.4	358943	16.7
平山县	118966	18.6	137851	15.9	161426	17.1
元氏县	119666	17.5	138374	15.6	161150	16.5
赵　县	253311	15.4	292482	15.5	343089	17.3
藁城市	399446	16.5	462204	15.7	539287	16.7
晋州市	254215	17.6	294273	15.8	343638	16.8
新乐市	234260	16.6	270763	15.6	316196	16.8
鹿泉市	278551	17.8	321960	15.6	375850	16.7
辛集市	610207	14.9	685524	12.3	799163	16.6

1995—2016 年分县（市）区社会消费品零售额（五）

14—8 续 4　　计量单位：万元、%

行政单位	2008 年	增长速度	2009 年	增长速度	2010 年	增长速度
全　市	**10279944**	**23.1**	**11905536**	**15.8**	**14098923**	**18.4**
市　区	4377790	22.9	4952250	13.1	5844284	19.3
# 长安区	640240	28.1	769778	20.2	920660	19.6
桥东区	408375	26.8	491076	20.3	587925	19.7
桥西区	292336	27.8	351389	20.2	419910	19.5
新华区	857156	19.6	998907	16.5	1173716	17.5
裕华区	472401	25.0	567520	20.1	678158	19.5
矿　区	48760	23.4	57818	18.6	68341	18.2
高新区						
井陉县	165864	23.7	197815	19.3	234213	18.4
正定县	440987	23.3	525715	19.2	623172	18.5
栾城县	289157	23.3	344925	19.3	408047	18.3
行唐县	227842	23.2	269896	18.5	318207	17.9
灵寿县	150930	23.4	179922	19.2	212308	18
高邑县	125679	22.0	148043	17.8	173507	17.2
深泽县	160508	22.8	190783	18.9	223789	17.3
赞皇县	153468	23.3	183648	19.7	216888	18.1
无极县	437426	21.9	519968	18.9	610483	17.4
平山县	202585	25.5	243032	20.0	289028	18.9
元氏县	198829	23.4	234095	17.7	274359	17.2
赵　县	422311	23.1	499957	18.4	585450	17.1
藁城市	660884	22.5	783099	18.5	920660	17.6
晋州市	423902	23.4	503417	18.8	593565	17.9
新乐市	391421	23.8	466431	19.2	550389	18
鹿泉市	463763	23.4	550642	18.7	648106	17.7
辛集市	986599	23.5	1165083	18.1	1372468	17.8

1995—2016 年分县（市）区社会消费品零售额（六）

14—8 续 5 计量单位：万元、%

行政单位	2011 年	增长速度	2012 年	增长速度	2013 年	增长速度
全　市	**16629864**	**18.0**	**19157615**	**15.2**	**21797294**	**13.8**
市　区	7050835	20.6	8117742	15.1	9254965	14.0
# 长安区	1360731	21.0	1621992	19.2	1866100	15.0
桥东区	1983646	21.0	2261356	14.0	2585859	14.3
桥西区	900713	28.4	1041224	15.6	1189597	14.2
新华区	1233327	20.8	1407226	14.1	1613383	14.6
裕华区	973152	20.8	1110366	14.1	1263040	13.7
矿　区	81960	20.2	94991	15.9	107768	13.4
高新区	517308	18.1	580587	12.2	629219	8.4
井陉县	275297	17.5	315765	14.7	360446	14.1
正定县	722245	15.9	833470	15.4	946405	13.5
栾城县	472578	15.8	543937	15.1	617640	13.5
行唐县	368003	15.6	424308	15.3	480953	13.3
灵寿县	248811	17.2	288869	16.1	329166	13.9
高邑县	202474	16.7	233453	15.3	263918	13.0
深泽县	257999	15.3	295666	14.6	335729	13.5
赞皇县	254233	17.2	294656	15.9	335760	13.9
无极县	712232	16.7	815506	14.5	923560	13.2
平山县	335696	16.1	391085	16.5	443686	13.4
元氏县	319778	16.6	369343	15.5	417542	13.0
赵　县	684852	17.0	787580	15.0	898234	14.0
藁城市	1065379	15.7	1225186	15.0	1393648	13.7
晋州市	686448	15.6	799025	16.4	912885	14.2
新乐市	636572	15.7	732695	15.1	832707	13.6
鹿泉市	747626	15.4	859022	14.9	976277	13.6
辛集市	1588807	15.8	1830306	15.2	2073774	13.3

1995—2016 年分县（市）区社会消费品零售额（七）

14—8 续 6　　　　计量单位：万元、%

行政单位	2014 年	增长速度	2015 年	增长速度	2016 年	增长速度
全　市	**24518107**	**12.5**	**26930343**	**9.8**	**29752321**	**10.5**
市　区	13812942		15184713	9.9	16740689	10.2
长安区	2511356	13.3	2766081	10.1	3049787	10.3
桥西区	3870251	13.0	4262487	10.1	4695323	10.2
新华区	1824736	13.1	2001747	9.7	2206927	10.3
裕华区	1428499	13.1	1566976	9.7	1719940	9.8
矿　区	120053	11.4	131929	9.9	146045	10.7
藁城区	1440176		1575490	9.4	1738640	10.4
鹿泉区	1097336	12.4	1208176	10.1	1339267	10.9
栾城区	694845	12.5	765745	10.2	846615	10.6
高新区	698433	11.0	766892	9.8	846349	10.4
循环化工园区	127257		139190	9.4	151796	9.1
井陉县	404781	12.3	444452	9.8	494031	11.2
正定县	1064705	12.5	1170018	9.9	1293539	10.6
行唐县	536743	11.6	589387	9.8	647536	9.9
灵寿县	367020	11.5	403702	10.0	448717	11.2
高邑县	294796	11.7	323977	9.9	359222	10.9
深泽县	374673	11.6	410255	9.5	454773	10.9
赞皇县	375044	11.7	411422	9.7	458125	11.4
无极县	1033463	11.9	1130529	9.4	1260040	11.5
平山县	495154	11.6	543182	9.7	602188	10.9
元氏县	467647	12.0	512364	9.6	566986	10.7
赵　县	1008717	12.3	1105511	9.6	1219984	10.4
晋州市	1023345	12.1	1123665	9.8	1245644	10.9
新乐市	929301	11.6	1020433	9.8	1138324	11.6
辛集市	2329777	12.3	2556734	9.7	2822523	10.4

1997—2016 年分县（市）区金融机构人民币存款（一）

14—9　　计量单位：万元、%

行政单位	1997 年	1998 年	增长速度	1999 年	增长速度
全　市	**8197859**	**9914433**	**20.9**	**12110368**	**22.1**
市　区	5025209	6148400	22.4	7691094	25.1
井陉县	191379	215788	12.8	231939	7.5
正定县	313710	389673	24.2	462817	18.8
栾城县	177334	205229	15.7	219680	7.0
行唐县	121009	147173	21.6	160685	9.2
灵寿县	99072	118041	19.1	135030	14.4
高邑县	57225	65828	15.0	79496	20.8
深泽县	147121	173069	17.6	202049	16.7
赞皇县	79814	92932	16.4	99592	7.2
无极县	187613	235926	25.8	265044	12.3
平山县	159305	195618	22.8	214134	9.5
元氏县	133462	149195	11.8	168143	12.7
赵　县	151351	176390	16.5	192836	9.3
藁城市	299102	347306	16.1	433007	24.7
晋州市	273354	311559	14.0	402973	29.3
新乐市	134890	160716	19.1	198527	23.5
鹿泉市	275280	324944	18.0	363730	11.9
辛集市	371629	456646	22.9	589592	29.1

1997—2016 年分县（市）区金融机构人民币存款（二）

14—9 续 1　　计量单位：万元、%

行政单位	2000 年	增长速度	2001 年	增长速度	2002 年	增长速度
全　市	**13131544**	**8.4**	**14551507**	**10.8**	**16710618**	**14.8**
市　区	8493818	10.4	9562632	12.6	11311755	18.3
井 陉 县	247259	6.6	260281	5.3	280407	7.7
正 定 县	498586	7.7	532530	6.8	572815	7.6
栾 城 县	234016	6.5	249706	6.7	264920	6.1
行 唐 县	166336	3.5	174296	4.8	181559	4.2
灵 寿 县	142748	5.7	156942	9.9	175513	11.8
高 邑 县	86579	8.9	92339	6.7	101114	9.5
深 泽 县	213251	5.5	222231	4.2	231762	4.3
赞 皇 县	105755	6.2	110260	4.3	119888	8.7
无 极 县	288630	8.9	311539	7.9	339969	9.1
平 山 县	227082	6.0	243371	7.2	257059	5.6
元 氏 县	176546	5.0	195650	10.8	215149	10.0
赵　县	195676	1.5	204950	4.7	221827	8.2
藁 城 市	441138	1.9	489755	11.0	549320	12.2
晋 州 市	414103	2.8	440922	6.5	471035	6.8
新 乐 市	200580	1.0	220957	10.2	241391	9.2
鹿 泉 市	394449	8.4	425288	7.8	453453	6.6
辛 集 市	604992	2.6	657860	8.7	721676	9.7

1997—2016 年分县（市）区金融机构人民币存款（三）

14—9 续 2　　计量单位：万元、%

行政单位	2003 年	增长速度	2004 年	增长速度	2005 年	增长速度	2006 年	增长速度
全　市	**19322801**	**15.6**	**22088668**	**14.3**	**25741536**	**16.5**	**29684213**	**15.3**
市　区	13310798	17.7	15331653	15.2	18216740	18.8	21112978	15.9
井陉县	302764	8.0	341850	12.9	378824	10.8	436511	15.2
正定县	623868	8.9	702302	12.6	783093	11.5	890514	13.7
栾城县	299586	13.1	351679	17.4	421827	19.9	456182	8.1
行唐县	185398	2.1	215436	16.2	232852	8.1	281331	20.8
灵寿县	193084	10.0	218317	13.1	244801	12.1	278099	13.6
高邑县	115898	14.6	130076	12.2	143045	10.0	168780	18.0
深泽县	250770	8.2	273089	8.9	274105	0.4	312537	14.0
赞皇县	137210	14.4	155865	13.6	151546	–2.8	172826	14.0
无极县	382617	12.5	403541	5.5	434532	7.7	477904	10.0
平山县	295394	14.9	358449	21.3	422679	17.9	474505	12.3
元氏县	247578	15.1	279073	12.7	297686	6.7	360227	21.0
赵　县	249063	12.3	275234	10.5	311499	13.2	359549	15.4
藁城市	602771	9.7	711798	18.1	747432	5.0	838214	12.1
晋州市	519084	10.2	573267	10.4	641986	12.0	733340	14.2
新乐市	268222	11.1	294824	9.9	321220	9.0	386121	20.2
鹿泉市	515257	13.6	584191	13.4	649511	11.2	755617	16.3
辛集市	823439	14.1	888022	7.8	1008502	13.6	1158499	14.9

1997—2016 年分县（市）区金融机构人民币存款（四）

14—9 续 3　　计量单位：万元、%

行政单位	2007 年	增长速度	2008 年	增长速度	2009 年	增长速度	2010 年	增长速度
全　市	**33313230**	**12.2**	**41115628**	**23.4**	**51630561**	**25.6**	**61155028**	**18.5**
市　区	23677068	12.1	29354583	24.0	37950523	29.3	42992706	13.3
井陉县	505895	15.9	633495	25.2	722930	14.1	786016	8.7
正定县	954551	7.2	1166436	22.2	1474407	26.4	1800211	22.1
栾城县	498696	9.3	570405	14.4	716579	25.6	849075	18.5
行唐县	343051	21.9	447880	30.6	499390	11.5	591024	18.3
灵寿县	334197	20.2	437876	31.0	497998	13.7	582058	16.9
高邑县	186227	10.3	248267	33.3	301969	21.6	353955	17.2
深泽县	344208	10.1	426028	23.8	493897	15.9	566576	14.7
赞皇县	224108	29.7	268114	19.6	314729	17.4	387313	23.1
无极县	529512	10.8	655358	23.8	731779	11.7	841076	14.9
平山县	565302	19.1	682337	20.7	819265	20.1	964011	17.7
元氏县	406201	12.8	536028	32.0	595994	11.2	686310	15.2
赵　县	408068	13.5	482435	18.2	569681	18.1	658086	15.5
藁城市	930715	11.0	1124310	20.8	1278988	13.8	1464389	14.5
晋州市	826082	12.6	993135	20.2	1100914	10.9	1248525	13.4
新乐市	438083	13.5	535167	22.2	612333	14.4	701097	14.5
鹿泉市	856353	13.3	1001544	17.0	1266154	26.4	1489307	17.6
辛集市	1284911	10.9	1552231	20.8	1683032	8.4	1868340	11.0

1997—2016 年分县（市）区金融机构人民币存款（五）

14—9 续 4　　计量单位：万元、%

行政单位	2011 年	增长速度	2012 年	增长速度	2013 年	增长速度
全　市	**67153408**	**9.8**	**76407468**	**13.8**	**85933883**	**12.7**
市　区	48787267	13.5	55355537	13.5	61930954	12.0
井陉县	960502	22.2	1073757	11.8	1190867	10.9
正定县	2206751	22.6	2501722	13.4	2970746	18.8
栾城县	986233	16.2	1125133	14.1	1243735	10.5
行唐县	690583	16.8	806722	16.8	940978	16.6
灵寿县	681355	17.1	782289	14.8	857459	9.6
高邑县	422097	19.3	488820	15.8	561271	14.8
深泽县	661251	16.7	748395	13.2	835547	11.7
赞皇县	454469	17.3	503862	10.9	584458	16.0
无极县	972318	15.6	1117475	14.9	1247000	11.6
平山县	1126485	16.9	1284761	14.1	1436544	11.8
元氏县	757197	10.3	904145	19.4	982430	8.7
赵　县	775544	17.8	910225	17.4	1040582	14.3
藁城市	1670952	14.1	1965857	17.6	2323886	18.2
晋州市	1399499	12.1	1607327	14.9	1735599	8.0
新乐市	805741	14.9	947355	17.6	1088235	14.9
鹿泉市	1711680	14.9	1894316	10.7	2196260	15.9
辛集市	2083484	11.5	2389770	14.7	2767332	15.8

1997—2016年分县（市）区金融机构人民币存款（六）

14—9 续5　　　　计量单位：万元、%

行政单位	2014年	增长速度	2015年	增长速度	2016年	增长速度
全　市	**91246125**	**6.0**	**98001484**	**7.4**	**110779001**	**13.0**
市　区	70907525		74957487	5.7	83929973	12.0
井陉县	1282311	7.7	1351801	5.4	1541938	14.1
正定县	3185485	7.2	3742747	17.5	5243466	40.1
行唐县	1146979	21.9	1349933	17.7	1538712	14.0
灵寿县	955591	11.4	1056083	10.5	1238752	17.3
高邑县	584413	4.1	650014	11.2	726016	11.7
深泽县	939940	12.5	1034662	10.1	1130884	9.3
赞皇县	704061	20.5	764244	8.6	933320	22.1
无极县	1353243	8.5	1579787	16.7	1738956	10.1
平山县	1608029	11.9	1781347	10.8	2065119	15.9
元氏县	1188834	21.0	1447346	21.7	1695509	17.1
赵　县	1203414	15.7	1349501	12.1	1469252	8.9
晋州市	1879990	8.3	2045300	8.8	2355029	15.1
新乐市	1222596	12.4	1403781	14.8	1615867	15.1
辛集市	3083713	11.4	3282352	6.4	3556209	8.3

1997—2016 年分县（市）区金融机构人民币贷款（一）

14—10 计量单位：万元、%

行政单位	1997 年	1998 年	增长速度	1999 年	增长速度
全 市	**5656900**	**6637592**	**17.3**	**9107667**	**37.2**
市 区	3292109	4053042	23.1	6237687	53.9
井陉县	101119	98918	-2.2	104284	5.4
正定县	206600	234528	13.5	276178	17.8
栾城县	159604	171165	7.2	182019	6.3
行唐县	80853	88229	9.1	91776	4.0
灵寿县	93162	98933	6.2	95962	-3.0
高邑县	64856	76786	18.4	86454	12.6
深泽县	78191	86178	10.2	102750	19.2
赞皇县	83167	88121	6.0	88532	0.5
无极县	144588	152741	5.6	162667	6.5
平山县	126540	142997	13.0	151675	6.1
元氏县	134209	145234	8.2	155686	7.2
赵 县	163922	181592	10.8	193445	6.5
藁城市	244997	266150	8.6	330137	24.0
晋州市	151278	158429	4.7	202921	28.1
新乐市	118745	123732	4.2	153769	24.3
鹿泉市	165986	186975	12.6	196499	5.1
辛集市	246974	283842	14.9	295226	4.0

1997—2016 年分县（市）区金融机构人民币贷款（二）

14—10 续 1　　计量单位：万元、%

行政单位	2000 年	增长速度	2001 年	增长速度	2002 年	增长速度
全　市	**9738267**	**6.9**	**10350991**	**6.3**	**13059556**	**26.2**
市　区	6939550	11.3	7450288	7.4	9981918	34.0
井陉县	97820	-6.2	103070	5.4	120950	17.3
正定县	271938	-1.5	279662	2.8	295437	5.6
栾城县	149602	-17.8	159284	6.5	173688	9.0
行唐县	91345	-0.5	102512	12.2	111165	8.4
灵寿县	89625	-6.6	92791	3.5	101323	9.2
高邑县	89803	3.9	91504	1.9	94887	3.7
深泽县	99741	-2.9	102128	2.4	109357	7.1
赞皇县	79156	-10.6	79181	0.0	87387	10.4
无极县	163742	0.7	175680	7.3	191869	9.2
平山县	144646	-4.6	149875	3.6	163959	9.4
元氏县	161580	3.8	159813	-1.1	172984	8.2
赵　县	200388	3.6	206674	3.1	211211	2.2
藁城市	307626	-6.8	317394	3.2	301448	-5.0
晋州市	206264	1.6	212452	3.0	225886	6.3
新乐市	148917	-3.2	148668	-0.2	155049	4.3
鹿泉市	214628	9.2	236676	10.3	256130	8.2
辛集市	281896	-4.5	283339	0.5	306937	8.3

1997—2016 年分县（市）区金融机构人民币贷款（三）

14—10 续 2　　计量单位：万元、%

行政单位	2003 年	增长速度	2004 年	增长速度	2005 年	增长速度
全　市	**13774386**	**5.5**	**14748123**	**7.1**	**15610128**	**5.8**
市　区	10547366	5.7	11352218	7.6	12446474	9.6
井陉县	126161	4.3	155372	23.2	151840	-2.3
正定县	311211	5.3	320787	3.1	279590	-12.8
栾城县	178549	2.8	200213	12.1	217991	8.9
行唐县	109102	-1.9	112476	3.1	96020	-14.6
灵寿县	100578	-0.7	109515	8.9	95452	-12.8
高邑县	94670	-0.2	101655	7.4	90442	-11.0
深泽县	107209	-2.0	105555	-1.5	101941	-3.4
赞皇县	91839	5.1	100934	9.9	79871	-20.9
无极县	192568	0.4	193203	0.3	174697	-9.6
平山县	188322	14.9	202902	7.7	193996	-4.4
元氏县	186632	7.9	188193	0.8	175843	-6.6
赵　县	197051	-6.7	198044	0.5	186565	-5.8
藁城市	319196	5.9	332015	4.0	287035	-13.5
晋州市	226804	0.4	229126	1.0	214745	-6.3
新乐市	172388	11.2	184310	6.9	222816	20.9
鹿泉市	311751	21.7	343173	10.1	318169	-7.3
辛集市	312989	2.0	318432	1.7	276641	-13.1

1997—2016 年分县（市）区金融机构人民币贷款（四）

14—10 续 3　　　　计量单位：万元、%

行政单位	2006 年	增长速度	2007 年	增长速度	2008 年	增长速度
全　市	**17315169**	**10.9**	**18393687**	**6.2**	**20799327**	**13.1**
市　区	13784691	10.8	14501558	5.2	17299183	19.3
井陉县	175806	15.8	189990	8.1	161771	−14.9
正定县	288082	3.0	346620	20.3	361448	4.3
栾城县	225670	3.5	230339	2.1	211095	−8.4
行唐县	105693	10.1	113085	7.0	101310	−10.4
灵寿县	107739	12.9	121263	12.6	117595	−3.0
高邑县	102023	12.8	101131	−0.9	81409	−19.5
深泽县	108902	6.8	113081	3.8	102782	−9.1
赞皇县	90723	13.6	100870	11.2	85514	−15.2
无极县	168688	−3.4	175450	4.0	153798	−12.3
平山县	213556	10.1	242021	13.3	175793	−27.4
元氏县	197353	12.2	197678	0.2	190986	−3.4
赵　县	222898	19.5	201686	−9.5	200139	−0.8
藁城市	376522	31.2	457561	21.5	350154	−23.5
晋州市	227574	6.0	247896	8.9	257046	3.7
新乐市	244828	9.9	266960	9.0	215661	−19.2
鹿泉市	368902	15.9	424832	15.2	427200	0.6
辛集市	305519	10.4	361664	18.4	306443	−15.3

1997—2016 年分县（市）区金融机构人民币贷款（五）

14—10 续 4　　计量单位：万元、%

行政单位	2009 年	增长速度	2010 年	增长速度
全　市	**28865696**	**38.8**	**32720979**	**13.4**
市　区	24231048	40.1	26219403	8.2
井陉县	267119	65.1	331011	23.9
正定县	478347	32.3	710170	48.5
栾城县	262050	24.1	314539	20.0
行唐县	125929	24.3	178851	42.0
灵寿县	148897	26.6	168737	13.3
高邑县	108653	33.5	142801	31.4
深泽县	116809	13.6	151307	29.5
赞皇县	106962	25.1	153612	43.6
无极县	186955	21.6	226115	20.9
平山县	218361	24.2	275416	26.1
元氏县	210053	10.0	251238	19.6
赵　县	230460	15.1	297605	29.1
藁城市	478186	36.6	630210	31.8
晋州市	336320	30.8	441472	31.3
新乐市	265734	23.2	278099	4.7
鹿泉市	647678	51.6	808933	24.9
辛集市	446132	45.6	553523	24.1

1997—2016年分县（市）区金融机构人民币贷款（六）

14—10续5 计量单位：万元、%

行政单位	2011年	增长速度	2012年	增长速度	2013年	增长速度
全 市	**36597860**	**11.8**	**39950667**	**9.2**	**45004998**	**12.9**
市 区	29296795	11.7	31519723	7.6	34884903	11.1
井陉县	351469	6.2	384027	9.3	466201	21.4
正定县	1121021	57.9	1465645	30.7	1946043	32.8
栾城县	385572	22.6	458521	18.9	548003	19.5
行唐县	219346	22.6	269156	22.7	301164	11.9
灵寿县	214281	27.0	257701	20.3	293962	14.1
高邑县	175698	23.0	214111	21.9	256139	19.6
深泽县	172584	14.1	179854	4.2	212115	17.9
赞皇县	208548	35.8	235289	12.8	258001	9.7
无极县	262898	16.3	249866	-5.0	288434	15.4
平山县	374274	35.9	441486	18.0	458558	3.9
元氏县	282462	12.4	372368	31.8	358350	-3.8
赵 县	336898	13.2	427802	27.0	464298	8.5
藁城市	719903	14.2	769641	6.9	888714	15.5
晋州市	504791	14.3	558213	10.6	693827	24.3
新乐市	320353	15.2	359065	12.1	455719	26.9
鹿泉市	959847	18.7	1047934	9.2	1199306	14.4
辛集市	691120	24.9	740265	7.1	1031262	39.3

1997—2016 年分县（市）区金融机构人民币贷款（七）

14—10 续 6　　计量单位：万元、%

行政单位	2014 年	增长速度	2015 年	增长速度	2016 年	增长速度
全　市	**50989203**	**13.0**	**61211043**	**20.1**	**71758899**	**17.2**
市　区	42469849		50863730	19.8	60051608	18.1
井陉县	458848	–1.6	531196	15.8	607906	14.4
正定县	2138083	9.9	2313868	8.2	2649250	14.5
行唐县	368116	22.2	401376	9.0	511926	27.5
灵寿县	334062	13.6	361830	8.3	477075	31.9
高邑县	247682	–3.3	288756	16.6	297038	2.9
深泽县	265753	25.3	300112	12.9	339326	13.1
赞皇县	302560	17.3	341265	12.8	385942	13.1
无极县	370323	28.4	426734	15.2	545970	27.9
平山县	518217	13.0	897015	73.1	989526	10.3
元氏县	481806	34.5	626558	30.0	744523	18.8
赵　县	511317	10.1	564590	10.4	673733	19.3
晋州市	766372	10.5	918986	19.9	1051009	14.4
新乐市	593940	30.3	711508	19.8	736758	3.5
辛集市	1162275	12.7	1490896	28.3	1697309	13.8

1996—2016 年分县（市）区城乡居民人民币储蓄存款（一）

14—11 计量单位：万元、%

行政单位	1996 年	1997 年	增长速度	1998 年	增长速度	1999 年	增长速度
全 市	**4223768**	**4857888**	**15.0**	**5941832**	**22.3**	**7092875**	**19.4**
市 区	1892453	2169085	14.6	2716587	25.2	3259295	20.0
井陉县	129507	150462	16.2	172827	14.9	192385	11.3
正定县	220307	256426	16.4	338198	31.9	411828	21.8
栾城县	130261	149094	14.5	173095	16.1	188394	8.8
行唐县	98437	112086	13.9	132786	18.5	145034	9.2
灵寿县	80690	87309	8.2	102662	17.6	118505	15.4
高邑县	43392	51315	18.3	60107	17.1	72029	19.8
深泽县	114732	132749	15.7	162650	22.5	191996	18.0
赞皇县	60793	68023	11.9	77969	14.6	85520	9.7
无极县	144437	175845	21.7	221033	25.7	243197	10.0
平山县	123624	141770	14.7	171660	21.1	180441	5.1
元氏县	107729	115407	7.1	132304	14.6	145923	10.3
赵 县	105390	125068	18.7	142532	14.0	174475	22.4
藁城市	213575	244522	14.5	288149	17.8	377022	30.8
晋州市	197558	238395	20.7	266911	12.0	354866	33.0
新乐市	101655	116710	14.8	144509	23.8	178144	23.3
鹿泉市	206700	232754	12.6	274596	18.0	307399	11.9
辛集市	252528	290868	15.2	363257	24.9	469422	29.2

1996—2016 年分县（市）区城乡居民人民币储蓄存款（二）

14—11 续 1　　计量单位：万元、%

行政单位	2000 年	增长速度	2001 年	增长速度	2002 年	增长速度
全　市	**7514860**	**5.9**	**8235602**	**9.6**	**9251029**	**12.3**
市　区	3929041	20.5	3943653	0.4	4658726	18.1
井陉县	202493	5.3	217003	7.2	233408	7.6
正定县	434413	5.5	459898	5.9	487313	6.0
栾城县	193949	2.9	204920	5.7	218220	6.5
行唐县	152711	5.3	161879	6.0	165108	2.0
灵寿县	127083	7.2	138584	9.0	155788	12.4
高邑县	78389	8.8	83705	6.8	92091	10.0
深泽县	201044	4.7	209272	4.1	220508	5.4
赞皇县	91669	7.2	97763	6.6	105805	8.2
无极县	266499	9.6	288318	8.2	311136	7.9
平山县	190674	5.7	200881	5.4	209772	4.4
元氏县	155133	6.3	169937	9.5	184328	8.5
赵　县	174653	0.1	184425	5.6	200265	8.6
藁城市	382872	1.6	415056	8.4	433776	4.5
晋州市	366679	3.3	391400	6.7	419175	7.1
新乐市	178555	0.2	192290	7.7	200237	4.1
鹿泉市	326028	6.1	325849	−0.1	364993	12.0
辛集市	497188	5.9	550769	10.8	590380	7.2

1996—2016 年分县（市）区城乡居民人民币储蓄存款（三）

14—11 续 2　　计量单位：万元、%

行政单位	2003 年	增长速度	2004 年	增长速度	2005 年	增长速度
全　市	**10444919**	**12.9**	**11894588**	**13.9**	**13551916**	**13.9**
市　区	5436477	16.7	6314369	16.1	7418651	17.5
井 陉 县	249483	6.9	275542	10.4	303792	10.3
正 定 县	527629	8.3	579859	9.9	633812	9.3
栾 城 县	245869	12.7	285131	16.0	310090	8.8
行 唐 县	165202	0.1	191407	15.9	208053	8.7
灵 寿 县	169063	8.5	186813	10.5	209050	11.9
高 邑 县	104068	13.0	116106	11.6	130750	12.6
深 泽 县	235009	6.6	252784	7.6	254864	0.8
赞 皇 县	120014	13.4	134628	12.2	132516	-1.6
无 极 县	337044	8.3	365607	8.5	383987	5.0
平 山 县	232835	11.0	273447	17.4	310792	13.7
元 氏 县	205982	11.7	235231	14.2	255387	8.6
赵　县	213825	6.8	237835	11.2	261973	10.1
藁 城 市	467139	7.7	530680	13.6	599963	13.1
晋 州 市	454340	8.4	503031	10.7	561204	11.6
新 乐 市	218368	9.1	237909	8.9	260700	9.6
鹿 泉 市	395003	8.2	438670	11.1	483864	10.3
辛 集 市	667569	13.1	735539	10.2	832469	13.2

1996—2016 年分县（市）区城乡居民人民币储蓄存款（四）

14—11 续 3　　计量单位：万元、%

行政单位	2006 年	增长速度	2007 年	增长速度	2008 年	增长速度
全　市	**15532428**	**14.6**	**16947183**	**9.1**	**21801690**	**28.6**
市　区	8549036	15.2	9115834	6.6	11982365	31.4
井陉县	339911	11.9	390372	14.8	499922	28.1
正定县	685058	8.1	736921	7.6	941836	27.8
栾城县	342677	10.5	371001	8.3	434484	17.1
行唐县	248660	19.5	303252	22.0	400343	32.0
灵寿县	235175	12.5	282455	20.1	382554	35.4
高邑县	149486	14.3	161695	8.2	216960	34.2
深泽县	283158	11.1	311422	10.0	391938	25.9
赞皇县	150544	13.6	177775	18.1	220247	23.9
无极县	432280	12.6	480424	11.1	598436	24.6
平山县	357692	15.1	417592	16.7	537691	28.8
元氏县	299038	17.1	335513	12.2	438137	30.6
赵　县	300836	14.8	335322	11.5	400258	19.4
藁城市	686323	14.4	763798	11.3	950779	24.5
晋州市	640164	14.1	716995	12.0	888400	23.9
新乐市	313728	20.3	356947	13.8	452934	26.9
鹿泉市	545007	12.6	603573	10.7	727853	20.6
辛集市	973656	17.0	1086292	11.6	1336554	23.0

1996—2016 年分县（市）区城乡居民人民币储蓄存款（五）

14—11 续 4　　计量单位：万元、%

行政单位	2009 年	增长速度	2010 年	增长速度
全　市	**25674597**	**17.8**	**29203989**	**13.8**
市　区	14674605	22.5	16736357	14.0
井陉县	564372	12.9	611986	8.4
正定县	1119251	18.8	1301585	16.3
栾城县	480253	10.5	550039	14.5
行唐县	441452	10.3	517478	17.2
灵寿县	427193	11.7	479517	12.2
高邑县	257563	18.7	291375	13.1
深泽县	437578	11.6	487103	11.3
赞皇县	250941	13.9	301049	20.0
无极县	631828	5.6	721112	14.1
平山县	613920	14.2	700174	14.0
元氏县	476693	8.8	543225	14.0
赵　县	470748	17.6	539746	14.7
藁城市	1034815	8.8	1136136	9.8
晋州市	958566	7.9	1041133	8.6
新乐市	514730	13.6	600659	16.7
鹿泉市	871114	19.7	1018725	16.9
辛集市	1448975	8.4	1565905	8.1

1996—2016 分县（市）区城乡居民人民币储蓄存款（六）

14—11 续 5　　计量单位：万元、%

行政单位	2011 年	增长速度	2012 年	增长速度	2013 年	增长速度
全　市	**32435792**	**11.1**	**37354986**	**15.2**	**41565885**	**11.3**
市　区	18196341	8.7	21037653	15.6	23454418	11.5
井陉县	713976	16.7	817042	14.4	900342	10.2
正定县	1540692	18.4	1763733	14.5	2002068	13.5
栾城县	649548	18.1	756934	16.5	867700	14.6
行唐县	606989	17.3	699885	15.3	805753	15.1
灵寿县	546620	14.0	621350	13.7	666850	7.3
高邑县	342282	17.5	399471	16.7	439681	10.1
深泽县	561101	15.2	643798	14.7	702937	9.2
赞皇县	347289	15.4	379686	9.3	413503	8.9
无极县	832315	15.4	956281	14.9	1060818	10.9
平山县	842290	20.3	962398	14.3	1077958	12.0
元氏县	579652	6.7	697945	20.4	736387	5.5
赵　县	637962	18.2	744525	16.7	840116	12.8
藁城市	1303369	14.7	1487914	14.2	1675704	12.6
晋州市	1143758	9.9	1305811	14.2	1389979	6.5
新乐市	685595	14.1	798884	16.5	913601	14.4
鹿泉市	1149565	12.8	1288619	12.1	1418660	10.1
辛集市	1756448	12.2	1993059	13.5	2199412	10.4

1996—2016 分县（市）区城乡居民人民币储蓄存款（七）

14—11 续 6

计量单位：万元、%

行政单位	2014 年	增长速度	2015 年	增长速度	2016 年	增长速度
全　　市	**43891354**	**5.6**	**48689313**	**10.9**	**53482021**	**9.8**
市　　区	27983378		30402326	8.6	33072117	8.8
井 陉 县	972539	8.0	1078459	10.9	1154254	7.0
正 定 县	2196246	9.7	2569788	17.0	2895159	12.7
行 唐 县	935307	16.1	1090531	16.6	1213058	11.2
灵 寿 县	760063	14.0	879883	15.8	990920	12.6
高 邑 县	481446	9.5	547638	13.8	618211	12.9
深 泽 县	784023	11.5	877627	11.9	960936	9.5
赞 皇 县	492061	19.0	563323	14.5	645182	14.5
无 极 县	1172975	10.6	1394748	18.9	1519723	9.0
平 山 县	1216285	12.8	1372690	12.9	1518577	10.6
元 氏 县	896479	21.7	1080962	20.6	1264907	17.0
赵　　县	965880	15.0	1133397	17.3	1235074	9.0
晋 州 市	1531638	10.2	1773840	15.8	2059003	16.1
新 乐 市	1018484	11.5	1137324	11.7	1285657	13.0
辛 集 市	2484550	13.0	2781329	11.9	3049245	9.6

注：市区包括市辖区、藁城区、鹿泉区、栾城区

1995—2016 年分县（市）区农村居民人均可支配收入（一）

14—12　　计量单位：元、%

行政单位	1995 年	1996 年	增长速度	1997 年	增长速度	1998 年	增长速度
全　市	**1995**	**2502**	**25.4**	**2837**	**13.4**	**2988**	**5.3**
矿　区	2511	3069	22.2	3481	13.4	3665	5.3
井陉县	1574	1821	15.7	2172	19.3	2410	11.0
正定县	2308	3004	30.2	3207	6.8	3335	4.0
栾城县	1998	2686	34.4	2900	8.0	3045	5.0
行唐县	1248	1850	48.2	2163	16.9	2361	9.2
灵寿县	998	1499	50.2	2016	34.5	2250	11.6
高邑县	1901	2366	24.5	2598	9.8	2800	7.8
深泽县	1863	2582	38.6	2789	8.0	2988	7.1
赞皇县	970	1203	24.0	1134	–5.7	1306	15.2
无极县	1863	2672	43.4	3045	14.0	3170	4.1
平山县	1554	1232	–20.7	2202	78.7	2371	7.7
元氏县	1759	2321	31.9	2552	10.0	2570	0.7
赵　县	1825	2579	41.3	2802	8.6	2942	5.0
藁城市	2407	3048	26.6	3513	15.3	3508	–0.1
晋州市	2498	3001	20.1	3300	10.0	3386	2.6
新乐市	2497	3012	20.6	3418	13.5	3506	2.6
鹿泉市	2585	2121	–17.9	3566	68.1	3678	3.1
辛集市	2579	2961	14.8	3207	8.3	3354	4.6

注：2013 年以前农村居民家庭为纯收入，2013 年以后为新口径可支配收入。

1995—2016 年分县（市）区农村居民人均可支配收入（二）

14—12 续 1　　　　计量单位：元、%

行政单位	1999 年	增长速度	2000 年	增长速度	2001 年	增长速度
全　市	**3071**	**2.8**	**3158**	**2.8**	**3149**	**-0.3**
矿　区	3736	1.9	3886	4.0	4019	3.4
井 陉 县	2506	4.0	2602	3.8	2680	3.0
正 定 县	3465	3.9	3605	4.0	3621	0.4
栾 城 县	3174	4.2	3305	4.1	3421	3.5
行 唐 县	2428	2.8	2468	1.6	2542	3.0
灵 寿 县	2308	2.6	2396	3.8	2397	0.0
高 邑 县	2860	2.1	3001	4.9	3125	4.1
深 泽 县	3060	2.4	3182	4.0	3308	4.0
赞 皇 县	1370	4.9	1652	20.6	1706	3.3
无 极 县	3240	2.2	3310	2.2	3429	3.6
平 山 县	2472	4.3	1992	-19.4	1999	0.4
元 氏 县	2617	1.8	2701	3.2	2812	4.1
赵　县	3059	4.0	3086	0.9	3049	-1.2
藁 城 市	3576	1.9	3656	2.2	3805	4.1
晋 州 市	3449	1.9	3539	2.6	3667	3.6
新 乐 市	3574	1.9	3616	1.2	3688	2.0
鹿 泉 市	3747	1.9	3852	2.8	4008	4.0
辛 集 市	3485	3.9	3235	-7.2	3365	4.0

1995—2016 年分县（市）区农村居民人均可支配收入（三）

14—12 续 2　　计量单位：元、%

行政单位	2002 年	增长速度	2003 年	增长速度	2004 年	增长速度
全　市	**3245**	**3.0**	**3394**	**4.6**	**3799**	**11.9**
矿　区	4140	3.0	4265	3.0	4854	13.8
井陉县	2787	4.0	2941	5.5	3342	13.6
正定县	3770	4.1	3885	3.1	4375	12.6
栾城县	3558	4.0	3755	5.5	4247	13.1
行唐县	2619	3.0	2698	3.0	2836	5.1
灵寿县	2428	1.3	2477	2.0	2599	4.9
高邑县	3250	4.0	3407	4.8	3680	8.0
深泽县	3408	3.0	3579	5.0	3956	10.5
赞皇县	1785	4.6	1878	5.2	2133	13.6
无极县	3497	2.0	3619	3.5	4107	13.5
平山县	2019	1.0	2080	3.0	2298	10.5
元氏县	2897	3.0	3021	4.3	3431	13.6
赵　县	3141	3.0	3283	4.5	3730	13.6
藁城市	3919	3.0	4086	4.3	4621	13.1
晋州市	3777	3.0	3892	3.0	4429	13.8
新乐市	3800	3.0	3961	4.2	4461	12.6
鹿泉市	4170	4.0	4387	5.2	4913	12.0
辛集市	3470	3.1	3609	4.0	4061	12.5

1995—2016 年分县（市）区农村居民人均可支配收入（四）

14—12 续 3　　计量单位：元、%

行政单位	2005 年	增长速度	2006 年	增长速度	2007 年	增长速度
全　市	**4118**	**8.4**	**4456**	**8.2**	**4954**	**11.2**
矿　区	5267	8.5	5740	9.0	6328	10.2
井陉县	3643	9.0	3993	9.6	4527	13.4
正定县	4797	9.7	5253	9.5	5952	13.3
栾城县	4667	9.9	5006	7.3	5788	15.6
行唐县	2929	3.3	3076	5.0	3287	6.9
灵寿县	2681	3.2	2787	4.0	2898	4.0
高邑县	3975	8.0	4293	8.0	4551	6.0
深泽县	4155	5.0	4350	4.7	4611	6.0
赞皇县	2316	8.6	2584	11.6	2798	8.3
无极县	4476	9.0	4875	8.9	5321	9.1
平山县	2430	5.7	2588	6.5	2842	9.8
元氏县	3726	8.6	4076	9.4	4658	14.3
赵　县	4110	10.2	4282	4.2	5005	16.9
藁城市	5060	9.5	5465	8.0	6184	13.2
晋州市	4828	9.0	5320	10.2	6012	13.0
新乐市	4872	9.2	5391	10.7	5984	11.0
鹿泉市	5313	8.1	5866	10.4	6460	10.1
辛集市	4467	10.0	4874	9.1	5514	13.1

1995—2016 年分县（市）区农村居民人均可支配收入（五）

14—12 续 4　　计量单位：元、%

行政单位	2008 年	增长速度	2009 年	增长速度	2010 年	增长速度
全　市	**5469**	**10.4**	**5977**	**9.3**	**6577**	**10.0**
长安区						
桥东区						
桥西区						
新华区						
裕华区						
矿　区	7025	11.0	7657	9.0	8461	10.5
井陉县	5051	11.6	5557	10.0	6006	8.1
正定县	6726	13.0	7399	10.0	8139	10.0
栾城县	6541	13.0	7215	10.3	7938	10.0
行唐县	3468	5.5	3470	0.1	3647	5.1
灵寿县	2956	2.0	2960	0.1	3167	7.0
高邑县	4970	9.2	5448	9.6	6105	12.1
深泽县	4920	6.7	5316	8.0	5745	8.1
赞皇县	2886	3.2	2910	0.8	3082	5.9
无极县	5806	9.1	6272	8.0	6790	8.3
平山县	2945	3.6	3312	12.5	3681	11.1
元氏县	5226	12.2	5878	12.5	6600	12.3
赵　县	5553	11.0	6116	10.1	6815	11.4
藁城市	6990	13.0	7731	10.6	8603	11.3
晋州市	6794	13.0	7495	10.3	8327	11.1
新乐市	6642	11.0	7360	10.8	8169	11.0
鹿泉市	7106	10.0	7834	10.2	8638	10.3
辛集市	6291	14.1	6890	9.5	7652	11.1

1995—2016 年分县（市）区农村居民人均可支配收入（六）

14—12 续 5　　计量单位：元、%

行政单位	2011 年	增长速度	2012 年	增长速度	2013 年	增长速度
全　市	**7822**	**18.9**	**8993**	**15.0**	**9546**	**12.6**
长安区	10199	20.3	12390	21.5		
桥东区	11525	27.7	14199	23.2		
桥西区	14553	31.0	17888	22.9		
新华区	10762	30.2	13125	22.0		
裕华区	13247	31.0	16432	24.0		
矿　区	9817	16.0	11270	14.8	12482	
井陉县	6961	15.9	7968	14.5	8688	
正定县	9459	16.2	10996	16.3	12004	
栾城县	9226	16.2	10619	15.1	11442	
行唐县	3995	9.5	4038	1.1	4723	
灵寿县	3455	9.1	3804	10.1	4417	
高邑县	7204	18.0	8346	15.9	9142	
深泽县	6671	16.1	7586	13.7	8666	
赞皇县	3405	10.5	3780	11.0	4487	
无极县	7876	16.0	9097	15.5	9955	
平山县	4168	13.2	4714	13.1	5137	
元氏县	7656	16.0	8819	15.2	9618	
赵　县	7910	16.1	9079	14.8	10100	
藁城市	9999	16.2	11714	17.2	12846	
晋州市	9675	16.2	11555	19.4	12683	
新乐市	9035	10.6	10059	11.3	11575	
鹿泉市	10063	16.5	11245	11.7	12666	
辛集市	8789	14.9	10073	14.6	11115